普通高等学校应用型教材 · 国际贸易

商品学概论

（第三版）

U1015882

陈文汉　陆　影　主　编

中国人民大学出版社

· 北京 ·

内容简介

商品学概论是国际贸易、国际商务、贸易经济、市场营销等专业本科生的专业基础课。本书系统介绍了商品学所涉及的最新知识，内容包括商品与商品学、商品分类与编码、商品质量、商品标准与标准化、商品质量监督与质量认证、商品检验、商品包装、商品储运与养护、服务商品以及商品的可持续发展等商品学的基本知识和基本原理。本书在上一版的基础上，对内容、数据进行了大幅更新，在各章节增加了相关的专栏内容，以帮助读者在进行理论学习的同时，更多地掌握商品学的实践。

作者简介

陈文汉，广东海洋大学经济学院副教授、国际经济与贸易系主任，中国渔业协会特约撰稿人，广东省商业经济学会理事，湛江市哲学政治经济学学会常务理事，湛江市经贸局专家库成员。公开发表了论文30余篇，主持和参与了各类科研课题多项，出版了教材多部，其主编的《电子商务物流》《国际货运代理》分别被评为“十一五”“十二五”国家级规划教材。

出版说明

应用型本科教育对于满足中国经济社会发展对高层次应用型人才的需要以及推进中国高等教育大众化进程起到了积极的促进作用。人们越来越清醒地认识到，实践教学是培养学生实践能力和创新能力的重要环节，也是提高学生职业素养和就业竞争力的重要途径。许多非研究型院校师生反映，市场上现有的国际贸易教材大多重理论轻实践，难以满足应用型本科院校的人才培养需要。这些院校根据自身的特点和培养目标，认为教材内容不仅要包含本领域的基本理论问题，让学生对于基本概念、基本原理有完整的掌握，而且要包含本领域的实践问题，让学生能够掌握一定的实务操作方法，以应对未来工作的挑战。为了满足它们的这一要求，中国人民大学出版社组织浙江大学、西北大学、安徽大学、西安翻译学院、北京第二外国语大学、天津财经大学、广东外语外贸大学、大连海事大学、广东海洋大学、沈阳师范大学等高校的一线教师和专家、学者，设计推出了“普通高等学校应用型教材·国际贸易”系列。本套教材突出了以下几点：

第一，内容深入浅出、详略得当、结构合理、难度适中，数据翔实可靠，引用案例新颖，力求体现当前国际贸易领域的最新发展。

第二，根据应用型本科的人才培养目标，强化了各项业务的操作规程和实践做法，通过对案例的分析和点评让学生对实务操作有一个真切的体验。

第三，压缩了篇幅，通过网络提供学习资料、练习题等相关内容，从而减轻了学生的负担。

我国应用型本科的教育理念还未完全确立，对应用型本科的教育思路、教学规律、专业建设、教学方法、人才培养模式等关键问题尚未透彻理解和深刻把握，对建设应用型本科院校及专业的路径和方法还处于摸索当中，因此，在本套教材的编写方面，出版社并没有提出过于严格的要求，只是在教材的定位、篇幅、编写体例上提出了一些原则性建议，具体的编写工作则实行主编负责制，由编者全权处理各教材的编写工作，并对各自编写的内容负责。

本套教材的出版凝结了所有参编教师、专家和学者的辛劳与智慧，体现了他们对应用型本科人才培养的探索和追求，在此一并表示感谢！

真诚地期待广大教师、学生和其他读者的批评及意见。

中国人民大学出版社

第三版前言

本书第一版、第二版自出版以来受到了社会各界的好评，很多高校将其作为教材或指定参考书。大家在使用过程中提出了很多宝贵的建议。为了完善和及时更新书中的内容，我们决定对本书进行再次修订。本次修订在原有框架和主体内容的基础上主要进行了以下几项改进。

（1）更新了部分章节的内容。近年来，我国经济社会高质量发展，如数字产品、人工智能产品等新产品不断涌现，给人类的商品经济活动带来了很多新变化。为了与我国经济社会的发展相适应，本次修订充分体现了这些发展成果，对 2019 年以来我国社会商品经济方面的变化作了相应的修改与补充。

（2）更新了每章的案例导读、部分案例，以及综合练习的相关内容。

（3）采纳了一些师生的建议，在各章增加了多项选择题和实训题。

（4）对第 2 版中发现的不当之处做了更正。

本书由陈文汉、陆影主编，陈文汉负责修订第一、二、三、六、九章，陆影负责修订第四、五、七、八、十章。

为全面贯彻党的教育方针，落实立德树人的根本任务，培养德智体美劳全面发展的社会主义建设者和接班人，编者团队在深入学习党的二十大报告的基础上，对本书配套教学资料进行了全面更新，完善了与社会经济发展相适应的相关内容。

本书配有电子课件、电子教案、教学大纲、实训资料、视频案例、习题答案和模拟试卷（含答案）等配套资料。

在本次修订中，作者听取了部分高校师生的建议，参考和借鉴了不少学者的论著、教材等文献，在此向大家表示诚挚的谢意。

编　者

第一版前言

商品学是以商品质量为中心内容，研究商品的使用价值及其规律的一门综合性应用学科。商品学可作为高等院校国际经济与贸易、连锁经营、物流管理、工商管理、园林园艺、食品、水产、农学、商务英语、国际商务、市场营销、汽车营销、旅游管理、体育休闲等相关专业的基础课或专业课。在科学技术飞速发展的今天，新技术、新工艺、新产品不断涌现，这是社会、科技发展的必然，教材也必须与时俱进，充分体现知识的发展性、可应用性、时代性、创造性。

本教材力求在内容、结构、教学等方面有所突破与创新，主要体现在以下几个方面：

（1）内容创新。编者在多年研究的基础上，对教材内容进行了创新，在国内首次引入服务商品，对体育服务商品、旅游服务商品等都有涉及，极大地丰富了商品学的研究内容，适应了现今社会主义市场经济发展的要求，符合我国经济发展的现实需要，极具理论意义和实践意义。本教材的问世可能会引起本学科的重大变革，在商品学课程的建设方面引领一代风骚。

（2）结构创新。本教材大胆创新，采用了理论讲解在前、技能训练与综合练习在后的结构，方便学生将理论与实践相结合、学习与运用相结合。

（3）教学创新。本教材既介绍了商品学的基础理论，又结合市场实际对当前商品质量管理方面存在的问题进行了针对性论述。本教材将消费者关心的质量方面的社会热点问题，以案例导读、案例或知识链接等形式穿插进来，现实性很强。此属课堂教学的创新点。

本教材由陆影、陈文汉确定大纲、编写体例并定稿。其中，陈文汉编写第一章、第六章、第九章；陆影编写第二章、第七章、第八章；肖春蓉编写第三章、第四章；陈彦章编写第五章、第十章。刘东玲、付永昌、吴翠参与了相关资料的收集与整理工作。

编者在本教材的编写过程中充分借鉴了近年来专家、学者们的研究成果，采集众家之长，限于篇幅不能一一注明出处，在此一并表示感谢。同时由于编写时间仓促，限于作者水平，书中有不足或疏漏之处在所难免，不足或疏漏之处皆以原文献和论著、法律为准。欢迎广大读者批评指正。主编交流邮箱：sdpt2003@163.com。

编　者

目录

第一章 商品与商品学

学习目标

- 理解商品的价值和使用价值
- 了解商品学的学科定义和发展概况
- 掌握商品学的研究对象、研究内容、研究任务与研究方法

案例导读

茶叶推销：商品的使用价值

在茶叶店的终端销售中，推销员如何向顾客推销商品呢？抓住“推销商品的使用价值”，就牵住了推销的“牛鼻子”，抓住了主要矛盾，掌握了推销的实质。

（1）强调商品或服务给顾客带来的好处。推销员在向顾客推销商品和服务时，要特别强调商品能为顾客带来的好处。一般说来，顾客更愿意购买能给他们带来多种好处的商品。

（2）展示操作，允许顾客试喝。让顾客试喝比用语言推销更有效。推销员要尽量鼓励顾客动手操作和试喝，这样往往可以激发他们的兴趣和满足感，帮助其准确了解商品的性能和质量，增强其购买欲望。

（3）向顾客详细说明商品的独特之处，引发顾客的好奇心。推销员要善于利用顾客的好奇心，如果一面说明、一面示范，往往更容易获得成功。如果顾客对商品目不转睛，那么销售的目的就快达成了。

（4）突出重点，介绍顾客最感兴趣的方面。推销商品时，推销员一定要把商品的功能、品质、价格等逐一介绍清楚，要注意着重介绍顾客最感兴趣的内容，促使顾客产生购买动机。

启示：认识、了解和推销茶叶，不仅是一门学问，还是一门艺术。商品学是一门融合了市场学、心理学、社会学、经济学、公共关系学以及与商品本身的性能、用途、质量、发展前景等有关的自然科学和技术科学的复杂的学问。推销员不仅要掌握推销技巧，还得多学点商品学知识。

第一节 商品的概念及构成

一、商品的概念

1. 商品的含义

商品是人类社会生产力发展到一定历史阶段的产物。商品是指用来交换、能满足人们某种需要的劳动产品。

商品不同于物品、产品，这是因为：

第一，商品是具有使用价值的劳动产品。商品的使用价值是指商品能满足人们和社会的某种需要，即商品的有用性。物的有用性决定于商品体的属性，离开了商品体，这种有用性就不存在了。所以，使用价值是由商品本身能满足人们某种需要的属性所形成的。商品体的属性包含商品的自然属性和商品的社会属性两部分。商品的自然属性主要形成人们的明确需要，商品的社会属性则主要形成人们的隐含需要，如心理上、精神上、情感上的需要等。商品如果不能满足人们的明确需要和隐含需要，就失去了使用价值。失去了使用价值的劳动产品，如废弃的、假冒的劳动产品，也不能算作商品。

第二，商品是供他人消费的劳动产品。商品是由人们的劳动创造出来的，这种产物可以是有形的，也可以是无形的。有形商品通常是经过设计、加工、制作等一系列劳动而生产出来的有形物品或产品。这里特别强调，它必须是经过劳动而生产出来的。某些天然物品，如果是人们不劳而获、为己所用的，就不能称为商品，如空气、雨水、泥土等。如果这些天然物品经过人们的劳动而用于交换，则另当别论，如挖出来的土石方，装袋或装车出售的用于建筑的材料，就构成商品。商品也可以是无形的，如知识、技术等。

第三，商品是用于交换的劳动产品。为自己消费而生产的产品不是商品；为他人生产的产品，如不用于交换，也不是商品。因为这类劳动产品只有使用价值而无价值，不能体现其货币形式。商品是供他人或社会消费，而不是供生产者或经营者自身消费的劳动产品。商品必须是通过交换而到达别人手中的劳动产品，也就是说，商品必须用于交换。正如马克思所指出的："一个物可以有用，而且是人类劳动产品，但不是商品。谁用自己的产品来满足自己的需要，他生产的虽然是使用价值，但不是商品。要生产商品，他不仅要生产使用价值，而且要为别人生产使用价值，即生产社会的使用价值。"①如手工业者自产留下自用的手工业品，农民自产留下自用的农业副产品，就不能归为商品。商品要交换，就必须进入市场，并受市场规律，如价值规律、供求规律、竞争规律等的制约。商品交换是在一定经济条件下产生和存在的历史范畴，是社会分工和产品属

① 马克思．资本论：第一卷．2 版．北京：人民出版社，2004：54.

于不同所有者的结果。

2. 商品的二重性

商品作为用于交换的劳动产品，具有使用价值和价值的二重性。

（1）商品价值。商品价值是凝结在商品中的无差别的人类劳动。两种不同数量的商品，例如20kg大米和10m布，之所以能够交换，就是因为它们凝结了等量的人类劳动，或者说有等量的价值。一切商品，作为价值，它们是相同的。正是由于一切商品作为价值是相同的，它们才可以相互比较，才能按照一定的比例进行交换。商品价值是人们在社会劳动中形成的，反映了人与人之间的社会关系，因此，商品价值反映了商品具有的社会属性。

（2）商品使用价值。商品使用价值是指商品能够满足人们某种需要的属性。一种物品的性能可能是多方面的，因而它可能对人有各种各样的用途。物品的各种性能，从而它的多方面的使用价值，是在人们同自然作斗争的过程中，随着人们生产经验的积累、生产技术的提高以及科学知识的增进，而陆续地被发现的。例如，在很长的历史时期内，人们只知道用木材作燃料、建筑材料，制造工具和家具，可是现在，由于科学技术的发展，木材得到了广泛的应用，它已经具有几千种用途。同样，对于各种矿产品、农产品乃至某些野生植物的利用，也都有类似的情况。

人类为了生存和发展，必须不断地生产各种各样的生活资料和生产资料。马克思指出："不论财富的社会的形式如何，使用价值总是构成财富的物质的内容。"[①] 不管在什么社会条件下，同一物品的自然属性都是基本相同的。我们不能从对小麦的品尝当中，来判定它是由封建社会的农奴生产的，还是由资本主义制度下的雇佣劳动者生产的。商品的使用价值反映了商品的自然属性。商品的自然属性是由商品的原材料、化学组成、生产工艺条件、生产技术水平决定的。对使用价值的研究，换句话说，对物品自然属性的研究，属于商品学、技术学或其他自然科学的范畴。

价值和使用价值共存于商品中，相互依存、不可分离。因此，商品既具有社会科学的属性，同时又具有自然科学的属性。

二、商品的构成

商品是指用来交换、能满足人们某种需要的劳动产品。但现代营销学家认为，商品的概念是广义的、整体的。它不仅指一种物体，也不仅指一种服务，还包括消费者购买商品所得到的直接的、间接的、有形的、无形的利益和满足感。从这个角度来理解，商品的含义又称为商品整体要领或商品整体概念。

商品整体概念是指由商品的实体性、实质性和服务性三方面构成的统一体或系统。以菲利普·科特勒（Philip Kotler）为代表的北美学者提出，商品整体概念包括核心产品、形式产品、期望产品、延伸产品和潜在产品五个层次的内容。他们认为这样能够更深刻且有逻辑地表达产品整体概念的含义。

---

① 马克思. 资本论：第一卷. 2版. 北京：人民出版社，2004：49.

菲利普·科特勒

菲利普·科特勒生于1931年，麻省理工学院博士、哈佛大学博士后，并拥有苏黎世大学等其他八所大学的荣誉博士学位，任美国西北大学凯洛格管理学院终身教授。他被誉为“现代营销学之父”，是将近二十本著作的作者，为《哈佛商业评论》《加州管理杂志》《管理科学》等一流杂志撰写了100多篇论文。他的主要著作是《营销管理》，其认为构成21世纪现代营销管理的职能主要有以下七种：

（1）制订战略营销计划；

（2）理解市场并捕捉市场洞见；

（3）制定成功的营销战略；

（4）设计市场价值；

（5）沟通市场价值；

（6）传递市场价值；

（7）以对社会负责的方式管理增长。

资料来源：MBA智库·百科.

1. 核心产品

核心产品是指向消费者提供的基本效用或利益，是消费者真正要买的东西，是产品整体概念中最基本、最主要的内容。消费者购买产品，并不是为了获得产品本身，而是为了满足自身需要的某种特定效用和利益。例如，人们购买洗衣机，不是为了买到装有电动机、开关按钮的大铁箱这一物体，而是为了利用洗衣机的洗涤功能代替人工洗衣，减轻家务劳动，方便日常生活。消费者支付一定的费用购买产品，首先是为了购买该产品的基本效用，并从中获得利益。因此，企业的生产经营活动首先应考虑能为消费者提供哪些效用或利益，并且着眼于这些基本效用或利益来设计和生产产品。

2. 形式产品

形式产品是指产品的本体，是使核心产品得以实现的各种具体产品形式，是向市场提供的产品实体的外观。形式产品由产品质量（品质）、特色（特征）、式样、品牌和包装五个方面的有形因素构成。具有相同效用的产品，其存在形态即形式产品可能有较大的差别。消费者购买某种产品，除了要求该产品具备某些基本功能，能提供某种基本效用或利益外，还要考虑产品的品质、造型、款式、颜色以及品牌声誉等多种因素。产品的基本效用必须通过某些具体的形式才能得以实现。因此，企业进行产品设计时，应着眼于消费者所追求的基本效用或利益，同时还要重视如何以独特的形式将这种基本效用或利益呈现给消费者。

3. 期望产品

期望产品是指消费者购买产品时，期望得到的与产品密切相关的一整套属性和条件，如住旅馆的客人期望得到清洁的床位、洗浴用品等。因为大多数旅馆均能满足旅客的这些一般期望，所以旅客在选择档次大致相同的旅馆时，一般不是根据哪家旅馆能提供期望产品来做决定，而是根据哪家旅馆距离更近和更方便来做决定。

4. 延伸产品

延伸产品是指消费者购买形式产品和期望产品时，附带获得的各种服务和利益的总和，它包括产品说明书、信贷、免费送货、保证、安装、维修、技术培训等。如今，不同企业提供的同类产品在核心产品和形式产品层次上越来越接近，因此，企业要赢得竞争优势，应着眼于比竞争对手提供更多的延伸产品，因为延伸产品有利于引导、启发、刺激消费者购买、重复购买或增加购买量。

5. 潜在产品

潜在产品是指现有产品最终可能实现的全部附加部分和新转换部分，或与现有产品相关的未来可发展的产品。潜在产品指出了产品可能的演变趋势和前景，如彩色电视机可发展为多媒体终端产品等。

案例 1－1

历经百年变迁，五芳斋坚守匠心传承饮食文化

中华美食文化源远流长，而在点心一道中，嘉湖细点开创了江南点心流派之最。嘉湖细点，是对明朝以后嘉兴、湖州地区点心的总称，因其做工精细、口感特佳而被冠以“细点”的美称。

对于粽子制作技艺的传承，五芳斋这家“中华老字号”可谓其中翘楚。

百年时光中，五芳斋经历了沿街挑担叫卖、三店竞争角逐、公私合营、现代化改造、打通全渠道营销、品牌年轻化等历程，一步步成长为如今家喻户晓的“粽子大王”。

在五芳斋传承百年、经久不衰的背后，是其对粽子选料和制作工艺的精益求精、不断革新。

选料方面，五芳斋选用上等白糯米、后腿瘦肉、江西箬叶、东北大红袍赤豆等优质品种，并对品控严格要求。

制作工艺方面，五芳斋传承于嘉湖细点的粽子制作技艺，于 2011 年被文化部收录进第三批国家级非物质文化遗产名录。与此同时，五芳斋全面发力现代化改造，现已在粽叶清洗、润米拌米、馅料搅拌、蒸煮、冷却、计数、真空包装、真空灭菌等粽子生产的主要工序上基本实现自动化，五芳斋粽子以“糯而不烂、肥而不腻、肉嫩味香、咸甜适中”的特点被誉为“粽子大王”。

如今，起步于粽子铺的五芳斋不断拓宽业务边界，已形成集粽子、月饼、汤圆、糕点、蛋制品、其他米制品等食品为一体的产品群。

作为一家中华老字号，五芳斋在向商业化加速奔跑的同时，也并未放弃对匠心的坚守，积极承担起传承传统技艺、弘扬中华饮食文化的责任。

近年来，五芳斋特别选拔组建了粽艺师队伍表演裹粽绝技，建设粽子精品展览区、表演区、粽艺文化长廊等，向世人展现粽子背后蕴含的文化。此外，五芳斋还积极参与中国粽子文化节、"五芳斋杯"龙舟竞渡和踏白船表演赛、裹粽大赛等一系列活动，弘扬中华传统饮食文化。

资料来源："粽子第一股"五芳斋登A，发力品牌营销与多元化产品群，打开增长天花板．中国经济网，2022-08-29.

边学边练

请指出五芳斋粽子的核心产品、形式产品、期望产品、延伸产品和潜在产品分别是什么？

第二节 商品学的产生和发展

商品学是随着商品生产和商品交换的出现以及商品经济和贸易活动的需要，逐步形成的一门独立学科。随着科学技术和商品经济的发展，商品学的理论体系不断发展和完善，商品学的研究内容不断更新和充实，商品学的研究范围也不断拓宽，商品学在社会经济发展中发挥着日益重要的作用。

一、商品学的产生

商品学作为一门独立学科，于18世纪中叶诞生于德国，至今已有200多年的历史。进入18世纪，德国手工业发展迅速，需要大量进口原材料进行生产，而后出口大批工业品，商品贸易趋于频繁。这就要求商人具备系统的商品学知识来适应贸易发展的需要，培养大量商业贸易人才也就成为当时经济发展对德国教育界的突出要求。于是到18世纪中叶，德国开始在大学和商学院开设商品学课程。德国自然史学家兼经济学家约翰·贝克曼（Johann Beckmann）教授在教学和科研的基础上，于1793—1800年编著出版了《商品学导论》，该书的内容包括商品生产、技术、方法、工艺学知识以及商品的产地、性能、用途、鉴定、分类、包装、主要市场等。至此，商品学从知识汇集阶段发展至以技术知识为主的阶段，《商品学导论》的问世标志着商品学开始成为一门独立的学科，约翰·贝克曼被称为现代商品学的创始人，他创立的商品学被称为"贝克曼商品学”或“叙述论的商品学”。19 世纪以来，这种德国古典商品学相继传入意大利、西欧各国、东欧各国、日本、中国等，并在这些国家得到了迅速发展。

二、中国商品学的发展历史

作为世界四大文明古国之一的中国，从丝绸之路到海上贸易，与外界商品交往的历史悠久，对商品知识的研究也相对超前。从春秋时期师旷所著的《禽经》到晋朝戴凯之所著的《竹谱》，再到唐代陆羽所著的《茶经》、宋代蔡襄所著的《荔枝谱》，以及宋代韩彦直所著的《橘录》、明代李时珍所著的《本草纲目》等书籍，先后都对有关的商品知识做了详尽的介绍。其中最具代表性的当属陆羽所著的《茶经》。盛唐时期，产于江淮一带的茶叶由江南传到北方，茶叶品种繁多，色味各异，为了进一步促进茶叶的生产经营，推广茶叶的使用范围，陆羽大量搜集茶叶的生产、制作、储运、消费等方面的知识，于公元 767 年左右写出《茶经》一书。《茶经》分三卷，共十篇，对茶叶的种植、采摘、加工、饮用及茶叶的功能、评定、储藏等环节进行了详细的说明。该书的问世对茶叶的生产经营起到了重要的指导作用，成为世界上最早的一部茶叶商品学著作。

三、商品学的发展

商品学自 19 世纪起相继传入意大利、俄国、日本、中国及欧洲的其他一些国家，并在这些国家得到了迅速发展，商品学的教学和研究也日益深入、广泛。1902 年，我国商业教育中开始把商品学作为一门必修课。1995 年，全国性学术团体——中国商品学会成立，标志着我国现代商品学学科有了迅速的发展。

商品学诞生后，在其发展过程中产生了两个研究方向：一个是从自然科学和技术学的角度研究商品使用价值，中心内容是商品生产，称为自然科学的商品学或技术商品学；另一个是以自然科学为基础，从社会科学和经济学的角度，特别是从市场营销和消费需求的角度研究与商品质量和品种相关的问题，称为社会科学的商品学或经济商品学。因此，商品学界也相应形成了两个学派，即自然科学或技术学的商品学派和社会科学或经济学的商品学派，商品学也相应被分为自然科学的商品学和经济学的商品学（简称经济商品学）。自然科学的商品学发展历史久远，其理论体系不断完善，内容不断更新和拓宽，在国际上占主导地位，各国商品学基本上都是按照自然科学的商品学体系发展的，特别是在 20 世纪早期的苏联、东欧各国、中国、越南等国家。经济商品学是第二次世界大战后，首先由德国科隆大学商业经济教授索费特（Seiiffert）提出的。经济商品学主要从市场营销或商业经营的角度研究与商品质量和品种相关的问题。随着现代科技和经济的迅速发展，商品学的“商”和“品”二重性受到人们的重视。人们认为，真正的商品学应该将以研究“商”为主的经济商品学与以研究“品”为主的自然科学的商品学相融合。于是，自 20 世纪 80 年代起，商品学发展开始步入自然科学的商品学与经济学商品学相互融合的现代商品学时代。

第三节 商品学的研究对象和研究内容

一、商品学的研究对象

商品学是研究商品的使用价值及其变化规律的科学。

商品的使用价值是指商品对其消费（使用）者的有用性或效用。一方面，商品的使用价值是由商品的属性决定的，离开商品就不存在了，因此，商品学必须从商品的属性出发来研究商品的使用价值；另一方面，商品的使用价值是用于满足他人和社会的需要的，所以在研究商品的使用价值时，还要研究其在满足人和社会的需要方面的特性。从这个意义上说，商品的使用价值实际上反映了商品的属性与人和社会的需要之间的关系。

具体来说，商品的使用价值是指商品的有用性，也就是商品满足人和社会的需要的能力。研究商品的使用价值，不仅要研究商品的成分、结构、外形以及物理和化学等方面的自然属性，还要研究商品的流行性、时代性、地区性、民族性和经济性等社会属性，以满足人和社会对商品的物质需要和精神需要。

商品有多少种自然属性，就可能有多少种使用价值。例如，煤既可以作为燃料，又是极具价值的化工原料。商品的自然属性不同，它们的使用价值也不同。在不同的社会经济条件下，同一商品也会具有不同的使用价值。同一种商品被同一消费者消费时，也可以有多种使用价值。例如，华为手机可以用来打电话，也可以用来听音乐、看视频，还可以用来显示使用者的身份和地位。

案例 1-2

在不同的社会经济条件下，消费者对商品的使用价值的要求不同（见表 1-1）。

表 1-1 不同社会经济条件下消费者对商品的使用价值的要求

社会经济条件	对商品的使用价值的要求
贫穷	实用
温饱	实用、美观、坚固、耐用
富裕	耐用、美观、舒适、实用、坚固
富豪	美观、舒适、气派、实用

由上表，我们知道，对不同社会经济条件下的消费者，应提供具有不同使用价值的商品。需要指出的是，商品的使用价值是随着科学技术的发展和人们经验的不断

积累而被陆续发现的，商品的使用价值是一个动态的、综合性的概念。准确而全面地理解商品的使用价值，运用商品的使用价值学说指导商品的生产、经营和消费，对发展我国社会主义市场经济具有重大的现实意义。

边学边练

根据资料，分析九阳股份为何要进行高质量发展。

资料：

太空科技助力九阳高质量发展　提升产品科技感

九阳股份坚持聚焦小家电主业，积极洞察消费者需求，全面布局中高端产品线，主打太空系列产品，重点推出了使用氧化锌抗菌技术的破壁机、拥有立体热风循环加热技术的不翻面空气炸锅、使用水润膜技术的0涂层电饭煲、抑菌净热一体的净水器、大磨王耐磨不粘炒锅等新产品，大幅提升了品牌影响力和产品科技感。

面对渠道的变革，九阳积极布局，拓展线上线下新兴渠道，协调发展传统电商与内容电商、O2O（Online To Online）新零售与下沉市场。公司表示，九阳近年来重点发展抖音、快手等直播平台，及时把握住了内容电商发展机遇，搭建完成了行业内较为完整的直播矩阵，实现了"短视频＋投流＋直播"的自播闭环；随着线下终端成为产品体验的重要"阵地"，公司逆势投建太空科技样板终端，与此同时，增加下沉市场投放，以此作为公司长期发展的高价值投入。

随着Z世代年轻人逐渐成为新时代主流消费群体，九阳不断推进品牌年轻化发展，品牌定位和传播方式也越来越年轻，公司积极主动提升消费者对品牌的认知度、忠诚度和购买意愿。随着公司加强面向消费者（To C）能力的建设，不断提升导购员的竞争力，并配以高频次、多样化的线上直播、线下终端体验、数据化运营等方式，可实现用户的高价值转换。

资料来源：太空科技助力九阳高质量发展　提升产品科技感．中国经济网，2022-08-03.

总之，商品学的研究对象是商品的使用价值及其实现规律。商品学是研究商品的使用价值及其变化规律的学科，以商品质量为中心内容。具体而言，商品学是一门自然科学、技术科学与经济管理科学、人文社会科学相融合的交叉型应用学科，主要侧重于对流通、消费领域的商品（以生活资料商品为主）的使用价值的研究。

经过几十年的发展，现代商品学围绕"商品—人—环境"这一系统，从技术、经济、管理、社会等方面研究商品质量与管理问题。

二、商品学的研究内容及与其他学科的关系

1. 商品学的研究内容

商品学的研究内容是由商品学的研究对象所决定的。根据商品学的研究对象，其研究内容以商品体为基础，研究商品在整个生命周期中的质量（固有质量、市场附加质

量、形象质量）及其构成要素（技术、经济、社会、环境要求等）的计量、检测、控制与管理活动。商品学研究主要包括以下内容：商品质量及其影响因素；商品质量管理与质量监督；商品标准与标准化；商品检验；商品分类与编码；商品包装与标识；品牌与商标管理；商品的成分、结构与性质；商品储运与养护；新商品开发；信息与商品预测；商品消费心理；商品广告；商品与资源、环境；等等。

2. 商品学与其他相关学科的关系

商品的多样化、使用价值的物质性和社会性决定了商品学与多种自然科学和社会科学必然存在广泛的联系。

商品学与物理学、化学、生物学、生物化学、生理学、微生物学及其他一些基础学科有着密切的联系。这些学科的基础理论和基本方法是研究商品组成成分、理化性质、宏微观结构的工具。

商品学与材料学、工艺学、农艺学、家畜饲养学、环境学、气象学、昆虫学、生态学及其他一些技术学科也有着密切的联系。这些学科的知识为阐述商品使用价值的形成和维护提供了重要资料。

商品学与食品营养学、食品卫生学、服装学、人体工程学及与此相关的应用学科有着千丝万缕的联系。应用这些学科的成果对提高商品质量、扩大商品品种有着十分重要的作用。

商品学在研究商品使用价值的社会性因素时，必然与社会科学保持一定的交叉渗透关系，汲取和借鉴政治经济学、企业管理学、市场学、销售学、统计学、社会学、心理学、美学、广告学、物价学、经济地理学、质量工程学、质量管理学等学科的某些研究成果，形成自身的学科体系，促进本学科的研究和发展。

随着商品学学科的不断发展，商品学又在本学科内部形成了不同的学科分类，如商品包装学、商品检验学、商品分类学、商品养护学、商品储运学、商品美学、食品商品学、家用电器商品学、日用品商品学、纺织品商品学、医药商品学等。

商品学的研究对象决定了其既不是纯粹的自然科学，也不是纯粹的社会科学。学科与学科之间相互联系是科学发展的必然结果。学科之间文理结合、内容方面彼此交叉渗透是当今学科发展的必然趋势。商品学与其他相关学科的关系不是简单的拼凑堆砌，而是按照为我所用的原则，在自身的学科体系下有机融合。反过来，商品学的研究成果也必然被其他学科吸收利用，以达到相助相长、共荣共进的目的。

第四节 商品学的研究任务与研究方法

一、商品学的研究任务

商品学的研究任务主要有以下五个方面。

1. 指导商品的使用价值的形成

通过对商品资源和市场的调查预测、商品的需求研究等手段，商品学研究可以为有关部门实施商品的结构调整、商品的科学分类、商品的进出口管理与质量监督管理、商品的环境管理以及制定商品标准、政策法规、商品发展规划提供决策依据；也可以向企业提出商品基本质量要求，指导其进行商品质量改进和新商品开发，提高经营管理水平，保证生产出来的商品物美价廉、适销对路。

2. 评价商品的使用价值

商品质量是决定商品的使用价值的基本因素，也是决定商品竞争力、销路、价格的基本条件，所以它是商品学研究商品的使用价值的中心内容。通过对商品的使用价值的分析和研究，明确商品的质量指标、检验和识别方法，能全面、准确地评价、鉴定商品的质量，杜绝伪劣产品流入市场，保证商品质量符合规定的标准或合同要求，维护正常的市场竞争秩序，保护买卖双方的合法权益，切实维护国家和消费者的利益，创造公平、平等的商品交换环境。

3. 防止商品的使用价值降低

分析和研究与商品质量有关的各种因素，可以帮助企业选择适宜的商品包装、储运方式，保护商品质量，努力降低商品损耗，防止商品的使用价值降低。

4. 促进商品的使用价值的实现

大力普及商品知识和消费知识，可以使消费者认识和了解商品，学会科学地选购和使用商品，掌握正确的消费方式和方法，由此促进商品的使用价值的实现。

5. 研究商品生产与环境保护的关系问题

通过对有关商品废弃物与包装废弃物处置、回收和再利用的政策、法规、运行机制、低成本加工技术等问题的研究，可以推动资源节约、再生，生活废弃物减量和保护环境的绿色行动。

商品的使用价值表现为物的效用，即能满足人们的某种需要的有用的物。这种物的效用，必须是为社会、为人类提供的健康、有利的效用。这里重要的是研究物效用的后效应问题。物效用的后效应，也同样应该对社会、对人类健康产生有利的影响和效用。这种对人类健康有利的影响和效用，是通过人与环境直接表现出来的。随着社会的发展，人口不断增加、资源不断减少，环境保护乃至整个生态环境的保护问题，成为人类普遍关注的问题。因此，商品学要把环境保护乃至整个生态环境的保护同商品的自然属性与商品的社会效应之间相互依存、相互影响的问题，作为研究的重要课题。这是社会主义市场经济条件下，物质文明建设和精神文明建设的重要课题，也是促进经济高质量发展的至关重要的问题。研究商品生产与环境保护的关系不仅关系到国家的可持续发展战略的实施，也关系到习近平生态文明思想的真正落实。

二、商品学的研究方法

由于商品的使用价值是商品的自然有用性和社会适用性的统一，因此，商品学的研究是按照研究的具体课题，采用不同的方法进行的。

1. 科学实验法

科学实验法是一种在实验室内或一定实验场所内，运用一定的实验仪器和设备，对商品的成分、构造、性能等进行理化鉴定的方法。这种实验方法大多在实验室内或要求的条件下采用，为控制和观察商品提供了良好的条件，所得的结论正确可靠，是分析商品成分、鉴定商品质量、研制新产品的常用方法（如在实验室内鉴定酒的成分和含量）。

2. 现场试验法

现场试验法是一些商品学专家或有代表性的消费者群体，凭人体感官的直觉，对商品的质量及商品有关的方面作出评价的研究方法。这种方法的正确程度受参加者的技术水平和人为因素的影响，但简便易行，适用于很多商品的质量评定（如茶叶、酒类的品鉴，某些新产品的测评等）。

知识链接

鉴别真假茅台酒

欲从外包装鉴别贵州茅台酒真假，鉴定者首先应注意包装纸盒的印刷精美状况，如纸盒表面不光洁且起皱者则极为可疑。打开茅台酒的盒盖后，鉴定者应注意酒瓶瓶口所套的透明塑料胶帽上用喷墨打印的“茅台”二字及边上用小字打印的生产日期与批号，这是较为特殊的一个记号，真品的特点是喷墨字迹清晰，用手轻轻刮擦时不会脱落，假品的字迹不清晰，轻轻一擦即变得模糊不清。飞天牌茅台酒标签左上角的“飞天”商标图案——飞天女是鉴别真假的重要标志，真品的飞天女飘带上红色与黄色套色十分密合，不会露在边框之外，而假品则印刷粗糙，彩色常常“跑”出边框。另外，在紫外灯下观察飞天女粉红色的脸部、手臂与双脚时，其上会有粉色荧光出现。取出酒瓶后，鉴定者则应注意红色塑料盖与瓶口咬合是否紧密，随意转动乃至倒置后漏酒者当属可疑。

资料来源：如何鉴别真假茅台酒. 中国食品科技网，2003-03-14.

3. 技术指标法

技术指标法是一种在分析实验的基础上，对一系列同类产品，根据国内或国际生产力发展水平，确定质量技术指标，以供生产者和消费者共同鉴定商品质量的方法。这种方法有利于促进商品质量的提高，但困难之处在于，质量指标的确定是一项复杂而巨大的工程，甚至是难以确定的。

知识链接

地沟油检测难在哪里?

据报道，上海向明中学高二学生曾发明简易鉴别地沟油的方法：地沟油、“老油”及泔水油中动物油含量高，相比植物油，其凝固点更低。比如，橄榄油零下十几摄氏度才凝固，普通植物油也要零摄氏度才凝固，而地沟油在8摄氏度左右即凝固。该学生将油滴在一种精确控制温度的半导体制冷片上，用“8摄氏度时油是否凝固”来作出判断。

科学传播公益团体“科学松鼠会”的专家对此表示不赞同：凝固点不能作为检测地沟油的依据，比如市场上的调和油，若含有棕榈油或者椰子油等凝固点很高的油，那么它们就可能因“调和油”的凝固点大大升高而“含冤而死”。此外，地沟油也可以通过用植物油稀释的方法来降低凝固点。

那么，在权威的实验室，用更高级的仪器进行化验，能一举辨别地沟油吗？这一想法也被一位业内人士否定了：“最多只是酸价高一点，属于不合格油品，但很难证明其就是地沟油。”按照现行的《食用植物油卫生标准》，对食用植物油通常都是检测酸价、过氧化值、农药残留等指标，但这些指标与精制油、饲料油中是否掺入地沟油或是其他“坏油”成分，并没有直接关联。

“现有的标准无法测定油脂中是否含有地沟油。”国家粮食局西安油脂食品及饲料质量监督检验测试中心的一位专家告诉记者，“油与油掺在一起之后，要区分出其中地沟油独有的特征指标，是比较难的。许多常规的技术指标在检测地沟油方面都行不通。”而要仔细区分油品中的泔水油或是煎炸油，难度更大。

专家表示，如何找到一种有效方法，识别食用油中是否掺入“坏油”，是一个国际性难题。目前，北京市食品安全监控中心经过约3个月的评估，已经初步确定了多环芳烃、胆固醇、电导率、特定基因四大类共20余项有重要鉴别意义的项目，初步建立了地沟油检测的指标体系。但在专家看来，检测实行起来还是有一定难度：“胆固醇可以用来检测油品中的动物油成分，但胆固醇并非地沟油或者泔水油的独特指标。”而电导率、特定基因组成等检测方式需要极其专业的设备，难以普及。

卫生部也正在全力组织科研攻关团队研究鉴别地沟油的检验方法，上海粮食科学研究所的负责人昨日也赶往北京，参与相关课题的制定。专家告诉记者，探索几个参数间的相关性，从而确定地沟油的存在，是攻关的主要方向。

资料来源：孔令君，王潇，向志强．地沟油检测难在哪里?．新闻晨报，2011-09-22.

4. 社会调查法

商品的使用价值是一种社会性的使用价值，全面考察商品的使用价值需要进行各种社会调查，特别是在商品不断升级换代、新产品层出不穷的现代社会里，这方面的调查更显得实际和重要。社会调查具有双向沟通的作用，在实际调查中，既可以将生产信息传递给消费者，又可以将消费者的意见和要求反馈给生产者。社会调查法主要有现场调查法、调查表法、直接面谈法、定点统计调查法等。

5. 对比分析法

对比分析法是搜集不同时期、不同地区、不同国家的商品资料，并加以比较，从而找出提高商品质量、增加品种花色、扩展商品功能的新途径的方法。运用对比分析法，有利于经营部门正确识别商品，促进生产部门改进产品质量，实现商品的升级换代，从而更好地满足广大消费者的需要。

技能实训

【实训目的】

通过案例讨论加深对商品相关概念的认识。

【实训主题】

理解商品的使用价值；理解商品与社会的关系。

【实训时间】

本章课堂教学内容结束后的双休日和课余时间，为期一周，或者指导教师另外指定时间。

【背景材料】

学生课桌椅配置要因人而异?

课桌椅在学校教育设施中是必不可少的，其重要性不言而喻。近年来，经济发达的省市纷纷开展对学校课桌椅配置的专项选择活动，要求学校的课桌椅根据学生的身高变化每学期调整一次，每间教室内应配置两种以上不同型号的课桌椅或配备可调式课桌椅。

目前我国中小学所配备的学生课桌椅中，相当一部分不符合国家规定标准：有的不符合卫生、环保要求；有的则是尺寸未根据学生身高变化进行调整，在一定程度上影响了学生的学习。对于中小学课桌椅配置，教育部门称，有条件的中小学可提升学生课桌椅的档次，尽可能采购高质量的钢木结构、升降式学生课桌椅。教育部门教学仪器站有关人士表示，由于每个学生的生长发育期不尽相同，同一班级的学生的身高差异较大，学校备置课桌椅时，应充分考虑当地学生学年中期乃至末期的身高组成比例状况，以确定各种型号的数量。

教育部门指出，高中可以选用一种或两种型号，不超过三种；初中至少选用两种型号；小学至少选用三种型号。学校安排各班级课桌椅时应尽量做到桌高和椅高配套，学生课桌椅高度与学生身高相适应，不应只求课桌椅整齐而不顾学生的实际需要。在同一年级和同一班级中，可以有不同型号的课桌椅。在每个班级课桌椅的具体安排中，要统筹安排学生课桌椅位置与数量。学校安排各班级课桌椅时要考虑每个班级学生站立、靠坐、移动、操作、行走等活动的需要，对班级规模进行严格控制，这样一来，就可消除学生因班级空间不够而产生的压迫感。

学校的课桌椅需根据学生的身高变化每学期调整一次，每间教室内应配置两种以上不同型号的课桌椅或可调式课桌椅。如此细致入微的规定能满足不同身高和处于不同发育时段的学生对课桌椅方便舒适的需求，促进学生健康成长和学习进步。看似小事，却是实事。真抓教育，就应该少做表面文章，从这样的小事、实事抓起、做好。

【实训过程设计】

（1）指导教师要求学生课前预习背景材料。

（2）将全班同学按每组 5～6 人平均分成若干小组，进行讨论，并就近选择市场进行调研。

（3）根据背景材料，对教室内配置不同型号的课桌椅，你是如何认识的?

(4) 根据讨论，对课桌椅配置你还有哪些可以改进的方案?

(5) 各小组对本次实训进行总结和点评，撰写作为最终成果的商品学实训报告。

(6) 各小组提交填写了组长姓名、成员名单的商品学实训报告。优秀的实训报告将在班级展出，并收入本课程教学资源库。

综合练习

一、名词解释

商品　劳动产品　商品的价值　商品的使用价值　核心产品　形式产品　期望产品　延伸产品　潜在产品　商品学

二、多项选择题

1. 商品的基本属性有（　　）。

A. 使用价值　B. 价值　C. 消费者需要
D. 质量　E. 节能环保

2. 商品学的研究方向主要包括（　　）。

A. 经济商品学　B. 技术商品学　C. 伦理商品学
D. 环保商品学　E. 历史商品学

3. 社会调查的主要方法有（　　）。

A. 现场调查法　B. 直接面谈法　C. 对比分析法
D. 技术指标法　E. 定点统计调查法

三、问答题

1. 如何理解商品的二重性?
2. 如何理解商品学研究的中心内容是商品质量?
3. 商品学的研究内容有哪些?
4. 商品学的研究任务有哪些?
5. 商品学的研究方法有哪些?

第二章 商品分类与编码

学习目标

- 理解商品分类的概念、方法和商品分类标志
- 掌握商品代码的概念和内容
- 了解商品条码、EAN条码

案例导读

《商品名称及编码协调制度的国际公约》

《商品名称及编码协调制度的国际公约》(International Convention for Harmonized Commodity Description and Coding System，以下简称《协调制度》或HS）是海关合作理事会（现名“世界海关组织”）于1983年6月主持制定的一部供海关、统计、进出口管理及国际贸易等有关各方共同使用的商品分类编码体系。HS涵盖了《海关合作理事会商品分类目录》(CCCN）和联合国发布的《国际贸易标准分类》(SITC）两大分类编码体系，是系统的、多用途的国际贸易商品分类体系。它除了用于海关税则和贸易统计外，在运输商品的计费、统计、计算机数据传递、国际贸易单证简化以及普遍优惠制税号的利用等方面，都提供了一套可供使用的国际贸易商品分类体系。HS于1988年1月1日正式实施。世界上已有200多个国家和地区使用HS，全球贸易总量中90%以上的货物都是根据HS分类的。

在现实工作中，为了便于海关监管、海关征税及海关统计，需要按照进出口商品的性质、用途、功能或加工程度等将商品准确地归入HS中与之对应的类别和编号。

启示：你知道什么是商品编码吗？其实，商品分类、商品编码都是我们在日常生活和对外贸易中，认识商品、选择商品、管理商品的手段和方法，对经济和生活都具有重要作用，本章我们将介绍这些相关的内容。

第一节 商品分类

一、商品分类的概念和作用

（一）商品分类的概念

分类是我们认识事物、区分事物的重要方法之一。科学的分类可以把看起来杂乱无章的事物条理化，使人们更好地认识世界和改造世界。商品分类就是为了实现一定的目的，按照一定的标志，科学地、系统地将商品分成若干不同类别的过程。可以将商品集合总体划分为门类、大类、中类、小类、品类、品种和细目七个层次，也可以将商品集合总体划分为大类、中类、小类、单品（或细目）四个层次。后者在日常生活中更为常见，其应用实例如表 2-1 所示。

表 2-1 商品类目层次及其应用实例

商品类目层次	应用实例	
商品大类	食品	日用工业品
商品中类	乳制品	洗涤品
商品小类	牛乳粉	肥皂
商品细目	伊利高钙高铁奶粉 900g	力士排浊除菌香皂 105g

商品大类，是一种粗线条分类，体现的是商品生产和流通领域的行业分工，如食品、纺织品、日用工业品、医药、机械产品和石油化工产品等。商品大类可按照商品的生产来源、生产方式、处理和保存方式等特征来划分，如五金类、化工类、食品类。食品超市的大类还可以是水产、畜产、果蔬、日配加工食品和一般食品等。

商品中类，类似于七个层次划分法中的商品品类，也称为商品品目，是指具有若干共同性质或特征的商品的总称，着重于按照商品的功能、用途、制造方式、产地等特征来划分。例如，日配加工食品大类中包含牛奶、豆制品、冰品和冷冻食品等中类；日用工业品大类中包含玻璃制品、铝制品、塑料制品等。

商品小类，是对商品中类的进一步划分，体现的是商品的具体名称，是单品管理之前的最小单位、最细分类。小类有时也称为商品品种或商品种类，按照商品的性质、成分等特征来划分。例如，酒类商品（中类）中包含白酒、啤酒、葡萄酒、果酒等；牛奶（中类）中包含鲜乳、调味乳、发酵乳等小类；糖果（中类）中包含硬糖、夹心糖、奶糖、凝胶糖、巧克力糖等。

商品细目，也称为单品，是对商品品种的详尽区分，包括商品的规格、花色、等级等，是商品分类中不能进一步细分的、完整的、独立的商品品项，如 56°五粮液老酒、500ml 听装哈啤冰纯、1.25L 瓶装可口可乐等。

（二）商品分类的作用

商品分类是我们认识商品、选择商品的基础，也是经济管理工作所必需的。随着科学技术的进步和商品经济的不断发展，商品种类日趋增多，商品分类的作用也越来越大。

1. 科学的商品分类为各项社会经济管理活动的实施奠定了科学基础

商品的种类繁多，特征多样，价值不等，用途各异，只有对商品进行科学的分类，统一商品用语，商品生产、收购、调拨、运输、储存、养护、销售等各环节中的计划、统计、核算等工作才能顺利进行，各类指标、统计数据和商品信息才具有可比性和实际意义。

现代信息技术在国民经济管理中的广泛运用，为商品的科学分类、编码以及快速处理和存储商品信息创造了条件，同时对商品分类提出了更新、更高的要求。利用计算机实现的商品购、销、调、存、结账的无纸贸易以及商品信息流和物流管理的现代化，都要依靠科学的商品分类和编码系统。

在对外贸易中，采用国际统一商品分类编码体系，即《协调制度》，对分析和研究国际商情，掌握国际市场商品结构，加强国际商品贸易信息交换，利用普惠制度扩大商品出口和增收外汇具有重要意义。

2. 科学的商品分类有利于开展商品研究和教学工作

由于商品品种繁多，用途不同，性能及特征各异，且对包装、运输、储存的要求也各不相同，因此，只有在科学分类的基础上，从众多商品的个别特征中归纳出每类商品的共同特征，才能深入分析并了解商品的性质和使用性能，研究商品质量和品种及其变化规律，从而为商品质量的提高，商品销售预测和新商品开发，商品的包装、运输、保管、科学养护、检验、合理使用和质量保证提供科学的依据。

3. 科学的商品分类有利于商品标准化的实施和商品质量标准的制定

通过对商品进行科学的分类，可使商品的名称和类别统一化、标准化，从而可以避免同一商品由于名称、计量单位、计算方法和口径等不统一而造成的管理困难，并加强国内产、供、销综合平衡，有利于发展国际贸易以及提高经济管理水平和经济效益。制定各种商品标准时，必须明确商品的分类方法中商品的质量指标和对各类商品的具体要求等，所有这些都应建立在科学的商品分类的基础上。

4. 科学的商品分类便于消费者和用户识别并选购商品

在销售环节，通过对商品进行科学的分类和统一编制商品目录，能有序地安排市场供给以及合理地布置商场，从而便于消费者和用户识别并选购商品。

二、商品分类的原则

商品分类的原则是建立科学的商品分类体系的重要依据。为了使商品分类满足特定的目的和需要，在商品分类时必须遵循以下基本原则。

1. 科学性原则

要使商品分类具有科学性，在建立分类体系前，就必须明确目标，确定范围，统一名称，选准标志。在确定分类对象的名称时，要避免名称概念不清、一词多义或一种商品有多种名称，从而难以区分的情况。此外，要选择商品稳定的、本质的属性特征作为分类标志，这样才能明显地把分类对象分开，保证分类清楚和体系稳定。

2. 系统性原则

系统性是指在建立商品分类体系时，要以分类对象的稳定的、本质的属性特征作为分类标志，将分类对象按一定的顺序排列，使每个分类对象在该序列中都占有一个位置，并可以反映出它们彼此之间既有联系又有区别的关系。

3. 可延性原则

为了让建立的商品分类体系能够将不断出现的新商品囊括进去，在建立商品分类体系时，必须留有足够的空位，这就是可延性。例如，设置收容项目“其他”，以便安置新出现的商品而又不打乱已建立的分类体系或避免将原分类体系推倒重来。

4. 兼容性原则

兼容性是指相关的各个分类体系之间应具有良好的对应与转换关系。建立新的分类体系时，要尽可能与原有的分类体系保持一定的连续性，使相关的分类体系之间相互衔接和协调，同时与国际通用的分类体系保持对应，以利于推广应用，便于信息的查询、对比和交流。

5. 整体性原则

整体性是指商品分类要从系统工程角度出发，只有在满足整个管理系统总任务、总要求的前提下，才能全面、合理地满足系统内各个管理分系统的实际需要。如果商品分类能同时完全满足整个管理系统和各个管理分系统在商品分类上的管理要求，那是最理想的。但事实上，往往从某一管理分系统角度来看最实用、最经济的商品分类体系，从整个管理系统来看却是不合理、不经济的，因而是不可取的。反之，若某一商品分类体系对于某个管理分系统不太合理、不太经济，但对于整个管理系统却是最经济、最合理的，那么这种商品分类体系也是可取的。因此，在进行商品分类时，要考虑管理系统的整体效益和整体的最优化，要求局部利益服从整体利益，但在满足整个管理系统总任务、总要求的前提下，也要尽量兼顾各个管理分系统在分类上的要求。

三、商品分类的方法

商品分类通常采用的基本方法有线分类法和面分类法两种。在建立商品分类体系或编制商品分类目录时，这两种方法常常交互使用。

1. 线分类法

线分类法也称层级分类法，是指将分类对象按所选定的若干分类标志，逐次地分成相应的若干个层级类目，并排列成一个有层次的、逐级展开的分类体系。

线分类法一般是将分类对象分成大类、中类、小类和细目等，各层级所选用的分类标志可以相同，也可以不同。在这种分类体系中，同位类的类目之间存在并列关系，上位类与下位类之间存在隶属关系。其结构如图 2－1 所示。由一个层次直接划分出来的各类目，彼此间称为同位类。同位类的类目之间为并列关系，既不重复，又不交叉。在线分类体系中，一个类目相对于由它直接划分出来的下一层级的类目而言，称为上位类（也称母项）；由上位类直接划分出来的下一层级类目，相对于上位类而言，称为下位类（也称子项）。上位类与下位类之间存在从属（隶属）关系，即下位类从属于上位类。

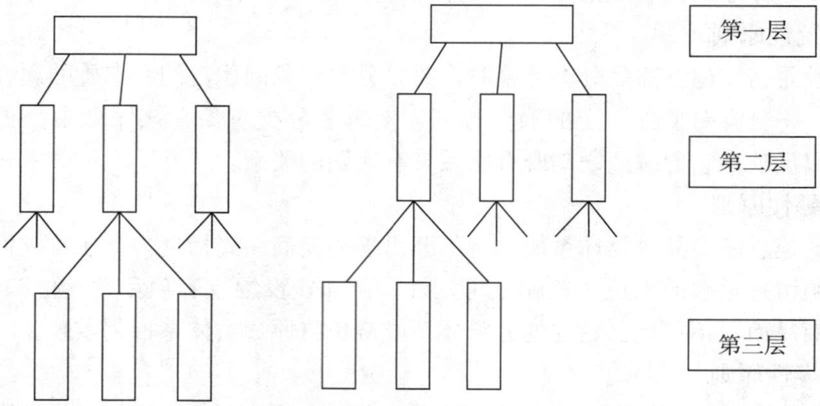

图 2－1 线分类法结构图

下面以国家标准 GB/T 7635.1－2002《全国主要产品分类与代码 第 1 部分：可运输产品》中家具线分类为例，说明线分类体系中各类目之间的并列和从属关系，如表 2－2 所示。

表 2－2 家具线分类法结构

分类层级	大类	中类	小类	细类
类目名称	家具 （代码 381）	坐具（代码 3811） 办公室或其他场所用的其他家具（代码 3812） 厨房用其他木制家具（代码 3813） 不另分类的其他家具（代码 3814） 床垫支架；装有弹簧或填充料或内部用任何材料填充、衬垫或用海绵橡胶或泡沫塑料制成的不论是否有包面的床垫或褥垫（代码 3815） 家具的零配件（代码 3816）	塑料家具（代码 38141） 竹制家具（代码 38142） 藤家具（代码 38143）	竹床类（代码 38142•011） 竹制桌类（代码 38142•012） 竹制柜类（代码 38142•013） 竹箱类（代码 38142•014） 竹架类（代码 38142•015） 竹屏风类（代码 38142•016）
关系	上位类 （上一级类目）	下位类（下一层级类目） 同位类（同一级类目） 上位类		同位类 下位类

说明："家具"相较于"塑料家具""竹制家具""藤家具"是上位类，而后者是下位类，"塑料家具""竹制家具""藤家具"之间属于同位类，"竹床类""竹制桌类""竹制柜类""竹箱类""竹架类""竹屏风类"亦同理。

在选用线分类法时，一般应遵循下列基本原则：

（1）由某一上位类类目划分出的下位类类目的总范围应与上位类类目相同。

（2）当一个上位类类目划分成若干个下位类类目时，应选择一个划分标志。

（3）同位类类目之间不交叉、不重复，并只对应于一个上位类。

（4）分类要依次进行，不应有空层或加层。

线分类法的优点是信息容量大，具有很好的层次性，能较好地反映类目之间的逻辑关系，既符合手工处理信息的传统习惯，又便于电脑对信息进行处理。

线分类法的缺点是结构弹性差，一旦确定了分类深度和每一层级的类目容量，并固定了划分标志，要想变动某一个划分标志就比较困难。因此，使用线分类法必须有足够的后备容量。

2. 面分类法

面分类法又称平行分类法，是指将所选定的分类对象的若干标志视为若干个面，每个面划分为彼此独立的若干个类目，排列成一个由若干个面构成的平行分类体系。

例如，服装的分类就可采用面分类法，即按服装所用的原材料、穿用对象和款式分成三个相互之间没有隶属关系的“面”，每个“面”又分成若干个不同范畴的独立类目，如表 2－3 所示。在使用时，将有关的类目组合起来，便成为一个复合类目，如纯棉男式西装、真丝女式连衣裙等。

表 2－3 服装面分类法结构

第一面	第二面	第三面
原材料	穿用对象	款式
纯棉	男式	西装
真丝	女式	连衣裙
涤纶	童装	大衣
毛涤	老年装	牛仔装

在选用面分类法时，一般应遵循如下原则：

（1）根据需要，将分类对象的本质属性作为分类对象的标志。

（2）不同面的类目之间不能相互交叉，也不能重复。

（3）每个面有严格的固定位置。

（4）面的选择以及位置应根据实际需要而定。

面分类法的优点主要表现为分类结构具有较大弹性，即分类体系中任何一个面内类目的改变不会影响其他面，而且便于添加新的面或删去原有的面。此外，面分类法有较强的适用性，可实现按任何面的信息进行检索。

面分类法的缺点主要表现为不能充分利用容量，因为在实践中，许多可组配的类目无实用价值，传统上无使用的习惯，难以手工处理信息。

线分类法和面分类法是商品分类的基本方法，在使用时，应根据管理上的需要进行选择。在实践中，由于商品复杂多样，常采用以线分类法为主，面分类法为辅，二者相结合的分类方法。

四、商品的分类标志

分类标志是编制商品分类体系和商品目录的重要依据和基准。选择合适的商品分类标志是商品分类的基础，是一项十分重要且细致的工作。因此，确定商品分类标志具有重要的意义。

（一）选择商品分类标志的原则

一般地，选择商品分类标志应遵循以下原则：

1. 目的性

分类标志的选择必须确保分类体系能满足分类的目的和要求，否则没有实用价值。例如，海关为了征税，把商品按一定的类别划分，税率相同的划分为一个类别。

2. 明确性

分类标志本身的含义要明确，要能从本质上反映出每类商品的属性特征，保证分类清楚。

3. 包容性

分类标志的选择要使该分类体系能够包容拟分类的全部商品，同时还留有补充不断出现的新产品的余地。

4. 唯一性

在同一层级范围内只能采用一种分类标志，不能同时采用多种分类标志，要保证每种商品只会出现在一个类别里，不会在不同分类中重复出现。

5. 逻辑性

分类标志的选择必须使商品分类体系中的下一层级分类标志成为上一层级分类标志的合乎逻辑的继续和具体的自然延伸。

在实际的商品分类工作中，要做到完全符合上述原则是非常困难的。因此，我们要进行深入细致的研究，以系统工程的原理为依据，参照国际上先进的分类方法，尽可能做到原则要求和实际情况相结合，实现商品分类的科学化、系统化。

（二）常用的商品分类标志

由于商品本身的多样性、复杂性，可供选择的商品分类标志也是多种多样的。在我国的商业经营中，常用的分类标志主要有以下几种：

1. 以商品的用途作为分类标志

商品的用途不同，其使用价值也不相同。以商品的用途作为分类标志，能直接表明各类商品的用途，方便消费者根据自己的需求选购商品。因此，许多商品都采用这种标志进行分类。

以商品的用途作为分类标志，不仅适用于对商品大类的划分，也适用于对商品类别、品种的进一步划分。例如，根据用途的不同，可将商品分为生活资料商品和生产资料商品。生活资料商品可划分成食品、衣着用品、日用工业品、日用杂品等类别。日用工业品又可分为器皿类、日用化学品类、家用电器类、文化办公用品类等。日用化学品类还可分为洗涤用品、化妆品等。

以商品用途作为分类标志，便于分析和比较同一用途商品的质量和性能，从而有利于生产企业提高商品质量，开发新品种，生产适销对路的商品，也便于商业企业的经营管理。但是，对于具有多种用途的商品，一般不宜采用此分类标志。

2. 以商品的原材料作为分类标志

商品的原材料是决定商品质量的重要因素。很多商品由于原材料不同而具有截然不同的性能特征。例如，按商品的原材料不同，纺织品可分为棉织品、麻织品、丝织品、毛织品、化纤织品、混纺织品；油脂可分为植物油、动物油、矿物油；革类可分为牛皮革、猪皮革、羊皮革、马皮革、合成革等。

以商品的原材料为标志进行分类，不仅清楚，而且便于消费者从原材料的性质上了解商品的特征以及质量，特别是了解商品的化学成分、性能特点、使用和养护要求。但对那些由多种原材料制成的商品，尤其是加工程度较高的商品，其加工程度越高，与单一原材料的关系就越远，如电视机、照相机、电冰箱、洗衣机等，则不宜采用此种分类标志。

3. 以商品的生产加工方法作为分类标志

生产加工方法是决定商品质量的关键。许多商品即使选用完全相同的原材料，但由于生产加工方法不同，质量、性能、特征等都有明显差异。因此，对原材料相同但可选用多种加工方法生产的商品，适宜将生产加工方法作为分类标志。例如，酒类按酿造方法可分为蒸馏酒、发酵原酒、配制酒；茶叶按加工方法可分为发酵茶、半发酵茶、不发酵茶等；纺织品按生产工艺不同，可分为机织品、针织品和无纺布。

这种分类方法能直接说明商品质量和特征，特别适用于那些可以选用多种生产加工方法制造的商品。但对于那些虽然生产方法不同，但产品质量、特征并未产生实质性区别的商品，则不宜使用此种分类方法。

4. 以商品的主要成分或特殊成分作为分类标志

商品的化学成分是决定商品质量和性能的最基本因素。在很多情况下，商品的主要化学成分可以决定其性能、用途、质量或储运条件，对这类商品进行分类时应以其主要化学成分作为分类标志。例如，塑料制品可按其主要成分不同分为聚乙烯塑料制品、聚氯乙烯塑料制品、聚苯乙烯塑料制品、聚丙烯塑料制品等。

有些商品虽然主要成分相似，但所含有的特殊成分却会影响商品的质量、特征、性质和用途等，所以对这些商品进行分类时，应以特殊成分作为分类标志。例如，化妆品中的各种营养霜，虽然主要成分相同，但含有不同的营养成分（即特殊成分），所以可按其营养成分分为珍珠霜、人参霜等。

以商品的主要成分或特殊成分为标志进行分类，便于研究某类商品的特征及其储存和使用方法等。这种分类标志适用于化学成分对商品性能影响较大的商品。对于化学成分复杂且对商品性能影响不大的商品，则不宜采用这种分类标志。

除上述分类标志外，商品的形状、结构、尺寸、颜色、重量、产地、生产季节等均可作为商品分类标志。

可采用的商品分类标志很多，但各种分类标志皆有一定的适用范围和局限性，很难选择出一种能贯穿商品分类体系始终的分类标志。因此，在一个分类体系中常采用几种分类标志，往往是每一个层级采用一个适宜的分类标志。

第二节 商品目录和商品编码

为了满足科学研究和社会实践，如商品生产、流通、销售、信息交流、贸易统计和计划安排等的需要，必须有明确的商品目录。此外，即使是同种类别的商品，其规格、型号、批次等也可能不同，因而还需要对不同的商品进行编码，以便识别。

一、商品目录

商品目录是指将所经营管理的全部商品品种，按一定标志进行系统分类编制而成的商品细目表。商品目录以商品分类为依据，因此也称商品分类目录或商品分类集。商品目录是在商品逐级分类的基础上，用表格、符号和文字全面记录商品分类体系和编排顺序的书本式工具。

具体而言，商品目录和商品分类的关系可以描述为以下两点：

（1）商品分类是编制商品目录的前提和基础。商品目录的编制就是商品分类的具体体现。在编制商品目录时，国家及有关部门都是按照一定的目的，首先对商品按一定的标志进行定组分类，再逐级制定和编排。也就是说，没有商品分类就不可能有商品目录，只有在科学的商品分类的基础上，才能编制层次分明、科学、系统、标准的商品目录。

（2）商品目录是商品分类成果的具体体现和推广应用。编制商品目录，便于企业对其经营范围内的商品进行科学管理；便于国家及有关部门对商品生产和经营进行动态的了解与把握，为市场经济发展提供商品信息；便于消费者了解市场上商品的供求情况，从而更好地满足自身的需要。所以，编制商品目录是搞好商品生产、经营及管理的一种重要手段。

商品目录的种类有很多，按适用范围的不同，可分为：国际商品目录、国家商品目录、部门商品目录和企业商品目录。

①国际商品目录。国际商品目录是指由国际组织或区域性集团根据商品分类所编制的商品目录，如联合国编制的《国际贸易标准分类》、海关合作理事会编制的《协调制度》等。

②国家商品目录。国家商品目录是指由国家指定专门机构根据商品分类编制的商品

目录，如我国国家质量监督检验检疫总局发布的GB/T 7635.1－2002《全国主要产品分类与代码 第1部分：可运输产品》，它们是我国国民经济各部门、各地区从事经济管理工作时必须一致遵守的全国性统一商品目录。

③部门（行业）商品目录。部门（行业）商品目录是指由行业主管部门编制的商品目录，如国家统计局编制的《统计用产品分类目录》，商务部编制的《小商品分类与代码》等，这些商品目录是该部门从总部到地方机构共同遵守的准则。

④企业商品目录。企业商品目录是指由企业在兼顾国家和部门（行业）商品目录的分类原则的基础上，为充分满足本企业工作需要，而对本企业生产或经营的商品所编制的商品目录。企业商品目录的编制必须符合国家和部门（行业）商品目录的分类原则，并在此基础上结合本企业的业务需要，进行适当的归并、细分和补充。例如，营业柜组经营商品目录、仓库保管商品经营目录等都具有类别多、对品种划分更细的特点。

此外，按编制商品目录的目的和作用不同，商品目录可分为：计划商品目录、统计归类商品目录、经营商品目录、必备商品目录、订货目录、商检目录、价格管理商品目录、铁路货物运价分级目录、水运货物运价分级目录、进出口关税税率分类商品目录、储存（保管）商品目录、物资分配目录、工农业产品标准分类目录等。

按编制对象不同，商品目录可分为：生产资料商品目录、消费资料商品目录等。

按商品的产销地区不同，商品目录可分为：地区商品目录、出口商品目录、内销商品目录、进口商品目录等。

按商品用途的不同，商品目录可分为食品商品目录、纺织品商品目录、交电商品目录、化工原料商品目录等。

二、商品编码

1. 商品编码的概念

商品编码又称商品代码，或商品代号、货号，它是赋予某种或某类商品的一个或一组有序的符号排列，是便于人或电脑识别与处理的代表符号。

商品代码可以区分不同产地、不同原料、不同色泽、不同型号的商品品种；便于企业开展经营管理、计划、统计、物价和核算等工作，有助于避免差错，提高工作效率。商品编码为电脑进行电子数据处理创造了前提条件，是现代化的基础。

2. 商品编码与商品目录的关系

科学的商品目录为合理编码创造了前提条件，反之，商品编码本身是否科学、实用，也会直接影响商品目录的实用价值和应用效果。一个科学的商品目录，如果没有一套运用方便、条目清楚、人机共识、统一协调的代码，就会给实际应用带来困难，不能发挥商品目录的一系列重要作用。商品编码是商品目录的有机组成部分，它与商品分类共同构成了商品目录的完整内容。因此，商品目录又称“商品分类与代码集”。

3. 商品编码的编制原则

合理的商品编码必须遵循以下基本原则：

（1）唯一性原则。在同一个商品分类编码集中，每一个（组）商品代码只能代表一种（类）商品。

（2）合理性原则。商品代码结构要与商品分类体系相适应，要与生产经营业务的需要相适应。

（3）可扩充性原则。编码时必须留有适当的后备容量（足够的备用代码），以满足因新产品的出现而扩充代码的需要。

（4）简明性原则。商品代码结构应在保证足够容量的前提下尽量简单，长度尽量短，以便节省电子计算机存储空间和减少输入的误差，提高机器处理的效率。

（5）适用性原则。代码要尽可能反映各类型商品的特点，以便于记忆，便于填写。

（6）规范性原则（又称统一与协调原则）。在同一套商品分类编码集中，代码的类型、结构以及编写格式必须统一、规范。

（7）稳定性原则。商品编码确定后要在一定时期内保持稳定，不能经常或轻易变更，以保证编码系统的稳定性，以便于信息交流或信息共享。

4. 商品编码的种类

商品编码主要有数字型代码、字母型代码、混合型代码和条码四种。

（1）数字型代码。数字型代码是用阿拉伯数字对商品进行编码形成的代码符号。数字型代码是国际上应用最为广泛的一种代码。这种代码便于国际上的经济往来，其特点是结构简单，使用方便，易于推广，便于电脑处理。数字型代码是将每个商品的类别、品目、品种等排列成一个数字或一组数字，如《全国主要产品分类与代码 第1部分：可运输产品》采用的就是数字型代码，其中，针织用弹簧针的代码是“44641•552”，家用排气扇的代码是“44815•201”。

（2）字母型代码。字母型代码是用一个或若干个字母表示分类对象的代码。按字母顺序对商品进行分类编码时，一般用大写字母表示商品大类，用小写字母表示其他类目。字母型代码便于记忆，可提供便于人们识别的信息，但当分类对象数目较多时，往往会出现重复现象。所以，字母型代码不常被人们使用，只有在分类对象较少的情况下才会被使用。

（3）混合型代码。混合型代码又称数字、字母混合型代码，是由数字和字母混合组成的代码。字母常用于表示商品的产地、性质等特征，可放在数字前边或后边，用于辅助数字代码，如“H1226”代表浙江产的杭罗，“C8112”表示涤粘中、长纤维色布。这种代码编制方法应用比较普遍。

（4）条码。条码是用条型符号所构成的图形表示分类对象的代码。它是数字型代码、字母型代码和混合型代码的另一种表现形式。

案例 2-1

全球小商品，“看齐”义乌

《小商品分类与代码》行业标准于2008年11月1日正式实施。该标准的推出不仅填补了国内贸易行业小商品领域分类标准的空白，而且有望在此基础上通过不断完善，上升为国家标准，为小商品出口提供更多便利。

该标准基本涵盖了国内现有小商品种类，并在分类结构和类目设置上为新增商品种类留出了余地，保证了其作为行业推荐标准的涵盖性、稳定性和指导性。《小商品分类与代码》报批稿分正文和附录两部分。正文部分共16个大类、6个层级、9 121个类目，其中一级类目16个、二级类目97个、三级类目525个、四级类目1 964个、五级类目4 202个、六级类目33 217个。正文部分采用线分类法，以用途和材质作为主要分类标志，以40万条行业调研数据为基础进行科学分类，一级分类（大类）以商品用途为主要分类标志，在原义乌指数分类基础上修改、整合而成。按照这个标准，义乌市场的小商品包罗16个大类、4 202个种类、33 217个细类，单品约达170万种。

资料来源：中国日用小商品行业标准有了义乌分类法．浙江在线新闻网站，2008-10-20.

5. 商品分类代码的编制方法

编制商品分类代码的目的在于方便使用。商品分类代码的编制方法主要有顺序编码法、层次编码法、系列顺序编码法、平行编码法四种。

（1）顺序编码法。顺序编码法是按商品类目在分类体系中出现的先后次序，依次给予顺序代码的一种编码方法。这种编码法比较简单，常用于容量不大的编码对象集合体。

（2）层次编码法。层次编码法是以分类对象的从属、层次关系为排列顺序而编制代码的一种方法。这种方法常用于线分类体系，编码时将代码分成若干层级，并与分类对象的分类层级相对应。代码自左至右表示层级由高至低，代码左端为最高层级代码，右端为最低层级代码，各层级的代码常采用顺序码或系列顺序码。

我国国家标准《全国主要产品分类与代码 第1部分：可运输产品》就是采用六层8位数字型的层次码，各层次分别命名为大部类、部类、大类、中类、小类和细类，如图2-2所示。其编制方法是代码用8位阿拉伯数字表示：第一至五层各用一位数字表示，第一层代码为0～4，第二、五层代码为1～9，第三、四层代码为0～9，第六层用3位数字表示，代码为010～999，采用了顺序码和系列顺序码；第五层和第六层代码之间用圆点（•）隔开，进行信息处理时应省略圆点符号。例如，春小麦的数字型代码“01111•100”中的“0”为农林（牧）渔业产品（大部类），“01”为种植业产品（部类），“011”为谷物、杂粮及其种子（大类），“0111”为小麦及混合物（中类），01111为小麦（小类），100为春小麦（细类）。

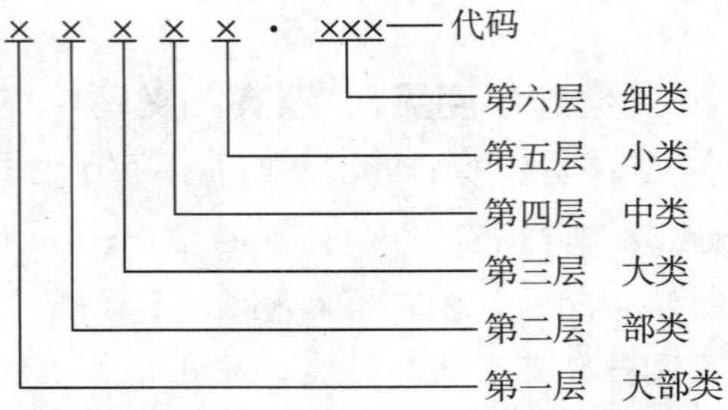

图 2－2 《全国主要产品分类与代码 第 1 部分：可运输产品》标准六层 8 位数字型的层次码

层次编码法的优点是代码较简单，逻辑性较强，信息容量大，能明确地反映分类编码对象的属性或特征及其相互关系，便于机器汇总数据。层次编码法的缺点是弹性较差，为延长其使用寿命，往往要用延长代码长度的办法，预先留出相当数量的备用号，从而出现号码的冗余。所以，这种编码方法最适用于编码对象变化不大的情况。

（3）系列顺序编码法。它是特殊的顺序编码法，通常是将顺序数字代码分为若干段，并与分类编码对象的分段相对应，然后赋予每段分类编码一定的顺序代码的编码方法。其优点是可以赋予编码对象一定的属性和特征，提供有关编码对象的某些附加信息，但是附加信息的确定要借助代码表。它的缺点是当系列顺序代码过多时，会影响计算机处理速度。我国国家标准《全国主要产品分类与代码 第 1 部分：可运输产品》中“小麦”（第五层级，小类类目）在进一步细分到第六层级（细类类目）时，“冬小麦”“春小麦”的代码采用了系列顺序编码法。其编制方法是：

第五层级（小类）代码	01111	小麦
第六层级（细类）代码	01111•010～099	冬小麦
（与第五层代码之间用圆点隔开）	01111•011	白色硬质冬小麦
	01111•012	白色软质冬小麦
	01111•013	红色硬质冬小麦
	01111•014	红色软质冬小麦
	01111•100 ～199	春小麦
	01111•101	白色硬质春小麦
	01111•102	白色软质春小麦
	01111•103	红色硬质春小麦
	01111•104	红色软质春小麦

（4）平行编码法。平行编码法是将分类对象按其特征分成若干个面，再把每个面内的类目排列的顺序代码加以组合而形成代码的一种方法。这种方法常用于面分类体系，编码时按照面的排列顺序对各个面内类目的代码分别加以组合。其优点是编码结构有较好的弹性，可以比较简单地增加分类面的数目，必要时还可更换个别类面，可全部用代码，也可部分用代码。这种编码适用于多种查找任务，也便于计算机处理。但平行编码法也有代码过长、冗余度大的缺点，不便于管理。

例如，我国公民身份证号码是将户口所在地址、出生日期、性别和顺序码等信息用平行编码表示的代码，其中，省（2 位）、地市（2 位）、县区（2 位）等户口所在地址信息用层次编码法等表示。

第三节　商品条码

一、商品条码概述

商品条码是由一组粗细不同、黑白（或彩色）相间的条、空及对应字符按规则组合起来，用以表示一定信息的图形，如图 2－3 所示。

EAN13

6 901234 567892

图 2－3　商品条码实例

20 世纪 50 年代，美国一些铁路车辆采用了条码标志，20 世纪 60 年代，美国开始将条码的研究集中在食品零售业。1973 年，美国统一代码委员会（UCC）选定了 IBM 公司提出的条码系统，并将它作为北美地区的通用商品条码，简称 UPC 条码。其后，国际物品编码协会（EAN）制定了国际物品条码，简称 EAN 条码。经过几十年的不断改进，条码技术现已被世界各国广泛用于商品流通、生产自动化管理、交通运输以及仓储管理和控制等领域。条码技术在仓储业的自动化立体仓库中发挥着重要作用，特别是在小型物品的管理和入库不均衡的物品管理等方面更显示出其优越性。当印有反映时间、品种、货号、编组号等信息的条码标签被贴在物品上，而这些物品经传送带进入库场时，固定的扫描器记录下条码的信息，并输入计算机内，即可对物品及其相关信息进行科学管理。

中国对条码的研究始于 20 世纪 70 年代。20 世纪 80 年代末，条码已应用于一些领域。1988 年 12 月，中国物品编码中心正式成立，负责研究、推广条码技术，统一组织、协调和管理中国的条码工作，并在各地设立了物品编码分支机构。1991 年 4 月，中国加入国际物品编码协会。同年，中国发布了《通用商品条码》等五项条码国家标准。这些条码标准既填补了中国标准的空白，又说明中国条码技术已走上标准化道路。目前，中国的多种商品、外包装和图书刊物上已广泛印有条码标志，零售业和储运部门也将逐步扩大条码自动售货和现代化仓库管理的范围，不断提高条码技术和条码管理水平。

与条码相关的概念有：

（1）条码系统（Bar Code System）。它是指由条码符号设计、制作及扫描阅读组成的自动识别系统。

（2）条（Bar）。它是指条码中反射率较低的部分。

（3）空（Space）。它是指条码中反射率较高的部分。

（4）空白区（Clear Area）。它是指条码左右两端外侧与空的反射率相同的限定区域。

（5）起始符（Start Character）。它是指位于条码起始位置的若干条与空。

（6）终止符（Stop Character）。它是指位于条码终止位置的若干条与空。

（7）条码字符（Bar Code Character）。它是指表示一个字符的若干条与空。

（8）条码校验符（Bar Code Check Character）。它是指表示校验码的条码字符。

（9）条码长度（Bar Code Length）。它是指从条码起始符前缘到终止符后缘的长度。

（10）条码密度（Bar Code Density）。它是指单位长度的条码所表示的字符个数。

（11）模块（Module）。它是指组成条码的基本单位。

二、一维条码

目前，常用的条码主要有国际物品条码（EAN 条码）、通用商品条码（UPC 条码）、交插二五条码（ITF 条码）等一维条码。此外，随着科学技术的发展，二维码也开始在许多领域得到了广泛应用。

1. EAN 条码

EAN 条码是国际物品编码协会制定的一种国际通用商品条码，主要用于超级市场或一些自动销售系统的单件商品。凡进入国际市场的商品，其包装上必须印有 EAN 条码。中国的通用商品条码就是这种类型，其结构与国际物品编码协会推行的 EAN 条码相同。这种条码常用的有 EAN－13 和 EAN－8 两个版本，还有上述两种店内码。

（1）EAN－13 条码。EAN－13 条码既可用于销售包装，又可用于储运包装。这种条码由 13 位数字的字符代码组成，也称 EAN 标准版条码，其结构如图 2－4 所示。

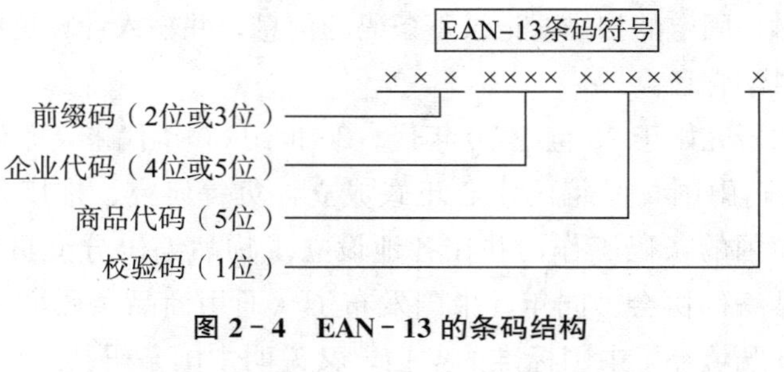

图 2－4　EAN－13 的条码结构

前缀码，用于标志商品来自的国家或地区，由国际物品编码协会总部分配和管理，如表 2－4 所示。国际物品编码协会分配给中国的前缀码为“690～695”。

表 2-4　国际物品编码协会已分配的部分前缀码

前缀码	编码组织所在国家（或地区）/应用领域	前缀码	编码组织所在国家（或地区）/应用领域
000～019 030～039 060～139	美国	528	黎巴嫩
		529	塞浦路斯
		530	阿尔巴尼亚
300～379	法国	531	马其顿
380	保加利亚	535	马尔他
383	斯洛文尼亚	539	爱尔兰
385	克罗地亚	540～549	比利时、卢森堡
387	波斯尼亚-黑塞哥维那	560	葡萄牙
400～440	德国	569	冰岛
450～459 490～499	日本	570～579	丹麦
		590	波兰
460～469	俄罗斯	594	罗马尼亚
470	吉尔吉斯斯坦	599	匈牙利
471	中国台湾	600～601	南非
474	爱沙尼亚	603	加纳
475	拉脱维亚	608	巴林
476	阿塞拜疆	609	毛里求斯
477	立陶宛	611	摩洛哥
478	乌兹别克斯坦	613	阿尔及利亚
479	斯里兰卡	616	肯尼亚
480	菲律宾	618	科特迪瓦
481	白俄罗斯	619	突尼斯
482	乌克兰	621	叙利亚
484	摩尔多瓦	622	埃及
485	亚美尼亚	624	利比亚
486	乔治亚	625	约旦
487	哈萨克斯坦	626	伊朗
489	中国香港	627	科威特
500～509	英国	628	沙特阿拉伯
520	希腊	629	阿拉伯联合酋长国

续表

前缀码	编码组织所在国家（或地区）/应用领域	前缀码	编码组织所在国家（或地区）/应用领域
640～649	芬兰	789～790	巴西
690～695	中国	800～839	意大利
700～709	挪威	840～849	西班牙
729	以色列	850	古巴
730～739	瑞典	858	斯洛伐克
740	危地马拉	859	捷克
741	萨尔瓦多	860	塞尔维亚和黑山国
742	洪都拉斯	865	蒙古
743	尼加拉瓜	867	朝鲜
744	哥斯达黎加	869	土耳其
745	巴拿马	870～879	荷兰
746	多米尼加	880	韩国
750	墨西哥	884	柬埔寨
754～755	加拿大	885	泰国
759	委内瑞拉	888	新加坡
760～769	瑞士	890	印度
770	哥伦比亚	893	越南
773	乌拉圭	899	印度尼西亚
775	秘鲁	900～919	奥地利
777	玻利维亚	930～939	澳大利亚
779	阿根廷	940～949	新西兰
780	智利	950	国际物品编码协会总部
784	巴拉圭	955	马来西亚
786	厄瓜多尔	958	中国澳门

资料来源：GB 12904－2008 附录 A。

企业代码，由该国或地区物品编码管理机构分配。我国的企业代码由中国物品编码中心分配。

商品代码，由制造厂商自行分配。

校验码，用于电脑自动校验整个代码录入是否正确，通过一定计算得到。

（2）EAN－8 条码。EAN－8 条码只用于商品销售包装。当商品包装上没有足够的面积印刷标准版条码时，可将商品编成 8 位数字代码。这种条码也称缩短版条码，其结构如图 2－5 所示。前缀码和校验码与 EAN－13 条码相同。EAN－8 条码无企业代码，只有商品代码，由国家或地区物品编码管理机构分配，在使用上受到严格限制。

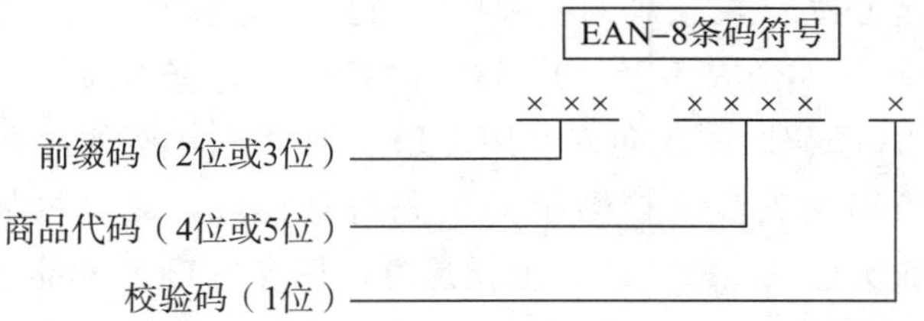

图 2－5　EAN－8 的条码结构

（3）店内条码。店内条码是指零售商自己完成编制、打印，并在自己商店内部使用的条码。有些商品，如鲜肉、水果、蔬菜、乳酪、熟食品等是以随机重量销售的。这些商品的编码任务一般不宜由商品的生产者承担，而是由零售商完成的。零售商进货后，对商品进行包装，用专用设备对商品称重并自动编码和制成条码，然后将条码粘贴或悬挂在商品包装上。零售商编制的条码只能用于商店内部的自动化管理系统。EAN 系统推荐的店内条码结构分为两种：标准版（EAN－13）和缩短版（EAN－8）。标准版店内条码结构如图 2－6 所示。

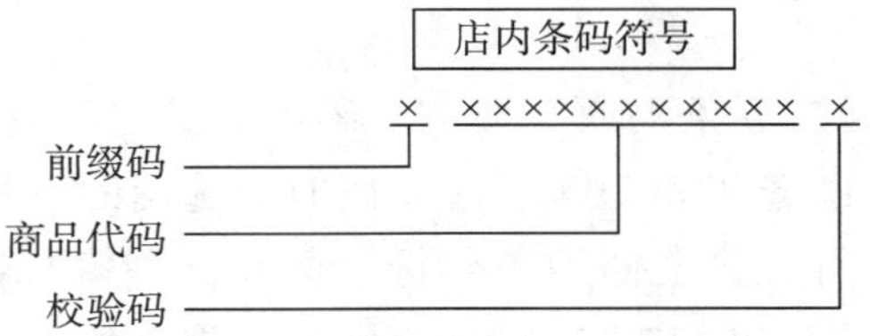

图 2－6　标准版店内条码结构

2. UPC 条码

UPC 条码是美国统一代码委员会于 1973 年制定的一种条码，主要用于美国和加拿大。各国出口到美国、加拿大等北美国家的商品，其包装上必须印有 UPC 条码。UPC 条码有标准版（UPC－A）和缩短版（UPC－E）两种形式。

UPC－A 条码主要用于商品销售和商品储运两种包装，由 12 位数字的字符代码组成，称为标准版的 UPC 条码，其结构如图 2－7 所示。

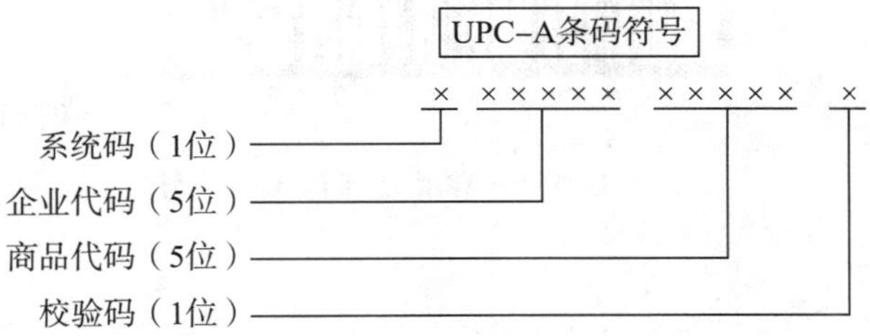

图 2－7　UPC－A 的条码结构

系统码在左侧安全空间，数字不同，则含义也不同：“0”表示规则数量的商品；“2”表示不规则数量的商品；“3”表示医药卫生用品；“5”表示用信用卡销售的商品；“7”为中国申报的美国统一代码委员会会员专用。

UPC－E条码是UPC－A条码的一种特殊形式，是缩短版的UPC条码，可以被视为删除UPC－A条码的4个或5个“0”得到的条码。只有当商品很小，无法印刷表示12位数字的UPC－A条码时，才允许使用UPC－E条码，例如，香烟、胶卷、化妆品等商品。UPC－E条码由表示8位数字的条码符号构成，其结构如图2－8所示。在UPC－E条码中，前缀号只能取“0”，也就是说，只有当UCC给企业分配的编码系统字符是“0”时，才可使用UPC－E条码。商品信息代码由6位数字构成，是由企业代码和商品代码根据一定规则消零压缩后得出的。UPC－E条码校验码的计算方法与UPC－A条码相同，但是首先要将UPC－E条码还原成UPC－A条码形式。

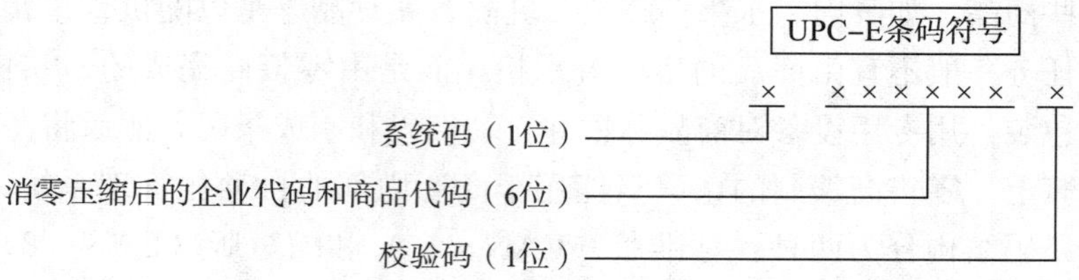

图2－8 UPC－E的条码结构

3. ITF条码

ITF条码，又称交插二五条码或交插－25码，主要用于运输包装，是印刷条件较差，不允许印刷EAN－13条码和UPC－A条码时应选用的一种条码。1983年，交插－25码完整的规范被编入有关物资储运条码符号的美国国家标准ANSI MH10.8m中。2003年，我国发布了国家标准GB/T 16829－2003《信息技术 自动识别与数据采集技术 条码码制规范 交插二五条码》，并于2003年12月开始实施。

ITF条码是有别于EAN、UPC条码的另一种形式的条码。在商品运输包装上使用的主要是由14位数字字符代码组成的ITF－14条码。交插－25码是一种连续、非定长、具有自校验功能且条空都表示信息的双向条码。其结构如图2－9所示。

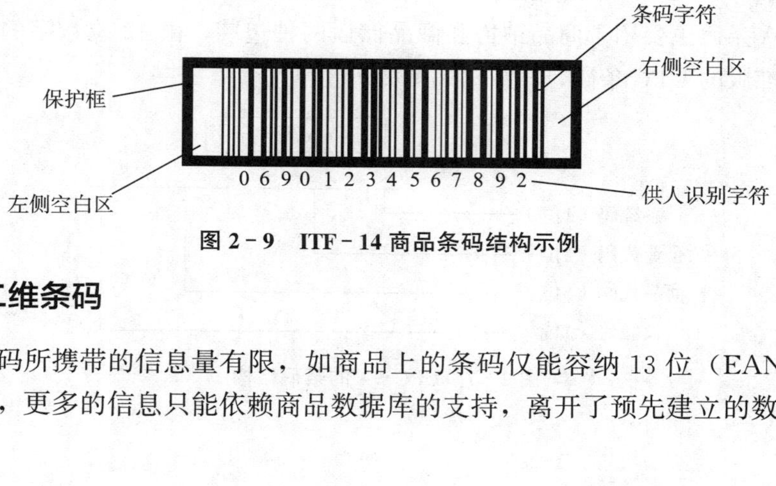

图2－9 ITF－14商品条码结构示例

三、二维条码

一维条码所携带的信息量有限，如商品上的条码仅能容纳13位（EAN－13条码）阿拉伯数字，更多的信息只能依赖商品数据库的支持，离开了预先建立的数据库，这种条码就没有意义了，因此在一定程度上也限制了条码的应用范围。基于这个原因，人们在20世纪90年代发明了二维条码（简称二维码）。二维码除了具有一维条码的优点外，同时还有信息量大、可靠性高、保密和防伪性强等优点。

目前，二维码主要有PDF417码、Code49码、Code16K码、Data Matrix码、Maxi Code码等。

二维码通常为横向和纵向二维空间存储信息的方形结构条码。二维码不单由横向和纵向的条码组成，而且码区内还会有多边形的图案。同样，二维码的纹理也是黑白相间，粗细不同。二维码是点阵形式，如图2-10所示。

图2-10　二维条码

二维码作为一种新的信息存储和传递技术，现已应用在国防、公共安全、交通运输、医疗保健、工业、商业、金融、海关及政府管理等多个领域。二维码有错误修正技术及防伪功能，增强了数据的安全性；二维码可把照片、指纹信息编制于其中，可有效解决证件的可机读和防伪问题。因此，二维码可广泛应用于护照、身份证、行驶证、军官证、健康证、保险卡等证件的制作。我国香港特别行政区护照上已经应用了二维码技术。

中国物品编码中心负责编制的国家标准GB/T 17172-1997《四一七条码》于1997年12月正式发布。

案例2-2

大连市抽查百余种商品条码使用情况　冒用商品条码最高罚款3万

在商场、超市购物结算时，收银员通常会扫描产品外包装上的条码，这就是商品条码。为加强商品条码管理工作，2022年10月，大连市市场监督管理局采取“双随机一公开”模式，随机抽取了全市12家生产、经营单位，对其商品条码使用情况逐户开展了监督检查，涉及100余个品种。

“商品条码是商品流通的‘身份证’，通常由13位数字组成，是产品进入商场、超市包括电商平台销售的必要条件。”大连物品编码及信息化研究院有限公司编码技术部主任李鹏程说。他还通过手机上的“中国编码”App扫描了某商品外包装上的商品条码，扫描结果立即显示了企业和商品的详细信息，包括产品名称、分类、净含量、上市时间等。他表示，在前期市场检查时发现，有的企业生产的商品的条码高度不够，不足 1.8 厘米，两侧空白区也不够，这些都会影响条码的应用。而有一些厂家冒用别人的条码，有关部门将按照商品管理相关办法予以 3 万元以下的处罚。“当商品使用条码后，企业应将商品的实物送至或邮寄至官方机构。官方机构会按照国际统一数据标准，进行完整的原数据采集，从而帮助企业打造详细的产品信息，使企业产品进店后能快速上架，避免产品进入超市后再去录入信息。”李鹏程说。商品条码也可以应用于产品的出入库统计，包括产品的追溯。

据大连市市场监督管理局标准处负责人介绍，本次检查的重点内容包括：企业是否未经核准注册（备案）在产品或者产品包装上使用厂商识别代码和相应的商品条码？是否在产品或者产品包装上使用其他条码冒充商品条码或者使用伪造的商品条码？是否在产品或者产品包装上使用已经注销的厂商识别代码和相应的商品条码？经销的商品是否印有未经核准注册、备案或者伪造的商品条码？

资料来源：我市抽查百余种商品条码使用情况 冒用商品条码最高罚款 3 万. 半岛晨报，2022-10-28.

边学边练

你知道企业使用商品条码应注意哪些问题吗？

第四节 进出口商品归类

在海关管理过程中，对进出口商品是按照其所属类别分别适用不同的监管条件，并按照不同税率征收关税的，海关统计中也将不同商品的类别作为一项重要的统计指标。因此，需要按照进出口商品的性质、用途、功能或加工程度等将其归入某一类别，这种根据海关管理的不同目的而对进出口商品进行类别划分的行为称为海关进出口商品归类。海关进出口商品归类是海关监管、海关征税及海关统计的基础，归类正确与否直接影响到进出口货物能否顺利通关，与进出口货物收发货人或其代理人的切身利益也密切相关。

一、《协调制度》

《协调制度》是指原海关合作理事会（1995 年更名为世界海关组织）在《海关合作理事会商品分类目录》（CCCN）和联合国的《国际贸易标准分类》（SITC）的基础上，参照国际上主要国家的税则、统计、运输等分类目录制定的一个多用途的国际贸易商品分类目录。经国务院批准，我国海关自 1992 年 1 月 1 日起开始采用《协调制度》，进出口商品归类工作由此成为我国海关最早实现与国际接轨的执法项目之一。

1.《协调制度》的基本结构

《协调制度》自 1988 年 1 月 1 日起正式实施，至今已经过七次修订，形成了 1988 年版、1992 年版、1996 年版、2002 年版、2007 年版、2012 年版、2017 年版及 2022 年版共八个版本。

《协调制度》将国际贸易商品分为 21 大类、97 章（其中第七十七章为空章），共有 5 000 多个六位数级的商品编码。该目录中具有法律效力的内容包括商品编码表、各种注释［包括在类标题下的注释（以下简称类注）、在章标题下的注释（以下简称章注）以及类或章标题下的子目注释］和六条归类总规则。其中，商品编码表由 HS 编码（简称商品编码）和货品名称（包括前四位数级的品目条文和后两位数级的子目条文）构成，从属于 21 大类，分布在 97 章中，任何缔约方都不能自行更改商品编码、货品名称、各种注释和归类总规则，所以它是一个以公约形式保证其统一实施的国际商品分类目录。

（1）商品编码表。《协调制度》基本上是以商品所属的生产行业为类的划分依据，属于同一生产部类的产品归在同一类中。各章则基本上是按商品的属性或用途来划分的，其中第一章至第六十八章（第六十四章至第六十六章除外）基本上是按商品的自然属性来分章的，第六十四章至第六十六章以及第八十四章至第九十六章是按货物的用途或功能来分章的。具体在每一章内，商品的排列也是有规律的，基本上是原材料先于成品（原材料—半成品—制成品），加工程度低的先于加工程度高的（初级产品—粗加工产品—深加工产品），列名具体的先于列名一般的，整机先于零部件。在有的章中，如第二十八章、第二十九章等还有分章。章或分章下则是品目条文和子目条文。品目条文是《协调制度》中前四位数级商品编码对应的货品名称，子目条文则是第五位和第六位数级商品编码对应的货品名称。其中五位数级商品编码对应的货品名称栏目为一级子目，六位数级商品编码对应的货品名称栏目为二级子目。在商品编码表中，归类时具有法律效力的是品目条文和子目条文。

商品编码的前四位数码表示品目，其中前两位数码表示货品所在章，后两位数码表示此货品在该章的序号。例如，品目 01.05 表示该货品在第一章，是第五个品目。一些品目则被细分为一级子目，一级子目再细分为二级子目：一级子目用五位数码表示，第五位数码通常表示它在所属品目中的序号；二级子目用六位数码表示，第六位数码通常表示它在所属一级子目中的序号。例如，0105.12 表示该货品属于第一章第五个品目第一个一级子目中的第二个二级子目。没有设一级子目或二级子目的品目，第五位或第六位数码用 0 表示，例如 0205.00，表示第二章第五个品目下没有一级子目和二级子目。需要指出的是，作为未列名商品的第五位或第六位数码用 9 表示，这不代表它在该级子目的实际序号，其间的空序号是为在保留原有编码的情况下适用日后新增添的商品而设。在此，还需要注意的是，数字 9 被未列名零件占用时，数字 8 表示未列名整机。例如：8509.90 为家用电动器具零件，而 8509.80 为未列名其他家用电动器具。

另外，需要说明的是，由于《协调制度》经过了多次修改，目前的《协调制度》目录中某些品目或某些子目已被删除，如第五章中原第三个品目（05.03）和第九个品目（05.09），第十四章中原第二个品目（14.02）和第三个品目（14.03）等已被删除，又如第二十六章第二十个品目的一级子目 2620.50 也已被删除（类似的例子还有许多），所以 HS 编码的连续性特点已被打破。

（2）类注、章注和子目注释。《协调制度》的注释有三种，即位于类标题下的类注、位于章标题下的章注、位于类或章标题下的子目注释。这些注释也是商品归类的依据，它与品目条文和子目条文具有同等法律效力。需要指出的是，子目归类时子目注释的运用具有优先性，其次是章注和类注。为了有效地说明和限定品目范围，注释通常有以下几种表述方法：

①排他列举。排他列举即列出类、章、品目或子目所不包括的商品。排他列举在《协调制度》的注释中极为常见，例如，第二章章注列举了该章不包括的“肉及杂碎”。

②典型列举。典型列举即列出有代表性的商品来说明类、章、品目或子目的商品范围。例如，第十二章的章注一用列举形式限定了品目 12.07“含油子仁及果实”的范围；第四十四章子目注释中罗列了大量的“热带木”。

③列出技术指标来限定某些特定商品的范围。例如，第十一章的章注二和章注三对归入该章的谷物细粉和粗粉规定了技术指标。

④对重要的名词作出解释。例如，第十一类的子目注释一解释了该类子目中使用的九个名词。

⑤阐述某些商品的归类规则。例如，第十一类的类注二规定了由多种材料混纺的货品的归类原则。

上述注释因为具有法律效力而被称为“法定注释”，它与《商品名称及编码协调制度注释》不同，前者的内容受到《协调制度》的约束，后者仅作为最有权威的解释存在，不具有法律约束力。此外，各国还可以根据本国的需要增加补充注释，其效力仅限于本国。

（3）归类总规则。《协调制度》还有六条归类总规则，它们也是具有法律效力的归类依据，它们适用于品目条文、子目条文以及有关的注释无法解决商品归类的场合，是指导整个《协调制度》商品归类的总原则。关于归类总规则的具体内容详见本书第二章第四节第三小节。

2.《协调制度》的主要优点

《协调制度》是各国专家长期共同努力的结晶，它综合了国际上多种商品分类目录的长处，成为国际贸易商品分类的一种“标准语言”，从而方便了国际贸易，避免了各工作环节的重新分类和重新编号。其主要优点包括以下几条。

（1）完整。《协调制度》目录将世界上国际贸易的主要商品全部分类列出来了，同时，为了适应各国征税、统计等商品分类的要求和将来技术发展的需要，还在各类、章列有起“兜底”作用的“其他”税（品）目或子目，使国际贸易中的任何商品，包括目前还无法预计到的新产品都能归入目录体系中合适的位置，以确保任何一种商品都不会被排斥在该目录范围之外。例如，第六类化学产品的税（品）目号 3824 包括了该类中其他税（品）目号未列名的化学工业及其相关工业的产品，这样，凡在其他税（品）目中找不到合适税（品）目号的化工产品就可放在该项“兜底”税（品）目号中。结合归类总规则四“最类似归类”原则的综合运用，这就保证了《协调制度》具有对货品无所不包的特点。

（2）系统。《协调制度》的分类原则遵循了一定的科学原理和规则，将商品按人们所了解的自然属性、生产部类和不同用途分类排列，同时，还考虑到了商业习惯的不同和实际操作的可行性，便于理解、归类、查找、记忆。

（3）通用。《协调制度》目录在国际上影响很大，目前已为200多个国家（地区）所采用，并且还有许多国家（地区）正积极准备，以期尽快采用。由于采用同一分类目录的国家的进出口商品之间具有可比性，因此，该目录既适合用作海关税则目录，又适合用作对外贸易统计目录，还适合用作国际运输、保险、生产、贸易等部门的商品分类目录，其通用性超过了以往任何一个商品分类目录，加之《商品名称及编码协调制度的国际公约》规定了缔约国的权利和义务，这就保证了该目录的有效统一实施。

（4）准确。《协调制度》目录所列税（品）目的概念明确，内涵和外延明了、不重复。为保证这一点，除了目录的税（品）目条文有非常清楚的表述外，还有作为归类总纲的归类总规则以及类注、章注、子目注释加以具体说明，各税（品）目的范围都非常清楚。如税（品）目1209的条文为“种植用的种子、果实及孢子”，凡种植用的种子一般均可归入此号，但第十二章的章注三又特地注明了谷物等项商品即使作为种子使用，也不归入税（品）目1209，这样就把税（品）目1209所包括的范围规定得十分清楚了。

此外，国际上有专门的机构和人员对《协调制度》目录进行维护和管理，各国还可对《协调制度》目录提出修正意见，以维护本国的经济利益，统一疑难商品的归类。

以上这些都不是仅靠一个国家的力量所能办到的，也是国际上其他商品分类目录所无法比拟的。

二、我国海关进出口商品分类目录

海关进出口商品分类目录是进出口商品归类的基本依据。我国海关进出口商品分类目录是指根据海关征税和海关统计工作的需要分别编制的《中华人民共和国进出口税则》（以下简称《进出口税则》）和《中华人民共和国海关统计商品目录》（以下简称《统计商品目录》）。这两个分类目录的品（目）号在第一章至第九十七章完全一致，均是以《协调制度》为基础，结合我国进出口货物的实际情况编制而成的。

1. 产生与发展

上述商品分类目录自1992年1月1日起实施，其中1992—1995年版分类目录是以1992年版《协调制度》为基础编制的，1996—2001年版分类目录是以1996年版《协调制度》为基础编制的。为适应科学技术的发展和国际贸易方式的变化，对进出口货物实施有效的监管，世界海关组织根据《商品名称及编码协调制度的国际公约》有关条款的规定，对1996年版《协调制度》进行了全面修订，并在1999年召开的世界海关组织协调制度委员会第24次会议上公布了2002年版《协调制度》。

根据《商品名称及编码协调制度的国际公约》对缔约国权利、义务的规定，我国自2002年1月1日起采用新的《协调制度》，并据此编制了2002年版《进出口税则》和《统计商品目录》。

2006年版《进出口税则》八位数税目为7 605个。上述目录第一章至第九十七章

（其中第七十七章为空章）的前六位数码及其商品名称与《协调制度》完全一致，第七、八两位数码是根据我国关税、统计和贸易管理的需要细分的。

2007 年 1 月 1 日起，《协调制度》第四次修订本生效，经国务院批准，我国也自 2007 年 1 月 1 日起实施以 2007 年《协调制度》为基础制定的《进出口税则》。该税则共分 21 类、97 章（其中第七十七章为空章）、5 052 个六位数子目、7 646 个八位数税目。从 2007 年到 2011 年，该税则的第七、第八位数子目作了多次调整，并对部分商品的关税税率作了适当调整。

2012 年 1 月 1 日起，《协调制度》第五次修订本生效。经国务院批准，我国自 2012 年 1 月 1 日起实施以 2012 年《协调制度》为基础制定的《进出口税则》。2012 年《进出口税则》共分 21 类、97 章（其中第七十七章为空章）、5 205 个六位数子目、8 194 个八位数税目。

2017 年 1 月 1 日起，《协调制度》第六次修订本生效。经国务院批准，我国自 2017 年 1 月 1 日起实施以新的《协调制度》为基础制定的《进出口税则》。新版《协调制度》共有 242 组修订，主要关注环境保护、生态可持续发展、科学技术的新变化、国际贸易新业态的发展等方面，进一步明确了商品分类。

2022 年 1 月 1 日起，《协调制度》第七次修订本生效。新版《协调制度》共有 351 组修订，修订后的《协调制度》共有 6 位数子目 5 609 个。本次修订较多的类目为：第十六类（机电产品）修订 52 组，第六类（化工品）修订 47 组，第一类（动物产品）、第九类（木及木制品）均修订 31 组。值得注意的是，在本轮修订中，中国海关有 45 组提案及修订意见获采纳，获采纳数创历史新高。其中“玻璃车窗”“通信天线”“无人机”“不锈钢真空保温容器”等被列入了新版《协调制度》，解决了归类争议，助力我国优势产品“走出去”。同时，为明确“微生物油脂”“3D 打印机”“集成电路检测设备”等产品归类提供的“中国方案”获得通过，并将北斗导航系统等中国元素及“单板层积材”国家标准纳入《商品名称及编码协调制度注释》，使得新版《协调制度》具有“中国特色”。

课堂小思考

《协调制度》中体现的“中国特色”有何意义？

《协调制度》已成为国际贸易的“标准语言”，因此，国家的贸易政策就会不可避免地在《协调制度》上得以体现，各国在世界海关组织归类技术议题上的争议，往往都隐藏着各自的经济利益。自《协调制度》实施以来，中国海关参加了世界海关组织归类技术委员会的历次会议，积极参与国际交流与合作，从最初的完全被动接受世界海关组织的归类决议，到现在逐步掌握“游戏”规则，在充分尊重《协调制度》原则的基础上积极争取有利于本国经济利益的商品归类结论，中国海关正以一个大国海关的姿态在《协调制度》的国际舞台上发挥越来越重要的作用。

2. 商品号列的意义、编排规律及其表示方法

《进出口税则》中的商品编码号列又称税则号列（简称税号），为满足征税需要，每项税号后均列出了该商品的税率；《统计商品目录》中的商品号列又称商品编号，为满足统计需要，每项商品编号后均列出了该商品的计量单位，并增加了第二十二类“特殊交易品及未分类商品”（内分第九十八章和第九十九章）。

以《协调制度》为基础的海关进出口商品分类目录对商品的分类和编排是有一定规律的。从类来看，基本上是按社会生产的分工（或称生产部类）划分的，即将属于同一生产部类的产品归在同一类里。从章来看，基本上是按商品的属性或功能、用途划分的。而每章中各税（品）目一般是按照动物、植物、矿物质产品或原材料、半成品、制成品的顺序编排。

我国海关进出口商品分类目录采用结构号列，即税（品）目的号列不是简单的顺序号，而是有一定含义的编码。我国进出口商品编码的表示方法如下例所示：

编　码：	01	01	1	0	1	0	改良用马
位数含义：	章	税（品）目	五位数级子目	六位数级子目	七位数级子目	八位数级子目	

其中，五、六位数级子目号列为《协调制度》原有的编码（又称 HS 子目），七、八位数级子目号列为我国增加的编码（又称本国子目）。

三、《协调制度》的归类总规则

我国《进出口税则》是以《协调制度》为基础制定的，因此我国《进出口税则》的归类总规则与《协调制度》的归类总规则完全一致：共有六条，其中前四条承继《海关合作理事会商品分类目录》的归类总规则，后两条是新增加的。归类总规则作为《协调制度》的重要组成部分，是进出口商品归类必须遵循的原则和方法。《协调制度》的归类总规则共有六条，现逐条介绍如下：

1. 归类总规则一

规则一有以下几方面的含义：

（1）各类、章及分章的标题对商品归类不具有法律效力，设置标题的目的仅仅在于查找方便而已。所以在进行商品归类时，不能完全凭借类、章或分章的标题来确定商品的税则号列。例如，第一章的标题是“活动物”，但并非所有的活动物都归入第一章，比如活鱼就应归入第三章，流动马戏团的活动物则应归入第九十五章。又如，第六十二章的标题是“非针织或非钩编的服装及衣着附件”，按标题这一章不应包括针织品和钩编制品，但品目 62.12 却又列明了包括针织或钩编的紧身胸衣等货品。

（2）品目条文和有关的类注或章注才是具有法律效力的归类依据。许多货品可直接按品目条文进行归类，例如，鲜牛肉可直接归入品目 02.01，而无须运用其他的归类总规则。有的货品要按照类注或章注的规定来归类，例如，牛尾毛应根据第五章章注四的规定按“马毛”归入品目 05.11 中。

（3）只有在品目、类注和章注无专门规定时才可按照归类总规则的其他规则归类。也就是说，在确定归类时，应首先考虑品目条文、相关的类注和章注的规定，其次才能考虑其他归类规则。例如，对于机器的成套零件，品目没有条文规定，类注、章注也无专门规定，所以它的归类不能确定，此时就需要按其他归类规则进行归类。

2. 归类总规则二

归类总规则二（一）与归类总规则二（二）的共同特点是扩大（品）目所列货品的范围。品目所列货品应视为包括其不完整品或未制成品，以及货品的未组装件或拆散件；品目所列材料或物质应视为包括该种材料或物质与其他材料或物质混合或组合而成的货品；品目所列某种材料或物质所构成的货品，应视为包括全部或部分由该种材料或物质构成的货品。

其中归类总规则二（一）有条件地将不完整品、未制成品也包括在品目所列货品范围之中，具体包括了以下三种情况：

（1）品目所列的货品不仅包括完整的货品，还包括具有完整品或制成品的基本特征的不完整品或未制成品。例如，缺少车门的小汽车仍然具有小汽车的基本特征，所以应按小汽车归入相应品目。

（2）完整品或制成品的未组装件或拆散件，应按已组装货品归入完整品或制成品的相应品目中。这里通常是由于包装、装卸或运输上的需要而将货品以未组装件或拆散件形式进出口的。例如未拼装或拆散的木制品，如果各零部件同时进出口，则应按相应的完整木制品归类。此外，对于某一货品的未组装零部件，如超出组装成品所需数量，则超出部分应单独归类。

（3）对于以未组装件或拆散件形式进口或出口的不完整品或未制成品，只要它们具有完整品或制成品的基本特征，就应按已组装的完整品或制成品归入相应品目中。例如，进出口时各零部件未组装的自行车，如果组装起来后缺少坐垫，那么这种未组装的不完整自行车仍然按完整自行车归类。

需要指出的是，上述归类总规则二（一）的规定一般不适用于第一类至第六类所包括的货品，即该规则主要适用于第三十九章及以后各章的货品。

归类总规则二（二）则是有条件地将该品目货品的组合物或混合物也归入该品目中，这里具体也包括三种情况：

（1）品目所提到的某种材料或物质，应包括该种材料或物质与其他材料或物质的混合品或组合品，但这种混合品或组合品不能因添加了其他材料或物质而失去品目条文所列货品的特征。例如，加碘的食用盐这种混合物并未实质性地改变食用盐的基本特征，不会引起“加碘食用盐是不是盐”的疑问，因此仍应按盐归入相应品目。

（2）品目所列出的由某种材料或物质制成的货品，应包括部分或全部由该种材料或物质制成的货品。对于部分由该种材料或物质制成的货品，不能因添加了其他材料或物质而失去了品目条文所列货品的特征。例如，品目 53.09 的亚麻机织物既包括全部由亚麻制成的机织物，也包括主要由亚麻制成并含有部分其他纺织材料的机织物。又如，涂有石蜡的软木塞并未因涂有石蜡而改变软木塞的特性，所以仍应按软木制品归入品目 45.03。

（3）对于混合品或组合品，以及由一种以上材料或物质制成的货品，如果改变了品目条文所列货品的特征，看上去可归入两个或两个以上品目，则不能按本规则而应按归类总规则三进行归类。

必须指出的是，归类总规则二只有在品目条文、类注、章注无特别规定的条件下才能运用。也就是说，如果归类总规则一能够解决货品的归类问题，就不必运用归类总规则二及其他规则解决。

3. 归类总规则三

归类总规则三专用于有歧义的货品的归类。只要按归类总规则一和归类总规则二不能解决的货品归类问题，都应先按归类总规则三寻求正确的归类。归类总规则三共有三种归类方法，应按规定的先后次序加以运用。

（1）具体列名归类法。归类总规则三（一）指出，归类时列名较为具体的品目应优先于列名一般的品目，即当某种货品似乎涉及两个或更多的品目时，应该将其归入描述得更详细、更接近所要归类的货品的品目。一般来说包括以下两种情况：

①同一类别货品的比较。与货品的类别名称相比，货品的具体名称更具体。如机织丝制紧身胸衣是一种女式内衣，涉及两个品目，一个是 62.08 所列的“女式背心及其他内衣”，另一个是 62.12 所列的“紧身胸衣”，显然，后者要比前者列名更具体、详细，因此，机织丝制紧身胸衣尽管也是女式背心及其他内衣的一种，但仍应归入品目 62.12 而不是品目 62.08。

②不同类别货品的比较。如果某一品目所列名称更明确地包括某一货品，则该品目要比所列名称不完全包括该货品的其他品目更为具体。例如，飞机用钢化玻璃看起来可归入两个品目，一是按飞机零件归入品目 88.07，二是按钢化玻璃归入品目 70.07。但相对来说，后者比前者描述得更为具体明确，所以该货品应归入品目 70.07。

但是，运用这条标准时必须注意，用来比较的有关品目条文必须完全包括了所要归类的货品。如果两个或两个以上品目都仅述及混合或组合货品所含的某部分材料或物质，或零售成套货品中的某些货品，那么即使其中某个品目相比其他品目对该货品的描述更全面、详细，这些货品在有关品目的列名也应视为同样具体。也就是说，在这种情况下，货品不能按具体列名的方法归类，而应按归类总规则三（二）或归类总规则三（三）的规定进行归类。例如，由塑料和橡胶两种材料制成的传动带涉及两个品目，即品目 39.26“其他塑料制品”和品目 40.10“硫化橡胶制的传动带”，由于这两个品目所列商品都不能完全包括上述货品，所以它们的列名应视为同样具体。因此，这个商品的归类不能运用归类总规则三（一）而应运用归类总规则三（二）来解决。

（2）基本特征归类法。归类总规则三（二）适用于不能按以上规则归类的混合物、不同材料组成的组合货品、不同部件组成的组合货品以及零售的成套货品。这些货品如能确定构成其基本特征的材料或部件，则应按这种材料或部件归类。

这里所称“不同部件组成的组合货品”，不仅包括部件相互固定组合在一起，构成实际不可分离的整体的货品，还包括其部件可分离的货品，但这些部件必须是相互补充、配合使用、构成一体并且通常不单独销售的。这类组合货品的各个部件一般都装于同一个包装内。

这里所称“零售的成套货品”，必须同时符合以下三个条件：①由至少两种看起来可归入不同品目的不同货品构成；②为了适应某种需要或开展某项专门活动而将这几种货品包装在一起，这几种货品是互相补充、配合使用的；③其包装形式适于直接销售给用户而无须重新包装，即采用零售包装。

例如，一包装有一块速食面和一小包调味料的方便面，构成其基本特征的应是速食面而不是调味料，因此这种方便面应按面食归入品目 19.02，而不应按调味品归入品目 21.03。又如，由 50％的大麦（品目 10.03）、30％的玉米（品目 10.05）和 20％的稻谷（品目 10.06）组成的混合物，由于大麦比重最大，构成该混合物的基本特征，因此应按大麦归入品目 10.03。再如，将一把绘图尺（品目 90.17）、绘图圆规（品目 90.17）、一支铅笔（品目 96.09）和一把铅笔刀（品目 82.14）装在一个塑料盒子（品目 42.02）中用于零售的成套绘图器具，由于绘图尺构成这套绘图器具的基本特征，因此应按绘图器具归入品目 90.17。

需要指出的是，归类总规则三（二）不适用于组件分别包装的货品，不论它们是否装入一个共同包装内，也不适用于不论是否供零售的包装在一起的混合产品，例如，一个装有一瓶威士忌酒（品目 22.08）、一瓶葡萄酒（品目 22.04）以及一块电子表（品目 91.02）的礼盒，由于这种零售的成套货品不符合归类总规则三（二）中的基本特征归类法的条件，因此应将每种货品分别归入各自的品目。

（3）从后归类法。归类总规则三（三）指出，如果按归类总规则三（一）或（二）都不能解决某货品归类问题，则应根据归类总规则三（三）按号列顺序将该货品归入其可归入的最后一个品目。例如，由 40％的猪肉、40％的鱼肉、15％的面粉及 5％的其他调料混合制成的肉丸，由于猪肉和鱼肉所占比重相等，无法判断构成肉丸基本特征的材料，所以应按归类总规则三（三）从后归入品目 16.04。再如，铜、锌各占 50％的铜锌合金管材，如果按铜合金管材归类则应归入品目 74.11，而按锌合金管材归类则应归入品目 79.01，由于铜、锌两种元素的比重相同，所以应按从后归类原则归入品目 79.01。

需要指出的是，归类总规则三只有在品目条文、类注、章注无其他规定的条件下才能运用。如果品目条文、类注或章注有专门规定，则直接按这些规定归类，而不必运用归类总规则三。例如，由缝衣针、线、小剪刀、纽扣等货品组成的零售成套旅行用针线包，由于品目 96.05 条文中有具体列名，所以不必运用归类总规则三就可直接归入品目 96.05。又如，清朝时期发行的龙票，既可归入品目 97.04，又可归入品目 97.06，但是，根据第九十七章章注四（二）的规定，既可归入品目 97.01 至 97.05 中的某一个品目，又可归入品目 97.06 的货品，不应归入品目 97.06，所以清朝发行的这种邮票不应根据归类总规则三（三）的规定归类，而应按章注的规定归入品目 97.04。

4. 归类总规则四

归类总规则四适用于不能按照归类总规则一至归类总规则三归类的货品，这些货品应归入与其最类似的货品的品目中，所以这种方法又称最类似归类法。由于归类总规则一到归类总规则三能解决绝大多数货品的归类问题，而且基本上《进出口税则》中的每章都设有“其他未列名货品”这一品目，且每个品目下基本上都设有“其他”子目，所以归类总规则四极其罕用。

在按照归类总规则四归类时，必须将进出口货品与类似货品加以比较，以确定其与哪种货品最类似，然后将该货品归入与其最类似的货品所属的品目。当然，所谓“类似”要考虑许多因素，包括货品名称、特征、用途等。

5. 归类总规则五

归类总规则五是关于包装容器和包装材料归类的专门规定，它是由原 CCCN 中有关包装容器和包装材料的品目条文等集中归纳而成的。

（1）适合长期使用的特制箱、盒及类似包装容器的归类。归类总规则五（一）主要适用于特制的、适合长期使用的箱、盒等非简单包装容器的归类。这些容器必须同时符合下列条件：①必须制成特殊形状或形式，专门盛装某一物品或某套物品，即专门按所要盛装的物品进行设计。②必须适合长期使用，即容器的使用期限与所盛装的物品的使用期限是相称的。在物品不使用期间，这些容器还能起到保护物品的作用。③必须与所包装的物品同时进出口，不论其是否为了运输方便而与所装物品分开包装。④通常情况下是与所装物品一同出售的。⑤包装容器本身并不构成整个货品的基本特征。也就是说，容器本身只是物品的包装物，无论是从价值还是从作用来看，它们都是附属于物品的。

例如，内装镶嵌钻石的铂金戒指的首饰盒应按铂金戒指归入品目 71.13。又如，内装小提琴的箱子应按小提琴这种乐器归入品目 92.02。而本身构成货品基本特征的容器不适用本款规则，例如装有茶叶的银质茶叶罐，因为银罐本身价值较高，已构成整个货品的基本特征，因此应按银制品归入品目 71.14。

（2）适合一般无法重复使用的简单包装材料及包装容器的归类。归类总规则五（二）是对归类总规则五（一）的补充，适用于明显不能重复使用的包装材料和包装容器。这些材料和容器通常是货品的一次性包装物，在向海关报验时，它们必须是包装着货品的。当货品被拆开后，包装材料和容器一般不能够再作原用途使用。例如，装着玻璃器皿的纸板箱应与所装的玻璃器皿一同归类；内装电视机的纸箱应按电视机归入品目 85.28，而不是按纸箱归入品目 48.19。但对于明显可以重复使用但又不属于归类总规则五（一）所述的包装材料或包装容器，就不能按此规则归类。例如，内装液化气体的钢铁容器就不能按液化气体而应按钢铁制品归入品目 73.11。

6. 归类总规则六

归类总规则六是专门针对品目项下子目的归类而作出的规定。在我国《进出口税则》中，税则号列的前四位数码称为品目，后四位数码称为子目，子目又可分为四级，即第五位数为一级子目（又称一杠子目，因为在货品名称栏中用一根小横杠表示，下同），第六位数为二级子目（又称二杠子目），第七位数为三级子目（又称三杠子目），第八位数为四级子目（又称四杠子目），其中，前六位数码是《协调制度》的法定编码，对参加《商品名称及编码协调制度的国际公约》的缔约方均具有法律约束力，而最后两位数码是我国增加的子目，只在我国具有法律效力。

归类总规则六包括以下几层含义：

(1) 货品在子目层面归类的法律依据是子目条文或有关的子目注释，在子目条文或子目注释没有专门规定的情况下，可按类注或章注以及归类总规则一至五的规定归类。因此，当某一货品确定了其应归入某个品目后，要归入该品目项下某一子目时，其依据首先是该品目项下的子目条文或子目注释，其次才是类注、章注或其他归类规则。

(2) 子目的比较只能在同一数级上进行，即子目的归类必须遵循同级比较的原则。当按照归类总规则三（一）的规定考虑某一货品在同一品目项下的两个及两个以上一级子目的归类时，只能依据有关的一级子目条文来确定哪个一级子目所列名称更为具体或更为类似。只有在确定了哪个一级子目列名更为具体，而且该子目项下又细分出二级子目时，才能根据有关二级子目条文考虑货品应归入这些二级子目中的哪个子目。三级子目和四级子目的归类依此类推。简言之，归类时，应考虑的首先是归入哪个品目，其次是该品目项下的哪个一级子目，然后才是该一级子目项下的哪个二级子目，依此类推。而不能对分属于不同品目的子目进行比较，更不能对分属于不同章或不同类的子目进行比较。

(3) 当类注或章注与子目条文或子目注释不一致时，品目的归类应依据类注、章注或品目条文，而子目的归类应依据子目条文或子目注释。例如，第七十一章章注四（二）所规定的“铂”的范围就与该章子目注释二所规定的“铂”的范围不相同，因此，铂金属在归类时，应先按第七十一章章注四（二）的规定归入品目 71.10，而在归入子目时应根据该章子目注释二的规定归入子目 7110.11 或子目 7110.19。

(4) 下一级子目的货品范围不得超过其上一级子目的货品范围。也就是说，四级子目的货品总和不得超出其所属的三级子目的货品范围，三级子目的货品总和也不得超出其所属的二级子目的货品范围，依此类推，二级子目的货品总和不得超出其所属的一级子目的货品范围，一级子目的货品总和则不得超出其所属的品目的货品范围。

例如，对于羽毛球拍，归类时应先按运动用品确定将其归入第九十五章，再按一般体育运动或户外游戏用品确定将其归入该章品目 95.06，然后根据归类总规则六的规定将其归入子目 9506.4090。

归类总规则对于货品的正确归类是极其重要的。但是，仅仅熟练掌握归类总规则，而不熟练掌握各类章的结构及归类规则，不熟练掌握商品知识，特别是作为归类要点的商品知识，则仍然不能做到正确归类。

技能实训

【实训目的】

熟悉商品分类、商品目录、商品编码等工作。

【实训主题】

商品分类、商品编码、条码等在实际中的应用。

【实训时间】

本章课堂教学内容结束后的双休日和课余时间，为期一周，或者指导教师另外指定时间。

【背景材料】

北京大学图书馆简介

北京大学图书馆的前身是始建于1898年的京师大学堂藏书楼，是我国最早的近现代新型图书馆之一，辛亥革命之后正式改名为北京大学图书馆。

北京大学图书馆的发展可谓历经坎坷，但成就卓著，不仅对北京大学教学科研的发展起到了强有力的支持、保障作用，也对促进中国图书馆事业的发展乃至中国社会的发展起到了重要的作用。

很多人提到北京大学，往往会调侃她是“一塔湖图”。这一“图”，当然是指图书馆了，图书馆与博雅塔和未名湖并列成为北京大学的标志。

北京大学图书馆目前的馆舍由1975年落成的西楼与1998年落成的东楼相连而成，外观具盛唐风格，宏伟大气，坐落于校园中心，观之如知识圣殿。建筑面积约53 000平方米，设施先进，环境舒适，是读书学习的好去处，也是拍照留念的好景观。

到2011年底，纸质文献馆藏总量近800万册（件），电子图书达到276万种，中外文数据库有500个，另有音像资料5.6万余件，自建特色数据库近20种、超过100TB。“汗牛充栋”远不能比喻其馆藏之丰富，“书山”“智海”或能勉强形容之。

作为“211工程”“九五”“十五”三个公共服务项目之一的“中国高等教育文献保障系统”（CALIS）的管理中心及其下设的四个全国文献信息服务中心之一的文理中心设在北京大学图书馆，将为我国高等教育的资源共享和数字化建设作出重要贡献。

资料来源：笔者根据北京大学图书馆网站的信息整理。

【实训过程设计】

（1）指导教师要求学生课前预习背景材料。

（2）将全班同学按每组5～6人平均分成若干小组，进行讨论。各小组就近选择学校图书馆进行调研。

（3）根据背景材料，对你所在学校图书馆进行调研，你的学校图书馆是如何进行图书管理的？

（4）根据讨论和调研，你对学校图书馆在图书借阅方面有哪些建议？

（5）各小组对本次实训进行总结和点评，撰写作为最终成果的商品学实训报告。

（6）各小组提交填写了组长姓名、成员名单的商品学实训报告，优秀的实训报告将在班级展出，并收入本课程教学资源库。

综合练习

一、名词解释

商品分类　商品大类　商品中类　商品小类　商品细目　分类标志　商品目录

商品代码　商品条码　EAN 条码　UPC 条码　协调制度

二、多项选择题

1. 商品分类标志的实质是商品本身的（　　）。

A. 自然属性　　B. 经济属性　　C. 社会属性
D. 形态　　E. 价值

2. 以下说法正确的是（　　）。

A. 品目条文是《协调制度》中前四位数级商品编码所对应的货品名称
B. 子目条文则是第五位和第六位数级商品编码对应的货品名称
C. 五位数级商品编码对应的货品名称栏目为一级子目
D. 六位数级商品编码对应的货品名称栏目为二级子目
E. 在商品编码表中归类时具有法律效力的是品目条文和子目条文

3. 世界范围内广泛使用的条码系统包括（　　）。

A. 厂家条码　　B. 店内码　　C. 商店条码
D. EAN 条码　　E. UPC 条码

4. 商品分类的基本方法有（　　）。

A. 线分类法　　B. 点分类法　　C. 面分类法
D. 条块分类法　　E. 地区分类法

5. 我国现行的《进出口税则》（　　）。

A. 是 2017 年 1 月 1 日起实施的
B. 共分为 21 类、97 章（其中第七十七章为空章）
C. 有 5 205 个六位数子目
D. 有 8 194 个八位数税目
E. 是以新的《协调制度》为基础制定的，是第 5 次修订

6.《协调制度》自 1988 年 1 月 1 日正式实施起至今已经过七次修订，从而形成了包括（　　）在内的八个版本。

A. 1988 年版、1992 年版　　B. 1996 年版、2002 年版
C. 2007 年版、2012 年版、2017 年版、2022 年版　　D. 1988 年版、1995 年版
E. 2001 年版、2005 年版

三、问答题

1. 什么是商品分类？简述商品分类的基本方法和特点。
2. 商品分类标志选择的基本原则是什么？
3. 常用的商品分类标志有哪些？它们各自的适用性如何？
4. 什么是商品目录和商品代码？它们各有哪些种类？
5. 什么是商品条码？条码技术有何作用？
6. EAN 条码有几种？标准型的内容有哪些？
7.《商品名称及编码协调制度的国际公约》的基本结构是什么？
8. 如何理解归类总规则二、归类总规则三和归类总规则六？

第三章 商品质量

学习目标

- 理解商品质量概念的含义
- 掌握影响商品质量的因素、对不同类别商品质量的基本要求
- 理解伪劣商品的概念和范围
- 了解打击、防范和识别伪劣商品的方法与措施

案例导读

抖音电商平台治理年报：投入 1 亿元用于商品质检，2 亿元帮消费者维权

2023 年 1 月，抖音电商发布《2022 抖音电商平台治理年度报告》（下称“报告”），从打造优质服务体系、购物环境和内容生态，以及保护知识产权和信息安全五个维度，全面盘点去年平台治理的相关举措和成果。

1. 打造优质服务体系，保障用户权益

报告显示，抖音电商平台注重提升消费者收货体验，整体发货时间缩短 3～4 小时；保障消费者退换货体验，发货前“极速退”覆盖率达 94.5%；改善物流体验，平均收件时间缩短 6.2 小时；延长价格保护时间，最长达 34 天；帮助消费者处理售后纠纷和维权索赔，累计支付消费者权益保护资金 2 亿余元。

2. 打造优质购物环境，严抓商品品质

报告显示，平台加强新入驻商家管控，拦截高风险商家 8.4 万余个；提升精选联盟门槛，清退不合格商家 28 万余个；打击低劣商品制售团伙，清退违法商家 2 万余个；严抓商品品控，拦截违规商品发布 95 万余次，封禁风险商品 300 万余件；加强商品质检，投入专项资金 1 亿余元，抽检商品 6 万余件，处罚违规商家 2.8 万余个；加强商城超市治理，处置作弊商品 38 万余件。

3. 打造优质内容生态，激励内容创作

报告显示，“春雨计划”激励创作者创作优质内容，挖掘优质内容 37 万余条；“萤火计划”引导创作者做公益，0.4 万余名创作者低佣金带货；售出图书、农产品和非遗

商品95万余单；提升电商内容质量，挖掘优质短视频147万余条；处罚低质短视频3 280万余条；处罚低质直播1 500万余场；强化直播内容真实可信，882名创作者因虚假营销受罚，用户推荐度提升11.85%。

4. 加强知识产权保护，推动公众教育

加强知识产权保护，官方维权平台IPPRO为1.8万余位权利人提供服务，删除侵权链接16万余条；升级盗版治理机制，主动扫描商品34.6万余件，封禁违规店铺269家；上线原创首发图片保护系统，获首发认证图片近5万张；建立权利方对接机制，为600余个品牌、近百家出版机构提供服务；推动从源头打假，协助有关部门打击案件12起，抓捕涉案人员110人，涉案金额1.1亿元。

5. 加强信息安全保护，提升风控能力

平台加强用户信息保护，订单信息泄露量下降超90%；保障商家和达人经营安全，受恶意干扰商家量下降超70%；持续开展线下打击，协助有关部门落地案件50起，抓捕涉案人员100余人、涉案金额2亿余元。

资料来源：抖音电商平台治理年报：投入1亿元用于商品质检，2亿元帮消费者维权. 新浪网，2023-01-11.

边学边练

在直播带货盛行的市场背景下，商品质量评价内容及影响因素有哪些变化？

第一节 商品质量概述

一、商品质量的概念

商品质量也称为商品品质，是指商品满足规定或潜在需要的特性和特征的总和。这里的规定是指国家法律、法规和有关标准所明确作出的限制，也包括买卖双方经济合同中商定的对商品的要求。潜在需要指用户或消费者对商品的期望，例如对商品安全性、耐用性、时代性、民族性等方面的期望，如购车时对汽车分类下的豪华车、经济车、越野车、节能车等类型的期望。特性则是指事物所固有的性质，如食品的营养成分和食用价值，日用工业品的各种物理化学性质等。特征则是事物的象征和标志，如食品的色、香、味等。

边学边练

对商品质量概念的理解

以手机为例，搜集相关资料，指出国家法律、法规和有关标准中对手机商品所作出的明确的限制，了解手机消费者对手机有哪些期望，并对手机商品的特性和特征做一个列举描述。

需要指出的是，商品质量是一个动态的概念，表现在其具有时间性、空间性和消费对象性。不同时代、不同地区、不同的消费对象对同一商品有不同的质量要求，并且这种要求还会随着科学技术的进步、生活水平的提高和社会的发展而不断变化。例如，在对服饰的要求方面，我国消费者以前注重实用价值，而现在要求服饰即具有实用价值又具有审美价值，对服饰的款式、舒适度及其表现出来的时尚性等的要求则更高。人们消费商品时，在满足需求的同时，还要求能获得一定程度的精神享受。

知识链接

质量观念的演变

随着科学技术和经济的发展，人们对质量的要求不断提高，质量的观念也不断发生变化，具有代表性的质量观念主要有：

(1)“符合性质量”，即认为质量只需要符合标准的要求。这是长期以来人们对质量的理解，但是如果标准不先进，那么即使产品的质量百分之百符合标准，也不能认为其是质量好的产品，于是在满足符合性的基础上又产生了“适用性质量”的概念。

(2)“适用性质量”。它将产品适合顾客需要的程度作为衡量质量的依据，即从使用的角度来定义质量，认为产品质量是产品在使用时能成功满足顾客需要的程度。“适用性质量”概念的发展说明了人们在对质量概念的认识上逐渐把顾客需要放在首位，但是满足顾客需要的产品质量不一定使顾客满意，于是质量概念向“顾客满意质量”演变。

(3)“顾客满意质量”。由于顾客（和相关方）满意的“要求”是广义的，它除了适用性外，还包括隐含的要求，如对汽车来说，顾客除了有美观、舒适、轻便、省油和方便良好的售后服务等要求外，还有法律、法规方面的要求，如发动机排放物符合排放标准、制动器的安全可靠性高等。

二、商品质量评价

1. 商品质量评价的内容

不同商品有不同的质量评价内容和评价方法。例如，美国对所有商品都要求从适用性、耐用性、通用性、式样、吸引力、惬意感、表现身份和价格八个方面进行质量评价。

对不同类别的商品进行质量评价时，可能各个方面的重要性有差异。质量评价最终表现为商品价值，其关系式为：

$$V=(F+U)/P$$

其中，P 是价格（price）；V 是价值（value）；F 是功能（function）；U 是适用性（use）。

任何评价内容都可以量化，相关主体可以邀请有关人员（如专家、消费者、中间商）单独或会商评价。例如，对果品、蔬菜及其加工品进行质量评价的内容主要有：

（1）外观，看能否激发购买欲望；（2）口感，看能否激发食欲；（3）营养性，看能否满足身体的营养需要。

2. 对于商品质量评价的差异性

在实际生活中，对于同种商品，不同的人会有不同的质量评价。这里以园艺商品为例加以说明。商品学中所说的果实蔬菜的品质与栽培学中所说的果实蔬菜的品质并不完全一致。通常来说，栽培学中的品质属于自然科学范畴，强调果实蔬菜的内在品质和部分外观品质，而市场接受的果实蔬菜的品质还要与外观、价格和知名度（如著名产区或名牌）相联系。尽管园艺商品的品质取决于主观和客观两个方面，然而，在品质标准制定、商品交易、品质检验等活动中，人们还是把注意力集中在客观因素上。收购和销售人员在批发市场上批发和消费者在零售市场上购买园艺商品时通常是对产品进行品质比较，而不是对产品进行品质测定，而能进行比较的主要是感官品质。

因此，栽培者、收购和销售人员以及消费者对于园艺商品质量的评价有明显的区别或差异。

（1）栽培者对园艺商品质量的评价。栽培者不仅关心园艺商品的外观品质，而且注重品种的高产性、抗病性、易于采收和运输等特性，也重视口感和风味。

（2）收购和销售人员对园艺商品质量的评价。收购和销售人员对园艺商品质量的认识主要在于园艺商品的外观质量、销售质量、食用质量、运输质量、生食质量、质地品质、储运性能、货架寿命等。

（3）消费者对园艺商品质量的评价。消费者对园艺商品质量的评价主要侧重于园艺商品的外观质量（如色泽、形状、整齐度、疵点等），口感风味，营养价值（如食用质量、生食质量、营养价值以及可食部分大小等），花卉观赏的时间，经济性等。

不同的人对上述具体质量的要求和关心程度往往不同，因此，园艺商品生产者应该充分考虑不同人的具体要求，最终落脚在满足消费者的要求上。

第二节 影响商品质量的因素

从全面质量管理的角度出发，产品质量不是检验出来的，而是设计、制造出来的。讨论与研究商品质量必须从产品质量的形成过程入手，对商品质量在形成和实现的整个过程中所涉及的诸多因素逐一进行剖析。商品质量的高低，是由商品生产、流通、消费全过程中许多因素共同决定的。

一、产品设计与商品质量

产品设计质量表示产品在各种使用条件下与其他同类商品相比较时的相对优劣程度。产品设计质量不好，将会给商品质量留下许多“后遗症”。若设计上出了差错，那么制造工艺再好，生产操作再精细也将毫无意义。因此，对于生产部门来说，提高产品设计质量是保证商品质量的前提条件。为此应做到以下两点：

1. 加强设计工作的质量管理

为保证设计质量符合用户或消费者的需要，生产部门需要在整个设计过程中加强对设计工作的质量管理。在设计工作开始之前，企业内部应加强对市场的调查和研究，并组织有关人员对设计方案的可行性、合理性和科学性等问题进行分析，即设计方案时不仅应考虑安全、环保及其他法规要求，同时还应考虑产品适用性、可靠性、可维修性、耐用性、防误用措施等，然后才能开展设计工作。

在设计工作进行的整个阶段，生产部门应注意对设计的样品进行鉴定和确认，除此之外，还应加强对设计工作的评审，即对设计进行正式、全面、系统的检查，以保证最终设计能够满足用户需要。

2. 采用先进的科学技术

提高设计质量，应注意提高设计过程中的标准化水平，采用国际标准和国外先进标准。设计应以先进的科学技术为指导。设计人员在进行设计之前，对通过市场调查获得的信息、商情与商品科技情报进行科学的分析，采用先进的科学技术，借鉴国内外同类先进产品的长处，设计出能适合我国资源条件、自然环境和消费习惯与水平的新产品。

在设计中，生产部门不仅要考虑产品结构的合理性，同时还应注意生产加工过程的方便性。例如，在园艺商品生产中，商品生产基地的选择和建设、品种的选择、生产方式和生产技术等的选择都会直接或间接影响园艺商品的质量。园艺商品生产的周期一般都较长，因此，生产部门在设计时要高起点，有超前意识。

二、质量形成过程与商品质量

1. 原材料与商品质量

原材料是商品的物质基础，也是决定商品质量的关键因素。商品质量在很大程度上取决于所用原材料的质量。原材料质量的高低与其成分、结构、性质及所制造的产品的适用性有直接关系。

（1）原材料的化学成分。任何物质的化学成分都是指组成物质的最基本单元（包括单体或化合物）。根据组成最基本单元的元素的不同，组成物质的化学成分可分为无机成分和有机成分两种。

①无机成分是指在分子组成中不含有碳（C）元素的无机物（碳酸、碳酸盐及氰化物除外）。以这种组成成分为主的商品有化肥、部分农药、搪瓷、玻璃、金属制品及部分化工品等。

②有机成分是指在分子组成中含有碳、氢（H）、氧（O）等元素的有机物（碳酸、碳酸盐及氰化物除外）。属于这类组成成分的商品有：棉、毛、丝、麻及其制品，化纤、塑料、橡胶及其制品，石油产品、有机农药、有机化肥、木制品、皮革、纸张及其制品，副食品、蔬菜、水果、食品、副食品、粮食、油料及其制品等。

（2）原材料的结构。原材料的结构通常是指原材料的成分结构。它是原材料组成成分的组织与分子结构。由于此种结构需借助显微设备及化学分析才能了解，故称为微观结构。正是各种原材料的微观结构不同，才使得原材料的性质存在差异。例如，有机化合物中的同分异构体，它们的组成元素相同、分子量相同，但分子结构不一样，所以它们的性质也不一样。

日常生活中我们食用的葡萄糖与果糖，其基本组成元素都是碳、氢、氧，其分子式都是$C_6H_{12}O_6$，但由于它们的结构不一样，故它们在甜度与吸湿性方面有较大差别。果糖的甜度约是葡萄糖的2倍，而且也更容易吸湿。

（3）加强原材料的质量管理工作。原材料的质量直接关系到商品质量，因此，为保证商品质量符合设计要求，一定要严把原材料质量关。要想生产出高质量的园艺商品，就需要有相应的高质量的原材料，俗话说“巧妇难为无米之炊”，在此也是一样的道理。

2. 生产制造与商品质量

产品设计能不能转变为商品，在很大程度上取决于生产制造过程。制造过程由生产工艺、生产过程、技术装备、工作环境以及操作人员等组成，只要其中某一环节达不到设计质量要求，那么此产品即为不合格品。农业生产上常提到的“良种与良法配套”实际上就是讲的农产品的生产过程和生产工艺的优化。

（1）生产工艺。生产工艺是产品质量的重要影响因素。它的内容包括：根据产品设计要求，对制造过程进行质量控制，如确定工艺路线、编制工艺文件和检验文件、设计制造工艺装备、验证工序能力、编制材料消耗定额和工时定额等。

（2）生产过程。生产过程是指从原材料进厂到加工出成品的整个制造过程。生产过程的质量是产品质量环的重要组成部分。其内容包括：根据设计和工艺技术文件的规定，对影响制造质量的诸因素进行控制，使它们处于正常受控状态，从而保证制造质量符合设计质量的要求。

在生产过程中，应着重控制以下几个环节：物资控制及其可追溯性，设备的控制和维修保养，特殊工序、文件、工艺更改的控制，验证状况的控制，不合格品的控制等。

（3）技术装备。为确保产品质量符合设计规范的要求，应对生产部门的实际加工能力即技术装备情况是否符合产品规范进行验证。其验证的内容包括：材料、设备、计算机系统和软件程序以及人员配备。

以园艺商品生产为例，园艺商品生产必须重视生产工艺、生产过程及技术装备的优化，注重生产技术人员的培训和操作人员素质的提高。加入世界贸易组织之后，我国的园艺商品要与国际市场中的园艺商品竞争，比的就是商品的质量，而商品的质量取决于技术水平和生产技术人员的素质。

3. 产品验证

产品验证是企业进行生产过程控制的一种手段，是保证产品质量符合要求的有力措施。它的职能是根据图纸、规范、工艺和其他技术文件的规定，对原材料、外购件和加工工序的半成品及成品的质量进行严格检验，保证不合格的物资不入库，不合格的再制品不转序，不合格的零件不装配，不合格的成品不出厂。产品验证的基本工作包括：外购材料和外购件管理；工序间检验；成品检验（即出厂检验）等。

流通过程中的商品检验主要包括：商业部门的验收检验，储运部门的入库与出库检验，市场的监督、检查等。

检验工作本身的质量的确对商品质量起着决定性作用。

三、流通过程对商品质量的影响

1. 商品包装

对商品进行包装是商品生产的最后一个环节，也是不可缺少的环节。商品的包装与装潢不仅可以保护商品，还能美化商品，是构成商品质量的重要因素，直接影响商品使用价值的实现。

2. 商品运输

商品运输是指通过各种方式使商品在空间位置上发生转移的过程。商品运输是商品流通过程中不可缺少的环节。运输对商品质量的影响，通常受运输距离的远近、运输时间的长短、运输方式、运输工具、装卸方法等因素的制约。因此，对凡须经过运输过程的商品，应尽量减少运输环节，尽量选择最近的路线，用最短的运输时间，挑选适当的运输工具；同时还要注意防止震动、撞击、磨损，保证商品安全、准确、迅速地到达目的地。

3. 商品储存

商品储存也称商品储备。它是商业企业收储待销商品的过程。商品在储存期间的质量变化，与储存场所、储存时间、储存保管措施、养护技术以及商品存放的种类与数量等有密切联系。

案例 3-1

添加剂之惑

记者对超市中销售的食品进行调查之后发现，几乎所有食品都使用了食品添加剂，其中有相当一部分食品使用了多种不同的添加剂。不少品牌的雪糕、饮料、饼干、蛋糕、薯片等食品所使用的食品添加剂多达十几种，而一些方便面所使用的食品添加剂竟然有 20 多种。

在对消费者进行的随机采访中，记者注意到，绝大多数消费者对于食品中种类繁多的添加剂都有或多或少的担心，很多消费者觉得食品中的添加剂是导致食品安全问题的重要原因，因此对于添加剂存在疑虑。

然而，记者在对消费者的进一步采访过程中却发现，消费者对于食品中的多数添加剂并不了解，不少消费者表示，正是不了解才导致了他们对于食品添加剂的怀疑和不信任。

记者随机选取了一根雪糕，请食品专家对其中的食品添加剂进行分析和介绍。

专家告诉我们，食品添加剂的主要作用是改善食品的品质和色、香、味等感官特性，另外就是满足食品防腐、保鲜和加工工艺的需要。根据其作用，大致可以将常见的食品添加剂分为防腐剂、着色剂、调味剂、膨松剂、稳定剂等不同的品种。

资料来源：每周质量报告：添加剂之惑. 央视网，2013-07-14.

四、消费过程对商品质量的影响

1. 商品销售

生产企业通过销售环节将商品让渡给消费者，在实现商品使用价值的同时获得了它的价值。商品销售工作本身也有质量高低之分，如商品的陈列方式、销售方式、销售条件、经销人员的态度和礼仪及售后服务等都直接影响着商品使用价值的实现。

2. 售后服务

售后服务是指生产企业（或中间商）为及时满足用户从商品中获得最大的质量效益的需要，在商品销售之后，向用户或消费者提供的技术服务。它主要包括提供必要的专用工具、使用说明书、备品配件、技术咨询和维修服务等。

售后服务质量直接影响企业的形象，在很大程度上也决定着商品的销售量和商品质量的实现。

五、社会因素对商品质量的影响

商品质量除了受到以上提到的四大方面因素的影响之外，还受到政治、经济、文化、艺术等其他因素的影响，如审美观念、消费者的心理行为、消费习惯、宗教信仰、购买力水平等。以下仅就商品美学、经济因素及环境因素与商品质量的关系作初步分析。

1. 商品美学与商品质量的关系

（1）商品的审美价值。商品的有用性不仅在于它能满足人们对其使用功能的需要，同时还能满足人们对其实用性和艺术美的精神需要。换句话说，人们在使用商品的同时，还希望能从商品的造型及装饰等美的因素中获得情感上的愉悦和精神上的享受。这就是商品的审美价值。

人们对商品的审美价值的客观需要，使得商品美学问题不仅成为商品能否迅速实现其使用价值的重要外因，而且对商品生产和流通的经济效益的影响也越来越大。一般情况下，在商品内在质量达到一定标准的前提下，审美价值越高，其价值就会越高，而且销售也越快，资金周转速度也越快，因而销售者可以获得更多利润，提高经济效益。

（2）影响商品美学的因素。影响商品美学的因素有主观与客观两方面。客观因素是指商品本身的内在质量（如材质美、色彩美、图案美、造型美等）。从消费者的角度来看，一般要求企业生产出内外质量俱优的商品，即实用价值和审美价值和谐统一的商品。如果商品的内在质量很低，那么不但其实用价值无法满足消费者需要，而且其审美价值也无法实现；相反，有内在质量而无审美价值的商品往往难以引起人们对它的购买兴趣。只有当商品的审美价值与其内在质量协调统一时，它才会受到人们的青睐。

主观因素是指对商品的审美价值的评价要受到人们的审美观念的影响和制约。审美观念是指消费者在审美过程中对商品产生的趣味、要求、理解、评价等主观情感和认识。由于人们的审美观念不同，对于同一件物品，不同的人往往会有不同的看法。

人们审美观念的形成不仅受社会生产发展水平、社会经济状况、社会意识形态等大氛围的影响，同时还与消费者本人的习惯、爱好、性别、年龄以及文化艺术修养等有密切联系。

作为生产企业，提高产品自身的审美价值的根本在于在产品设计过程中正确把握住形式美的原则（色泽、造型、材质等），同时把握住人们对商品的审美观念。企业要不失时机地生产出满足人们的多种需要的商品，改善贸易状况，促进物质文明和精神文明的协调发展，给企业和社会带来更大的经济效益。

2. 经济因素对商品质量的影响

影响商品质量的经济因素包括供求关系和物价政策。

供求关系是指社会产品生产总量与社会需求总量相对应的问题。只有社会产品生产总量与社会需求总量保持适当的平衡，才能使商品使用价值全面满足社会需求成为可能。

消费者购买商品时总希望物美价廉，其中“价廉”就涉及商品的供求平衡及价格问题。商品的价格是商品价值的货币表现。商品价值与价格之间有着必然的联系。在通常情况下，商品的质量与其价格是一致的，即耗费在商品上的社会必要劳动量多，其质量就好、价格就高。但在某些特殊情况下，二者不成比例，即耗费的社会必要劳动量小、商品质量一般，但其价格反而高。这种不成比例的情况往往是受社会购买力水平和商品供求关系的影响和制约的。

3. 环境因素对商品质量的影响

环境因素对商品质量的影响有两个方面：

（1）环境条件对商品质量的影响。环境条件主要是从生产制造环境、使用环境两方面影响商品质量。

（2）商品对环境的污染。商品对环境的污染包括它对自然环境及生态环境的污染。一旦商品在使用和用后处置过程中会对环境造成污染，则商品使用价值的实现就会受到制约。

第三节 商品质量的基本要求

商品质量的基本要求是根据其用途、使用方法（或使用目的）以及消费者和社会需求提出来的。由于商品种类繁多，性能各异，又有着不同的用途、特点和使用方法，因此，对不同商品的质量要求也各不相同。下面分别介绍几大类商品的质量要求。

一、纺织品质量的基本要求

纺织品是人们日常生活中不可缺少的生活资料。随着社会的发展，纺织品的款式、品种日趋新颖、丰富，其功能已不再是简单的御寒遮体、保护身体。因此，对纺织品质量的最基本要求是既要耐用、舒适、卫生、安全，又要美观、大方、流行、具有时代性等，主要包括以下几方面。

1. 材料选择适宜性

纺织品的基本性能及外观特征主要由其所用的纤维材料决定。由不同种类的纤维材料如棉、麻、毛、涤纶等制成的纺织品的性能各不相同；即使是同种纤维材料，如果品质不同，那么由其制成的纺织品也会各有特色。因此，纺织品的用途不同，所选择的纤维材料的种类和品质也各不相同。

2. 组织结构合理性

纺织品的组织结构主要包括织物组织、重量和厚度、紧度和密度、幅宽和匹长等。纺织品的组织结构影响着织物的外观和机械性能，如纺织品的厚度、紧度等可影响其透气性、保暖性和柔软性等。

3. 良好的机械性能

纺织品的机械性能主要是指各种强度指标，它是衡量纺织品的耐用性能的重要指标，对织物的尺寸稳定性和手感及成品风格也有影响。

4. 良好的服用性

良好的服用性主要是指纺织品在穿用过程中舒适、美观、大方，其缩水率、刚挺性、悬垂性符合规定标准，具有良好的吸湿性、透气性，不起毛、起球，花型、色泽、线条图案应大方或富有特色等。

5. 工艺性

工艺性指纺织品面料必须方便裁剪缝制，易于洗涤、熨烫、定型，染色牢固等。

案例 3-2

纺织品质量鉴定：如何鉴定纺织品防水性能？

随着生活水平的提高，人们对纺织品的要求越来越高，防水就是其中一个要求。怎么鉴定纺织品的防水性能达到标准了呢？

衡量纺织品防水性能的主要指标是浸水等级、耐静水压等级和透水率。纺织品防水性能的鉴定方法有三种：静水压法、喷雾法和雨水测试法。为了衡量纺织品的透水性或耐水性，根据纺织品的实际使用情况采用不同的方法，并用相应的指标来表示纺织品的透水性。

1. 静水压法

静水压法是通过评估纺织品在一定水压下的透水性来鉴定纺织品的防水性能。这种鉴定方法适用于各种纺织品，包括经过防水处理的纺织品。

2. 喷雾法

喷雾法是通过比较不同润湿程度的标准样品与水渍特性（固定时间在样品上连续喷水）来评价纺织品的防水性。喷雾法一般是通过模拟毛衣在毛毛雨时的湿润程度来鉴定纺织品的防水性能。

3. 雨水测试法

雨水测试法是通过模拟纺织品暴露在大雨中的情景来鉴定纺织品的防水性能，这种方法适用于任何经过或未经防水处理的纺织品。

资料来源：众鉴质量. 纺织品质量鉴定：如何鉴定纺织品防水性能？百度百家号网，2023-01-11.

边学边练

防水性能有哪三种测试方法？除了防水性能，纺织品质量检测的指标还有哪些呢？

二、食品质量的基本要求

食品是指为人体提供热量、营养，维持人体生命，调节人体生理活动，形成和修补人体各组织的物质，是人们生长发育、保证身体健康不可缺少的生活资料。因此，对食品质量的基本要求是具有营养价值，具有良好的色、香、味、形，无毒无害，符合卫生要求。

1. 食品的营养价值

具有营养价值，即能给人体提供营养物质，这是一切食品的基本特征。其功能是提供人体维持生命活动的能量，保证健康，调节代谢及延续生命。营养价值是决定食品质量的重要依据，是评定食品质量的关键指标。

食品的营养价值包括营养成分、可消化率和发热量三项指标。

（1）营养成分。它是指食品中所含的蛋白质、脂肪、碳水化合物、维生素、矿物质及水分等。各成分各自起着应有的作用，因此，人们可以从各种不同的食品中获得各种营养成分。

（2）可消化率。它是指食品在被食用后，可被消化吸收的百分率。它反映了食品中营养成分被人体消化吸收的程度。食品中的营养成分只有被人们消化吸收才能发挥其作用。营养学专家经过多年研究、实践得出结论：动物性食品的营养价值高于植物性食品的营养价值。

（3）发热量。它是指食品中的营养成分经人体消化吸收后在人体内产生的热量。它是评价食品营养价值的最基本的综合性指标。

人体对食品的需要量通常是用发热量来表示。1 克碳水化合物或 1 克蛋白质在体内经过消化和完全氧化后产生的热量均为 4.1 千卡，1 克脂肪产生的热量为 9.3 千卡。

人们吃的主食，包括各种米、面等，是供给人体热量的主要来源；副食包括各种蔬菜、水果、鱼、肉、禽、蛋、乳品及加工制品等，是热量的重要来源。一般来说，食品的营养成分和可消化率越高，产生的热量就越多，营养价值就越高。但也不完全如此，如粮食加工精度提高后，虽然营养成分损失了，可消化率却提高了。

2. 食品的色、香、味、形

这是指食品的色泽、香气、滋味和外观形状。食品的色、香、味、形不仅能反映食品的新鲜度、成熟度、加工精度、品种风味及变质状况，还可直接影响人们对食品营养成分的消化和吸收。食品的色、香、味、形良好，可以刺激人产生旺盛的食欲。许多食品的色、香、味、形还是重要的质量指标，如评价酒、茶等商品的质量时，主要从色泽、香气、滋味等方面进行鉴定。不同的色、香、味、形决定了食品本身的档次和等级。

3. 食品的卫生性（无毒害性）

卫生性是指食品中不应含有或超过允许限量含有有害物质和微生物。食品卫生关系到人们的健康与生命安全，有的还影响子孙后代，所以作为食品，卫生、无毒、无害、无污染是最起码的要求。影响食品卫生的主要来源，有以下五个方面。

（1）食品自身产生的毒素。例如，河豚、毒蘑菇、苦杏仁、土豆发芽部分产生的毒素，死后的鳝鱼、鳖、河蟹体内的毒素等，这些毒素对人体的消化系统、神经系统、血液循环系统都会产生严重的危害。

（2）生物对食品的污染。其主要包括：①微生物污染，主要是细菌、细菌毒素、霉菌、霉菌毒素及大肠杆菌等所造成的污染；②寄生虫及虫卵污染，主要是旋毛虫、蛔虫、绦虫、蛲虫、肝吸虫等所造成的污染；③昆虫污染，主要是粮食中的甲虫类、蛾类、螨类以及鼠类活动所造成的污染。

（3）加工过程中混入的毒素。例如，方便面、罐头、小食品、饮料等因配料不当或超范围使用防腐剂、色素、香精，放置时间过久引起铅、锌中毒；油炸、烧烤食品时生成甘油醛，造成食品污染，影响人体健康。

（4）保管不善产生的毒素。食品保管不善有可能会腐败或霉烂变质，如温度过高会使海产品变质，从而产生毒素；花生、小麦、玉米、豆类等发霉后会产生易致癌的黄曲霉毒素。

（5）环境、化学品造成的毒害性。其主要包括工业上“三废”（废水、废气、废渣）不合理排放、化肥农药、不合乎要求的食物添加剂使用等给食品带来的毒害性。另外，食品在生产、储存、运输、销售时，如受到环境、化学品、菌类、重金属的污染，也会产生毒害性。

三、日用工业品质量的基本要求

日用工业品包括的面很广，如按原材料区分有玻璃制品、搪瓷器皿、铝制品、日用塑料制品、皮革制品；按用途区分有胶鞋、纸张、洗涤剂、化妆品、钟表、家具、电器、服装等。它是人们生活中不可缺少的生活资料，因此，对日用工业品质量的基本要求包括适用性、耐用性、卫生性和安全性、外观美观性与结构合理性等方面。

1. 适用性

适用性是指日用工业品满足主要用途所必须具备的性能或质量要求。不同商品有不同的适用性，如保温瓶必须保温，洗涤剂必须去污，电冰箱必须制冷，钢笔必须书写流畅，手表必须走时准确，雨鞋必须防水，化妆品必须对肌肤无刺激，服装、鞋帽必须保暖、透气、无毒等。即使同一类商品，由于品种不同，用途也各不相同，如印刷用纸应对油墨有良好的吸附性，而包装用纸则应有一定的厚度和机械强度；又如玻璃制品中的茶杯应有一定的耐热性，镜子照出的图像应真实，化学仪器应有较好的耐酸、碱性。商品的多用性扩大了商品的适用范围。因此，适用性是构成商品使用价值的基本条件，也是评价日用工业品质量的重要指标。

2. 耐用性

耐用性是指日用工业品抵抗各种外界因素对其的破坏的能力，它反映了日用工业品坚固耐用的程度和一定的使用期限、次数。例如，对皮革、橡胶制品和某些纸张等用品常用强度和耐磨耗等指标来评定其耐用性。对电器开关（可以开关多少次）、手机电池（可待机多长时间），灯管（在220V电压下可以工作多少小时）等，都是通过使用寿命来反映其耐用性的。增强日用工业品的坚固耐用性，就能延长其使用寿命，相当于不用额外消耗原料和劳动力即可获得同样的效用，从而提高了产品的质量。所以，耐用性是评价绝大多数日用工业品质量的主要依据。

3. 卫生性和安全性

卫生性和安全性是指日用工业品在使用时不能影响人体健康和人身安全的质量特性。如盛放食物的器皿、化妆品、玩具、太空杯、肥皂、牙膏及包装材料等商品应具有无毒、无害性；各种家用电器应不漏电、无辐射、安全可靠；玻璃器皿中有毒的重金属元素应控制在一定的限度内。所以在评价日用品的质量时，必须重视它们的卫生性和安全性。

4. 外观美观性

日用工业品的外观主要是指其表面特征：一方面指商品的外观疵点，即影响商品外观或影响质量的表面缺陷；另一方面指商品的表面装饰，如造型、款式、色彩、花纹、图案等。对商品外观总的要求是：式样大方新颖、造型美观、色彩适宜，具有艺术感和时代风格，并且应无严重影响外观质量的疵点。

5. 结构合理性

日用工业品的结构合理性主要是指其形状、大小和部件的装配要合理。结构不合理不但影响其外观，而且直接影响其适用性和耐用性。例如，服装、鞋帽结构不当，不但使人感到不舒服，不美观，而且无法穿戴，丧失了使用价值。至于那些起着美化装饰作月的日用工业品，它们的结构更具有特殊的意义。

四、出口商品质量的基本要求

我国的出口商品要同全世界广大用户和消费者“见面”，为了适应他们的需要，我们必须贯彻“以销定产”的方针和坚持“质量第一”的原则，大力提高出口商品的质量，使其符合下列具体要求。

1. 针对不同市场和不同消费者的需求来确定出口商品质量

由于世界各国经济发展不平衡，各国生产技术水平、生活习惯、消费结构、购买力和各民族的爱好各有差异，因此，我们要从国外市场的实际需要出发，搞好产销结合，使出口商品的品质、规格、花色、样式等适应有关市场的消费水平和消费习惯。

2. 不断更新换代和精益求精

凡质量不稳定或质量不过关的商品，不应轻易出口，以免败坏名誉。即使质量较好的商品，也不能满足现状，要本着精益求精的精神不断改进，以提高出口商品质量，加速商品更新换代，以赶上甚至影响世界的消费潮流，增强我国商品在国际市场上的竞争能力。

3. 适应进口国有关法令的规定和要求

各国都通过颁布法令对进口商品的质量作出了规定和要求，凡质量不符合法令规定和要求的商品，一律不准进口，有的还要就地销毁，并由货主承担由此引起的各种费用。因此，我国出口商必须了解和熟悉各国对进口商品的质量规定，确保自己出口的商品的质量适应并符合这些规定，具有较强的市场适应性、针对性、竞争力，从而能顺利地进入国际市场。

4. 适应国外自然条件、季节变化和销售方式

由于各国自然条件和季节变化不同，销售方式各异，商品在运输、装卸、存储和销售过程中，其质量可能会发生变化。因此，注意自然条件、季节变化和销售方式的差异，掌握商品在流通过程中的质量变化规律，并有针对性地采取措施，也有利于增强我国出口商品的竞争能力。

案例 3-3

中国水果为什么很难出口到美国和欧洲?

中国是世界上的水果种植大国，中国种植的水果不仅品种丰富，而且产量惊人，像苹果、柑橘、柚子、猕猴桃、葡萄、草莓等水果的产量都在世界上名列前茅。

这么大的产量，单单靠国内消费是不够的，自然要出口。可是，你也许已经注意到了，中国水果出口的国家和地区大部分集中在东亚、东南亚等地方。像欧洲和美国那么大的市场，中国水果的出口量却一直很低。

那么，中国水果为什么很难打进欧美市场呢？是水果的品质不合格吗？

笔者认为，前些年说中国水果的品质是“量多质差”，或许还能“忽悠”住一些不自信的外行人。但近年来，虽不能说中国所有水果的品质都已经达到了国际水准，但像苹果、柚子、猕猴桃这几样水果，品质绝对不比欧美国家生产的差。品质问题已经不是限制中国水果出口到欧美国家的一大障碍了。

以苹果为例，截至 2018 年，我国鲜苹果出口仍然以亚洲市场为主（占到 85.27%），其中孟加拉国和泰国分别位居第一、第二。

但中国苹果的品质，从综合排名和商品化程度来看，已经位居世界前列。大量的优质苹果很难出口到欧美市场，令人唏嘘和好奇，这是为什么呢?

针对这一情况，学界经过分析认为有以下几点原因：

一是欧美国家多数水果产量不低，也属于水果强国，而且能种植大多数水果，相对来说，整个市场竞争非常激烈。

此外，欧美国家的水果消费市场偏向高端水果消费，而中国正在经历从量变到质变的转化过程，虽然水果品质有所提升，但在水果的品牌、包装等方面都还没有形成竞争力。

二是从检疫情况来看，欧美对进口自中国的水果的检疫对中国近乎严苛。比如中国福建的琯溪蜜柚是全球数一数二的蜜柚，但因为果蝇问题，一直被欧美等国家拒绝，直到近期才开放进口。

任何水果都会有果蝇问题，在暴露的环境下，果树成果时，天气变热，出现果蝇几乎是不可避免的问题。至今没有能彻底解决这一问题的办法。所以，从这一点上设卡的话，很难解决。

三是欧美国家消费者的口味和亚洲消费者不同。吃过进口的欧美水果的人可能会发现，无论是草莓还是苹果都比较酸，可以说欧美国家的消费者口味以酸为主。实际上，欧美人吃水果更喜欢酸口，中国产的水果大多是甜口的。

中国也不可能单纯为了出口欧美市场而按照欧美国家消费者的口味来种植水果，自然竞争力就小多了。

虽然在出口欧美国家时，我们的水果的确不占优势，但也不用太担心国产水果的销量问题，毕竟欧美市场的出口即便有所提升，也不会提升太多，市场竞争压力依然太大。未来中国水果的出口应该盯住印度和俄罗斯两大市场，以这两大市场为主。做好这两大市场，中国水果出口无忧。

资料来源：中国水果为什么很难出口到美国和欧洲?. 每日农说百家号，2018-11-01.

五、进口商品质量的基本要求

进口商品的质量优劣直接关系到国内用户和消费者的切身利益，凡品质、规格不符合要求的商品，不应进口；对于国内生产建设、科学研究和人民生活急需的商品，进口时要货比三家，切实把好质量关，使其品质、规格不低于国内的实际需要，以免影响国家的生产建设和人民的消费与使用。但是，也不应超越国内的实际需要，任意提高对进口商品品质、规格的要求，以免造成不应有的浪费。总之，对进口商品品质的要求，要从我国现阶段的实际需要出发，区分不同情况，实事求是地予以确定。

扩展阅读

阅读《中华人民共和国产品质量法》第三章“生产者、销售者的产品质量责任和义务”，了解相关内容。

第四节 商品质量管理

一、商品质量管理及其相关概念

1. 商品质量管理的含义

质量管理的概念，是随着现代化工业生产的发展而逐步形成、发展和完善起来的，现已延伸到商品流通质量管理、商品经营质量管理、商品储运质量管理等领域，应用日益广泛。本书中质量管理的概念是指，商品经营组织（者）确定质量方针、目标和职责并在质量体系中通过诸如质量策划、质量控制、质量保证和质量改进等手段使其实施全部管理职能的所有活动。质量管理是一个组织全部管理的重要组成部分，它的职能是制定并实施质量方针、确定质量目标和履行质量职责。质量管理是以质量体系为依托，通过质量策划、质量控制、质量保证和质量改进等发挥其职能。为了实施质量管理，需要建立质量体系。上述概念中涉及质量体系、质量策划、质量控制、质量保证和质量改进等术语。要做好商品质量管理工作，必须正确地理解和使用这些术语。

2. 质量方针

质量方针是指由组织的最高管理者正式发布的该组织总的质量宗旨和质量方向。其中，组织包括生产企业、商业企业、服务单位、独立的检验机构、独立的设计单位或者供货单位。质量方针反映了组织在质量方面的追求和对顾客的承诺，如所提供的产品的质量水平、服务方向、质量管理要求等，而不是具体的质量目标。质量方针是组织的总体经营方针的一个组成部分，它应与相互组织的总方针及其他方针，如投资方针、技术改造方针、人事方针等相互协调。

3. 质量体系

质量体系是指组织为实施质量管理所需的组织结构、程序、过程和资源。除组织结构、程序、过程外，资源是质量体系的重要组成部分，它包括人才资源和专业技能，设计和研制设备、制造设备、检验和试验设备，仪器、仪表和计算机软件。质量体系的内容要以满足质量目标的需要为准。组织要按照质量标准的要求建立质量体系，以满足质量管理和为顾客提供信任的需要。质量体系的建立必须结合本组织的具体目标、产品类别、过程特点及其具体实践来综合考虑。

4. 质量策划

质量策划是指确定以及采用质量体系要素的目标和要求的活动。确定质量体系要素的目标和要求的活动包括对质量特性进行识别、分类和比较，以确定适宜的质量特性，并制定质量目标、质量要求和约束条件。采用质量体系要素的目标和要求的活动主要包括为实施质量体系做准备，为产品质量的实现配备资源和管理支持。

5. 质量控制

质量控制是指为达到质量要求所采取的作业技术和活动。在产品质量形成过程中有许多影响质量的因素，为满足质量要求，必须对影响质量的诸因素进行控制，消除导致顾客不满意的原因，因此，质量控制活动贯穿于产品质量形成的全过程。

6. 质量保证

质量保证是指为了提供足够的信任表明实体能够满足质量要求，而在质量体系中实施并根据需要予以证实的全部有计划、有系统的活动。质量保证是通过提供证据表明实体能满足质量要求，从而使人们对这种能力产生信任。质量保证必须服务于为顾客提供信任的目的，所以，如何确定提供证据的范围、种类，提供证据的方式、方法和相应的程序以及证实的程度等均以满足质量要求和能够提供信任为准则。质量保证分为内部质量保证和外部质量保证。内部质量保证是质量管理的一个组成部分，它向组织内部各层管理者提供信任，使其相信本组织提供给顾客的产品满足质量要求。外部质量保证是为了向外部顾客或其他方面（如认证机构或行业协会等）提供信任，使其相信该组织有能力持续地提供满足质量要求的产品。为了提供足够的信任，质量要求必须全面反映消费者或用户的要求。

7. 质量改进

质量改进是指为向本组织及顾客提供更多的利益，在整个组织内部所采取的，旨在提高效益和效率的各种措施与活动的过程。质量改进是各级管理者追求的永恒目标，质量改进通过具体措施来实现，是一种以追求更高的过程效益和效率为目标的持续活动。

8. 质量保证模式

质量保证模式是指为了满足给定情况下质量保证的需要，标准化的或经选择的一组质量体系的综合要求。质量保证模式是出于提供信息的需要，对质量体系提出的一系列要求，这些要求是提供方为提供信任所需满足的最基本要求。为了向尽可能广泛的顾客提供信任，并避免重复进行质量体系的审核以降低费用，常常依据标准化模式或根据经选择的一组质量体系的综合要求对该质量体系进行审核。

9. 质量环

质量环又称质量螺旋，是指从识别需要到评定这些需要是否得到满足的各阶段中影响质量的相互作用活动的概念模式。质量环始于市场营销和市场调研（对市场的需要进行识别，根据市场的需要进行产品开发与设计），终止于市场营销和市场调研（根据市场对其产品的反馈信息，评价市场的需要是否已得到满足）。因此，质量环反映的是一个连续不断、周而复始的过程，通过不断循环，实现持续的质量改进。质量环模型如图 3-1 所示。

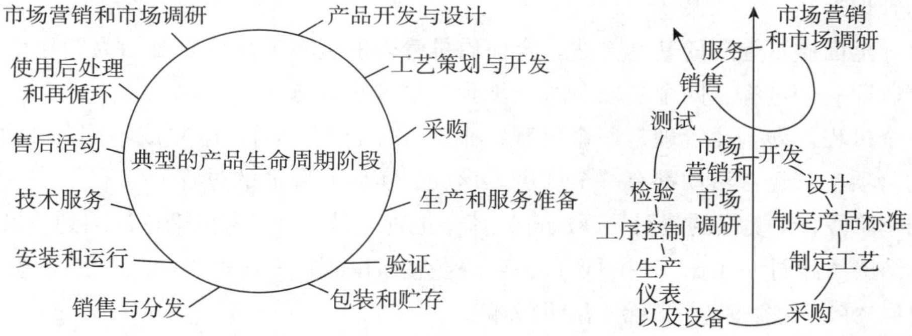

图 3-1 质量环模型图

二、商品质量管理的发展阶段

商品质量管理的发展大致经历了三个阶段，即质量检验阶段、统计质量控制阶段和全面质量管理阶段。

1. 质量检验阶段

从 20 世纪初到 20 世纪 30 年代，商品质量管理主要是按既定质量标准要求对产品进行检验，管理对象限于产品本身，管理领域限于生产制造过程，因此，质量检验是一种消极防范性管理，依靠事后把关杜绝不合格产品进入流通领域，无法在生产过程中起到预防、控制作用。

2. 统计质量控制阶段

从 20 世纪 40 年代到 20 世纪 50 年代末期，商品质量管理主要是按照商品标准，运用数理统计方法在从设计到制造的生产工序间进行质量控制，防止产生不合格产品。管理对象包括产品质量和工序，管理领域从生产制造过程扩大到设计过程。统计质量控制管理是一种预防性（事先控制型）管理，依靠生产过程的质量控制，把质量问题消灭在生产过程中。

3. 全面质量管理阶段

20 世纪 60 年代至今，世界各国积极推行全面质量管理。全面质量管理是一种全面、全过程、全员参与的积极进取型管理，强调调动人的一切积极因素，根据系统论的观点把管理对象看成一个整体，分析系统各要素之间相互联系、相互作用的相关性，采取相应对策，使商品设计、开发、生产、流通和消费的全过程均处于监控状态，从而保证商品质量符合消费者和用户的需求。

三、商品质量管理的常用方法

1. 全面质量管理

全面质量管理（Total Quality Management，TQM），是指一个组织以质量为中心，以全员参与为基础，目的在于通过让顾客满意和本组织所有成员及社会受益而达到长期成功的管理途径。

（1）全面质量管理的基本方法。全面质量管理的基本方法可以概括为四句话，共十八个字，即一个过程、四个阶段、八个步骤、数理统计方法。

一个过程，即企业管理是一个过程。企业在不同时间内，应完成不同的工作任务。企业的每项生产经营活动都有一个产生、形成、实施和验证的过程。

四个阶段，即美国的戴明（Deming）博士把管理是一个过程的理论运用到质量管理中来，总结出“计划（plan）—执行（do）—检查（check）—处理（act）”四个阶段的循环，简称“PDCA 循环”，又称“戴明循环”。

①计划阶段：分析现状，找出存在的质量问题；分析产生质量问题的各种原因或影响因素；找出影响质量的主要因素；针对影响质量的主要因素，提出计划，制订措施。②执行阶段：执行计划，落实措施。③检查阶段：检查计划的实施情况。④处理阶段：总结经验，巩固成绩，将工作结果标准化；提出尚未解决的问题，转入下一个循环。

为了解决和改进质量问题，PDCA 循环中的四个阶段还可以具体划分为八个步骤。在运用 PDCA 循环中的四个阶段、八个步骤来解决质量问题时，需要搜集和整理大量的资料，并用科学的方法进行系统的分析。最常用的七种统计方法分别是排列图、因果关系图、直方图、分层法、相关图、控制图及统计分析表。这套方法以数理统计为理论基础，故合称数理统计方法，它不仅科学可靠，而且比较直观。

（2）PDCA 循环在质量管理中的应用。PDCA 循环在质量管理中应用较为广泛。为了改进和解决产品质量问题，组织在进行 PDCA 循环时还可以利用相关的数据和资料以及质量管理中常用的统计分析方法作出科学的分析和判断。

下面结合解决某一车间不合格品问题的案例来说明 PDCA 循环在质量管理中的应用，特别是如何运用质量管理中常用的统计分析方法（见表 3-1）。

表 3-1 某车间加工某工件的不合格品统计情况

原因	数量（件）	比率（%）	累计百分比（%）
包边不良	5 207	10.8	10.8
小头破裂	6 557	13.6	24.4
壳体开裂	34 856	72.3	96.7
自检废品	1 253	2.6	99.3
其他	337	0.7	100.0
总计	48 210	100.0	

①分析现状，找出存在的问题。本案例中存在的问题主要是不合格品数量较大，需要找出相应的方法来解决。

②分析产生问题的各种原因。根据统计资料，就可以画出它的排列图（见图 3-2），从排列图中可以明显地看出，壳体开裂是影响产品质量的主要原因，如果解决了这个质量问题，就可以使不合格品率降低 72.3%。

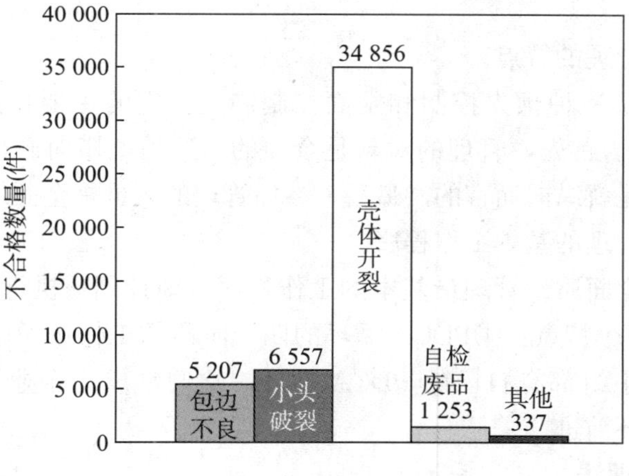

图 3-2 不合格品排列图

③找出主要影响因素。我们可以利用因果关系图对壳体开裂这个质量问题进行分析。根据统计资料，我们知道构成工序的六大因素（人、机器、材料、方法、测量和环境）都会对产品质量产生影响，也就是说，它们共同决定着产品的质量。我们对造成壳体开裂这一质量问题的因素逐步进行分析，画出因果关系图（见图 3-3），从而找出主要影响因素。我们还可以应用分层法来分析，具体做法是把搜集的数据按照不同的目的加以分类，并把性质相同、在同一生产条件下搜集的数据归集在一起。这样可以使数据反映的事实更明显、更突出，更便于分析问题，找出原因，从而对症下药。根据质量控制（Quality Control，QC）小组的分析，我们假设壳体开裂的主要原因在于材料。

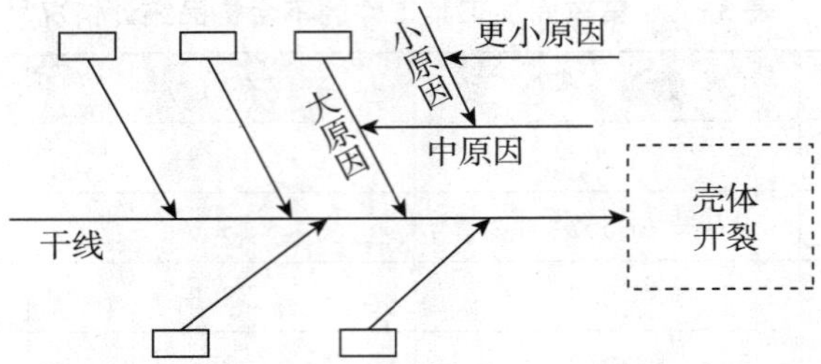

图 3-3 因果关系图

④采取解决措施。针对问题产生的原因我们可以采取更换原材料、采用各种方法对材料进行处理等措施来解决该问题。

⑤落实解决措施。按要求严格落实各项解决措施。

⑥调查和评价。采取措施后，我们还应再用排列图等检查并与我们最初的设想对比，从而评价措施的效果。

⑦提出尚未解决的问题并进行新的 PDCA 循环。

综上所述，PDCA 循环在企业管理中有很广泛的用途，是我们在工作中经常使用的好方法。

（3）全面质量管理的特点。

全面质量管理是一种预先控制和全面控制制度。它的主要特点就在于“全”字，“全”包含三层含义。首先，管理的对象是全面的，这是就横向而言的。其次，管理的范围是全面的，这是就纵向而言的。最后，参加管理的人员是全面的。

（4）全面质量管理的基本工作程序。

PDCA 循环是全面质量管理最基本的工作程序，即计划—执行—检查—处理。PDCA 循环具有以下三个特点：①PDCA 循环的四个阶段的工作按顺序进行，组成一个大圈；②每个部门、小组都有自己的 PDCA 循环，它们都成为企业大循环中的小循环；③阶梯式上升，循环前进。

2. 六西格玛管理法

（1）简介。六西格玛（Six Sigma）又称 6σ，于 1986 年由美国摩托罗拉公司的比尔·史密斯（Bill Smith）提出，属于品质管理范畴，目的是降低生产过程中产品的不合格率及减少流程的缺陷次数，防止产品变异，提升品质。

（2）由来。六西格玛管理法是在 20 世纪 90 年代中期开始被美国通用电气公司从一种全面质量管理方法演变成一种高度有效的企业流程设计、改善和优化的技术，并提供了一系列同等地适用于设计、生产和服务的新产品开发工具。继而与美国通用电气公司的全球化、服务化、电子商务等战略齐头并进，成为世界上追求管理卓越性的企业最为重要的战略举措。六西格玛管理法逐步发展成为以顾客为主体来确定企业战略目标和产品开发设计的标尺，追求持续进步的一种管理哲学。

20 世纪 90 年代发展起来的六西格玛管理法总结了全面质量管理的成功经验，提炼了其中流程管理技巧的精华和最行之有效的方法，形成了一种提高企业业绩与竞争力的管理模式。该管理法被摩托罗拉、通用电气、戴尔、惠普、西门子、索尼、东芝等众多跨国企业的实践证明是卓有成效的。为此，国内一些部门和机构在国内企业大力推行六西格玛管理法，引导企业开展六西格玛管理。

（3）涉及的概念。六西格玛管理法是一种统计评估法，核心是追求零缺陷生产，防范产品责任风险，降低成本，提高生产率和市场占有率，提高顾客满意度和忠诚度。六西格玛管理法既着眼于产品和服务质量，又关注过程的改进。其中，“σ”是一个希腊字母，在统计学上用来表示标准偏差值，用来描述总体中的个体与均值的偏离程度，测量出的 σ 表示诸如单位缺陷、百万缺陷或错误的概率，σ 值越小，缺陷或错误就越少。六西格玛是一个目标，这个质量水平意味着在所有的过程和结果中，99.999 66%是无缺陷的，也就是说，做 100 万件产品，其中只有三四件是有缺陷的，这几乎趋近人类能够达到的最为完美的境界。六西格玛管理法关注过程，特别是企业为市场和顾客提供价值的核心过程。用 σ 来度量过程能力的话，σ 越小，过程的波动越小，过程以最低的成本损失、最短的时间周期满足顾客要求的能力就越强。六西格玛理论认为，大多数企业在 3σ 和 4σ 间运转，也就是说每百万次操作中失误次数为 6 210～66 800 次，这些缺陷要求经营者用占销售额 15%～30%的资金进行事后弥补或修正，而如果做到六西格玛，事后弥补的资金将降低到约为销售额的 5%。从这个意义上说，六西格玛是帮助企业集中于开发和提供近乎完美的产品与服务的一个高度规范化的过程，可以测量一个指定的过程偏离“完美”有多远。

六西格玛的中心思想是：如果你能“测量”一个过程有多少个缺陷，你便能系统地分析出怎样消除它们和尽可能地接近“零缺陷”。

在六西格玛里，“流程”是一个很重要的概念。举一个例子来说，一个人去银行开户，从其进入银行开始，到结束办理开户的整个过程就叫一个“流程”。而在这个流程里面还套着一个“流程”，即银行职员协助其填写开户单，然后把这个单据拿给主管审核，这是银行的一个标准程序。去银行开户的人是一线员工的“顾客”，这是当然的顾客，叫“外在的顾客”，同时一线员工要把资料拿给主管审核，所以主管也是一定意义上的“顾客”，叫“内在的顾客”。工厂与这个例子很像，即一道工序是下一道工序的“顾客”。

六西格玛里另一个重要的概念是“规格”。客户去银行开户，时间是很宝贵的。开户需要多长时间就是客户的“规格”。如果客户要求在 15 分钟内办完，那么 15 分钟就是这个客户的规格。而如果银行一线职员要用十七八分钟才能办完开户，那么这就叫作“缺陷”。假如职员要在一张单据的 5 个地方打字，有一个地方打错了，就产生了一个“缺陷”，而整张纸叫一个“单元”。

“机会”，指的就是产生缺陷的可能次数，如果一张单据上有 5 个地方要打字，那么这个“单元”的“缺陷”机会为 5。

3. 品管七大手法

品管七大手法是常用的统计管理方法，又称为初级统计管理方法。它主要包括控制图、因果关系图、相关图、排列图、统计分析表、分层法、直方图。

1972 年，日本科技联盟的纳谷嘉信教授从许多推行全面质量管理体系的手法中，研究归纳出一套有效的品管手法，这个方法恰巧有七项，为区别于原有的品管七大手法，所以被称为“新品管七大手法”。该方法主要运用于全面质量管理 PDCA 循环的 P（计划）阶段，具体做法是用系统科学的理论和技术方法，整理和分析数据资料，进行质量管理。常用的统计管理质量控制方法主要用于生产过程质量的控制和预防，而新 QC 七大手法可以与其相互补充。

（1）箭线图法。箭线图法（Arrow Diagram Method，ADM），又称矢线图法，是网络图在质量管理中的应用。箭线图法是制订某项质量工作的最佳日程计划和有效地进行进度管理的一种方法，效率高，特别适用于工序繁多、复杂、衔接紧密的一次性生产项目。

（2）关联图法。关联图法（Inter-Relationship Diagraph），是指用一系列箭线来表示影响某一质量问题的各种因素之间的因果关系的连线图。质量管理中运用关联图要达到的目的有：制订全面质量控制（Total Quality Control，TQC）活动计划；制订品管小组活动计划；制订质量管理方针；制订生产过程的质量保证措施；制订全过程质量保证措施。

通常，在绘制关联图时，将问题与原因用“○”框起，箭头指向结果，其基本图形如图 3－4 所示。

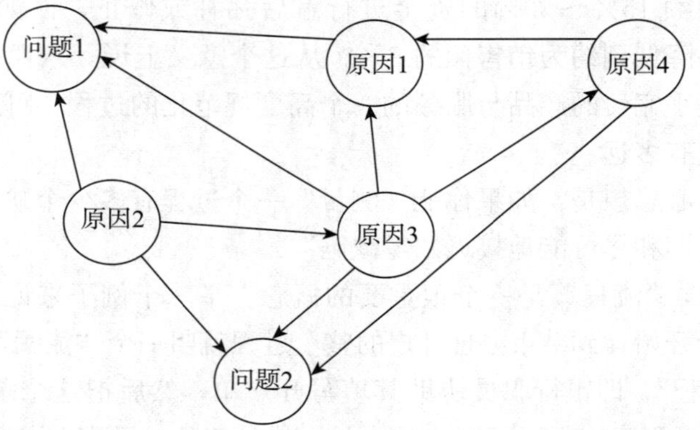

图 3－4　关联图

（3）系统图。系统图（Tree Diagram），是指系统寻找达到目的的手段的一种方法，它的具体做法是在要达到的目的所需要的手段上逐级深入，如图 3－5 所示。

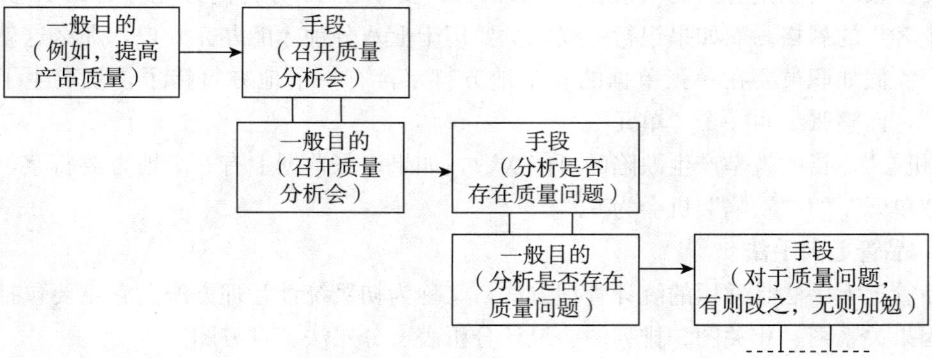

图 3－5　系统图

运用系统图法可以系统地掌握问题，寻找到实现目的的最佳手段，此方法广泛应用于质量管理中，如质量管理因果图的分析、质量保证体系的建立、各种质量管理措施的制订等。

（4）KJ 法。KJ 法［又称为亲和图法（Affinity Diagram）］是日本专家川喜田二郎（Jiro Kawakita）创造的，KJ 是他名字的英文字母缩写。KJ 法针对某一问题广泛搜集资料，按照资料的近似程度、内在联系对资料进行分类整理，抓住事物的本质，找出结论性的解决办法。这是开拓思路、集中集体智慧的好办法，尤其针对未来和未知的问题可以进行不受限制的预见、构思，对质量管理方针及计划的制订、新产品和新工艺的开发决策以及质量保证都有积极的意义。

（5）矩阵图法。矩阵图法（Matrix Diagram），是运用二维、三维等矩阵表格，通过多元因素分析找出问题及造成问题的原因。矩阵图的基本形式如表 3－2 所示。

表 3－2 矩阵图

造成问题的原因		R						
		R_1	R_2	R_3	…	R_i	…	R_n
L	L_1							
	L_2							
	L_3							
	…				○			
	L_i					着眼点		
	…							
	L_n							

在二维矩阵图中，从造成问题的原因中找出对的因素形成 R（R_1，R_2，R_3，…）和 L（L_1，L_2，L_3，…）一列一行因素，列 R 和行 L 的交点表示各因素的关联程度，从而找出解决问题的着眼点。

矩阵图主要用于寻找改进老产品的着眼点和研制新产品、开发市场的战略以及寻找产品质量问题产生的原因、确立质量保证体系的关键环节等质量管理工作。

（6）矩阵数据分析法。矩阵数据分析（Matrix Data Analysis）法是对矩阵图的数据进行整理和分析的一种方法。这种方法主要用于影响产品质量的多因素分析、复杂的质量评价，特别适用于当矩阵图中各对应因素之间的关系能够定量表示时的质量评价。

（7）PDPC 法。PDPC 法（Process Decision Program Chart），又称过程决策程序图法，是将运筹学中的过程决策程序图应用于质量管理的方法。PDPC 法是指在制订达到目标的计划时，进行全面分析，对事态进展过程中可以设想到的各种问题，制订相应的处置方案和应变措施，确定达到最佳结果的方法。PDPC 法可以在一种方案不可行或效率不高或出现质量问题时采用第二种方案、第三种方案……确保最佳效果。PDPC 法适用于制订质量管理计划，以及预测系统可能发生的问题并预先制订措施控制质量管理的全过程。

案例 3-4

多措并举 娃哈哈全面质量管理确保食品安全

质量是企业的生命，杭州娃哈哈集团（以下简称娃哈哈）董事长宗庆后坚信，品牌的基石一半是质量，一半是诚信。宗庆后始终强调，娃哈哈有责任、有义务履行食品安全主体责任，确保食品安全。对此，娃哈哈坚持质量第一，多措并举，多管齐下，通过实施全员、全过程、全面的质量管理体系，建立了“后道监督前道”的质量管理链以及智能化的食品安全追溯体系、食品安全风险评估体系，这使娃哈哈产品成为“代表企业良心，让社会放心，让顾客安心”的“三心”产品，娃哈哈集团也因此荣获工信部和财政部授予的“国家技术创新示范企业”和工信部“品牌培育示范企业”称号。

为保证食品安全，娃哈哈以质量管理体系（ISO9001）标准为基础，引入危害分析与关键控制点体系（HACCP）、食品安全管理体系（ISO22000）、诚信管理体系，结合“前道服务后道，后道监督前道”的基本理念，建立了完善的食品安全质量保证体系，对产品研发、原料采购、加工生产、质量检验、销售全过程实行严格的质量管理，从体系上保障了食品安全工作的有效落实。

在产品生产上，娃哈哈以“全员、全过程、全面质量管理”为特色，建立“集团—片区—分公司”三级质量监管保证体系，确保从原材料进厂到产品出厂的全过程监控。娃哈哈建立了一个能追溯到个人的质量考核体系，并定期开展质量内审，及时预防、发现和解决质量问题。在整个食品产业链中，保障食品安全不仅仅是某个企业自己的事情，更是产业链所涉及企业群的共同发展需要。为此，娃哈哈还通过“服务输出、技术输出”将质量链拓展到供应商、经销商，推动产业链相关方共同提高质量。

资料来源：多措并举 娃哈哈全面质量管理确保食品安全. 中国经济网，2018-03-16.

边学边练

通过娃哈哈集团网站，了解该公司是如何进行全面质量管理的。

技能实训

【实训目的】

通过案例讨论加深对商品质量相关概念的认识。

【实训主题】

理解商品质量的概念；理解商品质量与社会的关系。

【实训时间】

本章课堂教学内容结束后的双休日和课余时间，为期一周。或者指导教师另外指定时间。

【背景材料】

“达芬奇”造假引发热议，国产品牌傍洋名由来已久

“逛家具城就像进了租界，全是类似‘达芬奇’这样的洋名字。”这两天正忙着买家具的白小姐感慨道。

的确，不少国人曾经很信任洋品牌，不过伴随着“达芬奇家居”造假事件的负面声音，越来越多的人意识到，市场上的“洋品牌”中其实混杂了不少“假洋鬼子”。

有的明明是原装国产货，却起个洋名字；有的是跑到国外注册了一个牌子，然后再拿回中国卖，并号称是来自国外的高档品牌，价格更是翻了几倍；有的纯属虚假宣传，直接“拉大旗作虎皮”。

品牌专家在接受记者采访时表示，中国消费者崇尚洋品牌的观念决定了国内品牌爱起洋名字，商家迎合消费者这本无可非议，但关键是不能存在价格欺诈，也就是说，不能收取一流品牌的价格，却提供三流的品质。

1. 行业怪象：国产品牌流行取洋名

家居卖场上一片“欧风美雨”，尤其是橱柜和洁具，件件“洋”得纯粹，贵得离奇。一些商家有时会以“原装进口”“进口组装”“国际品牌”等模糊概念来混淆视听。

“卫浴就是讲品质，几千元的洁具根本算不上贵，比顶级品牌差多了。”某品牌销售人员说。不过，满目皆是的洋品牌也让消费者感到疑惑，刚留学回国的刘先生说：“我在意大利 3 年，听说过的品牌还没有在北京一天见到的多。”

类似这样的“傍洋牌”情况，在服装、化妆品、音响、鞋业、餐饮、建材等行业都有，尤其是在服装行业，业内曾经流传着这样一句话：“‘卡丹’到处有，‘狐狸’满街走，‘老爷’被偷车，‘鳄鱼’全国游。”

2. 鱼龙混杂引来“假洋鬼子”

北京某咨询有限责任公司品牌传播部总监在接受本报记者采访时称，很多国内产品之所以愿意起洋名，主要跟目标消费者的品牌偏好有关。

他指出，对于某些产品，由于国内和国外在技术、设计、质量等方面存在较大差距，国内消费者明显偏好国外的产品，取洋名容易让消费者产生这个产品和国外产品有联系的联想。

由于近代中国在科技等诸多方面落后于国外，因此中国人对国外的东西曾经有一种雾里看花、水中望月的朦胧感，大都抱着“外国的产品就算很差也比国内的产品好”的观点，对洋品牌的崇拜一度达到了无以复加的地步。

改革开放之后，庞大的消费市场就像是摆在人们面前的金山银山，洋品牌开始进入中国市场，美国、法国、英国、日本、瑞士、加拿大、澳大利亚等国家的品牌都想在这个庞大的市场里分一杯羹。

假洋品牌也应运而生，并快速繁殖，许多业内人士惊呼：“假洋鬼子进村了！”

资料来源：“达芬奇”造假引发热议，国产品牌傍洋名由来已久. 北国网，2011-07-25.

【实训过程设计】

（1）指导教师要求学生课前预习背景材料。

（2）将全班同学按每组 5～6 人平均分成若干小组，进行讨论。

（3）根据背景材料，对“达芬奇造假案”的原因进行剖析。

（4）根据背景材料，讨论如何应对“假洋鬼子进村了”。

（5）各小组对本次实训进行总结和点评，撰写作为最终成果的商品学实训报告。

（6）各小组提交填写了组长姓名、成员名单的商品学实训报告。优秀的实训报告将在班级展出，并收入本课程教学资源库。

综合练习

一、名词解释

商品质量　商品内在质量　商品外观质量　食品的营养价值　营养成分

可消化率　发热量　食品卫生性　商品质量管理　全面质量管理　戴明循环

二、多项选择题

1. 质量评价最终表现为商品价值，其评价内容包括（　　）。

A. 价格　B. 价值　C. 功能

D. 适用性　E. 产地

2. 流通过程中商品质量的影响因素有（　　）。

A. 商品运输　B. 商品储存　C. 商品养护

D. 销售服务　E. 消费习惯

3. 日用工业品质量的基本要求是（　　）。

A. 适用性　B. 耐用性　C. 卫生性和安全性

D. 外观美观性　E. 吸湿透气性

4. 商品质量管理的发展包括的阶段有（　　）。

A. 质量检验阶段　B. 统计质量控制阶段　C. 全面质量管理阶段

D. 检查质量管理阶段　E. 验收质量管理阶段

5. PDCA 循环表示质量管理的（　　）阶段。

A. 计划　B. 检查　C. 执行

D. 奖励　E. 处理

三、问答题

1. 什么是商品质量？提高商品质量有何重要意义？

2. 影响商品质量的因素有哪些？

3. 简述对纺织品质量的基本要求。

4. 对食品质量的基本要求有哪些？

5. 阐述对进出口商品质量的要求。

6. 试述全面质量管理的基本方法。

第四章 商品标准与标准化

学习目标

- 理解商品标准的概念
- 理解商品标准对企业的作用
- 了解商品标准的种类、分级和表示方法
- 理解标准化的概念和作用

案例导读

提升产业标准化水平

党的十八大以来，标准化事业发展迎来全面提升期。截至 2021 年底，我国已发布国家标准 4.1 万余项，行业标准 7.6 万余项，地方标准 5.4 万余项，公开的团体标准 3.3 万余项，企业标准超过 215 万项，形成了覆盖农业、工业、服务业各领域的标准体系，为产业发展提供了技术支撑。

比如，在农业标准化方面，我国发布实施 3 700 余项国家标准，进一步加强国家农业标准化示范区管理，建设国家农业标准化示范区 4 600 多个，为推动农业现代化发挥了重要作用。

在工业标准化方面，我国大力实施装备制造业标准化和质量提升规划以及新材料标准领航行动计划，发布实施 16 000 多项有关国家标准，积极推进百项能效标准推进工程与化解产能过剩标准支撑工程等重点工作，发布实施 350 余项节能国家标准，110 余项能耗限额国家标准。

在服务业标准化方面，我国发布实施国家标准近 4 000 项，覆盖金融、商务、物流、快递、旅游、文化、体育、养老、家政等诸多领域，服务业标准体系建设日渐完善，对规范服务业发展，提升服务质量发挥了积极作用。但是，随着科技进步和产业变革深度发展，特别是新产业新业态新模式蓬勃兴起，新兴领域、交叉领域和融合领域等领域的标准化工作还存在不少空白。与此同时，国际环境日趋复杂，对产业标准国际化也提出了新要求。

资料来源：孙世芳．提升产业标准化水平．经济日报，2022-04-06（11）．

启示：标准是经济活动和社会发展的技术支撑。标准化水平的高低反映了一个国家的产业核心竞争力乃至综合实力的强弱，先进、科学的标准体系已成为现代产业体系的重要组成部分。因此，了解和学习有关商品标准及标准化的知识是非常重要的。

第一节 商品标准

“没有规矩，不成方圆。”没有统一的标准，人们对任何事物的评价、判断或控制管理就失去了准则和依据。标准的制定和实施是市场经济运行的保证，是企业进行规范管理的一项基础性工作，也是企业组织现代化生产经营活动的一种重要手段。

一、标准与商品标准的概念

1. 标准的概念

国家标准 GB/T 20000.1－2014《标准化工作指南 第1部分：标准化和相关活动的通用术语》对标准作出如下定义：“通过标准化活动，按照规定的程序经协商一致制定，为各种活动或其结果提供规则、指南和特性，供共同使用和重复使用的文件。”

该定义包含以下几个方面的含义：

（1）标准是标准化活动的产物。它是一种规范性文件，即为各种活动（技术活动、经济活动和社会生活活动）或其结果提供规则、指南和特性的文件。标准的本质属性是一种统一规定。这种规定是有关各方共同遵守的准则和依据。

（2）标准具有可共同使用和重复使用的特征。从本质上说，标准是以科学合理的规定为公众提供一种可供共同使用和重复使用的最佳选择。“重复”是指同一事物反复多次出现的性质。例如，批量生产的产品在生产过程中的重复投入、重复加工、重复检验等；同一类技术管理活动中反复出现的同一概念的术语、符号、代号等被反复利用等。只有作为标准制定对象的事物或概念具有重复出现的特征时，标准才能重复使用，才有制定标准的必要。

（3）标准产生的基础是科学、技术和实践经验的综合成果。标准既是科学技术成果，又是实践经验的总结，并且这些成果和经验都是在分析、比较、综合和验证的基础上进行规范化的，只有这样制定出来的标准才具有科学性。

（4）制定标准的程序包括标准的立项、起草、征求意见、送审和报批。一般而言，标准起草者起草的标准在经过内部讨论后，先形成标准征求意见稿，再将征求意见稿通过会审或函审方式向各有关利益方征求意见，然后各有关利益方将意见交由起草者进行修改，完成标准草案送审稿。通常由相应的技术工作委员会对送审稿进行会审，接着由起草者根据会议审查的主要修改意见对送审稿进行修改，完成标准草案报批稿，最后由专业标准化协会将报批稿报送标准化主管部门批准。

（5）标准制定过程要“经有关方面协商一致”，就是制定标准要发扬技术民主，与有关方面协商一致，做到“三稿定标”，三稿即征求意见稿、送审稿和报批稿。例如，制定产品标准不仅要有生产部门参加，还应当有用户、科研、检验等部门参加，共同讨论研究，“协商一致”，这样制定出来的标准才具有权威性、科学性和适用性。

2. 商品标准的概念

商品标准是产品标准和服务标准的总称。这是广义的商品标准的概念。狭义的商品标准是指产品标准。大多数情况下，我们所说的商品标准是指狭义的商品标准。

GB/T 20001.1－2014 将产品标准定义为“规定产品需要满足的要求以保证其适用性的标准”，同时注明，产品标准除了包括适用性的要求外，也可以包括或以引用的方式包括诸如术语、取样、检测、包装和标签等方面的要求，有时还可以包括工艺要求。产品标准根据其规定的是全部的还是部分的必要要求，可区分为完整的标准和非完整的标准。由此，产品标准又可分为不同类别，如尺寸类、材料类和交货技术通则类产品标准。

GB/T 20000.1－2014 将服务标准定义为“规定服务需要满足的要求以保证其适用性的标准”，同时注明，服务标准可以在诸如洗衣、饭店管理、运输、汽车维护、远程通信、银行、保险、贸易等领域内编制。

商品标准是科学技术和生产力发展水平的一种标志，它是社会生产力发展到一定程度的产物，又是推动生产力发展的一种手段。凡正式生产的各类商品，都应制定或符合相应的商品标准。商品标准由主管部门批准、发布后，就是一种技术法规，具有法律效力，同时也具有政策性、科学性、先进性、民主性和权威性。它是生产、流通、消费等部门在商品质量出现争议时执行仲裁的依据。

二、商品标准的作用

商品标准的作用主要表现在以下方面。

1. 商品标准是评定商品质量的准则

商品的种类繁多、质量千差万别，判断商品质量好坏的依据就是商品标准，尤其是产销双方、销售与使用双方对商品质量发生争议时，标准是仲裁的统一准则和依据。生产部门按技术标准生产；质量检验部门按技术标准对商品质量进行检验。所以，《中华人民共和国标准化管理条例》规定，对于正式生产的商品，都必须制定标准。

2. 商品标准能促进商品质量的提高

商品标准体现了一个国家的技术经济政策，能反映一个国家生产力发展水平的高低。制定标准能使商品的设计、生产、加工、流通都建立在科学的基础之上，都能“有章可循”“有法可依”，从而使商品质量得到基本保证。《中华人民共和国标准化管理条例》规定：对于不符合标准的产品，一律不列入计划完成数，不计产值，不准出厂。各方如能认真贯彻，必能促进产品质量不断提高。

3. 商品标准是冲破技术壁垒、扩大对外贸易的手段

商品标准代表着一定的质量和技术水平。不同国家间商品的交换、人员与信息的交流以及运输的实现等，都是建立在标准的基础之上的。标准化是国际贸易的一个出色的推动器。随着经济全球化、贸易国际化的快速发展，产品的国际竞争也越来越激烈。但是，如果相关标准不统一，往往就会形成技术性贸易壁垒，阻碍国际贸易的发展。促进标准化特别是国际标准化，使相关标准协调统一，发布并推行更多的国际标准，就为衡量进出口商品质量提供了重要依据，为技术法规和合格评定程序的制定与实施提供了技术支撑，大大推动了国际贸易的发展。

由于各国、各地区的消费者对商品和服务的要求不相同，以及其技术水平和技术发展政策存在差异，各国、各地区、各行各业就同一产品和服务制定的标准必然存在差异。国际贸易摩擦就是起因于涉及标准和合格评定程序的事例不断增多。标准和合格评定程序协调一致，可以减少技术性贸易壁垒，促进贸易自由化。可以说，标准化是协调技术性贸易壁垒、简化贸易的有效手段，是沟通国际贸易和国际技术合作的技术纽带。标准化能够很好地解决商品交换中的质量、安全、可靠性和互换性配套等问题。

三、商品标准的分类、级别和代号

1. 商品标准的分类

商品标准分类的方法很多，常见的有以下几种。

（1）按商品标准的表达形式分为文件标准和实物标准。文件标准是以文字（包括表格、图形等）的形式对商品质量所作的统一规定。绝大多数商品标准都是文件标准。文件标准在开本、封面、格式、字体、字号等方面都有明确的规定，应符合 GB/T 1.1－2020《标准化工作导则 第 1 部分：标准化文件的结构和起草规则》中的有关规定。

实物标准是指对某些难以用文字准确表达的质量要求（如色泽、气味、手感等），由标准化主管机构或指定部门用实物做成与文件标准规定的质量要求完全相同或部分相同的标准样品，作为文件标准的补充。实物标准同样是生产、检验等有关方面共同遵守的技术依据。例如，粮食、茶叶、羊毛、蚕茧等农副产品都有分等级的实物标准。实物标准是文件标准的补充，需要经常更新。

（2）按标准的约束程度不同分为强制性标准和推荐性标准。强制性标准又称法规性标准，是国家通过法律的形式，明确对于一些标准所规定的技术内容和要求必须严格执行，不允许以任何理由或方式违反、变更。强制性标准包括强制性的国家标准、行业标准和地方标准。对违反强制性标准的将依法追究当事人的法律责任。强制性标准包括：药品标准，食品卫生标准，兽药标准，农药标准；产品及产品生产、储运和使用中的安全、卫生标准，劳动安全、卫生标准，运输安全标准；工程建设的质量、安全、卫生标准及国家需要控制的其他工程建设标准；环境保护的污染物排放标准和环境质量标准；等等。

推荐性标准又称自愿性标准，是指国家鼓励自愿采用的具有指导作用而又不宜强制执行的标准，即标准所规定的技术内容和要求具有普遍的指导作用，允许使用单位结合自己的实际情况，灵活地加以选用。

实行市场经济的国家大多实行推荐性标准，如国际标准及美国、日本等国的大多数标准都属于推荐性标准。我国从 1985 年开始实行强制性标准和推荐性标准相结合的标准体制。

（3）按标准的成熟程度不同分为正式标准和试行标准。试行标准与正式标准具有同等效用，同样具有法律约束力。试行标准一般在试行 2～3 年后，经过讨论修订，再作为正式标准发布。现行标准绝大多数为正式标准。

（4）按商品标准的保密程度分为公开标准和内部标准。我国的绝大多数标准都是公开标准。少数涉及军事技术或尖端技术机密的标准只准在国内或有关单位内部发行，这类标准称为内部标准。

另外，商品标准还可以按性质分为产品标准、方法标准、基础标准、安全标准、卫生标准、管理标准、环保标准、其他标准等。

案例 4－1

加快标准“走出去”，助力国际产能和装备制造合作

国家标准化管理委员会积极组织落实《标准联通“一带一路”行动计划（2015—2017）》，加快中国标准“走出去”，助推国际产能和装备制造合作，发布航空航天、钢铁、工程机械、家用电器等领域 74 项国家标准外文版；同步发布《中国造船质量标准》《中国修船质量标准》等国家标准中文版和英文版，更好地带动中国船舶产品技术和服务“走出去”。中国提出豆浆机和弹性结构电压力锅国际标准提案，使中国家电领域九阳、和美等企业的相关产品的出口额在 3 年内取得了 4 倍和 9 倍增长的奇迹，让世界各国深切感受到中国家电行业正在由“中国制造”向“中国创造”转变。中国石油集团川庆钻探工程有限公司（以下简称川庆公司）在土库曼斯坦承担了南约洛坦气田 100 亿立方米商品气产能建设交钥匙工程，项目合同金额超过 30 亿美元，国家质检总局、国家标准化管理委员会积极推动 83 项中国标准在土库曼斯坦注册并授权使用，为川庆公司承建项目节省投资 15%。山东省昌邑市康洁环卫工程有限公司以独具特色的“标准环卫服务”模式，中标巴基斯坦最大城市卡拉奇环卫服务项目，合同金额达 10 亿元人民币，开创了“中国标准”引领“中国服务”走出去的先河。中国铁建和中国中铁两家央企承建的首条在海外采用全套中国标准和中国装备建造的第一条现代铁路——亚吉铁路，是中国海外第一个集投融资、设计、施工、主要装备材料、监理、机车、运营于一体的全产业链、全流程“中国化”的跨国电气化铁路项目，全部使用中国标准，对中国铁路标准“走出去”有着重要的示范意义。

资料来源：加快标准“走出去”，助力国际产能和装备制造合作．国家标准化管理委员会网站，2017－05－12.

2. 商品标准的级别

为了适应不同的技术水平、管理方式，满足不同的经济要求，按其适用领域和有效

范围的不同，商品标准可分为不同的级别：从全球范围来看，商品标准一般可分为国际标准、区域标准、国家标准、行业标准、地方标准、企业标准六级。

（1）国际标准。

GB/T 20000.1－2014 将国际标准定义为“由国际标准化组织或国际标准组织通过并公开发布的标准”。国际标准化组织（ISO）是世界上最大的国际标准化机构，它与国际电工委员会（IEC）、国际电信联盟（ITU）合称“三大国际标准化机构”。

（2）区域标准。

GB/T 20000.1－2014 将区域标准定义为“由区域标准化组织或区域标准组织通过并公开发布的标准”。目前，国际上较为重要的区域标准主要有欧洲标准化委员会（CEN）标准、欧洲电工标准化委员会（CENELEC）标准、欧洲广播联盟（EBU）标准、非洲地区标准化组织（ARSO）标准、亚洲标准咨询委员会（ASAC）标准等。

（3）国家标准。

国家标准是指对全国经济技术发展有重大意义，需要在全国范围内统一技术要求而制定的标准。国家标准在全国范围内适用，其他各级标准不得与之相抵触。国家标准是标准体系中的主体。国家标准制定的对象包括如下几个方面：

①通用技术术语、符号、代号（含代码）、文件格式、制图方法等通用技术语言要求和互换配合要求。

②保障人体健康和人身、财产安全的技术要求，包括产品的安全、卫生要求，生产、储存、运输和使用中的安全、卫生要求，工程建设的安全、卫生要求，环境保护的技术要求。

③基本原料、燃料、材料的技术要求。

④通用基础件的技术要求。

⑤通用的试验、检验方法。

⑥工农业生产、工程建设、信息、能源、资源和交通运输等通用的管理技术要求。

⑦工程建设的勘察、规划、设计、施工及验收的重要技术要求。

⑧国家需要控制的其他重要产品和工程建设的通用技术要求。

国家标准由国务院标准化行政主管部门（国家市场监督管理总局）制定，即由其负责编制计划，组织草拟，统一审批、编号和发布。工程建设、药品、食品卫生、兽药、环境保护的国家标准，分别由国务院工程建设主管部门、药品主管部门、卫生主管部门、农业主管部门、环境保护主管部门组织草拟、审批，其编号、发布办法由国务院标准化行政主管部门会同国务院有关行政主管部门制定。特别重大的，报国务院审批和发布。

（4）行业标准。

行业标准是指对没有国家标准而又需要在全国某个行业范围内统一的技术要求所制定的标准。行业标准是对国家标准的补充，是专业性、技术性较强的标准。行业标准的制定不得与国家标准相抵触，国家标准公布实施后，相应的行业标准即行废止。

行业标准由国务院有关行政主管部门负责制定和审批，并报国务院标准化行政主管部门备案。

对没有国家标准又需要在行业范围内统一的下列技术要求，可以制定行业标准：

①技术术语、符号、代号（含代码）、文件格式、制图方法等通用技术语言。

②工、农业产品的品种、规格、性能参数、质量指标、试验方法以及安全、卫生要求。

③工、农业产品的设计、生产、检验、包装、储存、运输、使用、维修方法以及生产、储存、运输过程中的安全、卫生要求。

④通用零部件的技术要求。

⑤产品结构要素和互换配合要求。

⑥工程建设的勘察、规划、设计施工及验收的技术要求和方法。

⑦信息、能源、资源、交通运输的技术要求及其管理技术等要求。

（5）地方标准。

地方标准是指对没有国家标准和行业标准，而又需要在省、自治区、直辖市范围内统一工业产品的安全、卫生要求而制定的标准。地方标准在本行政区域内适用，不得与国家标准和行业标准相抵触。

地方标准由省、自治区、直辖市人民政府标准化行政主管部门负责制定和审批，并报国务院标准化行政主管部门和国务院有关行政主管部门备案。在相应国家标准或行业标准批准实施之后，该项地方标准即行废止。

对没有国家标准和行业标准而又需要在省、自治区、直辖市范围内统一的下列技术要求，可以制定地方标准：

①工业产品的安全、卫生要求。

②药品、兽药、食品卫生、环境保护、节约能源、种子等法律、法规的要求。

③其他法律、法规的要求。

（6）企业标准。

企业标准是指企业所制定的产品标准以及对于在企业内部需要协调、统一的技术要求、管理要求和工作要求所制定的标准。企业标准是企业组织生产、经营活动的依据。企业标准主要有以下几种。

①企业生产的产品，没有国家标准、行业标准和地方标准的，应当制定企业产品标准。

②为提高产品质量和促进技术进步而制定的严于国家标准、行业标准或地方标准的企业产品标准。

③对国家标准、行业标准的选择或补充的标准。

④工艺、工装、半成品和方法标准。

⑤生产、经营活动中的管理标准和工作标准。

企业标准应在批准发布 30 日内向当地标准化行政主管部门和有关行政主管部门备案。

3. 商品标准的代号

（1）国际标准代号。

国际标准代号一般是用其标准组织的代号作为标准代号。国际标准的编号方式为：国际标准代号＋顺序号＋发布年号＋标准名称。例如，ISO/IEC 27001－2022 表示 2022 年发布的第 27001 号国际标准《信息安全、网络安全和隐私保护-信息安全管理体系-要求》。

（2）国家标准代号。

"GB"是强制性国家标准代号。"GB/T"是推荐性国家标准代号。国家标准的编号方式为：国家标准代号＋标准顺序号＋发布年号。

例如，GB/T 3222.2－2022 表示 2022 年发布的第 3222 号国家标准《声学、环境噪声的描述、测量与评价 第 2 部分：声压级测定》，后面的".2"表示是第 2 部分的内容。

（3）地方标准代号。

强制性地方标准代号为：DB＋地区代码。

推荐性地方标准代号为：DB＋地区代码/T。

地方标准的编号方式为：地方标准代号＋标准顺序号＋发布年号。

其中，各省、自治区、直辖市的地区代码为两位数字，如 11 表示北京市，12 表示天津市，13 表示河北省，14 表示山西省等。例如，DB 5329/T90－2022 表示 2022 年发布的第 90 号推荐性大理地方标准《城市家庭蔬菜种植技术规程》。

表 4－1 为我国各省、自治区、直辖市、特别行政区代码表。

表 4－1 我国各省、自治区、直辖市、特别行政区代码表

名　称	字母拼写	数字码	字母码
北京市	Beijing Shi	110000	BJ
天津市	Tianjin Shi	120000	TJ
河北省	Hebei Sheng	130000	HE
山西省	Shanxi Sheng	140000	SX
内蒙古自治区	Nei Mongol Zizhiqu	150000	NM
辽宁省	Liaoning Sheng	210000	LN
吉林省	Jilin Sheng	220000	JL
黑龙江省	Heilongjiang Sheng	230000	HL
上海市	Shanghai Shi	310000	SH
江苏省	Jiangsu Sheng	320000	JS
浙江省	Zhejiang Sheng	330000	ZJ
安徽省	Anhui Sheng	340000	AH
福建省	Fujian Sheng	350000	FJ
江西省	Jiangxi Sheng	360000	JX

续表

名 称	字母拼写	数字码	字母码
山东省	Shandong Sheng	370000	SD
河南省	Henan Sheng	410000	HA
湖北省	Hubei Sheng	420000	HB
湖南省	Hunan Sheng	430000	HN
广东省	Guangdong Sheng	440000	GD
广西壮族自治区	Guangxi Zhuangzu Zizhiqu	450000	GX
海南省	Hainan Sheng	460000	HI
重庆市	Chongqing Shi	500000	CQ
四川省	Sichuan Sheng	510000	SC
贵州省	Guizhou Sheng	520000	GZ
云南省	Yunnan Sheng	530000	YN
西藏自治区	Xizang Zizhiqu	540000	XZ
陕西省	Shaanxi Sheng	610000	SN
甘肃省	Gansu Sheng	620000	GS
青海省	Qinghai Sheng	630000	QH
宁夏回族自治区	Ningxia Huizu Zizhiqu	640000	NX
新疆维吾尔自治区	Xinjiang Uygur Zizhiqu	650000	XJ
台湾省	Taiwan Sheng	710000	TW
香港特别行政区	Hongkong Tebiexingzhengqu	810000	HK
澳门特别行政区	Macau Tebiexingzhengqu	820000	MO

（4）行业标准代号。

行业标准代号由国务院标准化行政主管部门即国家市场监督管理总局规定，如表 4－2 所示。

表 4－2 中华人民共和国行业标准代号

序 号	行业标准名称	行业标准代号
1	农业	NY
2	水产	SC
3	水利	SL
4	林业	LY
5	轻工	QB
6	纺织	FZ
7	医药	YY
8	民政	MZ

续表

序　　号	行业标准名称	行业标准代号
9	教育	JY
10	烟草	YC
11	黑色金属	YB
12	有色冶金	YS
13	石油天然气	SY
14	化工	HG
15	石油化工	SH
16	建材	JC
17	地质矿产	DZ
18	土地管理	TD
19	测绘	CH
20	机械	JB
21	汽车	QC
22	民用航空	MH
23	兵工民品	WJ
24	船舶	CB
25	航空	HB
26	航天	QJ
27	核工业	EJ
28	铁路运输	TB
29	交通	JT
30	劳动和劳动安全	LD
31	电子	SJ
32	通信	YD
33	广播电影电视	GY
34	电力	DL
35	金融	JR
36	海洋	HY
37	档案	DA
38	商检	SN

续表

序　　号	行业标准名称	行业标准代号
39	文化	WH
40	体育	TY
41	商业	SB
42	物资管理	WB
43	环境保护	HJ
44	稀土	XB
45	城镇建设	CJ
46	建筑工业	JG
47	新闻出版	CY
48	煤炭	MT
49	卫生	WS
50	公共安全	GA
51	包装	BB
52	地震	DB
53	旅游	LB
54	气象	QX
55	外经贸	WM
56	海关	HS
57	邮政	YZ

根据《中华人民共和国标准化法》第二条的规定，行业标准、地方标准是推荐性标准，国家鼓励采用推荐性标准。然而，根据《行业标准管理办法》第四条的规定，行业标准分为强制性标准和推荐性标准。强制性标准必须执行。其中药品行业标准、兽药行业标准、农药行业标准、食品卫生行业标准；工农业产品及产品生产、储运和使用中的安全、卫生行业标准；工程建设的质量、安全、卫生行业标准；重要的涉及技术衔接的技术术语、符号、代号（含代码）、文件格式和制图方法行业标准；互换配合行业标准；行业范围内需要控制的产品通用试验方法、检验方法和重要的营业产品行业标准属于强制性行业标准。其他行业标准是推荐性行业标准。表中给出的是强制性行业标准代号，推荐性行业标准代号是在强制性行业标准代号后面加“/T”，例如，农业的推荐性行业标准代号是“NY/T”。

行业标准的编号方式为：行业标准代号＋标准顺序号＋发布年号。例如，JT/T 963－2022 表示 2022 年发布的第 963 号推荐性交通行业标准。

（5）企业标准代号。

企业标准代号由“Q”和斜线加企业代号组成。企业代号的规定分两种情况：一是凡中央所属企业的企业代号，由国务院有关行政主管部门规定；二是各地方所属企业的企业代号，则由其所在省、自治区、直辖市政府标准化行政主管部门会同同级有关行政主管部门规定。企业代号可用汉语拼音或阿拉伯数字或两者兼用表示。企业标准的编号方式为：企业标准代号（即 Q/—）＋标准顺序号＋发布年号。例如，Q/HYBZ 168－2023 表示 2023 年发布的新乡市恒阳包装材料有限公司第 168 号《食品包装用塑料托盒》企业标准。

由省、自治区、直辖市发布的标准，还要在其企业标准代号“Q”前加上本省、自治区、直辖市的简称汉字，如“京 Q/—”“皖 Q/—”等。

第二节 商品标准的制定

一、制定和修订商品标准程序

商品标准由科学技术成果转化而来，是对科研、生产、销售、使用等方面的实践经验的科学总结。因此，制定商品标准应当充分发挥由用户、生产单位、行业协会、科学研究机构、学术团体及有关部门的专家组成的标准化技术委员会的作用。国务院标准化行政主管部门统一管理全国的标准化工作。国务院有关行政主管部门分工管理本部门、本行业的标准化工作，并由全国专业标准化技术委员会或全国专业标准化对口单位负责本专业标准的制定和修订工作。制定和修订商品标准一般按以下程序进行。

1. 确定项目

根据国民经济发展的需要，有关部门首先确定制定哪种、哪一级标准，然后将项目下达制定标准的部门，并组织专家形成标准化技术委员会，负责标准的起草。

2. 通过调查研究搜集资料

标准起草者通过调查或其他途径，了解国内外同类商品的生产水平、质量水平、研究成果、用户要求、发展方向；搜集有关的技术数据和统计资料，以及相应的国际标准和国外先进标准。

3. 在科学研究和试验论证的基础上起草标准，形成标准草案

标准起草者对各种数据和资料进行统计分析与综合研究，对有关技术规定进行验证，得到可靠数据和正确结论，在此基础上编写标准草案，并通过各种形式广泛征求意见。

4. 修改标准，形成送审稿

标准起草者根据汇总的意见对标准草案进行修改，形成标准送审稿以后，组织各方面代表对标准草案（送审稿）的技术内容、技术指标和有关规定进行全面审查，确保标准的先进性和合理性，并使所制定的标准和其他相关标准协调。

标准草案审查通过后，相关人员整理成报批稿送主管部门审批后发布生效。

二、制定和修订商品标准的原则

制定和修订商品标准，必须依据标准化原理和方法，在国家有关方针政策的指导下，提出明确的原则，以保证制定和修订的商品标准符合国家在一定历史时期内经济建设的需要。制定和修订商品标准的基本出发点是建立最佳秩序和取得最佳经济效益，这也是制定和修订商品标准的目的。为了实现这一目的，提出以下制定和修订商品标准的原则。

1. 充分考虑使用要求

所谓使用要求，是指用户或消费者对商品的质量要求。在社会主义市场经济体制下，企业生产必须面向市场，按用户或消费者的使用要求组织生产。商品标准是为保证商品的适用性而对商品的质量特性应达到的要求所作的规定，它是商品设计、生产和检验的技术依据。因此，在制定和修订商品标准时，首先要广泛听取用户或消费者等的意见，充分考虑用户或消费者的使用要求以及实现这些要求的可能性，千方百计地满足用户或消费者的需要。在规定商品质量指标时，要考虑商品的用途和实际使用条件。

2. 要有利于保障人民的身体健康和安全，保护消费者权益，保护环境

在制定和修订商品标准时，必须充分考虑商品生产、运输和使用中的安全、卫生、可靠以及环境保护、消费者保护等要求。特别是在制定药品标准、食品卫生标准、压力容器标准、电器商品标准、危险品包装运输标准等时，必须把人民的身体健康和安全放在首位。在制定生产工艺标准时，要考虑生产技术方法对环境的污染问题。

3. 技术先进，经济合理

技术先进，就是商品标准中规定的各项质量指标和要求应当适应国家技术经济发展的水平，力求反映科学、技术和生产方面的先进成果，有利于发展生产，促进企业技术进步和商品质量、经济效益的不断提高。因此，在制定和修订商品标准时，要以科学技术和先进的生产经验的综合成果为基础，适应现代科学技术和生产发展的要求，以及赶超世界先进水平和参与国际市场竞争的要求。确定质量指标和检验方法时，要力求科学合理，对各项质量指标的规定既不能过严，也不能过松，并且要符合使用要求。

经济上的合理性是衡量技术可行性的重要标志和依据。任何先进技术的推广和应用都受经济条件的制约。真正先进的商品或技术，应是同等水平中较经济的。因此，制定和修订商品标准时，不仅要考虑技术先进性，而且要通过全面的技术经济分析和论证寻求经济上的合理性，把提高商品标准、商品质量与取得最佳经济效益统一起来。

4. 结合自然条件，合理利用国家资源

资源是一个国家发展经济的物质基础。制定商品标准时，要密切结合本国的自然资源状况，努力提高资源的利用率，尽可能节约原材料，努力开发新材料，尽可能采用代用品，大力回收、利用废旧物资。在开发利用资源时，还必须考虑资源保护、生态环境等问题。

任何商品都是在一定的环境条件下使用的，有些商品的性能要受到环境条件的制约。因此，制定商品标准时，要研究如何既让商品适应环境条件，又合理利用社会资源。

5. 积极采用国际标准和国外先进标准，以适应对外贸易发展的需要

中国加入世界贸易组织后，进出口贸易呈现快速发展的趋势，发达国家凭借先进标准这一技术壁垒保护本国市场。积极采用国际标准和国外先进标准已成为世界各国技术经济发展的普遍趋势。

采用国际标准和国外先进标准，要从我国经济技术发展和对外贸易的需要出发，对于国际标准中的基础标准、方法标准、原材料标准、通用零部件标准以及有关安全、卫生、环境保护标准，要尽量优先采用；对于商品质量指标和测试方法，可以择优采用，以提高商品质量，开拓国际市场，增强我国商品在国际市场上的竞争能力，促进我国对外经济技术合作和对外贸易的发展。

6. 要尽量协调、配套

在制定商品标准时，要对国内外同类产品的品种、规格、性能、用途等进行选优和合理的分类、分档，使之系列化，特别是对于工业产品中那些量大面广的零件、部件、元件、配件等，要尽量扩大其使用范围，提高通用互换的程度，使各类商品的标准尽量协调、配套。

7. 要做到与时俱进

要视国内外科技和生产发展情况，适时地、主动地修订商品标准，以适应不断变化的环境。根据《中华人民共和国标准化管理条例》的规定，商品标准每隔 3～5 年复审一次，根据情况分别予以确认、修订和废止。

三、商品标准的构成要素和基本内容

根据 GB/T 1.1－2020《标准化工作导则 第 1 部分：标准化文件的结构和起草规则》、GB/T 20001.10－2014《标准编写规则 第 10 部分：产品标准》、GB/T 24421.3－2023《服务业组织标准化工作指南 第 3 部分：标准编制》以及 GB/T 28222－2011《服务标准编写通则》，我国商品标准（产品标准、服务标准）的构成要素如图 4－1 所示。

（一）商品标准的构成要素

商品标准的构成要素有四个类型：资料性概述要素、规范性一般要素、规范性技术要素和资料性补充要素。

资料性要素是指标识标准、介绍标准和提供标准的附加信息的要素，它又分为资料性概述要素和资料性补充要素。前者是标识标准并介绍其内容、背景、制定情况以及该标准与其他标准的关系的要素，具体来说，就是指标准的封面、目次、前言、引言；后者是提供附加信息，以帮助理解和使用标准的要素，具体指资料性附录、参考文献、索引。

规范性要素是指要声明符合标准而应遵守的要素，又分为规范性一般要素和规范性技术要素。前者包括标准名称、范围和规范性引用文件；后者包括图 4－1 所示的各种技术要素。

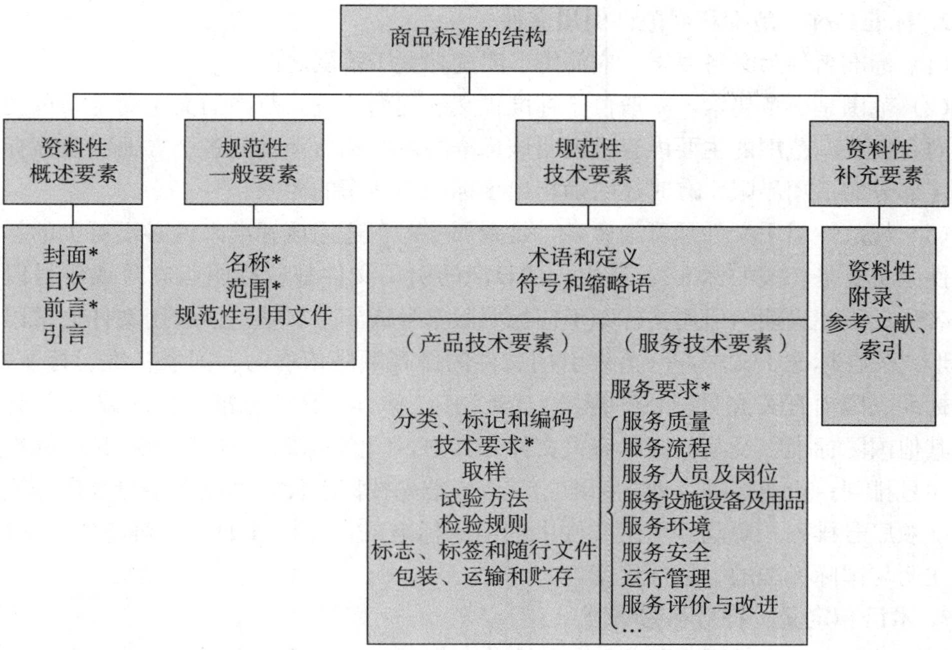

图 4-1 商品标准的构成要素

图 4-1 中标有 * 者为必备要素，即标准中必须存在的要素，其他无标记者为可选要素，即在标准中不是必须存在的要素，其存在与否应视标准条款的具体需求而定。一项标准不需要包括图 4-1 的所有要素，但可以包括图中所示要素之外的其他要素。

（二）产品标准和服务标准必须或可能共同具备的要素和内容

1. 封面和前言

（1）封面是必备要素。每项产品标准和服务标准均有封面。以国家标准为例，封面的内容有："中华人民共和国国家标准"字样和标准的"GB"标志、标准的中文名称和英文名称、标准的实施日期和标准的发布部门等。若标准有对应的国际标准，则在封面上标明一致性程度的标识，一致性程度的标识由对应的国际标准编号、国际标准英文名称、一致性程度代号［IDT（identical，意为等同）、MOD（modified，意为修改）、NEQ（not quivalent，意为非等效）］等内容组成。如果标准的英文名称与国际标准的名称相同，则通常不标出国际标准名称。

（2）前言也是必备要素。每项商品标准均有前言。前言由特定部分和基本部分组成。在特定部分中，要说明标准代替或废止的全部或部分其他文件（标准）；说明与标准前一版本相比的重大技术变化；说明标准和其他标准或文件的关系；说明标准的附录中哪些是规范性附录，哪些是资料性附录。在基本部分中，一般视情况依次给出以下信息：标准的提出单位；标准的批准部门（适用于非国务院标准化行政主管部门批准的国家标准）；标准归口管理的标准化组织；标准的起草单位（需要时，可指明负责起草单位和参加起草单位）；标准的主要起草人；标准所代替标准的历次版本发布情况等。

2. 标准名称、范围和规范性引用文件

（1）标准名称为必备要素，应简练、明确，置于范围之前。

（2）范围是必备要素，一般位于标准正文的起始位置。范围的文字简洁，可视为标准的内容提要。范围的主要内容是说明该标准的对象和所涉及的各个方面以及该标准或其特定部分的适用界限，有时还明确指出该标准不适用的界限。

（3）规范性引用文件是可选要素，是指那些对于适用该标准来说必不可少的、相关的文件（主要是相关的标准）。其中，注日期的引用文件都应标明版本号或年号以及完整的名称；不注日期的引用文件则不应标明版本号或年号。规范性应用文件通常以一览表的形式列在标准正文中，一览表引用文件的排列顺序依次为：国家标准、行业标准、地方标准、国内有关文件、ISO 标准、ISO/IEC 标准、IEC 标准、ISO 或 IEC 有关文件、其他国际标准以及其他国际有关文件。其中，国家标准、ISO 标准、IEC 标准按标准顺序号排列；行业标准、地方标准、其他标准先按标准代号的拉丁字母顺序排列，再按标准顺序号排列。规范性引用文件中的国家标准或行业标准如果有对应的国际标准，还要注明与国际标准的一致性程度。

3. 术语和定义、符号和缩略语

（1）术语和定义是可选要素，仅给出为理解标准中某些术语所必需的定义。

（2）符号和缩略语是可选要素，仅给出为理解标准所必需的符号和缩略语的一览表。

（三）产品标准的其他技术要素及内容

1. 分类、标记和编码

分类、标记和编码是可选要素，可为符合规定要求的产品建立一个分类（分级）、标记和（或）编码体系。

可根据产品不同的特性（如来源、结构、性能或用途等）进行分类。产品分类一般包括下述内容：（1）分类原则与方法；（2）划分的类别，如产品品种、型式（或型号）和规格及其系列；（3）类别的识别，通常可用名称（一般由文字组成）、编码（一般由数字、字母或它们的组合组成）或标记（可由符号、字母、数字构成）进行识别。

产品分类要符合下列基本要求：（1）划分的类别应满足使用的需要；（2）应尽可能采用系列化的方法进行分类；（3）对于系列产品应合理确定系列范围与疏密程度等，尽可能采用优先数和优化数系或模数制。

2. 技术要求

技术要求为必备要素，也是商品标准中技术要素的重要组成部分，过去常常被称作产品的“质量要求”。技术要求应包括下述内容：直接或以引用方式规定的产品的所有特性；可量化特性所要求的极限值。

（1）一般要求。

产品标准中技术要求为必备要素，它应包括下述内容：

①直接或以引用方式规定的产品的所有特性；

②可量化特性所要求的极限值。

③针对每项要求，引用测定或验证特性值的试验方法，或者直接规定试验方法。

该要素中不应包括合同要求（有关索赔、担保、费用结算等）和法律或法规的要求。

在某些产品标准中，可能需要规定产品应附带的针对安装者或使用者的警示事项或说明，并规定其性质。另一方面，由于安装或使用要求并不用于产品本身，因此应规定在一个单独的部分或一个单独的标准中。

如果标准只列出特性，其特性值要求由供方或需方明确而标准本身并不予以规定时，在标准中应规定如何测量和如何表述（如在标志、标签或包装上）这些数值。

（2）适用性的要求。

1）可用性。为了保证可用性，需要根据产品的具体情况规定产品的使用性能、理化性能、环境适应性、人类工效学等方面的技术要求。

①使用性能。使用性能是产品在使用中才能表现出来的特性。根据产品的具体情况，选择直接反映产品使用性能的指标或者间接反映产品使用性能的可靠代用指标，如功率、速度、耐磨性、可靠性等要求。

②理化性能。当产品的理化性能对其使用十分重要，或者产品的要求必须用理化性能加以保证时，应规定产品的物理性能、电磁性能和化学性能，如产品的密度、强度、硬度、塑性、黏度，电容、电阻、电感、磁感，化学成分、纯度、杂质含量极限等。

③环境适应性。根据产品在运输、贮存和使用中可能遇到的实际环境条件规定相应的指标，如产品对温度、湿度、气压、烟雾、盐雾、工业腐蚀、冲击、振动、辐射等适应的程度，产品对气候、酸碱度等影响的反应，以及产品抗风、抗磁、抗老化、抗腐蚀的性能等。

④人类工效学。它包括产品的人机界面要求，产品满足视觉、听觉、味觉、嗅觉、触觉等外观或感官方面的要求，如对表面缺陷、颜色的规定，对易读性、易操作性的规定等。

2）健康、安全、环境或资源合理利用。如果保障健康、安全，保护环境或促进资源合理利用成为编制标准的目的之一，则应根据具体情况编制相应条款。诸如：对产品中有害成分的限制要求；对产品运转部分的噪声限制、平衡要求；防爆、防火、防电击、防辐射、防机械损伤的要求；产品中的有害物质以及使用中产生的废弃物排放对环境影响的要求；对直接消耗能源产品的耗能指标的规定，如耗电、耗油、耗煤、耗气、耗水等指标。

3）接口、互换性、兼容性或相互配合。便于接口、互换性、兼容性或相互配合等要求是编制产品标准的重要目的之一。

4）品种控制。对于广泛使用的材料、物资或机械零部件、电子元器件或电线电缆等，利于品种控制是编制产品标准的重要目的。品种可包括尺寸和其他特性。

（3）其他要求。

1）结构。需要对产品的结构提出要求时，应作出相应的规定。规定产品结构尺寸时，应给出结构尺寸图，并注明长、宽、高三个方向的相应尺寸，或者注明相应尺寸代号等。

2）工艺、材料。产品标准通常不包括工艺、材料要求。为了保证产品性能和安全，不得不限定工艺条件或不得不指定所用材料时，可在技术要求中规定工艺要求，或对于材料来说：已有现行标准的，应引用有关标准或规定可使用性能不低于有关标准规定的其他材料；如无现行标准，可在附录中对材料性能作出具体规定。

3. 取样

取样为可选要素，它规定取样的条件和方法，以及样品保存方法。

4. 试验方法

试验方法为可选要素。编写试验方法的目的在于给出证实技术要求中的要求是否得到满足的方法。技术要求、取样和试验方法是相互关联的，应统筹考虑。

在通常情况下，试验方法应包括试样的制备和保存、试验步骤和结果的表述（包括计算方法以及试验方法的准确度或测量不确定度）。

5. 检验规则

检验规则为可选要素，它是针对产品的一个或多个特性，给出测量、检查、验证产品符合技术要求所遵循的规则、程序或方法等内容。

6. 标志、标签和随行文件

含有产品标志内容的产品标准应规定：用于识别产品的各种标志的内容，主要包括产品名称、产品执行的标准编号；生产者或销售商的名称、地址、商标、标记；根据产品特点和使用要求，所标明的产品的不同种类、规格、型号、等级、主要成分及含量、主要参数；对限期使用的产品，还要标明产品的生产日期、保质期或失效日期；当使用不当而容易危及人身、产品、设备安全或损坏产品、设备或污染环境时，要规定警示标志或警示说明。

包装标志的基本内容包括：商品包装材料外表上的收发货标志、包装储运图示标志、危险货物包装标志、包装回收标志及其他标志。

如果标准要求使用标签，则标准还应规定标签的类型，以及在产品或其包装上如何栓系、粘贴或涂刷标签。

产品标准可要求提供产品的某些随行文件，如产品合格证、产品说明书、装箱单、随机备附件清单、安装图、搬运说明等。

7. 包装、运输和贮存

此项为可选要素，需要时可规定产品的包装、运输和贮存条件等方面的技术要求，这样既可以防止因包装、运输和贮存不当引起危险、毒害或污染环境，又可以保护产品。

（四）服务标准的服务要求要素及内容

服务要求是服务标准的主要组成部分，包括以下八个方面的内容。

1. 服务质量

服务质量规定服务应达到的水平和要求，描述服务结果的质量要求，包括明示的、隐含的或应履行的期望或需求。

服务业组织在编写服务规范时，要充分考虑以下几个方面的质量特性要求。

（1）功能性：服务业组织预期交付给顾客的服务特性的要求和目标。

（2）经济性：用较少的投入获得同质量的服务，从顾客层面是指获得服务所需的费用的合理性，从服务业组织的层面是指资源投入和服务提供过程成本的合理性。

（3）安全性：服务项目现在的和潜在的安全风险，例如，消防、人身财产、保密和健康卫生等安全方面，这些要求宜重点关注易受伤害的群体。

（4）舒适性：顾客对服务设施、服务环境、服务人员和服务提供活动的一种综合感受，这些要求有时无法直接规定，可通过对服务人员、服务设施和服务环境等方面的要求体现舒适性的要求。

（5）时间性：服务业组织与顾客约定或承诺完成服务提供活动的要求和目标的时间，包括等待时间、服务提供过程的时间（开始和结束的时间）、顾客意见反馈处理的时间及工作效率等。

（6）文明性：服务提供过程中为满足精神需求而规定的要求和目标、服务业组织通过对服务行为的规定体现文明性的要求，使顾客获得自由、亲切、受尊重、友好、自然和谅解的气氛，同时，员工保障和社会责任方面的要求也体现了文明性的要求。

2. 服务流程

将服务提供的过程按流程分为不同工作阶段，描述各工作阶段的服务行为，明确各个工作阶段间不同部门的接口。宜考虑如下方面的基本内容。

（1）工作步骤；

（2）各工作环节的输入输出要求；

（3）工作内容和操作规范等。

3. 服务人员及岗位

应从教育与培训、技能与经验、健康与素养等方面规定从业人员的资质要求。

4. 服务设施设备及用品

规定服务设施设备及用品相关的购置、验收、使用、存放、维护保养和报废处置等方面的要求，宜考虑以下方面的基本内容：

（1）提供服务所需的设施、设备和用品的数量、等级及安全技术要求。

（2）运行管理所需的设施、设备和用品的数量、等级及安全技术要求。

（3）设施、设备的操作和维护保养等要求。

（4）用品的使用和管理要求。

5. 服务环境

规定向顾客提供适宜的环境，以及保护环境、文化和人类遗产的相关要求，宜考虑如下方面的基本内容：

（1）环境条件：服务提供所需的温度、湿度、光线、空气质量、清洁卫生、噪声限值、场地面积等基本条件和管理的要求。

（2）环境因素：环境因素的识别和评价要求，通常考虑向大气的排放、向水体的排放、向土地的排放、原材料和自然资源的使用、能源使用能量释放和废物等。

（3）环境运行控制：对环境因素实施控制的要求，包括废物处理、减少资源和能源的消耗、减少废气排放、噪声和视觉污染等。

（4）环境意识：增强员工、顾客和其他相关方环境意识的要求。

6. 服务安全

规定与服务结果及服务提供过程相关的安全管理要求，宜考虑如下方面的基本内容。

（1）安全保障措施，包括对个人、物品、投资、金融信息和顾客个人信息的保障措施；

（2）服务场所的安全要求；

（3）服务设施的安全要求；

（4）服务用品使用的安全要求；

（5）服务从业人员的安全要求等。

7. 运行管理

规定对各项运行管理活动的要求，包括计划、组织、领导和控制等方面的要求，宜考虑如下方面的基本内容：

（1）方针目标管理：组织方针的发布，目标的可测量性，与方针的一致性，为保证方针和目标的实现而制定目标考核等管理规定的要求；

（2）信息管理：对信息的收集、加工、传输处理存储和利用等方面的要求；

（3）沟通管理：与顾客沟通、进行内部沟通以及与其他相关方（如供方）进行外部沟通的方法、频率和信息共享等方面的要求；

（4）财务管理：财务活动、成本核算和定额管理等方面的要求（遵循有关法律法规）；

（5）人力资源管理：人员配备、使用、管理、培训和考核等方面的要求；

（6）能源管理：能源消耗统计分析、能源合理利用、能源设备管理和节能措施实施等方面的要求；

（7）市场营销管理：市场信息、市场预测、营销策划和营销评价等方面的要求；

（8）合同管理：合同格式、合同评审和合同变更管理等方面的要求；

（9）采购管理：供方管理和采购活动控制等方面的要求。

8. 服务评价与改进

规定对服务的有效性、适宜性和顾客满意评价等方面的要求，以及对达不到预期效果的服务进行改进的要求，宜考虑如下方面的基本内容：

（1）识别每个过程中对规定的服务有重要影响的关键活动；

（2）对关键活动进行分析，选出保证服务质量的特性并加以控制；

（3）对所选出的特性规定评价方法；

（4）规定对服务及服务提供过程的监视和测量、评价及顾客满意等方面的管理要求；

（5）规定改进目标和寻找改进机会的过程，以持续改进组织总体业绩，包括规定数据分析、制订并落实纠正措施和预防措施的要求。

四、商品标准的实施

商品标准的实施是整个标准化活动的一个重要环节。商品标准的贯彻与实施，要依靠质检部门、工商管理部门、产品或服务归口部门、设计部门和企业等各方面相互配合，分工协作，共同努力。

商品标准一经批准发布，就成为商品生产、流通、消费领域的技术依据，各部门在贯彻执行中不得擅自更改或降低标准。从事科研、生产、经营的单位和个人，必须严格执行强制性标准。不符合强制性标准的商品，禁止生产、销售和进口。国家鼓励企业自愿采用推荐性标准，凡按国家标准、行业标准、地方标准或企业标准组织生产的企业，应在其产品或说明书、包装物上标注所执行标准的代号、编号和名称。企业研制开发新产品，改造老产品，进行技术改造，应当符合标准化要求，不允许没有标准依据的产品上市销售。质检部门和工商管理部门要严格按照标准进行商品质量监督与认证，这是保证标准得以贯彻实施的重要手段。对因违反标准造成不良后果以致重大事故者，由质检部门或有关行政主管部门按照《中华人民共和国标准化法》及其实施条例的有关规定，根据不同情节进行处理。

在贯彻实施商品标准的过程中，还要做好信息反馈、调查研究等工作，为将来的修订准备条件。

第三节　标准化和商品标准化

一、标准化

1. 标准化的概念及含义

GB/T 20000.1－2014《标准化工作指南 第1部分：标准化和相关活动的通用术语》对标准化的定义是“为了在既定范围内获得最佳秩序，促进共同效益，对现实问题或潜在问题确立共同使用和重复使用的条款以及编制、发布和应用的活动”。该定义具有以下含义：

（1）标准化是一项活动过程，其实质是一种制定、发布、实施和修改标准的活动过程。标准是标准化活动的中心。

（2）标准化涉及的问题范围非常广，除了生产、流通、消费等经济活动以外，还包括科学、技术、管理等多种活动。

（3）标准化的目的是通过其活动使其研究对象达到统一，并最终获得最佳秩序。所谓最佳，是通盘考虑了目前和长远、生产与消费等各个方面的因素后所能取得的综合的最佳效益；而所谓秩序，则是指有条不紊的生产秩序、技术秩序、经济秩序、管理秩序和安全秩序。

2. 标准化的地位和作用

（1）标准化是组织现代化生产的手段。随着科学技术的发展和生产的社会化、现代化，生产规模越来越大，分工越来越细，生产协作越来越广泛，许多产品和工程建设往往涉及几十家、几百家甚至上千家企业，协作点遍布全国各地甚至跨几个国家。这样广泛、复杂的生产组合，需要在技术上保持高度的统一和协作一致。要达到这一点，就必须制定和执行一系列的统一标准，使得各个生产部门和生产环节在技术上有机地联系起来，保证生产有条不紊地进行。标准化又是实施科学管理的基础。要实施科学管理，就必须做到管理机构高效化、管理工作计划化、管理技术现代化，建立符合生产活动规律的生产管理、技术管理、物资管理、劳动管理、质量管理、安全管理等一整套科学管理制度，制定一系列工作标准和管理标准，实现管理工作规范化。

（2）标准化是不断提高产品质量的重要保证。

①产品质量合格与否中的“格”就是标准。标准不仅对产品的性能和规格作了具体规定，而且对产品的检验方法、包装、标志、运输、贮存也作了相应规定，只要严格按标准组织生产，按标准检验和包装，产品质量就能得到可靠的保证。

②随着科学技术的发展，标准需要适时地进行复审和修订。特别是对于企业产品标准，企业只有根据市场变化和用户要求及时进行修订，不断满足用户要求，才能保持自己的产品在市场中的竞争力。

③不仅产品本身要有标准，而且生产产品所用的原料、材料、零部件、半成品以及生产工艺等都应制定相互适应、相互配套的标准，只有这样才能帮助企业有序地组织生产，保证产品质量。

④标准不仅是生产企业组织生产的依据，也是国家及社会对产品进行监督检查的依据。《中华人民共和国产品质量法》第十五条规定，“国家对产品质量实行以抽查为主要方式的监督检查制度”。监督检查的主要依据就是产品标准。国家组织的产品质量监督检查不仅能促进产品质量的提高，反过来对标准本身的完善也能起到促进作用。

（3）标准化是合理简化品种、组织专业化生产的前提。现在有许多企业是小而全，生产品种多，批量小，质量差，管理混乱，劳动生产效率不高，经济效益差。改变这种落后状况的主要途径就是广泛组织专业化生产，而标准化正是组织专业化生产的重要前提。标准化活动的一项重要内容是“合理简化品种”，提高零部件的“通用”程度，变品种多、批量小为品种少、批量大，这有利于组织专业化生产，有利于采用先进技术装备，实现优质、高产、低耗、低成本、高效率。

（4）标准化有利于合理利用国家资源、节约能源、节约原材料。标准化对合理利用国家资源有重要的作用。例如，我国的水泥国家标准由于合理地规定了氧化镁的含量，可使一些石灰石矿山资源延长开采期 10 年以上；火车锅炉用煤炭的粒度如超过标准要求，煤炭就不能完全燃烧，如过小，则煤炭有可能还未燃烧完全即从烟筒喷出，造成浪费。世界各国都把节约能源、节约资源作为今后标准化工作的中心任务之一，我国在这方面的任务更为艰巨。例如，发达国家的木材利用率达 95%，我国只有 50%～60%；日本的能源有效利用率达 57%，美国为 51%，西欧国家在 40%以上，我国只有 30%左右，所以我国的标准化工作可谓任重而道远。

（5）标准化可以有效地保障人体健康和人身、财产安全，保护环境。《中华人民共和国标准化法》第十条第一款规定：“对保障人身健康和生命财产安全、国家安全、生态环境安全以及满足经济社会管理基本需要的技术要求，应当制定强制性国家标准。”强制性标准的广泛制定和强制实施对保障人体健康和人身、财产安全，保护环境起到了重要作用。生产、销售、进口产品或者提供服务不符合强制性标准的，依照《中华人民共和国产品质量法》《中华人民共和国进出口商品检验法》《中华人民共和国消费者权益保护法》等法律、行政法规的规定查处，记入信用记录，并依照有关法律、行政法规的规定予以公示；构成犯罪的，依法追究刑事责任。

（6）标准化是推广应用科研成果和新技术的桥梁。标准化是科研、生产和使用三者之间的桥梁。一项科研成果，包括新产品、新工艺、新材料和新技术，开始只能在小范围内试验和试制，只有在试验成功，并经过技术鉴定，纳入相应标准之后，才能得到迅速推广和应用。

（7）标准化可以消除贸易技术壁垒，促进国际贸易的发展，提高我国产品在国际市场上的竞争力。WTO的《技术性贸易壁垒协议》要求缔约方在准备建立或采用某一标准系统或认证系统时，必须遵守以下规定：

①缔约方标准的制定应以有关的国际标准或其中有关部分作为依据。

②应保证制定和采用技术规则与标准的目的不是在国际贸易中制造壁垒。

③标准的实施在任何可能采用标准的地方进行。

④鼓励参加有关国际标准和认证方面的活动。

⑤为国家级和区域性认证系统的评定创造条件。

⑥缔约方对进口方产品和本国或本地区内部产品的测试一视同仁，并鼓励接受另一缔约方的测试数据。测试方法和测试数据的互认可以极大地促进国际贸易自由化。为达到这一目的，各个国家和地区缔结双边或多边协议是必要的。

二、商品标准化

商品标准化的水平是衡量一个国家或地区的生产技术和管理水平的尺度，是现代化的一个重要标志。现代化水平越高，就越需要商品标准化。

商品标准化是现代技术经济科学体系中的一个重要组成部分，它对于发展社会生产力，促进科技进步，扩大对外经济技术交流，提高社会效益和经济效益等都有着重要的作用。

1. 商品标准化的概念

商品标准化是指在商品生产和流通的各个环节中制定、发布以及实施商品标准的活动。推行商品标准化的最终目的是达到统一，从而获得最佳市场秩序和社会效益。

2. 商品标准化的内容

商品标准化的内容包括：名词术语统一化，商品质量标准化，商品零部件通用化，商品品种规格系列化，商品质量管理与质量保证标准化，商品检验与评价方法标准化，商品分类编码标准化，商品包装、储运、养护标准化等。

商品标准化是一项系统管理活动，涉及面广，专业技术要求高，政策性强，因此只有遵循统一管理与分级管理相结合的原则，吸取国外标准化的先进经验，建立一套完善的标准化机构和管理体系，搞好分工协作，调动各方面的积极性，才能顺利完成商品标准化的任务。

依据《中华人民共和国标准化法》第五条第一款的规定，国务院标准化行政主管部门统一管理全国标准化工作，国务院有关行政主管部门分工管理本部门、本行业的标准化工作。

三、对国际标准和国外先进标准的采用

1978 年 9 月，我国以中国标准化协会的名义参加了“国际标准化组织”，为加强标准化的国际交流提供了条件，也为扩大我国标准的使用范围奠定了基础。为适应市场经济和国际贸易的需要，我国制定的国家标准积极采用国际标准和国外先进标准。采用国际标准，不仅能给我国技术、经济的发展带来巨大的经济利益，促进生产，有利于进一步了解市场的实际需要，而且容易打破技术性贸易壁垒，帮助我国商品直接进入国际市场。在采用国际标准和国外先进标准时，要从我国经济发展和对外贸易的需要出发，充分考虑我国的资源情况和自然条件，要求技术先进、经济合理、安全可靠、符合我国有关法规政策并正确地确定采用程度，要有利于形成和完善我国的标准体系，并适应当前我国经济发展的需要。

1. 采用国际标准和国外先进标准的程度和表示方法

采用国际标准，包括采用国外先进标准，是指通过分析研究，把国际标准和国外先进标准的内容不同程度地纳入我国的各级标准，并贯彻实施，以取得最佳效果的活动。

等同采用国际标准是采用国际标准的基本方法之一。它是指我国标准在技术内容上与国际标准完全相同，编写上不做或稍做编辑性修改，可用图示符号“≡”表示，其缩写字母代号为“idt”或“IDT”。

等效采用国际标准是采用国际标准的基本方法之一。它是指我国标准在技术内容上基本与国际标准相同，仅有小的差异，在编写上则不完全与国际标准相同的方法，可以用图示符号“＝”表示，其缩写字母代号为“eqv”或“EQV”。

非等效采用国际标准是采用国际标准的基本方法之一。它是指我国标准在技术内容的规定上与国际标准有重大差异，可以用图示符号“≠”表示，其缩写字母代号为“neq”或“NEQ”。

表 4－3 总结了我国采用国际标准或国外先进标准的程度的表示方法。

表 4－3　我国采用国际标准或国外先进标准的程度的表示方法

采用程度	符　号	缩写字母
等同	≡	idt 或 IDT
等效	＝	eqv 或 EQV
非等效	≠	neq 或 NEQ

在我国标准目录中，分别用三种符号表示；在电报传输或电子数据处理中，分别用三种缩写字母表示。

我国标准采用国际标准（不包括即将制定完成的国际标准）的程度在封面上和首页的表示方法如下：

GB××××-××（idt ISO ××××-××××）

GB××××-××（eqv ISO ××××-××××）

GB××××-××（neq ISO ××××-××××）

案例 4-2

第 44 届国际标准化组织大会在阿布扎比召开

2022 年 9 月 19 日至 23 日，第 44 届国际标准化组织（ISO）大会在阿拉伯联合酋长国阿布扎比召开，来自 167 个 ISO 成员、国际和区域组织的近千名代表现场参加，4 000 余名代表线上参加了此次大会系列主题研讨会。中国代表团赴阿布扎比参加了 ISO 全体大会、技术管理局会议和发展中国家事务委员会等系列会议。

ISO 是世界上规模最大、影响力最强的综合性国际标准组织，全体大会是 ISO 的最高权力机构。本次大会听取了 2022 年度 ISO 各项工作报告，评选了 2022 年度劳伦斯·艾彻领导奖，确定了 2023 年审计机构，审批了 2023 年 ISO 成员国会费，投票选举产生了下一届 ISO 主席、财务副主席、理事会成员和技术管理局成员等。

会议期间，代表团与 ISO 主席、副主席、秘书长、副秘书长以及 ISO 治理部、人力资源部、区域协调部、项目管理部等部门负责人进行了十余场会谈，就 ISO 组织治理、能力建设、成员参与以及机器可读标准（SMART）项目和 2023 年亚太区域参与工作计划等议题进行了深入交流。国家标准化管理委员会与玻利维亚、意大利、以色列、摩洛哥、挪威、罗马尼亚、阿塞拜疆、欧洲标准组织 8 个国家标准化机构或区域标准组织签署了标准化合作协议；代表团与英国、法国、沙特阿拉伯、新加坡、俄罗斯、伊朗、乌兹别克斯坦、埃及等 20 余个国家的标准化机构进行了双边会谈，就加强国际标准组织治理、标准互认、标准化教育和能力提升合作，以及气候变化、新能源、电动汽车、民用航空等专业领域合作等进行了深入探讨，达成了广泛共识。

资料来源：中国代表团出席第 44 届国际标准化组织（ISO）大会. 国家市场监督管理总局网站，2022-09-23.

2. 采用国际标准和国外先进标准的原则

（1）采用国际标准和国外先进标准，应当符合我国有关的法律和法规，保障国家安全，保护人体健康和人身、财产安全，保护动植物的生命和健康，保护环境，适合我国的气候、地理条件和资源合理利用，做到技术先进、经济合理、安全可靠。例如，采用涉及人体健康和人身财产安全的国际标准必须符合我国法律、法规规定，也不能同我国强制性标准相抵触。

（2）凡已有国际标准（包括即将制定完成的国际标准）的，应当以其为基础制定我国标准。凡尚无国际标准或国际标准不能适应需要的，应当积极采用国外先进标准。

近几年，我国高新技术行业采用国际标准的比率较高，促进了高新技术发展和管理水平提高。例如，电子行业、邮电行业制定的国家标准中采用国际标准的比率达 70%；信息技术方面制定的 300 多个国家标准中采用国际标准的比率达到 80%。采用国际标准加速了我国高新技术产品同国际接轨，目前我国有的技术已达到国际先进水平。

国外特别重视产品的安全、卫生标准和环境保护标准。为了使我国更多的产品参与国际市场竞争，我国在制定标准时，对于国际标准中的安全标准、卫生标准、环境保护标准和贸易需要的标准应当优先采用。

（4）采用国际标准和国外先进标准，是我国一项重要的技术经济政策，是技术引进的重要组成部分。采用国际标准或国外先进标准，应当同我国的技术引进、技术改造、新产品开发相结合。

（5）积极参加国际标准化活动和国际标准的制定工作，跟踪国际标准化发展，积极承担国际标准化组织和国际电工委员会专业技术委员会秘书处工作，争取把我国标准或提案转为国际标准。

技能实训

【实训目的】

运用商品标准鉴别商品。

【实训主题】

加深学生对商品标准及标准化的理解和运用。

【实训时间】

本章课堂教学内容结束后的双休日和课余时间，为期一周。或者指导教师另外指定时间。

【背景材料】

如何根据产品执行标准鉴别地板品质？

强化木地板的国家标准是相当严格的，目前市场上不少小厂生产的低价地板不能达到国家标准的要求。因此，我们建议消费者选择标明执行国家标准的品牌，这样万一地板质量有缺陷，根据其执行国家标准的承诺也易于和商家交涉。

该国家标准包括 GB/T 18102－2020《浸渍纸层压木质地板》和 GB 18580－2017《室内装饰装修材料 人造板及其制品中甲醛释放限量》，消费者可据此谨慎选择地板以保护自身权益。

【实训过程设计】

（1）指导教师要求学生课前预习案例。

（2）将全班同学按每组 5～6 人平均分成若干小组，进行讨论。各小组就近选择市场进行调研。

(3) 根据背景材料，选择三个品牌的地板，看它们都符合哪个标准。

(4) 根据调研资料，列表比较这三个品牌的地板的标准、价格。

(5) 各小组对本次实训进行总结和点评，撰写作为最终成果的商品学实训报告。

(6) 各小组提交填写了组长姓名、成员名单的商品学实训报告。优秀的实训报告将在班级展出，并收入本课程教学资源库。

综合练习

一、名词解释

商品标准　商品标准化　国家标准　国际标准　产品质量认证

二、多项选择题

1. 商品标准的构成要素有（　　）。

A. 资料性概述要素　B. 规范性一般要素　C. 规范性技术要素

D. 资料性补充要素　E. 补充要素

2. 商品标准按表达形式分为（　　）。

A. 文件标准　B. 管理标准　C. 约束性标准

D. 工作标准　E. 实物标准

3. 标准的必备要素包括（　　）。

A. 封面　B. 前言　C. 标准名称

D. 范围　E. 规范性引用文件

三、问答题

1. 商品标准的作用有哪些？如何理解？

2. 商品标准是如何分类的？

3. 我国的商品标准可分为哪些级别？各级别的使用范围有何不同？

4. 商品标准的基本内容有哪些？

5. 标准化有何含义？

6. 简述采用国际标准和国外先进标准的原则。

第五章 商品质量监督与质量认证

学习目标

- 了解商品质量监督与质量认证的概念和作用
- 熟悉商品质量监督的种类、形式
- 了解我国质量认证的原则和做法
- 掌握国家认可制度和认可机构
- 掌握产品质量认证和管理体系认证
- 掌握 ISO 9000 系列标准

案例导读

红星美凯龙携手中国质量认证中心 助推家居行业绿色发展

中国质量认证中心与红星美凯龙达成新一轮五年战略合作，持续以绿色领跑项目，倡导绿色环保家居，推动行业高质量发展，面向品牌工厂开展家居绿色环保领跑品牌认证，构建行业环保最高标准。

中国质量认证中心拥有丰富的国际质量认证工作经验，各项业务成果卓著。在双方通力合作下，这些年家装、家居、建材领域的产品质量提升有目共睹。下一步，中国质量认证中心将和红星美凯龙发挥各自的优势，一起把质量认证工作做好，为消费者提供更满意的服务，为行业高质量发展作出各自的贡献。

红星美凯龙对绿色环保的投入累计近 2 亿元，在家居行业处于领先位置。巨大的投入和持续的努力也带来了巨大的行业和社会影响力，其“绿色领跑”成为品质的象征，带动了全行业各类标准的提升。未来，红星美凯龙希望与国家政府部门高度联动，继续提升标准，引领行业，促进消费。

据了解，今后双方主要从三个方面发力。首先，扩大合作范围，在家居绿色发展的旗帜之下，关注更多品类，延伸出更多的产品和服务，为行业创造更多绿色价值，为消费者提供更高品质的产品。其次，持续提升标准，始终保持标准高于产业水平，引领行业高质量发展。最后，加强绿色环保的市场教育，影响消费者，促进绿色消费。

资料来源：红星美凯龙携手中国质量认证中心 助推家具行业绿色发展. 中国经济网，2023 - 04 - 14.

启示：质量认证可以助力产业发展，因而在社会经济中具有重要作用。市场经济是法治经济，只有加强商品质量监督，才能保证市场经济秩序，维护生产者、消费者权益。了解产品标准、认证、标识体系及其相关知识，同样是很重要的。

第一节　商品质量监督

商品质量监督是贯彻执行商品标准的手段，是保证和提高商品质量并取得经济效益的措施，也是标准化工作的重要组成部分。只有通过商品质量监督才能及时反馈商品标准的执行情况，为制定、修订商品标准提供可靠的依据。

一、商品质量监督的概念和作用

1. 商品质量监督的概念

商品质量监督，是指由国家指定的商品质量监督专门机构，按照我国质量法律法规和商品质量标准的规定，对生产和流通领域的商品质量和质量保证体系进行监督的活动。对商品质量监督的概念，我们可以从以下方面把握：

（1）商品质量监督的主体通常是用户或第三方。我国各级人民政府都设有商品质量监督机构，各级质量监督机构按照国家有关规定，可单独组织或会同有关部门，对商品的生产、储运和经销等各个环节实行经常性的监督抽查，并定期公布商品质量抽查结果。社会团体、新闻机构和广大消费者也有权对商品质量进行社会监督。商品质量监督的目的是保证商品满足质量要求，维护国家和消费者的利益。

（2）商品质量监督是技术监督，因此监督检验是商品质量监督的重要手段。监督检验是指由政府规定的商品检验机构，按照国家颁布的质量法规和商品标准，对企业生产的产品和市场销售的商品进行抽样检验和质量评价，对企业的质量保证体系进行检查。

（3）商品质量监督的目的是确保企业生产经营的商品达到既定法规和标准的要求，并在此基础上对企业的质量保证工作实行监督。履行商品质量监督职责的职能部门是国家授权的法定机构，而不是普通的群众团体和民间组织。履行商品质量监督的依据主要是国家发布的质量法规和批准发布的正式标准（多属于强制性标准）。商品质量监督是一个过程，它包括在要求商品符合标准的前提下对商品质量作出连续性评价和促进商品质量改善的一系列工作。

2. 商品质量监督的作用

商品质量监督是国家对生产领域和流通领域商品质量进行宏观调控的一种手段。它对于维护正常的社会经济秩序，保护消费者利益，保证和提高商品质量，增强我国商品的竞争能力等都具有重要的作用。

（1）维护社会主义市场经济的正常秩序。在市场经济条件下，个别企业和少数个人出于对自身利益的追求，可能会通过粗制滥造、以次充好、短斤少两、弄虚作假等手段来欺骗广大消费者和用户以牟取暴利。这必然会扰乱市场的正常秩序。有关部门通过加强对生产领域和流通领域商品质量的监督，可以及时发现和纠正商品存在的质量问题，打击各种损害商品质量的不正之风，从而维护市场的良好秩序。

（2）维护消费者的合法权益，保障人民安全健康。商品质量的好坏直接关系到广大消费者的切身利益。不符合国家质量要求的商品，特别是伪劣商品一旦流入市场，就会直接危害消费者的安全和健康。国家有关部门通过对商品质量的监督抽查，可以防止不合格品，尤其是假冒伪劣商品进入消费领域，依法查处假冒伪劣商品的责任者，帮助解决商品质量问题，从而有效地维护消费者的合法权益，保护消费者的安全和健康。

（3）促进企业增强质量意识，健全质量保证体系。通过质量监督部门对工商企业质量的检查和评价，可以促进企业强化质量意识，帮助企业认识到商品质量对于企业生存、发展的重大意义，促使其健全质量保证体系，不断提高商品质量。

（4）推动国家质量法规和技术标准的贯彻执行。国家颁布的质量法规，需要通过质量监督得到贯彻执行。因此，质量监督是贯彻执行质量法规的有力措施。同时，国家颁布的强制性标准和推荐性标准，也需要通过商品质量监督部门的监察和督导得到贯彻执行。因此，商品质量监督又是实现和推广质量标准的重要途径。

（5）助力国民经济计划中质量目标的实现。国家为促进商品质量的提高，在国民经济计划中制定了质量目标。而质量目标的实现，离不开各产业部门和基层企业的具体工作。强化商品质量监督，可以促使企业采用先进的技术和设备，开发新产品，提高商品质量，从而保证国民经济计划中质量目标的实现。

二、商品质量监督的种类和形式

1. 商品质量监督的种类

我国的商品质量监督可分为国家的质量监督、社会的质量监督和用户的质量监督三种。

（1）国家的质量监督。国家的质量监督，是指国家授权指定第三方专门机构，以公正的立场对商品进行的质量监督检查。国家质量监督是法定的质量监督，它是以政府行政的形式，对可能危及人体健康和人身、财产安全的商品，影响国计民生的重要工业产品及用户、消费者组织反映有质量问题的商品，实行定期或经常的监督、抽查和检验，公布商品质量抽查检验结果，并根据国家有关法规及时处理质量问题，以维护社会经济生活正常秩序和保护消费者的合法权益。国家的商品质量监督由国家质量技术监督部门进行规划和组织实施。

（2）社会的质量监督。社会的质量监督，是指社会团体、组织和新闻机构根据消费者和用户对商品质量的反映，对流通领域的某些商品进行的质量监督检查。这种质量监督，是从市场一次抽样，委托第三方检验机构进行质量检验和评价，然后将检验结果特别是不合格商品的质量状况和生产企业名单予以公布，以造成强大的社会舆论压力，迫使企业改进质量，停止销售不合格商品，对消费者和用户承担质量责任，实行包修、包换、包退或赔偿其经济损失。中国质量管理协会用户委员会、中国消费者协会、中国质量万里行组织委员会等组织是社会质量监督的组织者和职权的行使者。

(3) 用户的质量监督。用户的质量监督，是指内、外贸部门和使用单位为确保所购商品的质量而进行的质量监督。例如，一些企业在购买大型成套设备和装置，以及采购生产企业生产的商品时，进驻承制单位和商品生产企业进行质量监督，发现问题时有权通知企业改正或停止生产，及时把住质量关，以保证商品质量符合所规定的要求。这种质量监督包括用户自己派人或委托技术服务部门进驻承制单位实行质量监督，内、外贸部门委派驻厂人员进行质量监督，以及进货时进行验收检验等。

2. 商品质量监督的形式

商品质量监督的形式很多，可以归纳为抽查型质量监督、评价型质量监督和仲裁型质量监督三种。

(1) 抽查型质量监督。抽查型质量监督是指国家质量监督机构通过对从市场或企业抽取的商品样品进行监督检验来判定其质量，从而采取强制措施责令企业改进质量，直至达到商品标准要求的一种监督活动。抽查型质量监督形式一般只抽检商品的实物质量，不检查企业的质量保证体系。抽查的主要对象是涉及人体健康和人身、财产安全的商品，影响国计民生的重要工业产品，重要的生产资料商品，以及消费者反映有质量问题的商品。

(2) 评价型质量监督。评价型质量监督是指国家质量监督机构对企业的产品质量和质量保证体系进行检验和检查，检验和检查合格后，以颁发产品质量证书、标志等方式确认和证明产品已经达到某一质量水平，并向社会提供质量评价信息，实行必要的事后监督，以检查产品质量和质量保证体系是否保持或提高的一种质量监督活动。评价型质量监督是国家干预产品质量、进行宏观管理的一种重要形式。产品质量认证、企业质量体系认证、环境标志产品认证、评选优质产品、产品统一检验制度和生产许可证发放等都属于这种形式。

(3) 仲裁型质量监督。仲裁型质量监督是指质量监督检验机构通过对有质量争议的商品进行检验和质量调查，分清质量责任，公正处理，维护经济活动正常秩序的一种质量监督活动。仲裁型质量监督具有较强的法制性，这项任务由质量监督管理部门承担，应选择经省级以上人民政府产品质量监督管理部门或其授权的部门审查认可的质量监督检验机构作为仲裁检验机构。

案例 5-1

市场监管总局通报 13 批次食品抽检不合格情况

近期，市场监管总局组织食品安全监督抽检，抽取 25 大类食品 863 批次样品，检出 8 大类食品 13 批次样品不合格。发现的主要问题包括微生物污染、重金属污染、食品添加剂超限量使用、质量指标不达标、质量指标与标签标示值不符等。现将监督抽检不合格食品的具体情况通告如下：

1. 微生物污染问题

天猫舜粿食品旗舰店（经营者为山西老鲁记电子商务有限公司）在天猫商城（网店）销售的、标称山西省运城市稷山县振华蜜饯食品厂生产的金丝蜜枣，其中菌落总数不符合食品安全国家标准规定。

2. 重金属污染问题

京东盛源来食品旗舰店（经营者为山东省青岛盛源来商贸有限公司）在京东商城（网店）销售的、标称山东省青岛盛源来商贸有限公司委托山东省威海市荣成茂泉水产有限公司生产的干裙带菜，其中铅（以Pb计）检测值不符合食品安全国家标准规定。

3. 食品添加剂超限量使用问题

（1）天猫秋知仁旗舰店（经营者为浙江省杭州临安昌光食品有限公司）在天猫商城（网店）销售的、标称浙江省杭州临安山点水食品有限公司生产的乌梅干，其中苋菜红检测值不符合食品安全国家标准规定。

（2）淘宝网杨先生旗舰店［经营者为浙江省那片树林（杭州）网络科技有限公司］在淘宝网（网店）销售的、标称浙江省杭州情怀食品有限公司生产的绿豆糕细沙味，其中防腐剂混合使用时各自用量占其最大使用量的比例之和检测值不符合食品安全国家标准规定。

4. 质量指标不达标问题

（1）美团家家福购物广场（北七家店）（经营者为北京和瑞久商贸有限公司）在美团（手机App）销售的、标称河南省许昌市建安区状大食品厂生产的花椒锅巴（含油型膨化食品），其中过氧化值（以脂肪计）检测值不符合食品安全国家标准规定。

（2）湖南华湘勤宜福中福商贸有限公司销售的、标称湖南省长沙溢华斋食品有限公司生产的板栗蓉沙（板栗味），其中酸价（以脂肪计）检测值不符合食品安全国家标准规定。

……

5、质量指标与标签标示值不符问题

淘宝网新疆特产选购店（经营者为江苏省连云港市海州区爱力百货经营部）在淘宝网（网店）销售的、标称新疆维吾尔自治区昌吉彩贝乐食品有限公司生产的婴幼儿核桃仁补充营养奶米粉，其中钠含量符合食品安全国家标准规定，但不符合产品标签标示要求。

对抽检发现的不合格食品，各省级市场监管部门已组织开展核查处置，查清产品流向，督促企业采取下架召回不合格产品等措施控制产品风险；对违法违规行为，依法从严处理。有关省级市场监管部门要督促及时公开所采取的风险防控措施和核查处置情况，并向总局报告。

资料来源：市场监管总局关于13批次食品抽检不合格情况的通告．市场监管总局网站，2023-01-17．

思考：国家市场监督管理总局对商品质量的监督抽查属于哪一种形式的质量监督？你认为这种监督能发挥哪些作用？

第二节　产品质量认证

一、认证制度

认证制度又称为合格评定程序，是指任何直接或间接确定技术法规或标准中相关要求得到满足的程序。它是为进行认证工作而建立的一套程序和管理制度，包括认证和认可两类活动。

1. 认证

《中华人民共和国认证认可条例》把认证定义为：认证是指由认证机构证明产品、服务、管理体系符合相关技术规范、相关技术规范的强制性要求或者标准的合格评定活动。

认证通常分为产品认证、管理体系认证和服务认证。大家较为熟悉的中国强制性产品认证（China Compulsory Certification，CCC），就是一种产品认证。管理体系认证包括：以ISO 9001标准为依据开展的质量管理体系认证；以ISO 14001标准为依据开展的环境管理体系认证；以GB/T 45001－2020《职业健康安全管理体系 要求及使用指南》为依据开展的职业健康安全管理体系认证；食品安全管理体系认证；等等。服务认证是由认证机构证明服务符合相关标准和技术规范的合格评定活动。我国已经开展了服务认证，但与产品认证相比，其规模尚显零散，仅为尝试而已。国家认监委发布的《关于发布自愿性认证业务分类目录及主要审批条件的公告》在“认证领域的划分”中，将服务认证按照国家标准GB/T 7635.2－2002《全国主要产品分类与代码 第2部分：不可运输产品》划分为23个认证领域。目前，我国已开展的服务认证有：信息安全服务资质认证、体育场所服务认证、商品售后服务评价体系认证、汽车玻璃零配安装服务认证、绿色市场认证、品牌认证、防爆电器设备修理服务认证、电子商务交易服务认证等。

2. 认可

《中华人民共和国认证认可条例》把认可定义为：认可是指由认可机构对认证机构、检查机构、实验室以及从事评审、审核等认证活动人员的能力和执业资格，予以承认的合格评定活动。

二、产品质量认证的概念和作用

随着商品交换和国际贸易的发展，商品的买方（消费者、用户等）总是想买到令自己满意的商品。然而，大多数买方不具备鉴定商品质量的手段和知识，面对越来越多的新商品和铺天盖地的卖家广告宣传，为了避免上当受骗，他们希望能有一个可信任的、公正的第三方证明该商品的质量。于是，产品质量认证制度从20世纪50年代开始在世界各国普及并发展起来。

为了避免因各国采用的技术标准和实行的认证制度不同而形成新的贸易壁垒，国际标准化组织（ISO）自20世纪70年代以来致力于协调各国的认证工作，谋求建立统一的国际认证制度，并将其从产品质量认证进一步扩展到质量体系认证等领域。ISO对产品质量认证的定义是：由可以充分信任的第三方证实某一经鉴定的产品或服务符合特定标准或其他技术规范的活动。产品认证分为强制认证和自愿认证两种。一般来说，对人身安全、健康和其他方面法律法规有特殊规定者为强制性认证，即“以法制强制执行的认证制度”；其他产品实行自愿认证制度。

产品质量认证已成为一种科学的商品质量监督制度，被世界上许多国家采用，并收到了明显效果，关键原因在于：这种制度是由一个公证机构站在第三方立场上，对认证对象作出正确、可靠的评价，从而使人们对商品质量建立信心。

实行产品质量认证的目的是保证产品质量，提高产品信誉，保护用户和消费者的利益，促进国际贸易和国际质量认证合作。其也能给企业带来好处，具体表现在以下几个方面：第一，通过产品质量认证标志指引消费者的购买方向。经过产品质量认证的产品可以获得产品质量认证标志，并且其生产企业有权在包装物、产品合格证、产品使用说明书上使用产品质量认证标志，为消费者购买到满意的商品提供信誉保证和质量信息。第二，获得产品质量认证的产品具有较强的市场竞争力，因为获得产品质量认证证明该产品质量符合国家标准的严格要求。这样的产品自然会受到消费者的好评，有利于企业在激烈的市场竞争中胜出，获得较好的经济效益。第三，可以享受免检等优惠待遇。获得产品质量认证的产品，不仅会在国内市场上受到消费者的信赖，在国际市场上的身份也会抬高。特别是获得国际产品质量认证的产品，因为得到了某些国际组织成员方的普遍认可，可以享受免检等优惠待遇。第四，可以优先参与国家优质产品的评定，增加企业的知名度。

案例5-2

CB认证敲开家电出口大门
——飞龙家电集团获得CB认证进军国际市场

1. 概况

(1) IECEE-CB体系。

IECEE是在国际电工委员会（IEC）授权下开展工作的国际认证组织，全称为“国际电工委员会电工产品合格测试与认证组织”。IECEE旨在促进主要用于家庭、办公室、车间、保健和类似场所的电工产品的国际贸易，其推行国际认证的最终目标是：一种电气产品，同一个IEC标准，任意地点的一次测试，以及一次合格评定的结果，为全球所接受。

IECEE-CB体系是IECEE关于电工产品测试证书的互认体系，是IECEE下设的两个工作体系之一。CB体系的主要目标是通过推动国家标准与国际标准的统一、协调以及产品认证机构的合作，使制造商更接近于理想的“一次测试，多处适用”的目标，从而促进国际贸易。IECEE-CB体系内50多个成员的70多家国家认证机构（NCB）共同达成多边协议，使申请人可以凭借某一个NCB颁发的CB测试证书和测试报告获得CB体系内其他成员的国家（地区）认证或者市场准入。CB体系以IEC标准为测试基础。若产品出口目标国家（地区）的标准尚未完全与IEC标准等同，则测试需同时考虑该国家（地区）所声明的国家（地区）差异。

浙江出入境检验检疫局检验检疫技术中心电气安全实验室（STLEA）是CB体系认可的CBTL实验室，2004年获得CBTL资质以来致力于推广CB认证，推动企业通过国际互认，简化测试流程，降低认证成本，快速进入国际市场。

（2）公司概况。

飞龙家电集团有限公司始创于1995年（前身为慈溪市飞龙电器有限公司），现已发展成为一家集研发、生产制造、销售、自营进出口于一体的家电集团企业，是宁波地区家电行业的骨干企业。公司占地面积达3 000亩，现有员工3 700余人，其中管理人员及技术人员有500多人（教授级高级工程师1人，高级工程师4人，工程师27人）。集团主要生产双桶洗衣机、全自动洗衣机、脱水机、冰箱、冷柜、干衣柜等家电产品，旗下有浙江日普电子科技有限公司、浙江飞龙制冷科技股份有限公司、河南冰熊电器股份有限公司、慈溪飞龙电器有限公司、飞龙家电集团宁波物流有限公司、多方达股份有限公司等分公司。

十几年来，飞龙集团公司决策层始终坚持“质量第一，用户至上”的经营理念，用心细分市场，精心设计方案，加强品质管理和研发力度，不断推出适应客户需求的多样化产品，努力为客户提供量身定做的服务。为实现“打造百年飞龙，服务社会大众”的目标，公司将建立一个崭新的运营机制，朝着创建一流企业的目标迈进。

2. CB认证铺设了进入国际市场之路

为不断提高生产管理水平，改进产品质量，促进产品出口，早在2005年，飞龙集团就与STLEA开展了产品认证合作。2006年，在STLEA的积极帮助与合作下，飞龙集团开始申请CB认证。截至2013年，飞龙集团及其下属公司通过STLEA共获得了31张CB证书，产品涵盖冰箱、冷柜、洗衣机3大类178个型号。

在CB认证中，STLEA充分利用CB规则，通过系列型号涵盖、报告技术性变更和非技术性变更等方式，帮助企业将改进后的产品和新型号补充进CB证书中，降低了企业的认证成本，满足了企业产品不断发展的要求。飞龙集团在“尝到”了CB认证方便快捷的“甜头”之后，有意识地在出口产品的研发阶段就开展CB认证，在产品开发完成之时，便可获得CB认证，此时若外国客户有意向采购新产品，只需申请出口国的CB转证书，便可将一般的国际认证周期从60天左右缩短到20天左右，节省检测费用30%以上，从而大大增强了企业的竞争力。

通过CB认证和相关的转证书活动，飞龙集团的国际竞争力得到了较大提升，顺利开拓了海外市场，企业产品出口量以每年20%的速度递增，远销东南亚、中东、非洲的几十个国家和地区，为企业带来了丰厚的利润；CB认证还使企业的产品质量得以不断提高，在国内外客户中享有较高的信誉。

3. 经验启示

实践证明，与检测机构紧密合作开展 CB 认证，借助检测机构熟悉标准、精通检测以及优良的设备优势，企业不仅可以快速改进产品，有效提升出口产品的质量水平，从而使出口产品更加符合进口国的安全、电磁兼容、节能等要求，推动产品出口，提高企业的国际竞争力，而且可以直接利用 CB 证书或 CB 互认体系转出口国的证书，大大简化测试、认证流程，降低企业的认证成本，方便取证工作，即使在家门口也可直接获取通向各国的通行证，为企业的产品更快速、顺畅地销往国际市场奠定良好的基础。

资料来源：CB 认证敲开家电出口大门：飞龙家电集团获得 CB 认证进军国际市场事例．中国合格评定国家认可委员会网站，2013-06-09.

三、产品质量认证的条件和办理程序

按相关法律规定，中国企业、外国企业均可提出认证申请。提出申请的企业应当具备以下条件：

（1）产品符合国家标准或者行业标准要求。

（2）产品质量稳定，能正常批量生产。

（3）生产企业的质量体系符合国家质量管理和质量保证标准及补充要求。

企业可以按下列程序办理认证：

（1）中国企业向认证委员会提出书面申请；外国企业或者代销商向国务院标准化行政主管部门或者其指定的认证委员会提出书面申请。

（2）认证委员会通知承担认证检验任务的检验机构对产品进行检验。

（3）认证委员会对申请认证的生产企业的质量体系进行审查。

（4）认证委员会对认证合格的产品，颁发认证证书，并准许使用认证标志。

四、产品质量认证的类型

从世界范围看，产品质量认证可分为八种类型。

（1）型式试验。按规定的试验方法对产品的样品进行试验，以证明样品符合标准或技术规范的要求。

（2）型式试验加认证后监督——市场抽样检验。这是一种带有监督措施的型式试验。它是从市场上购买样品或从批发商、零售商的仓库中随机抽样进行检验，以证明认证商品的质量持续符合标准或技术规范的要求。

（3）型式试验加认证后监督——供方抽样检验。这种类型与第二种类似，但它不是从市场上抽样，而是从供方发货前的产品中随机抽样进行检验。

（4）型式试验加认证后监督——市场抽样和供方抽样检验。这是第二、第三种认证类型的综合，监督检验所用的样品来自市场抽样和供方随机抽样。

（5）型式试验加供方质量体系认证再加认证后监督——质量体系复查加供方和市场抽样检验。这种认证类型是在批准认证的资格条件中增加了对产品供方质量体系的检查和评定，在批准认证后的监督措施中也增加了对供方质量体系的复查。

（6）供方质量体系的评定和认可。这种认证类型是按既定标准或技术规范要求对供方所提供产品的质量保证能力进行评定和认可，而不对其最终产品进行认证，故又称质量保证能力认证。

（7）批量检验。这种认证类型是根据规定的方案，对一批商品进行抽样检验，并据此作出该批商品是否符合标准或技术规范的判断。

（8）百分之百检验。这种认证是对每一件产品在出厂前都要依据标准由认可的独立检验机构进行检验。

五、产品认证制度

产品认证，按其性质和约束力，可分为强制性产品认证和自愿性产品认证（非强制性产品认证）两类。我国实行强制性产品认证和自愿性产品认证相结合的产品认证制度。

1. 强制性产品认证

强制性产品认证简称CCC认证（也可简称3C认证），是我国政府为切实保护广大消费者人身安全、保护动植物生命安全、保护环境、保护国家安全，依照法律、法规实施的一种产品合格评定制度，它要求产品必须符合国家强制标准和技术法规。

国家对强制性产品认证实施“四个统一”，即统一产品目录，统一技术规范的强制性要求、标准和合格评定程序，统一标志，统一收费标准。

强制性产品认证制度是各国政府普遍实施的一项市场准入制度。其主要通过制定强制性产品认证目录和实施强制性产品认证程序，对列入目录中的产品实施强制性检测和审核。凡列入强制性产品认证目录内的产品未获得指定机构的认证证书，未按规定加施认证标志，不得进口、出厂、销售和在经营服务性活动中使用。强制性产品认证制度在推动国家各种技术法规和标准的贯彻执行、规范市场经济秩序、打击假冒伪劣行为、提高产品的质量管理水平和保护消费者权益等方面，具有其他工作不可替代的作用和优势。认证制度由于其科学性和公正性，已被世界上大多数国家广泛采用。由政府将强制性产品认证制度作为产品市场准入手段，正在成为国际通行的做法。

国家认监委按照国务院授予的工作职能，统一负责国家强制性产品认证制度的管理和组织实施工作。根据《中华人民共和国认证认可条例》等法律、行政法规以及国家有关规定，国家质量监督检验检疫总局（已撤销）于2009年7月3日发布了《强制性产品认证管理规定》，该规定自2009年9月1日起施行。

我国强制性产品认证制度是以《中华人民共和国产品质量法》《中华人民共和国进出口商品检验法》《中华人民共和国标准化法》为基础建立的。强制性产品认证制度的对象为涉及人体健康、动植物生命安全、环境保护、公共安全、国家安全的产品。强制性产品认证的技术依据为国家强制性标准或国家技术规范中的强制性要求。强制性产品认证制度的基本框架包括三个部分：一是认证实施，二是认证证书和认证标志，三是认证实施有效性的行政执法监督。强制性产品认证制度的建立由中央政府负责，国家认监委负责按照法律、法规和国务院的授权，协调有关部门按照“四个统一”的原则建立国家强制性产品认证制度；指定认证机构在授权范围内承担具体产品的认证任务，向获证产品颁发 CCC 认证证书；地方质量技术监督局和各地出入境检验检疫局负责对列入强制性产品认证目录的产品进行行政执法监督，确保未获得认证的列入强制性产品认证目录的产品不得进口、出厂、销售和在经营服务性活动中使用。对于特殊产品（如消防产品），国务院有关行政主管部门按照授权职能承担相应的监管职能。

强制性产品认证标志有四种，如图 5-1 所示。

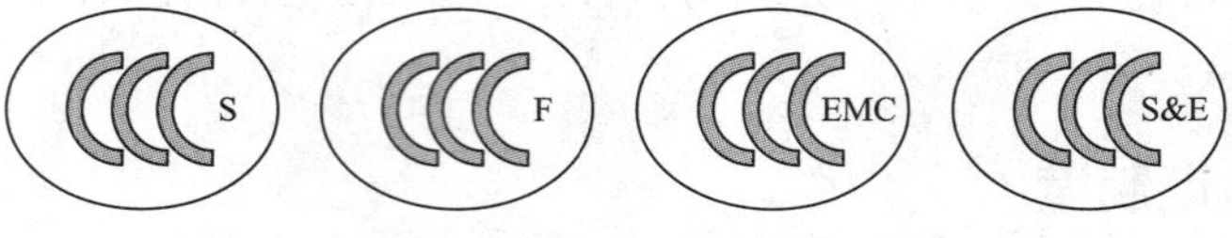

图 5-1　强制性产品认证标志

强制性产品认证标志的基本图案是椭圆形的，在椭圆形边缘印有黑色边框，图案中间印有三个黑色“C”，“C”平齐排列，底纹为激光全息镭射银色图案，在黑色图案右边印制认证种类标注，标注是由代表认证种类的英文单词的缩写字母组成的。其中，“S”代表“安全”；“F”代表“消防”；“EMC”代表“电磁兼容”；“S&E”代表“安全与电磁兼容”。

2. 自愿性产品认证

自愿性产品认证，也称非强制性产品认证，是企业根据自愿原则向认证机构提出产品认证申请，由认证机构根据认证基本规范、认证规则和技术标准进行的合格评定活动。自愿性产品认证的依据为相关的国际标准、国家标准、行业标准、其他先进标准或认证机构的技术要求。经认证合格的，由认证机构颁发产品认证证书，准许企业在产品或其包装上使用产品认证标志。一般对于未列入 CCC 认证范围的其他产品，经企业申请都可以实施自愿性产品认证。

目前，我国自愿性产品认证涉及的产品领域有：电子电气及部件类、医疗器械类、玩具、建材、家具、铁路产品、纺织品及鞋、汽车零部件、饮品、机械、化工产品、体育用品、中文字符及软件、燃气具以及农产品和食品、可再生资源及新能源产品等。

第三节　质量管理体系认证及其他认证

一、质量管理体系认证

质量管理体系认证（以下简称质量体系认证），是指由取得质量管理体系认证资格的第三方认证机构，依据质量标准体系，对企业质量体系实施评定，评定合格的由第三方机构颁发质量体系认证证书并予以注册公布，以证明企业质量管理和质量保证能力符合相应标准或有能力按规定的质量要求提供产品。

目前，世界各国大都按照 ISO 9000 质量管理和质量保证系列标准（以下简称 ISO 9000 标准）开展认证，并且形成了世界通行的质量体系认证制度。质量体系认证的主要依据是 ISO 9001、ISO 9002、ISO 9003 和 ISO 9004 四种质量保证模式标准。ISO 9000 标准总结、吸收了各国质量管理理论的精华，澄清并统一了质量术语的概念，反映和发展了世界发达国家先进的管理实践经验，具有系统性、实用性和适时性，因此一经发布就被 120 多个国家和地区等同或等效采用。该系列标准开始主要用于工业企业，很快扩展到外贸、建筑、金融、服务、行政机关等领域。企业组织采用 ISO 9000 标准，受益明显，归纳起来有以下几方面：

（1）通过全员培训，能够培养和造就一支管理队伍，提高组织的整体素质和管理水平，提高工作积极性，增强内部团结和凝聚力。

（2）可以有效地保证产品质量，提高生产率和产品合格率，降低成本，有利于新产品开发、研制。

（3）可以减少客户的投诉，增强客户的信任感，留住老客户，吸引新客户。

（4）可以提高知名度，提升信誉，拿到通往国际市场的通行证。特别是在我国加入 WTO 后，关税壁垒削弱，外国为保护本国利益，限制没有获得 ISO 9000 国际认证的企业所生产的产品准入的非关税壁垒势必加强，而推行 ISO 9000 标准对打破非关税壁垒有极大好处。

（5）可以根据国家规定享受一定的优惠政策。

概括起来说，质量体系认证的对象是质量体系，依据是质量体系标准，目的是证明供方的质量体系有能力确保其产品满足规定的要求，证实方式是对供方质量体系实施审核而不对产品实物实施检验，证明方式是颁发证书，注册公布。供方可使用注册标志进行宣传，但不得直接将其用于产品或以其他方式误导消费者或用户该产品已经认证合格。质量体系认证后定期监督供方质量体系，但不对产品实物实施监督检验。从认证的性质上来讲，产品质量认证有强制性质量认证和自愿性质量认证两种，而质量体系认证则是自愿性的。

二、环境管理体系认证

环境管理体系认证，是指由第三方公证机构依据环境管理体系标准，对供方的环境管理体系实施评定，合格者由第三方公证机构颁发环境管理体系认证证书，并给予注册公布，证明供方具有按既定环境保护标准和法规要求提供产品的环境保护能力。

随着社会、经济的不断发展，人口不断增加，越来越多的环境问题摆到了我们面前：温室效应加剧、酸雨蔓延、臭氧层被破坏、水体遭到严重污染、土地荒漠化、草原退化、森林锐减、许多珍稀野生动物濒临灭绝……这些环境问题已经危及人类社会的生存和可持续发展。面对如此严峻的形势，人类开始考虑采取一种行之有效的办法来约束自己的行为，使各组织重视自己的环境行为和环境形象，并希望以一套比较系统、完善的管理方法来规范人类自身的环境活动，以达到改善生存环境的目的。国际标准化组织于 1993 年 6 月成立 ISO/TC 207 环境管理技术委员会，该委员会制定了 ISO 14000 环境管理系列标准。

在 ISO 14000 环境管理系列标准中，以 ISO 14001 环境管理体系标准最为重要。它是组织建立环境管理体系以及审核认证的准则，是一系列后续标准的基础。

当前，世界各国正在积极推行 ISO 14000 环境管理系列标准，并以此开展环境管理体系认证。ISO 14000 环境管理系列标准的实施，可以规范企业和社会团体等组织的环境行为，减少人类各项活动所造成的环境污染，保持环境与经济发展相协调，促进经济的可持续发展。获得环境管理体系认证，可以证实生产厂使用的原材料、生产工艺、加工方法以及产品的使用和用后处理符合环境保护标准和法规的要求。

为提高企业建立环境管理体系的主动性，ISO 14000 环境管理系列标准实施环境标志制度。通过环境标志对企业的环境行为加以确认，以标志图形、说明标签等形式向市场展示标志产品及非标志产品环境行为的差别，形成强大的市场压力，以达到改善组织的环境行为的目的。

对于企业来说，进行 ISO 14000 认证的好处主要有以下几点：

（1）节省开支，降低成本，如节省能源和减少废弃物排放。

（2）提高管理水平，采用清洁工艺，革新生产流程，取得经济效益。

（3）降低由污染事故或违反法律、法规所造成的环境风险。

（4）通过获取认证证书，在国际贸易中避免绿色壁垒。

（5）满足客户的环保要求，提升形象，增强市场竞争能力。

（6）增加获得优惠信贷和保险政策的机会。

由于实施 ISO 14000 环境管理系列标准可以带来节能降耗、增强竞争力、赢得客户等诸多好处，ISO 14000 环境管理系列标准自发布之日起即得到了各界的积极响应，被视为通往国际市场的“绿色通行证”。现在，取得 ISO 14000 认证已经成为企业向顾客、当地居民以及行政部门等相关方证明其环保能力的有效手段，因此这项认证正以极其迅猛之势在全世界普及开来。

三、职业健康安全管理体系认证

面对全球日益严重的职业健康安全问题，国际社会积极寻求有效的职业健康安全管理方法，期待找到一种系统化的、结构化的管理模式。随着 ISO 9000 和 ISO 14000 系列标准在各国得到广泛认可与成功实施，考虑到质量管理、环境管理与职业健康安全管理的相关性，ISO 于 1996 年 9 月组织召开了国际研讨会，讨论是否制定职业健康安全管理体系的国际标准，结果未就此达成一致意见。随后，ISO 在 1997 年 1 月召开的技术工作委员会（TMB）会议上决定，暂不颁布该类标准。但许多国家和国际组织都继续在本国或所在地区发展这一标准，使得职业健康安全管理标准化问题成为继质量管理、环境管理标准化之后世界各国（地区）关注的又一管理标准化问题。

从 20 世纪 80 年代末开始，一些发达国家率先开展了研究及实施职业健康安全管理体系的活动，此后该类活动在世界各国或地区发展十分迅速。据不完全统计，世界上已有 20 多个国家有相应的职业健康安全管理体系标准，最典型的当属澳大利亚，其国家内部有较为完整的标准系列、正规的培训机构及完善的国家认证制度。职业健康安全管理体系标准化在国际范围内发展得也较为迅速，亚太地区职业安全卫生组织（APOSHO）在多次年会上都组织各成员对此进行研讨，特别是在 1998 年的第 14 届年会上，该组织建议各成员参照 ISO 14000 和 APOSHO 1000（草案）开发本国的标准。为了满足全球日益增加的职业健康安全认证需求，1999 年 3 月，全球数家知名的标准制度研究、认证机构共同制定了 OHSAS 18001《职业健康安全管理体系》，该体系已成为国际社会普遍采用的职业健康安全认证标准。2018 年，ISO 发布了《职业健康安全管理体系 要求及使用指南》，用于取代 OHSAS 18001 标准。此外，国际劳工组织（ILO）也在开展职业健康安全管理体系标准化工作。在 1999 年 4 月召开的第 15 届世界职业健康安全大会上，ILO 负责人指出，ILO 将像贯彻 ISO 9000 和 ISO 14000 认证那样推行职业健康安全评价和规范化的管理体系。

我国自 2012 年 12 月起实施国家标准 GB/T 28001－2011《职业健康安全管理体系 要求》，在全国范围内推行职业安全健康标准。目前该标准已被 GB/T 45001－2020《职业健康安全管理体系 要求及使用指南》代替。

四、食品安全管理体系认证

危害分析及关键控制点（Hazard Analysis and Critical Control Point，HACCP）的概念和方法是 1959 年美国 Pillsbury 公司应美国宇航局的要求为其生产“100%不含有致病性微生物和病毒的宇航食品”，以保证太空实验室人员的安全、卫生而提出的。HACCP 自提出以来已被世界上许多国家运用和发展，1993 年受到联合国粮农组织（FAO）与世界卫生组织（WHO）所属食品法典委员会（CAC）的食品卫生部（CCFH）的关注。在第 20 届委员会议上，CCFH 提出《危害分析和关键控制点（HACCP）体系应用准则》并考虑修订《食品卫生通则》，把 HACCP 纳入该通则内。1997 年，《食品卫生通则（修订版）》发布，自此 HACCP 在国际上受到更广泛的运用。根据我国国务院的有关规定，国家认监委负责全国 HACCP 管理体系认证认可工作的统一管理、监督和综合协调工作，监督管理 HACCP 管理体系的实施。

HACCP 质量管制法是一套确保食品安全的管理系统，这种管理系统一般由下列各部分组成：对原料采购、产品加工、消费等各个环节可能出现的危害进行分析和评估；根据这些分析和评估来设立某一食品从原料直至最终消费这一全过程的关键控制点；建立起能有效监测关键控制点的程序。

该系统的优点是将安全保证的重点由传统的对最终产品的检验转移到对工艺流程及原料质量的管制。这样可以避免因批量生产不合格产品而造成巨大损失。

在食品的生产过程中，控制潜在危害的先期察觉决定了 HACCP 的重要性。通过对主要的食品危害，如微生物、化学和物理污染的控制，食品工业可以更好地向消费者提供消费方面的安全保证，降低食品生产过程中的危害，从而提高人民的健康水平。

实施 HACCP 体系有以下优越性：

（1）强调识别并预防食品污染的风险，克服食品安全控制方面传统方法（通过检测发现而不是预防食品安全问题）的局限性。

（2）有完整的科学依据。

（3）由于保存了食品企业遵守食品安全法的长时间记录，而不是在某一天的遵守程度，政府部门的调查效率更高，调查结果更有效，有助于法规方面的权威人士开展调查工作。

（4）使可能的、合理的潜在危害得到识别，即使以前未经历过类似的失效问题。

（5）有更充分的、允许变化的弹性，例如，设备和设计方面的改进，与产品相关的加工程序和技术开发方面的提高等。

（6）更容易与质量管理体系保持协调一致。

（7）有助于提高食品企业在全球市场上的竞争力，提高食品安全的信誉度，促进贸易发展。

知识链接

常见的质量标志

1. 地理标志产品专用标志

为了有效保护我国的地理标志产品，规范地理标志产品名称和专用标志的使用，保证地理标志产品的质量和特色，国家质量监督检验检疫总局（已撤销）发布了《地理标志产品保护规定》。地理标志产品，是指产自特定地域，所具有的质量、声誉或其他特性本质上取决于该产地的自然因素和人文因素，经审核批准以地理名称进行命名的产品。使用地理标志产品专用标志，必须依照规定经注册登记，并接受监督管理。

2. 能源效率标识

它是表示用能产品能源效率等级等性能指标的一种信息标识，国家对节能潜力大、使用面广的用能产品实行统一的能源效率标识制度，列入《中华人民共和国实行能源效率标识的产品目录》的用能产品必须标注能源效率标识。能源效率标识包括生产者名称或者产品规格型号、能效等级、能效指标、依据的能源效率强制性国家标准编号以及能效信息码等基本内容。"中国能效标识"采用不干胶粘贴。能源效率等级按产品耗能的程度由低到高依次分成 5 级，其中 1 级最节能，5 级能效最低，低于 5 级的产品不允许上市销售。即使是进口商品，在能源标识上也应先"中国化"后方可在国内市场上销售。能源效率标识范例如图 5-2 所示。

3. 定量包装商品计量保证能力合格标志

定量包装商品计量保证能力合格标志又称"C"标志，是证明该定量包装商品的净含量符合产品标准和《定量包装商品计量监督管理办法》的要求，该商品的生产企业的计量保证能力符合《定量包装商品生产企业计量保证能力评价规范》的要求的标志。由省级质量技术监督局检查合格，企业可在其生产的定量包装商品上使用全国统一的

"C"标志。定量包装商品计量保证能力合格标志如图 5－3 所示。

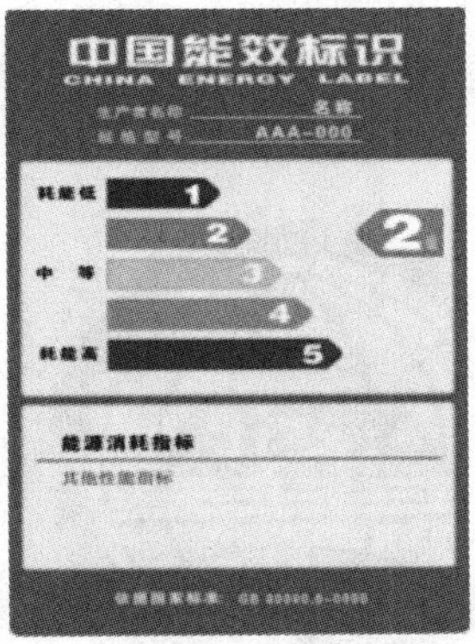

图 5－2　能源效率标识范例

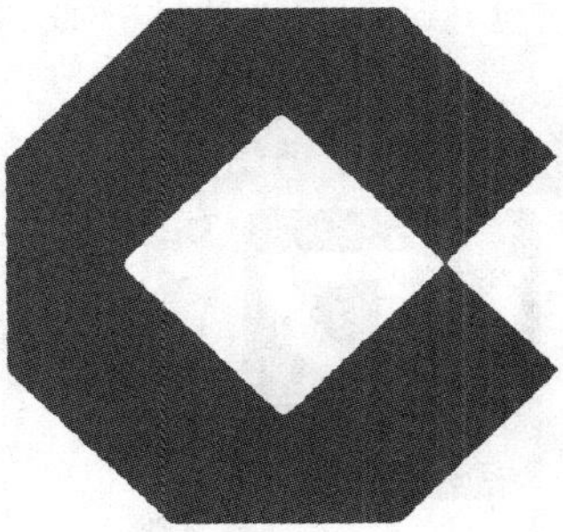

图 5－3　定量包装商品计量保证能力合格标志

4. 中国质量认证中心产品认证标志

中国质量认证中心（CQC）针对强制性认证以外的产品类别，开展了自愿性产品认证业务（CQC 标志认证），以加施 CQC 标志的方式表明产品符合有关质量、安全、环保、性能等标准要求，认证范围涉及多种产品，旨在保护消费者人身和财产安全，维护消费者利益，提高国内企业的产品质量，增强产品在国际市场上的竞争力，使国外企业的产品能更顺利地进入国内市场。中国质量认证中心产品认证标志分为食品包装安全认证（CQC 标志认证）和食品包装质量环保认证（中国质量环保认证标志），如图 5－4 所示。

CQC标志认证　　中国质量环保认证标志

图 5－4　中国质量认证中心产品认证标志

5. 绿色饮品企业环境质量合格标志

使用绿色饮品企业环境质量合格标志的宗旨在于树立获得本标志使用权（许可）的饮品企业的环保形象，提高企业的知名度，进一步推动饮品企业的发展，保证消费者的健康利益。本标志证明的生产企业统称饮品制造业，包括软饮料制造业、含酒精饮料制造业、保健饮品制造业。本标志的图样中，麦穗代表绿色食品，中间的杯是"饮品"汉语拼音的首字母"YP"，杯的底色为蓝色，代表洁净水，如图 5－5 所示。

6. 采用国际标准产品标志

采用国际标准产品标志是我国产品采用国际标准的一种专用说明标志，是企业对产品质量达到国际先进水平或国际水平的一种自我声明形式。采用国际标准产品标志的图样中，外圈表示“中国制造”，用 CHINA 的第一个字母 C 表示，里面是地球和 ISO、IEC 图样，表示国际标准化组织和国际电工委员会制定的国际标准，下面“采用国际标准产品”8 个字画龙点睛地表示使用采用国际标准产品标志的产品系采用国际标准或国外先进标准，质量达到国际先进水平或国标水平，如图 5－6 所示。

图 5－5　绿色饮品企业环境质量合格标志

图 5－6　采用国际标准产品标志

7. 低碳产品认证标志

低碳产品认证，是指由认证机构证明产品的温室气体排放量符合相应低碳产品评价标准或者技术规范要求的合格评定活动。低碳产品认证标志的图样由基本图案和认证机构识别信息组成，如图 5－7 所示，其中 ABCDE 代表认证机构简称。获得低碳产品认证的产品生产者或者销售者应当在获证产品或者其最小销售包装上加贴、印刷、模压低碳产品认证标志，可以在获证产品广告、产品介绍等宣传材料上印制低碳产品认证标志，并可以按照比例放大或者缩小，但不得变形。

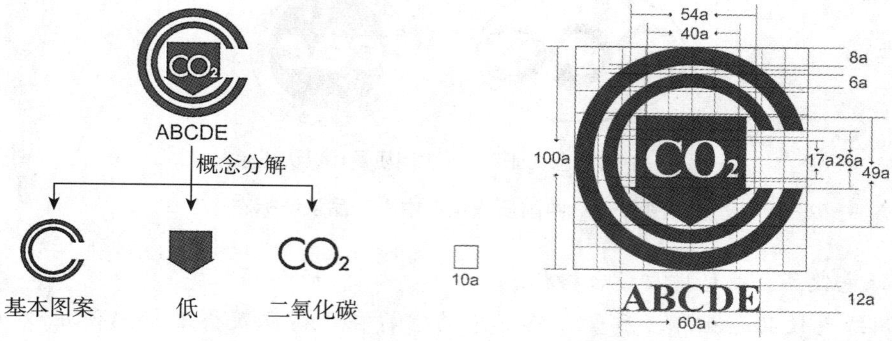

图 5－7　低碳产品认证标志式样

8. 体育服务认证标志

体育服务认证是指由认证机构证明体育场所、体育活动的组织与推广等服务，符合相关标准和技术规范要求的合格评定活动。体育服务认证包括服务流程管理文件、行为规范、设施和设备、健康和卫生、安全保障和环境保护、服务承诺等内容的初次审查（包括文件审查和现场审查），以及获证后的监督审查。体育服务认证采用国家推行的统一的体育服务认证标志。体育服务认证标志的基本式样见图 5－8。体育服务认证标牌由认证标志、体育服务提供者名称、获得认证的服务项目名称、体育服务认证机构名称等内容组成。体育服务认证标牌的基本式样见图5-9。

图5-8　体育服务认证标志

图5-9　体育服务认证标牌

9. 无公害农产品标志

无公害农产品标志是加施于获得无公害农产品认证的产品或者其包装上的证明性标记。无公害农产品标志的图案主要由麦穗、对勾和“无公害农产品”字样组成（见图5-10）。其中，麦穗代表农产品，对勾表示合格，麦穗所用金色寓意成熟和丰收，底色为绿色，象征环保和安全。

图5-10　全国统一无公害农产品标志基本图案

技能实训

【实训目的】

通过案例讨论加深对商品质量监督管理的认识。

【实训主题】

理解认证认可与商品的关系。

【实训时间】

本章课堂教学内容结束后的双休日和课余时间，为期一周。或者指导教师另外指定时间。

【背景材料】

发挥标准认证作用 促进绿色智能家电供给

据了解，商务部会同工业和信息化部、市场监管总局等部门研究提出的《关于促进绿色智能家电消费的若干措施》已经国务院同意，将于近期发布。根据新政策，相关部门将推出以旧换新、家电下乡、全链条服务保障、基础设施支撑等多项促进绿色智能家电消费的举措，这对绿色智能家电行业发展是重大利好。

家电消费是居民消费的重要组成部分，在稳增长、促消费、扩就业等方面发挥着重要作用。

要促进绿色智能家电消费，高质量的产业供给是基础，行业企业、政府部门也需要在增品种、提品质和创品牌等方面下更大功夫。在此过程中，无论是新产品的推出、服务流程的规范，还是产品服务品质的提高，都离不开标准、认证等质量基础设施的技术支撑。采用什么样的标准就有什么样的质量，只有高标准才有高质量。标准是基础，如何证明产品符合标准，就需要进行认证认可（合格评定）。也就是说，标准是认证认可的依据，认证认可是标准落地实施的重要手段。正因如此，认证认可是国际通行的质量管理手段和贸易便利化工具，被称为质量管理的“体检证”、市场经济的“信用证”、国际贸易的“通行证”。对于消费者而言，认证认可最突出的作用就是传递信任、指导消费。通过第三方认证机构的专业评价，向消费者提供权威可信的产品质量信息，可以让消费者买得放心，用得舒心。

推动绿色智能家电消费和使用，需要标准助力。绿色家电方面，需要具体标准划定相关产品用能用水的“绿色阶梯”；需要评价的具体要求和方法，让标称“绿色”的家电产品有据可依。智能家电方面，需要针对新兴产品的产品安全、性能测试、消费者指导等提出具体技术要求。为了保护智能家电使用者的个人信息不被泄露，需要规范产品可靠性、系统互操作、个人信息保护、控制终端接口、服务平台间接口等技术要求。此外，为了提升消费体验和消费意愿，一些新兴热销产品的安装和维修服务，也需要有标准进行规范。可喜的是，近年来，我国家电标准化工作围绕新技术、新产品、新消费，不断健全绿色智能标准体系，加快安装维修服务标准研制，家用电器标准体系不断健全。截至2022年7月，现行标准共计503项，其中国家标准289项。

推动绿色智能家电消费和使用，需要充分发挥认证认可作用，推动相关产品服务标准的落地。近年来，市场监管总局积极推进绿色家电、智能家电、数字电视等高品质认证认可，促进绿色智能家电供给。截至2022年7月，我国共颁发有效的产品、服务、管理体系认证证书310万张，涉及企业和组织90万家。在此基础上，还需要不断提升绿色智能家电认证认可工作的广度和深度，推进家电物联网认证，促进智能家电产品互联互通和个人信息保护。尤其值得注意的是，还需要加强认证认可监管，保障认证认可的有效性，营造安全放心的消费环境，提振消费信心。

资料来源：发挥标准认证作用 促进绿色智能家电供给. 中国经济网，2022-07-25.

【实训过程设计】

(1) 指导教师要求学生课前预习背景材料。

（2）将全班同学按每组5～6人平均分成若干小组，进行讨论。

（3）根据背景材料，你认为认证认可对绿色智能家电行业的发展有何影响？

（4）根据背景材料，列举我国的认证认可制度体系，谈谈案例对你有哪些启示。

（5）各小组对本次实训进行总结和点评，撰写作为最终成果的商品学实训报告。

（6）各小组提交填写了组长姓名、成员名单的商品学实训报告。优秀的实训报告将在班级展出，并收入本课程教学资源库。

综合练习

一、名词解释

商品质量监督　产品质量认证　强制性产品认证　认证　认可

二、多项选择题

1. 认证通常包括（　　）。

A. 产品认证　B. 服务认证　C. 管理体系认证

D. 技术认证　E. 产地认证

2. 商品质量监督的形式有（　　）。

A. 抽查型监督　B. 质量型监督　C. 评价型监督

D. 数量型监督　E. 仲裁型监督

3. 体育服务认证标牌由（　　）等内容组成。

A. 认证标志　B. 体育服务提供者名称　C. 获得认证的服务项目名称

D. 认证机构名称　E. 其他

三、问答题

1. 什么是商品质量监督？如何理解商品监督的含义？
2. 认可的依据有哪些？
3. 实施产品质量认证制度有何现实意义？
4. 我国产品质量认证标志主要有哪几类？
5. 比较认可与认证的异同。

第六章 商品检验

学习目标

- 理解商品检验的概念、依据
- 了解感官检验法和理化检验法
- 理解商品抽样的概念、原则、要求和方法
- 掌握商品品级的概念、商品质量等级的划分原则和方法

案例导读

重庆市江北区市场监督管理局
关于 4 批次不合格食品核查处置情况的通告（2023 年第 4 期）

本次抽检涉及我区 2 家食品经营企业共 4 批次产品不合格，现将不合格产品核查处置完成情况通告如下：

1. 江北区三合立农副产品经营部销售的螺丝椒（辣椒）、香蕉、菠菜

江北区三合立农副产品经营部（以下简称当事人）销售的螺丝椒（辣椒）（抽样日期：2022 年 10 月 12 日），经抽样检验，噻虫胺、啶虫脒项目不符合 GB 2763－2021《食品安全国家标准 食品中农药最大残留限量》要求，检验结论为不合格。当事人销售的香蕉（抽样日期：2022 年 10 月 12 日），噻虫嗪项目不符合 GB 2763－2021《食品安全国家标准 食品中农药最大残留限量》要求，检验结论为不合格。当事人销售的菠菜（抽样日期：2022 年 10 月 12 日），毒死蜱项目不符合 GB 2763－2021《食品安全国家标准 食品中农药最大残留限量》要求，检验结论为不合格。

2. 建东智慧农贸市场韩建立销售的韭菜

建东智慧农贸市场韩建立销售的韭菜（抽样日期：2022 年 10 月 20 日）经抽样检验，毒死蜱项目不符合 GB 2763－2021《食品安全国家标准 食品中农药最大残留限量》要求，检验结论为不合格。

针对以上抽检基本情况，重庆市江北区市场监督管理局分别进行了原因排查及企业整改，并对经营者违法违规行为依法处罚。

资料来源：重庆市江北区市场监督管理局关于4批次不合格食品核查处置情况的通告（2023年第4期）. 重庆市市场监督管理局网站，2023-01-29.

启示：这一案例说明，商品没有经过严格的质量检验就很难保证质量，国家市场监督管理部门的商品检验与鉴定是商品质量保证的一个重要组成部分。

第一节　商品检验与鉴定

一、商品检验与鉴定的概念

1. 商品检验的概念

商品检验是指商品的生产方、销售方或者第三方在一定条件下，借助一定的仪器、器具、试剂或检验者的感觉器官等手段和方法，按照合同、标准以及国内国际法律、法规，对商品的质量、规格、重量、数量以及包装等方面进行检验，并作出合格与否和等级判定的业务活动。

商品检验是商品质量监督和认证的一项基础工作，是商品生产和流通中不可缺少的一个重要环节，它对于确保商品质量，维护消费者正当利益，具有重要意义。生产企业通过对生产各环节的商品质量检验来保证产品质量，促进产品质量不断提高；商品流通部门在流通各环节进行商品检验，及时防止假冒伪劣商品进入流通领域，以减小经济损失，维护消费者利益；质量监督部门通过商品检验，实施商品质量监督，向社会传递准确的商品质量信息，促进我国社会主义市场经济的发展。

2. 商品鉴定的概念

商品鉴定是指评价商品质量的全部工作，即对商品满足人们某种需要的程度作出审评和估价。具体说来，商品鉴定包括以下内容：根据商品的用途和使用条件，研究商品的成分、结构、性质及其对商品质量的影响；拟定商品的质量指标并确定检验方法；进行商品检验并确定商品质量的高低；根据实际情况，对商品发展提出可行性意见；等等。

3. 商品鉴定与商品检验的关系

商品鉴定是评价商品质量的全部工作，而商品检验仅是评价和确定商品质量优劣及商品品级的工作。因此，商品检验包含在商品鉴定的范围之内，是商品鉴定的一个组成部分，二者是一种从属关系。

二、商品检验的类别

1. 按检验方所处的位置和地位，可分为生产检验、验收检验和第三方检验

（1）生产检验。生产检验也称第一方检验，是指商品制造商为了保证商品质量，获得较好的经济效益，在竞争中得以生存和发展，对企业的原材料、半成品和成品进行的检验。

（2）验收检验。验收检验也称第二方检验，是指商品的购买方为了维护自身及消费者的利益，保证其所购商品符合合同或标准规定所进行的检验。

（3）第三方检验。第三方检验是指处于交易双方利益之外的第三方，以公正、中立的身份，应有关方面的请求或指派，依据有关法律、合同或标准对商品进行的检验。第三方检验可以合理维护交易双方的权利以及国家和消费者的利益，可以及时协调和解决商品贸易或交换中出现的纠纷，促进商品流通的顺畅进行。

2. 按检验是否具有破损性，可分为破损性检验和非破损性检验

（1）破损性检验。破损性检验是指对商品进行各项技术指标的测定、试验后商品会遭受破损，甚至无法再使用的检验，如对加工食品罐头、饮料及茶类的检验等。

（2）非破损性检验。非破损性检验是指经过检验的商品仍能发挥其正常使用性能的检验，如对电器类、纺织品类、黄金首饰等的检验。

3. 按被检验商品的数量，可分为全数检验、抽样检验和免于检验

（1）全数检验。全数检验是对被检验商品逐一进行的检验，它适合批量小、质量特征少且质量不稳定、较贵重的商品的检验。该检验的特点是可以提供完全的质量信息，给人安全可靠感。但由于它实行全部商品检验，所以检验费用昂贵，检验工作量大，加之重复单调的检验工作易引起检验人员疲劳，故容易出现漏检或错检情况，需注意防范。

（2）抽样检验。抽样检验是按合同或标准中规定的抽样方案，从被检验商品中随机抽取样品，然后对样品逐一进行测试的检验形式。抽样检验适合批量较大的商品检验，它可以节省检验时间和费用，有利于商品流转。但由于该种检验提供的商品信息量少，可能导致检验结果和实际商品品质存在偏差，所以它不适用于商品质量差异大的商品检验。

（3）免于检验。为鼓励企业提高产品质量，提高产品质量监督检查的有效性，扶优扶强，避免重复检查，规范产品免于质量监督检查工作，依据《中华人民共和国产品质量法》和《国务院关于进一步加强产品质量工作若干问题的决定》，对商品质量保证体系良好、质量控制完备、成品质量长期稳定的生产企业所生产的产品，在企业自检合格后，免于检验。

4. 按检验的目的，可分为监督性检验、公正性检验、仲裁性检验、评价性检验、委托性检验

（1）监督性检验。监督性检验是指根据政府法令或规定，由政府的技术监督部门代表国家实施产品质量管理职能，对产品（商品）质量进行的检验。监督检验的依据是国家有关质量的法律，政府有关质量的标准、法规、规章、条例等。其目的是检查商品是否符合上述有关规定，以保证正常的经济秩序。对不符合规定要求的产品及企业，政府的技术监督部门有权实施行政、经济和法律处罚。其中强制性监督检验最具有公正性、科学性和权威性。

（2）公正性检验。公正性检验是由检验机构进行的，这些机构具有符合规定的检验设备、技术条件和技术人员，是政府有关部门认可的，具有公正性、权威性，其检验结果具有法律效力。公正性检验的特征是提供有关商品的科学的质量信息，出具检验结果，供他人使用。

（3）仲裁性检验。仲裁性检验是对有质量争议的商品进行的检验，目的是分清质量责任，作出公正、科学的仲裁结论。

（4）评价性检验。评价性检验，即由质量监督管理部门对企业的产品或市场上的商品进行检查或验证，作出质量综合评价，以证书、标志和发布信息的方式向社会提供质量评价信息。

（5）委托性检验。委托性检验，即供方或购货方委托国家法定的质量检验机构所进行的检验。

案例 6-1

广东湛江检验检疫局促小家电勇闯国际大市场

电饭锅产业市场巨大，全球约 40 亿人口以米饭为主食，电饭锅可销往至少 12 亿个家庭，按目前的生产量计算，需要几十年时间，电饭锅市场才可能饱和。但一个电饭锅只有七八年的使用寿命，旧去新又来，应当说市场需求是无止境的。

正因为看到了电饭锅广阔的市场前景，湛江检验检疫局（以下简称湛江局）在积极扶持当地电饭锅行业发展壮大方面，始终做到不遗余力、全力以赴。要突破国外技术性贸易壁垒，可以说检验检疫就是"先锋队""排头兵"。部分发达国家发布了许多技术法规、标准、指令等，从对电饭锅的性能、质量提出许多苛刻要求，发展到如今的对产品生产、包装、标签标识、能耗等进行多重限制，各项检测标准日趋复杂，形式不断更新，加之各种认证认可的限制要求，电饭锅的出口成本极大地增加了，出口周期也大大拉长了。面对这些问题，湛江局在广东局的指导和帮助下，先后开展了 8 个项目的课题研究，并密切收集和跟踪国外技术性贸易壁垒的最新动向，及时为企业提供相关信息和法律、法规培训，增强了企业应对技术性贸易壁垒的意识，提高了企业应对技术性贸易壁垒的能力，先后帮助 20 余家企业取得了 CE、CB、GS、RoHS 等认证，有效突破了 10 余个技术壁垒，先后帮助"伊莱顿""聚信"等几家电饭锅出口企业拿到了打开欧洲、中东、巴西市场的"金钥匙"。同时，该局还建立了一个公共技术服务平台，专门供小家电企业进行信息查询与交流，为企业提供全面、权威、及时的信息咨询服务。

资料来源：广东湛江检验检疫局促小家电勇闯国际大市场. 中国质量新闻网，2013-07-17.

三、商品检验的依据

商品检验是一项科学性、技术性、规范性较强的复杂工作，为使检验结果更具有公正性和权威性，必须根据具有法律效力的质量法规、标准及合同等开展商品检验工作。

1. 商品质量法规

国家有关商品质量的法律、法令、条例、规定、制度等规定了国家对商品质量的要求，体现了人民的意志，保障了国家和人民的合法权益，具有足够的权威性、法制性和科学性。商品质量法规是国家组织、管理、监督和指导商品生产与商品流通，调整经济关系的准绳，是各部门共同行动的准则，也是商品检验活动的重要依据。质量法规包括商品检验管理法规、产品质量责任制法规、计量管理法规、生产许可证及产品质量认证管理法规等。

2. 技术标准

技术标准是指规定和衡量标准化对象的技术特征的标准。它对产品的结构、规格、质量要求、实验检验方法、验收规则、计算方法等均作了统一规定，是生产、检验、验收、使用、洽谈贸易的技术规范，也是商品检验的主要依据，它对保证检验结果的科学性和准确性具有重要意义。

3. 购销合同

对于约定的质量要求，供需双方必须共同遵守。一旦发生质量纠纷，购销合同中列明的质量要求即为仲裁、检验的法律依据。但是，购销合同必须符合《中华人民共和国合同法》的规定。

四、商品检验的程序

商品检验的程序一般由定标、抽样、检验、判定、处理五大步骤组成。

（1）定标。定标是指检验前根据合同或标准的规定，明确技术要求，掌握检验手段和方法，拟订商品检验计划。

（2）抽样。抽样是指按合同或标准规定的抽样方案，抽取样品，使样品对商品总体具有充分的代表性，同时对样品进行合理的维护。

（3）检验。检验是指在规定要求的环境下，使用一定的检验设备和条件，采用测量、测试、试验等检验方法，检测样品的质量特性。

（4）判定。判定是指通过将检测的结果与合同及标准要求的技术指标进行对照，根据合格判定原则，对被检商品合格与否作出判定。

（5）处理。处理是指对检验结果出具检验报告，反馈质量信息，对不合格商品作出处理。

第二节 商品抽样

一、抽样的概念和原则

1. 抽样的相关概念

（1）总体和样本。总体又称全及总体，是指所要认识的对象的全体，由具有共同性质的许多单位组成。一般用大写字母 N 表示总体单位数。抽样调查首先要弄清总体的范围、单位的含义，构成明确的抽样框（指包含全部抽样单位的名单框架，即总体单位的名单），作为抽样的母体。例如，要研究市场上食用油的质量状况，则全国市场上的所有食用油就是总体，每个品牌、规格的食用油都是一个单位。

样本又称子样，是指从总体中随机抽取出来的部分单位所构成的集合。在统计研究中，以样本代表总体，并用样本的数量特征对总体的数量特征进行估计和推断。样本的单位数称为样本容量，一般用小写字母 n 表示。在抽样调查中，总体是唯一确定的，而样本则不是唯一的，从一个总体中可以抽取出很多个样本来，并且每次抽到哪个样本也是不确定的。

（2）抽样比。样本容量 n 与总体单位数 N 的比值（n/N）称为抽样比。

2. 抽样的优点和缺点

抽样在商品检验工作中起着非常重要的作用，但用抽样来进行商品检验既有优点，也有缺点。

抽样的优点是：检查的商品数量少，省时、省力，比较经济合算；检查人员能集中精力仔细检查，便于发现问题；督促生产方或卖方保证产品质量，否则会出现整批商品遭到拒收的情况，给自己造成经济损失；对于只能进行破损性检验的商品，只需通过对少数商品的破损性检验，即可正确判断整批商品的质量；在抽样检查中，搬运损失少；对商品的生产部门和检查部门的组织管理工作起到促进作用，使其及时发现问题，采取措施加以改进。

抽样的缺点是：由于抽样中有时会将优质批次误判为不合格批次，或将劣质批次误判为合格批次，因而存在接受劣质批次和拒收优质批次的风险；由于抽样样本较少，因此反映整批产品质量状况的信息一般不如100%检验那样多，作出的判断会存在片面性。

3. 抽样的原则与要求

（1）抽样的原则。为了保证抽样能满足商品检验的需要，抽样必须遵循以下原则。

①代表性原则。它是指被抽取的部分商品必须具备整批商品的共同特征，以使鉴定结果能成为决定此批商品质量的主要依据。

②典型性原则。它指被抽取的样品必须能反映整批商品在某些（个）方面的重要特征，能发现某种情况对商品质量造成的重大影响，如食品的变质、污染、掺杂。

③适时性原则。它是指针对成分、含量、性能、质量等会随时间或容易随时间的推移而发生变化的商品，要及时抽样并进行鉴定，如新鲜果蔬中各类维生素含量的鉴定及各类农副产品中农药或杀虫剂残留量的鉴定等。

（2）抽样的要求。抽样的要求是对抽样过程中的操作提出的技术性要求，也反映了一定的工作技巧。

①应当依据抽样对象的形态、性状，合理选用抽样工具与样品容器。抽样工具与样品容器必须清洁，不含被鉴定成分，供微生物鉴定的样品应无菌操作。

②对于外地调入的商品，抽样前应检查有关证件，如商标、运货单、质量鉴定证明

等，然后检查外表，包括检查包装以及起运日期、整批数量、产地、厂家等情况。

③按各类商品的抽样要求抽样，注意抽样部位分布均匀，每个抽样部位的抽样数量（件）保持一致。

④抽样的同时应做好记录，内容包括：抽样单位、地址、仓位、车间号、日期、样品名称、样品批号、样品数量、抽样者姓名等。

⑤抽取的样品应妥善保存，保持样品原有的品质特点，抽样后应及时鉴定。

二、抽样的方法和组织形式

1. 抽样的方法

根据样本能否反复抽取，抽样方法可以分为重复抽样和不重复抽样两种。

重复抽样也称放回式抽样，是指从总体中抽取样本时，每次抽取的样本单位，在记录其有关标志表现后都要放回总体中去参加下一次抽取，直到抽满 n 个样本单位为止。重复抽样时总体单位数在抽选过程中始终未减少，因此，每个单位被抽中或者不被抽中的机会在每次抽样中都是完全相同的，而且各单位都有被重复抽中的可能。

不重复抽样也称不放回式抽样，是指从总体中抽取样本时，每次抽取的样本单位，在记录其有关标志表现后不再放回总体，这样在下次抽样时就不会再次抽到前面已经抽中过的样本单位。在进行不重复抽样时，每经过一次抽样，下次抽样的总体单位数就减少一个，因此每个单位被抽中的机会在各次抽样中是不同的。

2. 抽样的组织形式

抽样有如下五种组织形式。

（1）简单随机抽样法，又称单纯随机抽样法。它是按照随机原则从总体中逐个抽取样本单位，因此每个单位的入样概率是相等的。简单随机抽样最符合抽样调查的随机性原则，是抽样调查中最基本的组织形式。

采用简单随机抽样法抽取样本单位时，可以先给总体的每个单位编上序号，并制成签条，掺和均匀后从中随机抽取，直到抽满预定的单位数为止，也可以使用随机数字表。在使用随机数字表时，首先应根据编号的位数确定使用随机数字表的列数，然后从任意一列、任意一行的数字开始，向任意一个方向查过去，并摘录属于编号范围内的数字，直到抽够预定的样本单位数。

简单随机抽样需要对样本一一编号，或将被抽单位列成目录，当总体规模很大、范围很广时，工作量也变得十分大，因此这种组织形式主要适用于总体单位数较少、范围较狭窄的情况。例如，对全国市场上的牙膏进行抽样时，要对全国市场上的牙膏进行编号实际上是很难办到的。

（2）类型抽样。类型抽样也称分层抽样，是将总体中的各单位按照某种特征或某种规则划分成若干个不同的类型组，然后从各类型组中独立、随机地抽取样本，再将各类型组的样本结合起来，对总体的目标量进行估计。

类型抽样可以保证样本中包含有各种特征的抽样单位，使样本的结构更近似于总体的结构，从而可以有效地提高总体指标估计值的精确度。同时，除了估计总体的参数值以外，还可以分别估计各个层内的情况，这些优点使类型抽样在实践中得到了广泛的应用。例如，某家电厂生产的电风扇有 5 000 台，其中，豪华型电风扇有 1 000 台，普通型电风扇有 2 000 台，微型电风扇有 2 000 台。为了了解电风扇质量的某项指标，要从中抽取一个容量为 500 的样本，由于电风扇质量与型号这项指标有关，抽样人员决定采用分层抽样方法进行抽取。因为样本容量与总体个数的比为 1∶10，所以在各型号抽取的个数依次为 1 000/10、2 000/10、2 000/10，即 100 台、200 台、200 台。

（3）等距抽样。等距抽样又称系统抽样，是将总体中各单位按照某一标志顺序排列，在规定的范围内随机确定起点，然后按照一定的间隔抽取其他样本单位的抽样组织形式。

在等距抽样中，先将总体按 $1\sim N$ 相继编号，并计算抽样距离 $K=N/n$。式中 N 为总体单位数，n 为样本容量。然后在 $1\sim K$ 中随机抽取一个数字 k_1 作为样本的第一个单位，接着取 k_1+K，k_1+2K，…，直至抽满 n 个单位为止。

等距抽样能够使样本单位均匀分布在总体中，使样本结构与总体结构相似，因此抽样的精确性比简单抽样好，加之它操作简便，所以在很多方面都有应用。

例如，为了解某印刷公司 5 000 名员工的家庭收入水平，现要从中抽取一个容量为 100 的样本。我们按姓氏笔画对总体进行排列，抽样距离 $K=5\ 000/100=50$，在第 1 至第 50 人中随机抽取一名，如抽到第 10 名，则后面间隔 50 依次抽取第 60 名，第 110 名，第 160 名，第 210 名，……直到第 4 960 名为止，共抽取 100 名职工组成一个抽样总体。

（4）整群抽样。整群抽样是将总体各单位划分为若干群，然后以群为单位从中随机抽取一些群，对抽中群的所有单位都进行调查的抽样组织形式。例如，育华中学为了调查中学生患近视的情况，从 3 个年级共 36 个班级中抽取一个班级的学生，对其视力状况进行统计研究。

由于整群抽样抽取的单位较为集中，因此调查实施起来较为方便，能够有效地缩减调查经费和缩短调查时间。但是，整群抽样中抽样单位的集中却影响了样本单位在总体中的均匀分布，因此抽样误差较大。一般来说，为了减少抽样误差，整群抽样应尽可能多抽一些群，并且这些群应均匀分布于样本总体中。

（5）多阶段抽样。多阶段抽样也称多级抽样或阶段抽样，是将对总体单位的整个抽样过程分为两个或更多个阶段进行，先从总体中抽取若干个大的样本群，称为第一阶段单位，然后从被抽中的若干个大的样本群中抽取较小的样本单位，依此类推。

在大规模的社会调查中，面对的总体单元数往往很庞大，并且总体范围很广，这时如果只用某一种抽样方式或通过一次抽样来抽取样本，不仅工作量大，而且在精度上很难把握。在这种情况下，往往采用多阶段抽样的方式来组织抽样调查。

例如，为了调查某品牌的手机在我国的产品售后服务的消费者满意度，可以先从全国各个省份中抽取几个省份，然后从抽中的省份中抽取若干个城市，从抽中的城市中再抽取若干个县、区，这种抽样方式就是多阶段抽样。

多阶段抽样保持了整群抽样的优点，保证了样本相对集中，从而节约了调查费用。同时，可以根据各阶段单元的分布情况，采取不同的抽样方法，以提高抽样的估计效率。另外，对于没有抽中的单位不需要再进行编号或制定抽样框，节约了大量的人力物力。我国许多全国性大规模抽样采用的都是多阶段抽样的组织形式。

需要指出的是，由于多阶段抽样的每个阶段都会产生抽样误差，因此，即便是大规模抽样，抽取样本的阶段也应当尽可能地减少。

第三节 商品检验的方法

商品检验的方法因项目的不同而不同，需要按照有关标准或技术规定的要求选取。一般而言，有感官检验法、理化检验法。

一、感官检验法

1. 感官检验法的概念及其优缺点

感官检验法是以人体感觉器官作为检验器具，对商品的色、香、味、形、手感、音质、音色等感官质量特性作出判定和评价的检验方法。

感官检验法的优点是：操作简便、灵活易行、费用节省；不易破坏商品体；不受抽样数量的限制；等等。感官检验法特别适用于目前还不能用仪器定量评价其感官指标的商品，以及不具备利用昂贵、复杂仪器进行检验的条件的企业和团体。感官检验法的缺点是：受鉴定人的生理条件、工作经验及鉴定时的外界环境干扰等的限制，检验结果往往带有主观片面性；感官检验的结果难以用准确的数字来表示，只能使用专业术语或记分的方法表示，使用效果差。

适用感官检验法的商品主要有食品、纺织品及服装、乐器等。

2. 感官检验法的类别

感官检验法依据检验时主要使用的感觉器官的不同，分为视觉检验法、嗅觉检验法、味觉检验法、听觉检验法和触觉检验法。

（1）视觉检验法。视觉检验法是通过视觉器官来观察商品的外形、结构、色泽、外观疵点、包装装潢等感官指标，并据此评定商品的质量特性的检验方法。采用视觉检验法检验日用工业品、纺织品时主要检验其美学特点和表面缺陷，检验食品时则主要检验其新鲜度、成熟度和加工程度。

例如，茶叶品质评审中决定茶叶品质的外形、香气、滋味、汤色和叶底五项指标中的外形、汤色和叶底，这三项均需要采用视觉检验法来判定。外形评定须取样茶于茶盘中，在用双手波浪式筛转后，将样茶大体分为面张茶、中段茶和下盘茶。先看粗松轻薄的面张茶，再观察紧结重实的中段茶，最后拨开中段茶看细小的下盘茶。最后取一小撮混合均匀的样茶，观察其条索形态、色泽、整碎、净度，与标准样茶进行比较，综合分析，作出外形评审结论。汤色评审主要是对茶汤汤色的深浅、明暗、清浊、新陈等作出判定。叶底判定则是依据叶底色泽的明暗，有无花杂，叶张的软硬、粗嫩，芽头的多少和匀齐程度等得出评审结论。

运用视觉检验法时应注意以下几点。

①为使检验者对商品外观评定有所依据，应制定相应的样品标准。

②检验者应具备丰富的感官检验的知识和经验，并熟悉标准样品各等级的条件、特征和界限。

③光线强度应适中。由于视觉检验是通过肉眼观察评定商品的外观质量，因此鉴定场所的光线强弱是直接影响鉴定结果的重要因素。

（2）嗅觉检验法。嗅觉检验法是凭借嗅觉器官（鼻）来鉴定商品气味，评定商品品质的检验方法。嗅觉是由于商品体发散于空气中的物质颗粒作用于鼻腔嗅觉细胞，产生兴奋传入大脑皮层引起的感觉。嗅觉检验法一般用于食品、家用化工用品和香精香料等商品的质量检验。凡品质优良的商品均具有其特有的正常气味或香气；而劣质商品的气味特征会有所不同，有的乏味，有的则会有霉、臭等怪味。正常无异味是对商品气味的基本要求，对不同的商品，嗅觉检验的内容和要求也相应不同，如茶叶香气检验。茶叶香气检验是指将3克样茶置于容积为150毫升的审茶杯内，用沸水冲泡5分钟，倾倒茶汤于审茶碗后，评审茶杯中的香气。审评时左手持杯送至鼻下，右手掀开杯盖，半掩半开，反复嗅闻叶底的香气。首先要鉴定香气是否正常，有无异味，继而区别香气类型，最后鉴定香气的持久度。

除了检验者自身的素质外，检验场所的清洁度（有无异味）对检验结果也有很大影响。因此进行嗅觉检验时，检验场所、盛样器皿、检验者的手和衣物等均不应有不利于嗅觉检验的异种气味。

（3）味觉检验法。味觉检验法是借用人的味觉器官来检查有一定滋味要求的商品品质的过程。它是溶解于水或唾液中的物质作用于舌面和口腔黏膜上的味觉细胞，产生兴奋传入大脑皮层而引起的感觉。基本味觉有酸、甜、苦、辣、咸五种。其中辣味也被认为是热觉、痛觉和味觉的混合。食品的滋味和风味是决定食品品质的重要因素，凡品质正常的食品均具有应有的滋味和风味。同一原料来源的食品，由于加工调制方法的不同，滋味和风味也各异。质量发生变化的食品，滋味必然变劣，甚至会产生异味。所以味觉检验是检验食品品质的重要手段之一，如茶叶滋味审评。茶叶滋味是决定茶叶品质的指标之一，品尝时需用汤匙取少许茶汤入口，使茶汤留在舌上部，通过舌的轻缓转动使茶汤与舌和口腔黏膜充分接触，然后将茶汤吐出，继而判定茶汤的滋味类型、滋味的强度水平（醇厚、平淡、乏味、无味）、味道滞留度等，并依此对茶叶滋味品级作出判定。

采用味觉检验法时，应注意被检验样品的温度要与对照样品温度一致，在一些检验细节上必须严格遵循检验规程，如检验前后必须漱口等。

（4）听觉检验法。听觉检验法是凭借听觉器官来鉴定商品质量的方法。它是通过外界商品的声音刺激耳膜，引起大脑神经反应而产生的一种感觉。听觉检验一般用来检验玻璃制品、瓷器、金属制品有无裂痕或其他内在缺陷；评价以声音作为重要指标的乐器、音响装置、家用电器；评定食品的成熟程度、新鲜程度、冷冻程度等。例如，人们在购买鸡蛋时，常将鸡蛋放在耳边轻轻摇动，如有明显晃动声发出，说明鸡蛋放置时间较长。其原因是：鸡蛋内部蛋清的体积因水分散失而收缩，这时就形成了一个空间，人们摇动鸡蛋时，蛋清与蛋壳碰撞就会发出声音。又如，罐头"打检"是判定罐头食品品质的行之有效的简易方法。其具体做法是：检验人员手持打检杆，轻敲罐盖，发出清脆的叮叮声者品质正常，而发出混浊的声音者则属次品。运用听觉检验时需要有适宜的环境条件，力求安静，尽量避免外界因素对听觉灵敏度的影响。

（5）触觉检验法。触觉检验法是利用人的触觉器官感受商品，从而对商品品质作出判定的检验方法。触觉是皮肤受到外界刺激而产生的感觉，如触压觉、触摸觉等。人的手指和头面部的触觉感受较强。触觉检验法主要用于检查纸张、塑料、纺织品以及食品和其他日用工业品的表面光滑细致程度、强度、厚度、弹性、紧密程度、软硬等质量特性。在运用触觉检验法时，应注意环境条件的稳定及手指皮肤正常状态的保持。

3. 感官检验的评价方法

感官检验的评价方法一般可分为以下三种。

（1）差别检验。差别检验用于判定两种样品之间是否存在感官差别，如检验某种商品样品与标准样品在感官特性上是否存在差别。

（2）使用标度和类别检验。对于两种以上的商品，在采用差别检验确定其具有明显差别的基础上，为进一步明确差别的大小或估计样品归属的类别，还可以采用使用标度和类别检验，具体方法是排序、量值估计、评分、评估、分类等。

（3）分析或描述性检验。这种评价方法要求评价员对构成商品的各个特性指标进行定性、定量描述，以尽可能完整地描述商品品质。

知识链接

如何选购西服、大衣？

1. 西服、大衣产品上的各种标注项目必须齐全

（1）产品上必须有商标和中文厂名厂址。这有利于消费者了解该企业的信誉度和知名度。例如，产品上有标明为"中国名牌"等的标记和文字，说明该产品的生产企业具有一定的规模和知名度。

（2）产品上必须有服装号型标识。这有利于消费者选择适宜自己体形的规格和尺寸。

（3）产品上必须有明确的纤维含量标识（主要是指服装的面料、里料的纤维含量标识），各种纤维含量的百分比应清晰、正确。这能使消费者更好地了解服装面料质地，挑选自己喜欢的面料，也有利于消费者掌握西服、大衣的基本价位。因为面料质地的优差是决定西服、大衣价格的重要因素。一般来说，羊绒含量越高，价格就越高。如果产品名称标注为"羊绒大衣"，就一定要看一下产品上的标识，根据其羊绒含量的多少来衡量是否物有所值。

(4) 产品上必须有明确的洗涤标识图形符号及说明，并标明洗涤和保养的方法要求，特别是标明是否可以水洗或干洗等标识。这有利于指导消费者按标识要求进行洗涤保养。

消费者一旦按照产品标识上规定的洗涤方法进行洗涤、保养后出现问题，就可以与销售商或生产企业联系，并获得相应的赔偿；如果消费者未按照产品标识上规定的洗涤方法进行洗涤、保养，则一切后果由消费者自己承担。

(5) 产品上必须有产品合格证、产品执行标准编号、产品质量等级及其他标识。通过查看产品上的标识是否齐全，可以评价产品的生产、质量、销售等方面是否规范及其规范程度，从而衡量该件产品的可信度。

2. 西服、大衣的外观质量

(1) 西服、大衣的主要表面部位无明显织疵、条痕（主要表面部位指大身的外露部位）。

(2) 西服、大衣的主要缝接部位无色差（需要在一定的光亮度下看色差情况）。

(3) 西服、大衣面料和里料结构紧密。面料和里料结构疏松会使西服、大衣的接缝部位强力达不到标准规定的要求，从而引起织物纰裂。

(4) 西服、大衣面料的花型、倒顺毛顺向一致，条格面料的服装的主要部位对称、对齐。

(5) 西服、大衣上各种辅料、配料质地优良，如纽扣牢固等。

(6) 有黏合衬的表面部位如领子、驳头、袋盖、门襟处无脱胶、起泡等现象。

3. 西服、大衣试穿时的造型和感觉

(1) 西服、大衣穿在身上后，各部位应平整、自然，如衣领的左右对称，肩部平服，袖笼处圆顺，胸部丰满、自然、无裂形，门襟自然下垂成直线，不绞不豁，后背领下平服，后背下摆处不起翘等。

(2) 西服、大衣穿在身上后，整体应感觉舒适、轻松。例如，两手前后、上下摆动舒畅，颈部及肩胛部没有压迫感或负重感，腋下处无不舒服的感觉等。

(3) 西服、大衣穿在身上后，各主要部位的规格大小适宜，如衣长、袖长、肩宽、胸围等处的宽松度适合。规格尺寸过大、过小也会引起穿着时不舒服及外观整体不平服的感觉。

资料来源：如何选购西服大衣. 中国质量新闻网，2011-01-28.

二、理化检验法

1. 理化检验法的概念及其优缺点

理化检验法是在一定的实验室环境条件下，利用各种仪器、器具和试剂等手段，运用物理、化学、生物学原理检验商品质量的方法。它主要用来检验商品的成分、结构、物理性质、化学性质、安全性、卫生性等。

理化检验法的优点是：可用数据定量表示测定结果，相较于感官检验法，其结论更客观和精确。但是，理化检验法对检验设备、仪器的要求较为严格，同时对检验人员素质也有较高要求。

2. 理化检验法的类别

理化检验法根据其使用原理可分为物理检验法、化学检验法和生物学检验法。

（1）物理检验法。物理检验法是运用各种物理仪器、量具对商品的各种物理性能和指标进行测试检验，以确定商品质量的方法。根据测试检验内容的不同，物理检验法可分为以下几类。

①度量衡检验法。度量衡检验法是利用各种量具、仪器来测定商品的长度、细度、厚度、体积、密度、容重、表面光洁度等物理特性的检验方法，如纤维的长度、细度，水果个体的体积和重量。

②力学检验法。力学检验法是用各种力学仪器测定商品的力学性能的检验方法。这些力学性能包括抗拉强度、抗压强度、抗冲击强度、硬度、弹性、耐磨强度等。商品的力学性能与商品的耐用性密切相关。例如，水泥的抗压强度是用水泥试样被压碎时，试样单位面积（平方厘米）所承受的外力表示的，单位为千克/平方厘米。水泥标号表明了水泥的抗压强度，如普通水泥有 225、295、325、425、625 等标号。

③热学检验法。热学检验法是使用热学仪器测定商品热学特性的方法。商品的热学特性有沸点、熔点、凝固点、耐热性等。橡胶、塑料制品、玻璃和搪瓷制品、金属制品、化工制品、皮革制品等的热学特性与商品质量相关。例如，搪瓷制品的耐热性测定，是将搪瓷制品加热到一定温度后，将其迅速投入冷水中，以珐琅层在突然受冷时不致炸裂和脱落的温度表示，温度差越大，耐热性越好。

④电学检验法。电学检验法是利用电学仪器测量商品电学特性的检验方法，如电阻、电容、导电率、介电常数等。电器类商品的电学特性直接决定了商品的质量。

⑤光学检验法。光学检验法是利用光学仪器（光学显微镜、折光仪、旋光仪等）来检验商品的光学特性的方法。光学显微镜用于观察商品的细微结构，进而判定商品的使用性能。折光仪用于测定液体的透射率，通过透射率的测定可分析液体商品的品质，如通过测定油脂的透射率可判定油脂的新陈及掺假与否。旋光仪用于测定旋光性物质（如蔗糖、葡萄糖等）的旋光度，从而判定旋光性物质的纯度。

（2）化学检验法。化学检验法是用化学试剂和仪器对商品的化学成分及其含量进行测定，从而判定商品品质的检验方法。化学检验法按检验手段可分为化学分析法和仪器分析法。

①化学分析法。它是根据检验过程中试样和试剂所发生的化学反应和在化学反应中试样和试剂的用量，鉴定商品的化学组成和化学组成中各成分的相对含量的方法。以物质的化学反应为基础的化学分析法是一种传统的化学分析法，它要求的设备简单、准确度高，是其他化学分析法的基础，又称常规分析法。

②仪器分析法。仪器分析法是采用较为复杂的光学、电化学仪器，通过测量商品的光学性质、电化学性质来确定商品的化学成分的种类、含量以及化学结构，从而判断商品品质的检验方法。仪器分析法分为光学分析法和电化学分析法。光学分析法是通过被

测成分吸收或发射电磁辐射的特性差异来进行化学鉴定的。电化学分析法是利用被测物的化学组成与电物理量之间的定量关系来确定被测物的组成和含量。仪器分析法适用于微量成分含量的分析。

（3）生物学检验法。生物学检验法主要用于对食品、动植物及其制品、医药类商品的检验，它包括微生物学检验法和生理学检验法。

①微生物学检验法是对商品中有害微生物存在的种类及其数量进行检验的方法，它是判定商品卫生质量的重要方法。一般的有害微生物有大肠菌群、致病菌等，它们直接危害人体健康及商品的储存安全。

②生理学检验法是用于测定食品可消化率，发热量，维生素种类、含量，矿物质含量等指标的检验方法。生理学检验法一般用活体动物进行试验。

第四节 商品品级

一、商品品级的概念

商品品级是依据商品质量高低确定的商品级别，也是商品质量优劣的标志。一般来说，根据商品质量标准（包括实物质量标准）和实际质量检验标准，工业品分为三个等级，而食品特别是农副产品、土特产等大多分为四个等级，最多达到六七个等级，如茶叶、棉花、卷烟等。

商品质量分级有利于从整体上综合反映我国工业品的质量水平，推动技术和管理进步，促进产品更新换代和质量提高。

按照国家相关规定，商品根据质量水平划分为优等、一等和合格三个品级。

（1）优等商品的质量标准必须达到国际先进水平，且实物质量水平与国外同类产品相比达到近五年内的先进水平。

（2）一等商品的质量标准必须达到国际一般水平，且实物质量水平达到国际同类产品的一般水平。

（3）合格商品按照我国一般质量标准组织生产，实物质量水平必须达到相应标准的要求。

商品品级的划分，主要依据各品级商品的质量标准和实物质量指标的检测结果，由行业归口部门统一负责。

优等商品和一等商品品级的确认，须有国家级检测中心、行业专职检验机构或受国家、行业委托的检验机构出具的实物质量水平的检验证明。合格商品由企业检验判定。

二、商品品级的划分方法

商品品级的划分方法很多，一般有百分法和限定法两种。

1. 百分法

百分法是将商品各项质量指标规定为一定的分数，重要指标占高分，次要指标占低分。如果各项指标都符合标准要求或被认为无瑕可挑，则打满分，某项指标欠缺则在该项中相应扣分，全部合格为满分 100 分。例如，酒的评分方法如下（满分为 100 分）：

白酒：色 10 分、香 25 分、味 50 分、风格 15 分。

啤酒：色 10 分、香 20 分、味 50 分、泡沫 20 分。

葡萄酒：色 20 分、香 30 分、味 40 分、风格 10 分。

香槟酒：色 15 分、香 20 分、味 40 分、风格 10 分、气 15 分。

2. 限定法

限定法是对商品各种疵点规定一定的限量。其又可分为限定记分法及限定数量和程度法。

（1）限定记分法是将商品各种疵点规定为一定的分数，根据疵点分数的总和确定商品的等级，疵点分数越高，则商品的等级越低。这种方法一般在日用工业品中采用。

（2）限定数量和程度法是在标准中规定商品每个等级限定疵点的种类、数量和疵点的程度。例如，全胶鞋有 13 项外观指标，其中，鞋面起皱或麻点，一级品稍有，二级品有；鞋面砂眼，一级品不准有，在二级品中，砂眼直径不超过 1.5 毫米、深不超过鞋面厚度者，低筒鞋限二处，半高筒鞋限四处，但不得集中于下部，弯曲处不许有；等等。此外，还有其他疵点限制要求。在 13 项外观指标中，一级品超过 4 项不符合要求者，降为二级品；二级品超过 6 项不符合要求者，则降为不合格品。

案例 6-2

紫砂壶的品级划分

紫砂壶有普通品级、工艺品级、艺术品级和特种工艺品级之分。

1. 普通品级

普通品级也叫粗货，是面向普通老百姓和茶馆用的商品，因此也称为商品壶。这一品级的紫砂壶是以实用为主的作品。其制作简单，方便生产，价格也相对低廉。大多数壶型简单大方，但在细节和造型方面会比较欠缺。虽然这种品级的紫砂壶以实用为主，价值有限，但是若能代表一个时代的工艺发展等特征，那么同样是有研究和收藏价值的。

2. 工艺品级

在普通品级之上是工艺品级，这不是指宽泛的“工艺品”概念，而是指那些同时具备了实用和鉴赏功能的紫砂壶手工作品。它们的收藏价值比前面所讲的“普通品级”

要高。这种作品的制作工艺已经比较讲究，无论是做工还是用料都相对细致，制作者的技艺也相当娴熟，加上赝品数量较少，并且能够反映出当时的紫砂壶制作特点，因此也具有非常高的收藏价值。例如，清朝末年用于外销的紫砂壶，做工细致，局部采用镶金、镶铜工艺，并且在紫砂壶身上进行抛光处理，显得富丽堂皇，充满异域风情。

3. 艺术品级

艺术品级就是指那些外观奇特，体现了独特文化，蕴含了艺术生命的作品。其制作工艺不一定细致，功能也未必完善。比如摔壶，就是掌握好泥性，在用泥片成型后，选择一个最佳的时机、角度和力道摔下，以产生一种特殊形态，体现出制作者的随心所欲和豁达心态。这种作品虽然实用性较低，但是体现了制作者对客观事物的感知和理解，同样具有一定的收藏价值。

4. 特种工艺品级

特种工艺品级的泥料、工艺、造型都特别讲究，最为常见的就是历史上一些名人名作，属于紫砂壶品级中的最高水平。当然，价格也相当昂贵。例如，已故的顾景舟大师的“松鼠葡萄十头套组茶具”就以 9 200 万元的价格成交。由此可见，这种品级的作品已经远远超出了清代陈维崧对紫砂“珍重比流黄”的评价。但问题是这种壶的赝品数量也极多，从古至今，仿制品从未断绝，因此，收藏此种作品需要格外谨慎小心。

一把紫砂壶的价值，除了材质以外，还包含具有精神内涵的造型和做工。设计并制作一把紫砂壶，不仅需要付出辛苦的劳作，更需要设计者本身具备文化底蕴、美学修养、造型经验以及个性思维等综合能力。

资料来源：紫砂壶的品级划分. 腾讯新闻，2022-04-16.

第五节 假冒伪劣商品的识别

一、假冒伪劣商品的概念和范围

1. 假冒伪劣商品的概念

所谓假冒伪劣商品，是指违反了我国现行的有关法律、法规的规定，其质量、性能指标达不到标准所规定的要求的商品；或是冒用、伪造他人商标，冒用优质产品标志、质量认证标志和生产许可证标志的商品；或是已经失去了使用价值的商品。

2. 假冒伪劣商品包括的具体范围

早在 1989 年，国家技术监督局（现国家市场监督管理总局）就在《关于严厉惩处经销伪劣产品责任者的意见》中，列举了以下 14 种假冒伪劣商品：

（1）失效、变质的商品。

（2）危及安全和人身健康的商品。

（3）所标明的指标与实际不符的商品。

（4）冒用优质或认证标志和伪造许可证标志的商品。

（5）掺杂使假、以假充真或以旧充新的商品。

（6）国家有关法律、法规明确规定禁止生产、销售的商品。

（7）无检验合格证或无有关单位销售证明的商品。

（8）未用中文标明商品名称、生产者和产地（重要工业品未标明厂址）的商品。

（9）限时使用而未标失效时间的商品。

（10）实施生产（制造）许可证管理而未标明许可证编号和有效期的商品。

（11）按有关规定应用中文标明规格、等级、主要技术指标或成分、含量等而未标明的商品。

（12）高档耐用消费品无中文使用说明的商品。

（13）属处理品（含次品、等外品）而未在商品或包装的显著部位标明“处理品”字样的商品。

（14）剧毒、易燃、易爆等危险品而未标明有关标识和使用说明的商品。

二、假冒伪劣商品的特征

商品的种类繁多，其性能千差万别。伪劣商品的表现形式更是千奇百怪，但是既然伪劣商品是“伪”和“劣”的东西，就会暴露出其伪劣的共同特征。

1. 假冒商标

假冒商标，是指商品假冒国外和国内名牌的商标标识。不法分子利用人们既对名牌商品有较强崇拜心理和求购欲望，又对真正的名牌商品的具体情况缺乏了解的实际情况，擅自制造或以不法手段从厂家套购国外和国内名牌商品商标标识，贴在自己的商品上，冒充世界或国内名牌商品。

2. 仿冒商标

仿冒商标，是指仿冒国外和国内名牌商品的商标标识。它不是在商品上直接采用国外和国内名牌商品的商标标识，而是使用与国外和国内名牌商品商标标识近似的商标标识。仿冒商标标识与真的商标标识并不完全一样，但也不容易被消费者识别。

3. 假冒包装和装潢

假冒包装和装潢，主要是指假冒国内外商品包装和装潢及使用虚假说明。这类商品以服装、针织品和化妆品居多。个别加工者在成批购买原料时，同时购买与被仿制商品配套的装饰物和伪装物，最终仿制出与真品非常相近的商品。

4. 假冒产地

假冒产地，是指在商品包装上不印厂家名称和厂址，或仅在商品包装极不明显的地方印上含糊不清的厂名和厂址，冒充国外或国内受欢迎地区的商品。这类商品以家电、玩具、服装、皮鞋、旅游鞋居多，并常利用多数消费者不识外文，追求名牌的心理，将包装全部印成英文、日文或拼音字母，有的甚至是胡编乱造。

5. 假冒优质产品标志

假冒优质产品标志，是指在没有获得优质产品标志的商品包装上印有该种标志。获得优质产品标志说明商品已符合优质产品条件，劣质商品制造者就是利用这一点来欺骗广大消费者的。

6. 伪造认证标志

伪造认证标志，是指在没有取得认证的商品包装上印有该种标志。认证是由第三方权威机构对商品质量进行检验，认为其符合标准要求，从而向企业颁发合格证书并允许企业在商品包装上使用认证标志。劣质商品制造者就是利用认证标志的这种信誉欺骗消费者的。

7. 伪造生产许可证标志

伪造生产许可证标志，是指对没有取得生产许可证标志的商品，伪造一个生产许可证标志印在商品包装上。取得生产许可证标志说明产品质量已达到有关标准规定，企业具备保证该产品质量的能力。劣质商品制造者为生产该种产品并向消费者推销常采取这种手段。

8. 商品本身质量低劣

商品本身质量低劣，是指设计不科学，或使用不合格的原材料，或粗制滥造，因而最终技术指标不合格或安全性能达不到标准要求的商品。

9. 掺杂使假

掺杂使假，是指采用变更或减少商品的成分、材质等办法，使生产的商品不具备该商品所应达到的各项指标，且质量严重降低的做法，如制造仅含10%香油成分的假香油。

10. 以假充真

以假充真，是指生产经营其全部成分或材质与所标名称不符，使用或食用后危害极大的商品的行为。例如，用牛骨加工制作冒充的虎骨；用工业酒精掺水制作饮料、酒等，这样不但起不到该商品应有的作用，还可能引起各种疾病，甚至造成消费者中毒身亡。

11. 失效变质

失效变质，一般是指原来合格的商品经过一定时间的储存后，超过了规定的保质期和保存期，商品内部已发生物理、化学以及其他变化，完全失去了商品原有特性，丧失了使用价值而不能使用或食用的情况。

12. 以旧充新

以旧充新，是指将已报废的商品进行一番修理或粉饰，然后仍以新商品出售的做法。这种做法具有极大的欺骗性。

三、假冒伪劣商品的危害

近年来，广大消费者及许多企业饱受假冒伪劣商品的坑害。有关调查资料表明，90％以上的消费者和几乎所有名牌产品的生产企业均受到过假冒伪劣商品的侵扰。当前，我国的假冒伪劣商品呈现出以下几个特点：

（1）假冒商品品种多、数量大。

（2）出现区域性“产、供、销”一条龙假冒地，违法活动具有更大的隐蔽性、流动性。有少部分地方的造假活动已形成相当规模，如形成“专业村”“集散地”“黑窝地”，甚至有人提供仓库和银行账号、代办运输服务等。这显然是有组织的犯罪活动，具有很强的再生能力和扩散能力。由于国内对造假活动打击严厉，一部分假冒商品已在境外制造，通过走私再偷运到国内销售，人称“走私假冒商品”。

（3）存在假冒国外名牌的现象。

（4）出现违法数额较大的重大恶性案件。假冒伪劣商品对消费者及生产厂家的危害主要包括：侵害名牌商标形象使消费者和用户难辨真假；严重影响名牌企业的经济效益；严重败坏出口商品的信誉，对我国国际贸易造成了不良的影响；导致名牌产品被挤出市场，其生产企业面临停产甚至破产倒闭的窘境；等等。

由于有的生产者和经营者受高利润的诱惑与驱动，铤而走险，有的生产者和经销者在生产和经销过程中未受到严格监管，加之法律、法规不完善，处罚偏轻及地方保护主义等，市场上的假冒伪劣商品屡禁不止，造成了严重的危害。这些危害主要表现在以下几个方面：

（1）假冒伪劣商品充斥市场，导致市场商品质量合格率下降。

（2）假冒伪劣商品屡禁不止，严重干扰了市场经济秩序，危及深化改革和扩大开放的顺利进行。

（3）假冒伪劣商品造成的恶性事故产生了不良的社会影响，已经成为一大社会公害。

（4）假冒伪劣商品泛滥，给国家、集体和个人造成了巨大的经济损失，使消费者的合法权益受到了严重损害。

（5）假冒伪劣商品影响了我国的对外贸易，既造成了重大经济损失，又败坏了我国的声誉，造成了极坏的政治影响。

四、我国关于禁止生产、经销假冒伪劣商品的法律和法规

我国关于禁止生产、经销假冒伪劣商品的法律和法规包括：

（1）《中华人民共和国标准化法》；

（2）《中华人民共和国计量法》；

（3）《中华人民共和国民法典》；

（4）《中华人民共和国食品安全法》；

（5）《中华人民共和国药品管理法》；

（6）《中华人民共和国商标法》；

（7）《中华人民共和国广告法》；

（8）《建筑工程质量监督条例（试行）》；

（9）《中华人民共和国工业产品生产许可证管理条例》。

五、假冒伪劣商品的识别方法

假冒伪劣商品的特征有很多，也非常复杂。然而，只要掌握了一定的规律，认准商品的商标标识，认真查看商品外包装上的标记，注意商品包装、厂名、厂址，仔细观察商品质量和商品包装，就一定能识别出假冒伪劣商品。一般来说，对假冒伪劣商品的识别主要从以下几个方面进行：

1. 从产品包装上鉴别

根据《中华人民共和国产品质量法》第二十七条的规定，产品或其包装上必须具备以下标识：产品质量检验合格证明；以中文标明的产品名称、生产厂厂名和厂址；产品规格、等级、所含主要成分的名称和含量；生产日期、安全使用期或者失效日期；使用不当，容易造成产品本身损坏或者可能危及人身、财产安全的产品，应当有警示标志或者中文警示说明。

名优产品大多具有以上标识，而且包装比较科学、合理，包装材料讲究，装潢、商标印刷精美，套印精确，光泽度好。而假冒伪劣产品因制造粗陋、工序简单，不具备或仅部分具备以上标识。应该提醒消费者的是，这些标识都应以中文体现，全部用外文表述的也属于不合格的产品。

2. 从商标上鉴别

许多名优产品由于质量好而久负盛名，往往成为不法分子假冒商标的对象。假冒商标有这样几种情况：一是完全假冒，不但名称一样，而且图案颜色也一样；二是图案相似，名称近似，甚至用同音字，以混淆视听；三是变换商标图案颜色或略微变换商标图案，但名称不同。针对以上情况，消费者只要仔细观察，就会发现漏洞。

3. 从标志上识别

商品或其包装上的标志有多种，除了商标以外，还有质量认证标志、生产许可证标志、防伪标志等。消费者在选购商品时应该注意选择有质量标志的商品，并要注意其制作是否精细、印刷是否准确。加贴防伪标志是近年来正规厂家使用比较多、防伪效果比较好的一种方法，要注意真品的防伪标志的特征。

4. 利用感官鉴别

利用感官鉴别就是利用人的感觉器官，即人的视觉、听觉、嗅觉、味觉、触觉等对商品的包装、结构、外观、色泽、气味等方面进行识别。感官鉴别又称为“经验识别”。由于此种方法易受感官的敏锐程度和鉴别经验丰富与否的影响，因而其结果难免带有主观性。

技能实训

【实训目的】

熟悉商品检验的基本方法。

【实训主题】

商品真假的鉴别。

【实训时间】

本章课堂教学内容结束后的双休日和课余时间，为期一周。或者指导教师另外指定时间。

【背景材料】

鉴别真假矿泉水的方法

根据国家标准 GB 8537－2018《食品安全国家标准 饮用天然矿泉水》的规定，天然矿泉水是从地下深处自然涌出的或经钻井采集的，含有一定量的矿物质、微量元素或其他成分，在一定区域未受污染并采取预防措施避免污染的水。在保证原水卫生安全的条件下开采和灌装，不改变天然矿泉水的特性和主要成分，允许曝气、倾析、过滤和除去或加入二氧化碳，但不得加入其他化学添加剂。外包装标签内容有：产品名称、净含量、制造者（或经销者）的名称和地址、生产日期、保质期、标准号、特征性界限指标、pH 值、溶解性总固形物、主要阳离子（K^+、Na^+、Ca^{2+}、Mg^{2+}）和主要阴离子（HCO_3^-、SO_4^{2+}、Cl^-）的含量范围、产品类型（含或不含二氧化碳，是天然存在的还是人工加入的）。是否为天然矿泉水可以从以下几个方面来识别。

1. 看瓶子质量及外包装

真天然矿泉水外包装上印的字体、标志、瓶上的日期、条码、条纹都非常清晰，不易抹掉，外包装黏合好，不易撕下。瓶盖紧，封盖质量好，瓶盖螺纹清晰、光滑且没有磨损。假冒矿泉水瓶子上的字体模糊，生产日期容易抹掉，瓶盖松，瓶盖螺纹与瓶口不是很吻合。假冒矿泉水的瓶子多数是回收旧瓶，不光滑，有磨损、陈旧现象，外包装也显得陈旧，有的外包装塑纸有明显的重新黏合痕迹，瓶盖颜色有差异。例如，杭州娃哈哈集团公司的矿泉水的瓶盖中间位置有明显凸起的一点，瓶颈上有 WAHAHA 字母，矿泉水的标签是蓝色的。

2. 看透明度

天然矿泉水在阳光下无色透明，因不含杂质，所以也无浑浊现象；允许有极少量的天然矿物盐沉淀，但不得含有其他异物。

3. 看射光度

将天然矿泉水倒入清洁的玻璃杯内，将竹筷放进去，可观察到其射光弯曲程度。而假冒矿泉水就不具备这一特征，这是因为天然矿泉水富含矿物质。

4. 试比重

天然矿泉水因矿化度较高，所以水的表面张力相对增大。将矿泉水注满玻璃杯后，如水面稍微浮隆，则属于天然矿泉水。

5. 观察吸热、放热速度

在相同温度条件下，天然矿泉水的吸热、放热速度较慢。在夏季高温时，其瓶子表面一般会出现冷凝小水滴。反之，假冒的天然矿泉水就不会出现这一现象。

6. 品尝口感

真正的天然矿泉水口感甘洌、无异味，喝下去很顺口，碳酸型天然矿泉水则带有一些苦涩感，而假冒矿泉水有漂白粉或氯气的气味。此外，还可以用白酒做试验：真矿泉水被倒入白酒中后无异味，而假冒矿泉水被倒入白酒中后会变味。

【实训过程设计】

（1）指导教师要求学生课前预习背景材料。

（2）将全班同学按每组5～6人平均分成若干小组，进行讨论。小组成员每人购买一瓶矿泉水。

（3）根据背景材料，各小组对购买的矿泉水进行鉴定，并填写表6-1。

表6-1 矿泉水的鉴别结果

品牌	外观鉴别						品尝口感
	瓶子质量	外包装	透明度	射光度	试比重	吸热、放热速度	

（4）根据讨论，写出本次购买商品与鉴别商品的体会。

（5）各小组对本次实训进行总结和点评，撰写作为最终成果的商品学实训报告。

（6）各小组提交填写了组长姓名、成员名单的商品学实训报告，优秀的实训报告将在班级展出，并收入本课程教学资源库。

综合练习

一、名词解释

商品检验　感官检验法　理化检验法　抽样　商品品级　假冒伪劣商品

二、多项选择题

1. 商品检验按检验方所处的位置和地位，可分为（　　）。

A. 生产检验　B. 破损性检验　C. 非破损性检验

D. 第三方检验　E. 验收检验

2. 商品检验的依据是（　　）。

A. 商品质量法规　B. 技术标准　C. 购销合同

D. 产地　E. 消费者要求

3. 商品质量检验程序一般分为（　　）。

A. 定标　B. 抽样　C. 检验

D. 判定　E. 处理

4. 抽样应坚持的原则有（　　）。

A. 典型性　　B. 代表性　　C. 适时性

D. 先进性　　E. 地区性

5. 感官检验法包括（　　）。

A. 视觉检验　　B. 嗅觉检验　　C. 味觉检验

D. 听觉检验　　E. 触觉检验

6. 以下属于假冒伪劣商品的是（　　）。

A. 限时使用而未标失效时间的商品

B. 有检验合格证而无有关单位销售证明的商品

C. 冒用优质或认证标志和伪造许可证标志的商品

D. 未用中文标明商品名称、生产者和产地（重要工业品未标明厂址）的商品

E. 失效、变质的商品

三、问答题

1. 说明商品检验的概念及意义。

2. 商品质量检验的依据及基本内容有哪些？

3. 感官检验法和理化检验法各有何优缺点？

4. 什么叫抽样？常见的商品抽样方法有哪些？

5. 举例说明你所熟悉的一种商品的感官检验法。

6. 什么是商品的品级？试分析几种主要商品品级划分方法的不同之处。

7. 如何识别假冒伪劣商品？

第七章 商品包装

学习目标

- 理解商品包装的概念和功能
- 熟悉商品包装的材料及其特性
- 掌握商品包装标志和国家对商标的有关规定
- 掌握商标的分类、设计原则和管理

案例导读

浙江省乐清市市场监管局纠正乐清市良兄食品有限公司未遵守限制商品过度包装强制性国家标准行为

2022年8月31日，浙江省乐清市市场监管局纠正乐清市良兄食品有限公司生产销售月饼包装成本违反限制商品过度包装强制性国家标准行为。

经查，乐清市良兄食品有限公司2022年8月28日共生产销售24套月饼礼盒，采购礼盒包装成本为25元/个，根据装入的月饼不同，最终销售价格从80元到150元不等。销售价格80～100元的月饼，包装成本占销售价格的25%到31.25%之间，销售价格100～150元的月饼，包装成本占销售价格的16.67%到25%之间，不符合GB 23350-2021《限制商品过度包装要求 食品和化妆品》国家标准第1号修改单“……除直接与内装物接触的包装之外所有包装的成本不超过产品销售价格的20%”“销售价格在100元以上的月饼……所有包装成本不超过产品销售价格的15%”的规定要求。当事人的上述行为违反了《固体废物污染环境防治法》禁止过度包装的规定，构成了未遵守限制商品过度包装强制性标准的行为。8月31日，乐清市市场监管局依据《固体废物污染环境防治法》第一百零五条的规定，责令当事人立即改正，当事人当场将上述月饼作下架处理。经9月5日复查，上述月饼礼盒已下架。

资料来源：市场监管总局公布第三批2022年市场监管部门整治商品过度包装、蟹卡蟹券等问题典型案例. 中国证券网，2023-01-18.

启示：看来，商品包装涉及的问题还不少，它也是商品学的一项重要研究内容。

第一节 商品包装的概念和分类

一、商品包装的概念及其功能

1. 商品包装的定义

商品包装（简称包装）是指为在流通过程中保护商品，方便储运，促进销售，按一定的技术方法采用的容器、材料及辅助物等的总称。它也指为了达到上述目的而在采用容器、材料及辅助物的过程中施加一定技术方法等的操作活动。

2. 商品包装的属性

现代商品包装既具有生产属性，又具有艺术属性。商品包装的属性可以从以下几个方面理解：

第一，商品和包装共同组成了统一的商品体。任何一个商品包装都是人类劳动的凝结，包括物化劳动和活劳动，是社会必要劳动的一部分。商品包装本身具有价值和使用价值，商品包装的价值包括在商品的价值中，通过出售商品得到补偿。因此，商品包装具有生产属性。

第二，使用某种材料，按照一定的技术方法形成的包装容器是为了在流通和消费领域中实现商品的价值和使用价值，它是一种工具和手段，能提高商品的价值。这同样决定了商品包装的生产属性。

第三，商品包装是商品生产的一个重要组成部分。对于绝大多数商品来说，只有经过包装工序以后，才算完成生产过程，包装是任何商品生产的最后一道工序。从这种意义上讲，商品包装不仅是一种物质形态，而且是一种技术、经济活动，具有生产属性。

第四，优美的包装装潢是通过画面和文字来表现的，是美化、宣传和介绍商品的主要手段。这决定了商品包装具有一定的艺术性。

3. 商品包装的功能

商品包装的功能主要有以下五种。

（1）保护商品。商品包装的一个重要功能就是保护包装内的商品不受损伤。为防止商品在空间位移和储存过程中因破碎、挥发、污染、渗漏等而出现数量减少和质量变化的情况，商品包装要选用适宜的包装物料、采用相应的防护措施，从而起到保护商品的作用。

（2）方便物流。采用合理的包装物料、包装技术、包装标志等不仅能在整个物流过程中保护商品，而且有利于装卸、运输、堆码等物流作业的顺利进行。

（3）促进销售。商品的包装就是企业的脸面，是无声的推销员。精美的商品包装在一定程度上能传递商品信息，促进商品的销售。商品包装表面上大都标示着某些信息。例如，运输包装上标示着运输标志和储运要求等；销售包装上标示着商标、商品名称、品种、规格、产地、原料成分、性能特点、功能用途以及使用方法、保管储藏方法等有关商品的信息。一些消费品包装上还标有建议零售价格，从而起到介绍商品、宣传商品、传递相关信息的作用。

销售包装的信息传递与促销功能的延伸使得包装发展成广告宣传、装饰（美化）性包装。包装是商品的“外衣”，它通过优美的造型、色彩、图案把商品的性能特点、质量特征表现出来，常给人以美的享受，同时激发消费者的购买欲望和兴趣。尤其是在自选超市中，包装常起到无声的“推销员”的作用。有些包装设计精美，当内装商品消费完后，还被用作陈设或收藏品。例如，有的消费者甚至为了积攒五粮液酒的十二生肖包装而购买这种酒。

透明包装和开窗包装也能发挥独特的信息传递功能。通过透明包装和开窗部位，消费者可以直接看到商品的形象、颜色和质量，企业可借此达到利用商品本身的形态美去宣传商品和促销的目的。

（4）便利消费。企业在进行包装设计时应考虑便利商家经营和消费者使用。例如，在运输方面，商品包装应方便展销陈列、销售计价以及利用自动售货机等；在消费方面，商品包装应方便携带、使用、开启、存放以及重新封装等；在用后处置方面，商品包装应方便回收、处理等。目前市场上各种便携式包装、易开启包装、气压式喷雾包装等，都是包装便利消费这一功能的表现形式，虽然它们使商品价格提高了许多，但仍受到消费者的欢迎。

便利消费这一功能的延伸形式是复用功能包装和改用功能包装。复用功能包装是指包装内的商品用完（卸完）后，还可以反复使用的包装。改用功能包装是指包装内的商品用完后，可以改作其他用途继续使用的包装。这样做不仅扩大了包装的用途，而且能长期发挥包装上广告的宣传效用。

（5）实现价值增值。消费者认识商品时，首先看到的就是包装，包装的档次习惯上被认为代表着内装商品的质量。人们甚至会以包装的精美程度来判定内装商品的真伪。

包装不仅能保护商品体，而且有着美化商品、美化环境、传播文化的作用，并把物质的东西和文化的、精神的内涵有机地结合起来。其增加的精神内容也可以转变为、体现为包装的价值，并随着商品价值的实现而得到补偿。这具体表现在商品附加值的增加上。因此，一种精致、相宜的包装能反衬商品的价值，可以大大提升商品的形象，使消费者对商品的价值有较高的认可度，进而帮助商品实现价值增值，同时也可以提高商品的国际竞争力，促进对外贸易的发展和国家声誉的提高。

二、商品包装的分类

商品包装因商品流通的不同需要和商品本身的不同需要而有不同的种类。为了分析研究不同种类商品包装的特点，常按包装在流通中的作用、包装的销售市场、包装材料、包装内容物来对商品包装进行分类。

1. 按包装在流通中的作用分类

按包装在流通中的作用，可将商品包装分为销售包装和运输包装。

销售包装是指以一个商品作为一个销售单元的包装形式，或若干个单体商品组成一个小的整体的包装，亦称小包装或个包装。销售包装的技术要求是美观、安全、卫生、新颖、易于携带，其对印刷、装潢的要求较高。销售包装一般随商品销售给顾客，起着直接保护商品、宣传商品和促进商品销售的作用，还可方便商品陈列展销和顾客识别选购。

运输包装是指用于安全运输、保护商品的较大单元的包装形式，又称外包装或大包装，如纸箱、木箱、集合包装、托盘包装等。运输包装一般体积较大，外形尺寸标准化程度高，坚固耐用，表面印有明显的识别标志，其主要功能是保护商品，方便运输、装卸和储存。

2. 按包装的销售市场分类

按销售市场不同，商品包装可分为内销商品包装和出口商品包装。

内销商品包装是指用于国内市场销售的商品包装。出口商品包装是指用于出口商品的包装。内销商品包装和出口商品包装所起的作用基本是相同的，但因国内外物流环境和销售市场不相同，它们之间会存在差异。内销商品包装必须与国内物流环境和国内销售市场相适应，必须符合我国的国情。出口商品包装则必须与国外销售市场相适应，以满足出口国的不同要求。

3. 按包装材料分类

按包装材料分类是商品包装的主要分类方法。一般商品包装可分为纸制包装、木制包装、金属包装、塑料包装、玻璃与陶瓷包装、纤维织品包装、复合材料包装和其他材料包装等。复合材料包装是指以两种或两种以上的材料黏合制成的包装，亦称复合包装，主要有纸与塑料、塑料与铝箔和纸、塑料与铝箔、塑料与木材、塑料与玻璃等材料制成的包装。

4. 按包装内容物分类

按包装内容物，可将商品包装分为食品包装、土特产包装、纺织品包装、医药品包装、化工品包装、化学危险品包装、机电商品包装等。

第二节 商品包装材料与包装容器

商品包装材料一般分为主要包装材料和辅助包装材料。纸和纸板、金属、塑料、玻璃、陶瓷、竹木、天然纤维与化学纤维、复合材料、缓冲材料属于主要包装材料；涂料、黏合剂、油墨、衬垫材料、填充材料、捆扎材料、钉结材料等属于辅助包装材料。

一、包装材料应具备的性能

从现代包装功能要求的角度来看，包装材料应具有以下几方面的性能：

1. 保护性能

保护性能主要指保护内装物，防止其变质、损失，保证其质量的性能。包装的保护性能主要取决于包装材料的机械强度、防潮防水性、耐腐蚀性、耐热耐寒性、抗老化性、透光及遮光性、透气性、防紫外线穿透性、耐油性、适应气温变化性、卫生安全性、无异味性等。

2. 加工操作性能

加工操作性能主要指易加工、易包装、易充填、易封合以及适应自动包装机械操作、生产效率高的性能。包装的加工操作性能主要取决于包装材料的刚性、挺力、光滑度、可塑性、可焊性、易开口性、热合性、防静电性等。

3. 外观装饰性能

外观装饰性能主要指材料的形、色、纹理美观，能产生陈列效果，提高商品价值和激发消费者的购买欲的性能。包装的外观装饰性能主要取决于包装材料的透明度、表面光泽、印刷适应性及防静电吸尘性等。

4. 方便使用性能

方便使用性能主要指便于开启和取出内装物、便于再封闭的性能等。包装的方便使用性能主要取决于包装材料的启闭性能、韧性以及包装容器的结构等。

5. 节省费用性能

节省费用性能主要体现在节省包装材料、包装机械设备费、人工费以及降低自身重量和提高包装效率等方面。

6. 易处理性能

易处理性能主要指包装材料要有利于生态环境保护，有利于节省资源，体现在易回收、可复用、可再生、可降解、易处置等方面。

二、主要包装材料及其性能特点

1. 纸及纸制品

在包装材料中，纸的用途最为广泛，其品种也非常多，如牛皮纸、玻璃纸、植物羊皮纸、沥青纸、板纸、瓦楞纸板。其特点是价格低、耐摩擦、耐冲击、容易粘合、质地细腻、无毒、无味、不受温度的影响、适于包装生产机械化。但是，纸的防潮、防湿性能差。

2. 塑料及塑料制品

塑料在整个包装材料中的使用比例仅次于纸和纸板。用于包装的塑料主要有：聚乙烯、聚丙烯、聚苯乙烯、聚氯乙烯、钙塑材料。塑料包装材料是近年来发展较快的包装材料之一。塑料包括软性的薄膜、刚性的成型材料和纤维材料，其优点是：物理机械性能优良，具有一定的强度和弹性，耐折叠、耐冲击、抗震动；防潮、防水，能阻隔气体；化学稳定性好，耐酸碱、耐油脂、耐腐蚀；比重较小，属于轻质材料，制成的包装容器重量轻，适应包装轻量化的发展需要；适合采用各种新的包装技术，如真空技术、充气技术、拉伸技术、收缩技术、贴体技术、复合技术；具有优良的透明度、表面光泽性、可印刷性和装饰性，为包装装潢提供了很好的条件。

塑料作为包装材料也有不足之处，主要表现为：强度不如钢铁，耐热性不如玻璃，在外界因素长时间作用下易发生老化；有些塑料在高温下会软化，在低温下会变脆，强度下降；有些塑料带有异味，某些有害成分可能渗入内装物；易产生静电；废弃物处理不当会造成环境污染；等等。因此，在选用塑料包装材料时要注意以上问题。

3. 木材

几乎所有木材都可以作为包装材料，木材具有特殊的耐压、耐冲击和耐气候的能力，并有良好的加工性能，目前仍是大型和重型商品运输包装的重要材料，也用于包装那些批量小、体积小、重量大、强度要求高的商品。常用的木制包装容器有木箱（包括胶合板箱和纤维板箱）、木桶（包括木板桶、胶合板桶和纤维板桶）。木材作为包装材料虽然具有独特的优越性，但由于森林资源匮乏、环境保护要求严、价值高等原因，其发展潜力不大。目前，木材作为包装材料的地位受到冲击，木制包装容器已逐渐减少，正在被其他包装容器取代。

4. 金属材料

包装所用的金属材料主要指钢材、铝材及其合金材料。包装用钢材包括薄钢板、镀锌薄钢板、镀锡薄钢板（俗称马口铁），包装用铝材有纯铝板、合金铝板和铝箔。金属材料作为包装材料的优点是：具有良好的机械强度，牢固结实，耐碰撞，不易破裂，能有效地保护内装物；密封性能优良，阻隔性好，不透气，防潮，耐光，用于食品包装（罐藏）能达到中长期保存的目的；具有良好的延展性，易于加工成型；金属表面有特殊的光泽，易于进行涂饰和印刷，可获得良好的装潢效果；易于回收再利用，不污染环境。

但是，金属材料成本高，一些金属材料如钢铁的化学稳定性差，在潮湿的空气中易发生锈蚀，遇酸、碱会发生腐蚀，这限制了其在包装上的应用。钢板通过镀锌、镀锡、镀铝、涂层，可以提高耐腐蚀性、耐酸碱性。

目前，刚性金属材料主要用于制造运输包装（如桶、集装箱）及饮料、食品和其他商品的销售包装（如罐、听、盒）。薄钢板桶广泛用于盛装各类食用油脂、石油和化工商品；铝和铝合金桶用于盛装酒类商品和各种食品；镀锌薄钢板桶主要用于盛装粉状、浆状和液体商品；铁塑复合桶适于盛装各种化工品及腐蚀性、危险性商品；马口铁罐、镀铬钢板罐、铝罐是罐头和饮料工业的重要包装容器；金属听、盒适用于盛装饼干、奶粉、茶叶、咖啡、卷烟等。

软性金属材料主要用于制造软管和金属箔。例如，铝制软管广泛用于包装膏状化妆品、医药品、清洁用品、文化用品及食品等；铝箔多用于制造复合包装材料，也常用于食品、卷烟、药品、化妆品和化学品等的包装。

5. 玻璃

玻璃是以硅酸盐为主要成分的无机材料，玻璃用作包装材料已有较长历史，目前玻璃仍是现代主要的包装材料之一。

玻璃本身的优良特性使得其作为包装材料具有如下优点：化学稳定性好，耐腐蚀，无毒无味，卫生安全；密封性优良，不透气，不透湿；有紫外线屏蔽性；有一定的强度，能有效地保护内装物；透明度高，易于造型，具有特殊的宣传和美化商品的效果；原料来源丰富，价格低；易于回收复用、再生，有利于环境保护。但是，玻璃用作包装材料存在耐冲击强度低、碰撞时易破碎、自身重量大、运输成本高、能耗大等缺点，这限制了玻璃在商品包装方面的应用。

目前，玻璃的强化、轻量化技术以及复合技术已有一定发展，对包装的适应性有所加强。玻璃主要用来制造销售包装容器（如玻璃瓶和玻璃罐），广泛用于酒类、饮料、罐头食品、调味品、药品、化妆品、化学试剂、文化用品等的包装。此外，玻璃也用于制造大型运输包装容器，用来存装强酸类产品；还用来制造玻璃纤维复合袋，用于包装化工产品和矿物粉料。

6. 复合材料

复合材料是将两种及两种以上具有不同特性的材料复合在一起而形成的包装材料，它可以改进单一包装材料的性能，发挥包装材料的更多优点。常见的复合材料有几十种，目前得到广泛应用的有：塑料与塑料复合材料、塑料与玻璃复合材料、金属箔与塑料复合材料、纸张与塑料复合材料以及金属箔、塑料与玻璃复合材料等。

7. 绿色包装材料

绿色包装材料是近几年包装材料发展的新趋势。绿色包装材料按照环保要求及材料用毕后的归属大致可分为三大类：可回收处理再造的材料；环境降解可回归自然的材料；可焚烧回收能量、不污染大气的材料。

三、包装容器

包装容器是包装材料和包装造型相结合的产物，主要有以下几种。

1. 包装袋

包装袋采用了柔性包装中的重要技术，包装袋材料是柔性材料，有较好的韧性、较高的抗拉强度和较好的耐磨性。包装袋一般是筒管状结构，一端预先封死，在包装结束后再封装另一端，包装操作一般采用充填操作。包装袋广泛适用于运输包装、商业包装、内装、外装，因而使用较为广泛。包装袋一般有以下三种类型：

（1）集装袋。这是一种大容积的运输包装袋，盛装重量在1吨以上。集装袋的顶部一般装有金属吊架或吊环等，便于铲车或起重机的吊装、搬运。卸货时可打开袋底的卸货孔，即行卸货，非常方便。集装袋适于装运颗粒状、粉状的货物。集装袋一般多由聚丙烯、聚乙烯等聚酯纤维纺织而成。由于装卸货物、搬运都很方便，集装袋的装卸效率很高，近年来发展很快。

（2）一般运输包装袋。这类包装袋的盛装重量是0.5～100千克，大部分是由植物纤维或合成树脂纤维纺织而成的织物袋，或者是由几层挠性材料构成的多层材料包装袋，如麻袋、草袋、水泥袋等，主要包装粉状、粒状和个体小的货物。

（3）小型包装袋（或称普通包装袋）。这类包装袋的盛装重量较小，通常用单层材料或双层材料制成。某些需满足特殊要求的包装袋也有用多层不同材料复合而成的。其包装范围较广，液状、粉状、块状和异型物等可采用这种包装。

2. 包装盒

包装盒是介于刚性包装和柔性包装两者之间的包装。其包装材料有一定柔性，不易变形，有较高的抗压强度，刚性高于袋装材料。包装结构是规则几何形状的立方体，也可裁制成其他形状，如圆盒状、尖角状，一般容量较小，有开闭装置。包装操作一般采用码入或装填，然后将开闭装置闭合。包装盒的整体强度不大，包装量也不大，不适合用作运输包装，而适合用作商业包装、内包装。包装盒适合包装块状物品及各种异形物品。

3. 包装箱

包装箱是刚性包装中的重要一类。其包装材料一般为刚性或半刚性材料，有较高的强度且不易变形。包装结构和包装盒相同，只是容积、外形都大于包装盒，两者通常以10升为分界。包装操作主要为码放，然后将开闭装置闭合或将一端固定封死。包装箱整体强度较高，抗变形能力强，包装量也较大，适合用作运输包装、外包装，包装范围较广，主要用于固体杂货包装。包装箱主要有以下两种：

（1）瓦楞纸箱。瓦楞纸箱是用瓦楞纸板制成的箱形容器，按外形结构可分为折叠式瓦楞纸箱、固定式瓦楞纸箱和异形瓦楞纸箱三种。

（2）木箱。木箱是流通领域中常用的一种包装容器，其用量仅次于瓦楞纸箱。木箱主要有木板箱、框板箱、框架箱三种。

4. 包装瓶

包装瓶是瓶颈尺寸有较大差别的小型容器，是刚性包装中的一种，包装材料有较强的抗变形能力，刚性、韧性要求一般也较高，个别包装瓶介于刚性材料与柔性材料之间，瓶子的形状在受到外力时虽可发生一定程度的变形，但一旦外力撤除，瓶子就会恢复原来的形状。包装瓶的瓶颈口径远小于瓶身，且在瓶颈顶部开口。包装操作是填灌操作，然后将瓶口用瓶盖封闭。包装瓶的包装量一般不大，适合美化装潢，主要用作商业包装、内包装，主要包装液体、粉状货物。包装瓶按外形可分为圆瓶、方瓶、高瓶、矮瓶、异形瓶等若干种。瓶口与瓶盖的封盖方式有螺纹式、凸耳式、齿冠式、包封式等。

5. 包装罐（筒）

包装罐是罐身各处横截面形状大致相同，罐颈短，罐颈内径比罐身内颈稍小或无罐颈的一种包装容器，是刚性包装的一种。包装材料强度较高，罐体的抗变形能力强。包装操作是装填操作，然后将罐口封闭，可用作运输包装、外包装，也可用作商业包装、内包装。包装罐（筒）主要有三种：

（1）小型包装罐。这是典型的罐体，可用金属材料或非金属材料制造，容量不大，一般用作销售包装、内包装，罐体可采用各种方式装饰美化。

（2）中型包装罐。其外形也是典型的罐体，容量较大，一般用作化工原材料、土特产的外包装，起运输包装作用。

（3）集装罐。这是一种大型罐体，外形有圆柱形、圆球形、椭球形等，卧式、立式都有。集装罐往往是罐体大而罐颈小，采取灌填式作业，灌进作业和排出作业往往不在同一罐口进行，另设卸货出口。集装罐是典型的运输包装，适合包装液状、粉状及颗粒状货物。

案例 7-1

包装盒的起源

包装盒的起源是人们自始至终在研究和探索的课题。它可以追溯至原始社会。包装盒随着人类的进化、商品的出现、生产的发展和科学技术的进步而逐渐发展，并不断取得一次次重大突破。从总体上看，包装盒大致经历了原始包装盒、传统包装盒和现代包装盒三个发展阶段。

1. 原始包装盒

人类使用包装盒的历史可以追溯到远古时期。早在距今一万年左右的原始社会后期，随着生产技术的提高，生产得到发展，有了剩余物品，这些物品必须储存并进行交换，于是出现了原始包装盒。最初，人们用葛藤捆扎猎获物，用植物的叶、贝壳、兽皮等包裹物品。之后随着劳动技能的提高，人们用植物纤维等材料制作最原始的篮、筐，用火煅烧石头、泥土制成泥壶、泥碗和泥罐等，来盛装、保存食物、饮料及其他物品，使包装盒方便运输、储存与保管的功能得到初步完善。

2. 传统包装盒

约在公元前 5 000 年，人类就开始进入青铜器时代。4 000 多年前的中国夏代，中国人已能冶炼铜器，商周时期青铜冶炼技术进一步发展。春秋战国时期，人们掌握了铸铁炼钢技术和制漆涂漆技术，铁制容器、涂漆木制容器大量出现。在古代埃及，公元前 3 000 年就开始吹制玻璃容器。因此，用陶瓷、玻璃、木材、金属加工各种包装盒容器已有数千年的历史，其中许多技术经过不断完善和发展，一直使用到今天。

公元 105 年，蔡伦改进了造纸术。早在汉代，中国造纸术就经高丽传至日本；13 世纪传入欧洲，德国最先建造了较大的造纸厂。11 世纪中叶，毕昇发明了活字印刷术。15 世纪，欧洲开始出现活版印刷，包装盒印刷及包装盒装潢业开始发展。16 世纪，欧洲陶瓷工业开始发展；美国建成了玻璃工厂，开始生产各种玻璃容器。至此，以纸、陶瓷、玻璃、木材、金属等为主要材料的包装盒工业开始发展，传统包装盒开始向现代包装盒过渡。

3. 现代包装盒

自 16 世纪以来，特别是 19 世纪的欧洲产业革命使工业生产迅速发展，极大地推动了包装盒工业的发展，从而为现代包装盒工业和包装盒科技的产生和建立奠定了基础。

18 世纪末，法国科学家发明了灭菌法包装储存食品。19 世纪初出现了玻璃食品罐头和马口铁食品罐头，食品包装盒也得到迅速发展。19 世纪，包装盒工业开始全面发展：1800 年，机制木箱出现；1814 年，英国出现了第一台长网造纸机；1818 年，镀锡金属罐出现；1856 年，美国发明了瓦楞纸；1860 年，欧洲制成了制袋机，1868 年，美国发明了第一种合成塑料袋——赛璐珞；1890 年，美国铁路货场运输委员会开始将瓦楞纸箱正式作为运输包装盒容器。

进入20世纪，科技的发展日新月异。新材料、新技术不断出现，聚乙烯、纸、玻璃、铝箔、塑料、复合材料等包装盒材料被广泛应用，无菌包装盒、防震包装盒、防盗包装盒、保险包装盒、组合包装盒、复合包装盒等技术日益成熟，从多方面强化了包装盒的功能。

随着国际贸易的飞速发展，从20世纪中后期开始，包装盒已为世界各国所重视，大约90%的商品需经过不同程度、不同类型的包装，包装盒已成为商品生产和流通过程中不可缺少的重要环节。目前，电子技术、激光技术、微波技术广泛应用于包装盒工业，包装盒设计实现了计算机辅助设计（CAD），包装盒生产也实现了机械化与自动化。

包装盒的发展推动了包装盒科学研究和包装盒学科的形成。包装盒学科涵盖物理、化学、生物、人文、艺术等多方面的知识，属于交叉学科群中的综合学科，它有机地吸收、整合了不同学科的新理论、新材料、新技术和新工艺，从系统工程的角度来解决商品保护、储存、运输及促进销售等流通过程中的综合问题。包装盒学科的分类比较多样，通常分为包装盒材料学、包装盒运输学、包装盒工艺学、包装盒设计学、包装盒管理学、包装盒装饰学、包装盒测试学、包装盒机械学等分学科。目前，我国已有多所高校开办了包装盒工程专业，包装盒人才队伍日益壮大。

第三节 商品包装设计与包装技术

一、商品包装设计

商品包装设计是将美术与自然科学结合起来，运用到商品的包装保护和美化方面，它不是广义的“美术”，也不是单纯的装潢，而是科学、艺术、材料、经济、心理、市场等综合要素的体现。商品包装设计的基本任务是科学地、经济地完成商品包装的造型、结构和装潢设计。

1. 包装造型设计

包装造型设计又称形体设计，大多指包装容器的造型。它运用美学原则，通过形态、色彩等因素的变化，将具有包装功能和外观美的包装容器造型以视觉形式表现出来。包装容器必须能可靠地保护产品，有优良的外观，具有相应的经济性等。

2. 包装结构设计

包装结构设计是从包装的保护性、方便性、复用性等基本功能和生产实际条件出发，依据科学原理对包装的外部和内部结构进行具体考虑所做出的设计。一个优良的结构设计首先应当考虑有效地保护商品，其次应考虑使用、携带、陈列、装运等的方便性，最后要尽量考虑能重复利用，能显示内装物等功能。

3. 包装装潢设计

包装装潢设计是以图案、文字、色彩、浮雕等艺术形式，突出产品的特色和形象，力求造型精巧、图案新颖、色彩明朗、文字鲜明，装饰和美化产品，以促进产品的销售。包装装潢是一门综合性学科，既是一门实用美术，又是一门工程技术，是工艺美术与工程技术的有机结合，此外还涉及市场学、消费经济学、消费心理学及其他学科。

一个优秀的包装设计是包装造型设计、包装结构设计、包装装潢设计三者的有机统一，只有这样，包装设计的作用才能充分地发挥出来。

二、商品包装技术

商品包装技术是指为实现商品包装目的和包装要求而采用的包装方法，它直接影响包装的质量与效果。商品销售包装和商品运输包装的技术有所不同。

1. 商品销售包装技术

商品销售包装技术是指销售包装操作时所采用的技术和方法。目前，商品销售包装技术有：贴体包装技术、泡罩包装技术、收缩包装技术、拉伸包装技术、真空包装技术、充气包装技术、吸氧剂包装技术等。

（1）贴体包装技术。贴体包装技术是将单件商品或多件商品置于带有微孔的纸板上，由经过加热的软质透明塑料薄膜覆盖，在纸板下面抽真空，使薄膜与商品外表紧贴，同时以热熔或胶粘的方法使塑料薄膜与涂了黏结剂的纸板黏合，使商品紧紧固定在其中。这种技术广泛地用于商品销售包装，它的特点是：通常形成透明包装，顾客几乎可以看到商品体的全部，加上不同造型和精美印刷的彩底，大大增强了商品的陈列效果；能牢固地固定住商品，有效地防止商品因受各种物理机械作用而受损；在销售中能起到防止顾客触摸以及防盗、防尘、防潮等保护作用；便于商品悬挂陈列，提高货架利用率。贴体包装技术广泛适用于形状复杂、怕压易碎的商品，如日用器皿、灯具、文具、小五金和一些食品。

（2）泡罩包装技术。泡罩包装技术所形成的包装结构主要由两个构件组成：一个是刚性或半刚性的塑料透明罩壳（不与商品贴体）；另一个是可用塑料、铝箔或纸板作为原材料的盖板。罩壳和盖板两者可采用黏结、热封合或钉装等方式组合。这种技术广泛地用于药品、食品、玩具、文具、小五金、小商品等的销售包装。按照泡罩形式不同，泡罩包装可分为泡眼式、罩壳式和浅盘式三类。泡眼是一种尺寸很小的泡罩，常见的如药片泡罩包装；罩壳是一种用于玩具、文具、小工具、小商品的泡罩，类似于贴体包装的形式；浅盘是杯、盘、盒的统称，主要用于食品如熟肉、果脯、蛋糕等的包装。

泡罩包装技术的特点基本与贴体包装技术一样：具有良好的陈列效果；在物流和销售过程中起保护作用；适用于形状复杂、怕压易碎的商品；可以悬挂陈列、节省货位；可以形成成组、成套包装。泡罩包装技术还有不同于贴体包装技术的特点：泡罩包装有较好的阻气性、防潮性、防尘性，用于食品时可保证清洁卫生，从而延长货架寿命；对于大批量的药品、食品、小件物品，易实现自动化流水作业；有一定的立体造型，在外观上更吸引人。

（3）收缩包装技术。收缩包装技术是将经过预拉伸的塑料薄膜、薄膜套或袋，在考虑其收缩率的前提下，将其裹包在被包装商品的外表面，以适当的温度加热，薄膜即在其长度和宽度方向上急剧收缩，紧紧地包裹住商品。它广泛地应用于销售包装，是一种很有前途的包装技术。其特点是：所采用的塑料薄膜通常是透明的，经收缩紧贴于商品，能充分显示商品的色泽、造型，故大大增强了陈列效果；所用薄膜材料有一定韧性，且收缩比较均匀，棱角处不易撕裂；可方便地将多件零散商品包装在一起，如几个罐头、几盒磁带等，有的借助浅盘，可以省去纸盒；可以防潮、防污染，对食品能起到一定的保鲜作用，有利于零售，延长货架寿命；可保证商品在到达消费者手中之前保持密封，防止启封、偷盗等。

（4）拉伸包装技术。拉伸包装技术是用具有弹性（可拉伸）的塑料薄膜，在常温和张力的作用下，裹包单件或多件商品，在各个方向上牵伸薄膜，使商品紧裹并密封。它与收缩包装技术的效果基本一样，其特点是：不用加热，适合那些怕加热的产品，如鲜肉、冷冻食品、蔬菜等；可以准确地控制裹包力，防止产品被挤碎；由于不需要加热，所以可节省设备投资和设备维修费用，并可节省能源。

（5）真空包装技术。真空包装技术是将产品装入具有气密性的包装容器，密封前再排除包装内的气体，使密封后的容器内达到一定的真空度，此法也称为减压包装技术。真空包装技术的特点是：用于食品包装时，能防止油脂氧化、维生素分解、食品变色和香味散失，能抑制某些霉菌、细菌的生长和防止虫害；用于食品软包装时，进行冷冻后，表面无霜，可保持食品本色，但往往会造成褶皱；用于轻泡工业品包装时，能使包装体明显缩小（有的缩小50%以上）。

（6）充气包装技术。充气包装技术是将产品装入具有气密性的包装容器内，在密封前，充入一定的惰性气体，置换内部的空气，从而使密封后的容器内仅含少量氧气（1%～2%），故也称为气体置换包装技术。这种技术的特点是：用于食品包装时，能防止氧化，抑制微生物繁殖和害虫的发育，能防止香味散失、食品变色等，从而能较大幅度地延长保质期；对于粉状、液状以及质软或有硬尖棱角的商品都能包装；用于软包装时，外观不起褶皱，较为美观；用于日用工业品包装时，能起防锈、防霉的作用；因内部有气体，不适合做进一步的加热杀菌处理。

（7）吸氧剂包装技术。吸氧剂包装技术是在密封的包装容器内，使用能与氧气起化学反应的吸氧剂，从而除去包装内的氧气，使内装物在无氧条件下保存。目前，吸氧剂包装技术主要用于食品保鲜，礼品、点心、蛋糕、茶叶等的包装，还用于毛皮、书画、古董、镜片、精密机械零件及电子器材等的包装。吸氧剂包装技术的特点是：可完全杜绝氧气的影响，防止商品氧化、变色、生锈、发霉、虫蛀等；能把容器内氧气全部除掉，可使商品在包装容器内长时间保存于无氧状态下；方法简便，不需要大型设备。

2. 商品运输包装技术

商品运输包装技术是指在运输包装作业时所采用的技术和方法，常用的有以下几种：

（1）一般包装技术。针对产品的不同形态特点而采用的技术和方法是多数产品都要采用的，因而称为一般包装技术。对不同形态的产品进行包装时，一个中心问题是如何合理选择内外包装的形状和尺寸。所以，一般包装技术通常包括以下几个方面：对内装物进行合理置放、固定和加固；对松泡产品压缩体积；合理选择内外包装的形状和尺寸；在包装外进行捆扎。

（2）缓冲包装技术。缓冲包装技术又称防震包装技术，是为减轻内装物在受到冲击和震动后遭受的损坏而采取的具有一定防护能力的包装技术。缓冲包装技术主要有妥善衬垫、现场发泡、浮吊包装和机械固定等。

①妥善衬垫。衬垫一般置于内装物间、内装物与容器之间以及包装件与地面、外物之间，在受外来冲击、震动时，起适当的缓冲作用。典型的衬垫方式有全面衬垫，二端、四角和八角衬垫，侧衬垫与底衬垫等。

家用电器、精密仪器等常用泡沫塑料衬垫；玻璃、陶瓷器皿等常在包装箱内加瓦楞纸板衬垫，如用多层折叠式瓦楞纸箱盛装玻璃器皿与瓷器；用带有固定内格的塑料箱来盛装瓶装商品；在精密仪器、电子产品等的包装容器内塞满防震填充剂，如胶黏丝、木纤维、纤维素填料、泡沫塑料颗粒等。

②现场发泡。这种方法是现场将泡沫体喷入外包装内成型，能将任何形状的物品包裹住，起到缓冲作用。现场发泡适用于玻璃陶瓷制品、各种仪器、家用电器、工艺品和其他不规则商品的包装。

③浮吊包装。浮吊包装适用于防震要求较高的产品，如精密仪器、仪表、机电设备等。其做法是将产品放入纸盒，产品与纸盒间各面用柔软的泡沫塑料衬垫，盒外用帆布包缝或装入胶合板箱，再用弹簧张吊在外包装箱内，使内装物悬浮吊起，通过弹簧及泡沫塑料衬垫起缓冲作用。

④机械固定。机械固定的做法是用橡胶模压件将物品的金属件连接起来，把橡胶件紧扣在包装箱内。大型工具可利用其底脚孔，经螺栓与箱底或滑木连接固定或用木框固定，再将木框拴在箱板上。

（3）防潮包装技术。防潮包装技术是指采用防潮材料对产品进行包封，以避免外部空气相对湿度的变化对产品的影响，使得包装内的相对湿度符合产品的要求，从而保持商品质量的包装技术。在具体采取防潮包装技术时，应注意以下几点：

①产品在包装前必须是清洁干燥的，不清洁处应先进行适当的处理，不干燥时应先进行干燥处理。所用缓冲衬垫材料应是不吸湿或吸湿性弱的材料。

②防潮阻隔性材料应具有平滑一致性，无针孔、砂眼、气泡及破裂等现象。

③产品有尖突部，并可能损伤防潮阻隔层时，应预先采取包扎等保护措施。

④为防止在运输途中损伤防潮阻隔层材料，应使用缓冲衬垫材料予以卡紧、支撑和固定，并尽量将其放在防潮阻隔层的外部。

⑤应尽量缩小内装物的体积和防潮包装的总表面积，尽可能使包装表面积与体积的比率达到最小。

⑥防潮包装应尽量做到连续操作，一次完成包装，若中间要暂停作业，则应采取有效的临时防潮保护措施。

⑦包装场所应清洁干燥，温度应不高于35℃且不发生剧烈变化以避免发生结露现象，相对湿度应不大于75%。

⑧防潮包装的封口，不论是黏合还是热封合，均须密封良好。

（4）防锈包装技术。防锈包装技术是在运输、储存金属制品与零部件时，为防止其因生锈而降低价值或性能所采用的各种包装技术和方法。在进行防锈包装操作时，应注意以下几点：

①应尽量选择对防锈有利的作业场所，最好能在低湿度、无尘和没有有害气体的条件下进行包装。

②进行防锈包装时，特别应使包装内部所容空气的容积达到最小，这能减少潮气、有害气体和尘埃等的数量。

③在处理和包装金属时，不要沾上指纹、留下指汗，否则要妥善地进行处理。

④要特别注意防止包装对象的突出部分和尖锐部分所造成的损坏，或因移动、翻倒而使隔离材料遭到破坏，因此在应用缓冲材料对其进行堵塞、支撑和固定等方面，要比采用其他包装技术时更周密。

（5）防霉包装技术。防霉包装技术是为防止霉菌侵袭或污染内装商品，影响商品质量而采取的一种包装技术，它能对内装商品起到防霉保护的作用。为使商品和包装不利于霉菌的生长，在所用的材料上，或选用抗菌性强的材料如金属材料；或改进材料的配方和工艺，以提高其抗霉性，如减少塑料中有利于霉菌生长的增塑剂、稳定剂等有机物质的含量；或加工时在涂布过程中加入防霉剂，杀死或抑制霉菌的生长。

（6）集合包装技术。集合包装技术是将一定数量的商品或包装件装入具有一定规格、强度和长期周转使用的更大的包装容器内，从而形成一个更大的搬运单元的包装技术。它包括集装箱、集装托盘、集装袋和滑片集装、框架集装与无托盘集装等。其中常见的是集装箱、集装托盘。

集装箱的出现和发展是包装方法及运输方式的一场革命，它的出现为实现运输管理现代化提供了条件。集装箱有多种类型，按照用途可分为通用集装箱与专用集装箱两大类；按照结构形式可分为保温式集装箱、通风集装箱、冷藏集装箱、敞顶式集装箱、平板式集装箱、罐式集装箱、散装货集装箱、牲畜集装箱、折叠式集装箱、柱式集装箱、挂式集装箱、多层合成集装箱和航空集装箱等；按集装箱的制造材料可分为钢质集装箱、铝合金集装箱、玻璃钢质集装箱。图7-1所示为集装箱式样。

集装托盘又称集装盘，简称托盘，是在一件或一组货物下面附加一块垫板形成的。垫板下有脚，形成插口，方便铲车的铲叉插入，便于进行搬运、装卸、堆码作业。集装托盘兼备包装容器和运输工具的双重作用，它的最大特点是使装卸作业化繁为简，完全实现机械化；同时可简化单体包装，节省包装费用，保护商品安全，减少损失和污染；还能够进行高层堆垛，合理利用存储空间。集装托盘按其结构形式分为平板式托盘、网格式托盘、立柱式托盘、塑料垫块托盘和三合板托盘、滑片托盘等多种。图7-2所示为托盘式样。

图 7-1　集装箱式样

图 7-2　托盘式样

（7）危险品包装技术。危险品有上千种，按其危险性质，可分为十大类，即爆炸性物品、氧化剂、压缩气体和液化气体、自燃物品、遇水燃烧物品、易燃液体、易燃固体、毒害品、腐蚀性物品、放射性物品，有些物品同时具有两种以上危险性。

①对有毒商品的包装要明显地标明有毒的标志。防毒的主要措施是确保包装严密不漏、不透气。

②对有腐蚀性的商品，要注意防止商品和包装容器的材质发生化学反应。例如，对于金属类的包装容器，要在容器壁涂上涂料，防止腐蚀性商品对容器的腐蚀。

③对黄磷等易自燃商品，宜将其装入壁厚不少于 1 毫米的铁桶中，桶内壁须涂耐酸保护层，桶内盛水，并使水面浸没商品，桶口严密封闭，每桶净重不超过 50 千克。遇水引起燃烧的物品如碳化钙，遇水即分解并产生易燃乙炔气体，对其应用坚固的铁桶包装，桶内充入氮气。如果桶内不充氮气，则应装置放气活塞。

④对于易燃、易爆商品，如有强烈氧化性的、遇微量不纯物或受热即急剧分解引起爆炸的产品，应用防爆炸包装。防爆炸的有效方法是采用塑料桶包装，然后将塑料桶装入铁桶或木箱中，每件净重不超过 50 千克，并应有自动放气的安全阀，当桶内达到一定气体压力时，能自动放气。

第四节　商品包装的标准化、合理化与发展趋势

一、商品包装的标准化

标准化指的是为在一定范围内获得最佳秩序，对实际的或潜在的问题制定共同的可重复使用的规则的活动。包装标准是指为保障物品在储存、运输和销售中的安全和科学管理的需要，以包装的有关事项为对象所制定的标准。目前，我国的产品包装标准主要包括建材、机械、电工、轻工、医疗机械、仪器仪表、中西药、食品、农畜水产、邮

电、军工等大类。包装标准化工作就是制定、贯彻实施包装标准的全过程活动。包装标准主要包括以下内容：

（1）包装基础标准，主要包括包装术语、包装尺寸、包装标志、包装基本试验、包装管理标准。

（2）包装材料标准，主要包括各类包装材料的标准和试验方法。

（3）包装容器标准，主要包括各类容器的标准和试验方法。

（4）包装技术标准，主要包括包装专用技术、包装专用机械、防毒包装技术方法、防锈包装等的标准。

（5）相关标准，主要指与包装关系密切的标准，诸如集装箱技术条件、尺寸，托盘技术条件、尺寸，叉车规格等。

二、商品包装的合理化

1. 商品包装的合理化的含义

商品包装的合理化既包括总体的合理化，这种合理化往往用整体物流的效益与微观包装的效益来统一衡量，也包括包装材料、包装技术、包装方式的合理组合及应用，还包括更大范围内的诸如社会法规、废弃物治理、资源利用等有关方面的问题。

2. 商品包装的合理化的内容

（1）根据相应的标准要求，妥善保护好包装内的商品，使其数量不减少、质量不受损伤。

（2）包装材料及包装容器应当安全无害。

（3）包装容量应当适中，便于物流作业。

（4）包装标志应当简单、醒目、清晰。

（5）包装费用应当与内装商品相适应。

（6）包装过程中应当节省资源。

（7）包装应当便于废弃物的治理，有利于环境保护。

3. 商品包装的合理化应注意的问题

（1）防止包装不足。由包装强度不足、包装材料不足等因素造成的商品在流通过程中发生的损耗不可低估。

（2）防止包装过剩。包装物强度设计过高、包装材料选择不当造成包装过剩的问题在发达国家表现得尤为突出。

（3）防止包装成本过高。包装成本过高一方面是指包装成本大大超过了减少损失可能获得的收益，另一方面是指包装成本在物流成本中所占的比重过大，损害了客户的利益。

4. 影响商品包装的合理化的因素

应从电子商务物流总体的角度出发，用科学的方法确定最优包装。由于电子商务物流中各个因素都是可变的，因此包装也是不断发生变化的。要确定最优包装，就要使包装与电子商务物流中各个因素的变化相适应。影响商品包装的合理化的因素主要有：

（1）产品设计。包装的合理化应该从源头抓起，产品设计便是包装合理化的源头。传统的工业企业在进行产品设计时，往往主要考虑产品的质量、性能、款式、原材料选用、成本、大小以及紧凑性等，不太重视包装的合理性，包装材料的节省性，以及搬动、抓取、安装、拆解、装箱、捆包、仓储、运输的方便性。

（2）装卸。装卸方法决定了包装方式。目前，我国铁路运输，特别是汽车运输，大多还采用手工装卸，因此，包装的外形和尺寸就要适合人工操作。有时，装卸人员作业不规范也会直接造成商品损失。广州某快运公司的总经理曾谈起这样一个案例：从香港报关进口的一件大木箱，内装精密设备，要求运输途中不能倾斜。当木箱运至客户手中时，货主肯定地认为货物已被倾斜了，因为木箱外包装上有一个标识变成了红色——原来该货物的倾斜角度达到45°时，其外包装上的标识就会变色。因此，引进先进装卸技术、提高装卸人员素质、规范装卸作业标准等都会相应地促进包装、物流的合理化。

（3）保管。在确定包装时，应根据电子商务物流中商品或货物不同的保管条件和方式采用与之相适应的包装材料、包装容器、包装技术等，以保证商品或货物的质量。

（4）运输。运送工具类型、输送距离长短、道路情况等都对包装有影响。我国现阶段存在很多种不同类型的运输方式，如航空的直航与中转、铁路快运集装箱、包裹快件、行包专列等。运输工具有篷布车、密封厢车等。以上运送方式和运输工具都对包装有着不同的要求和影响。

（5）“人格因素”和环保要求。包装除了考虑物流因素外，还要考虑“人格因素”和环保要求。包装的商品要适合携带、陈列、摆放，要美观、大方，兼具装饰性，有的包装设计还要考虑人的情感、宗教信仰、民族习惯、消费心理等，如“怀旧包装”“怪相包装”“动物形象包装”“拟音包装”等。包装物不能对人体健康造成有害影响，并且要便于回收和再生利用。因此，应该强调“绿色包装”，提高包装的环保性能。

三、商品包装的发展趋势

包装是电子商务物流的一个重要组成部分。电子商务物流的迅速发展对包装提出了新的要求。

1. 智能化

电子商务物流信息化发展和管理的一个基础条件就是包装的智能化，因为在电子商务物流活动过程中，信息的传递大部分是通过包装来进行的。也就是说，包装上的信息量不足或错误将会直接影响电子商务物流管理中各项活动的进行。随着电子商务物流信息化程度的提高，包装上除了表明内装物的数量、重量、品名、生产厂家、保质期及搬运、储存所需条件等信息外，还应粘贴商品条形码、流通条码等，以便实现电子数据交换（EDI）。智能化的信息包装是物流信息化管理的有力媒介。

案例 7-2

食品智能包装知多少

1. 智能包装是什么

“智能包装”的定义最早应追溯到 1992 年伦敦的一场会议。通俗来讲，智能包装指通过检测包装食品的环境条件，提供在流通和储存期间包装食品品质的信息。将机械、生物、电子、化学传感器以及网络技术等科技融入包装材料中，可以使普通的包装实现许多“特殊功能”。常用的食品智能包装形式主要包括时间-温度型智能包装、气体指示型智能包装和新鲜度指示型智能包装三种。

2. 智能包装的种类

（1）时间-温度型智能包装。

时间-温度型智能包装主要通过时间-温度指示剂，记录食品在储存和销售期间温度变化的连续过程，通过这种方式预示食品的质量变化情况，以保证易腐败变质的食品的安全性。根据所使用的指示剂的种类，可将时间-温度型智能包装分为物理型智能包装、化学型智能包装、生物型智能包装以及酶型智能包装四类。

（2）气体指示型智能包装。

气体指示型智能包装能够监测食品包装内气体的变化，与包装内的特定气体发生反应，从而监测包装内食品的新鲜度、包装材料是否破损等。根据所检测的气体种类的不同，气体指示型智能包装又可以分为二氧化碳指示型智能包装、氧气指示型智能包装、挥发性含硫化合物指示型智能包装、挥发性含氮化合物指示型智能包装等。

（3）新鲜度指示型智能包装。

新鲜度指示型智能包装常根据食品的代谢产物（如葡萄糖、乙醇、有机酸、三磷酸腺苷降解产物和生物胺）与指示剂反应的情况，来预测食品的新鲜度。其所用的指示剂包括微生物指示剂、pH 敏感指示剂、化学反应颜色变化指示剂等。

3. 智能包装的识别

射频识别技术（RFID）是一种基于射频识别标签进行通信的自动识别系统，主要用于产地溯源和供应链管理等方面，以达到品质监督的目的。目前，这项技术在物流、包装、零售、制造等行业有较多应用，在国外，有公司将这项技术应用于烘焙产品的溯源及全过程质量监控。

RFID 技术的新应用也在开发中。当 RFID 标签发出无线信号与食品进行交互时，其信号会根据产品中特定污染物的水平而发生特定的变化。目前，这项技术已经被用于辨别婴儿食物有没有掺入三聚氰胺和酒是否掺假。未来，RFID 标签不仅可以用于食品供应链溯源、追溯易腐食品等方面，还可以实现实时无损监测食品污染情况的目的。

4. 智能包装与功能包装

功能包装和智能包装是两类新型包装形式，它们可使食品包装具有传统包装无法获得的功能特性，并满足消费者对食品质量和安全的要求。常见的功能包装有气调包装、抗菌包装、乙烯吸附包装、吸氧包装、自加热/自冷却包装、异味吸附包装、芳香的释放包装、吸湿包装等。它们在我们的生活中似乎出现得较为频繁，如周黑鸭的锁鲜装就是气调包装的实例之一。

资料来源：刘少伟．食品智能包装知多少．澎湃网，2022-11-04.

2. 绿色化

从整个电子商务物流过程看，唯有包装这一环节如此依赖资源，同时如此影响人类的生态环境。包装工业要消耗大量的资源，并且会增加商品的成本，同时包装废弃物还会导致环境污染等。但包装对于产品和物流活动又是必需的，因此，包装绿色化就成为一个重大研究课题。绿色包装一般应具有五个方面的内涵：

一是实行包装减量化（Reduce）。在满足保护、方便、销售等功能的条件下，包装用量应是最少的。

二是包装应易于重复利用（Reuse），或易于回收再生（Recycle）。一般通过生产再生制品、焚烧利用热能、堆肥改善土壤等措施，达到包装重复利用的目的。

三是包装废弃物可以降解腐化（Degradable）。包装废弃物最终不应形成永久垃圾，而应通过降解腐化达到改良土壤的目的。Reduce、Reuse、Recycle 和 Degradable 即当今世界公认的发展绿色包装的“3R1D 原则”。

四是包装材料对人体和生物应无毒无害。包装材料中不应含有有毒元素、病菌、重金属，或其含有量应控制在有关标准以下。

五是包装制品从原材料采集、原材料加工、制造、使用、废弃物回收再生，直到其最终处理的全生命周期均不应对人体及环境造成公害。

包装绿色化可从两个方面来考虑：一方面，应尽量减少对短缺和贵重资源的消耗；另一方面，包装的废弃物对环境污染最少或可回收再生。基于这两方面的要求，人们已提出了诸如管道运输的无垃圾包装、集装运输的活包装、智能材料电流变流体（ERF）的可重复包装以及可降解材料的无污染包装等。

案例 7-3

《绿色包装评价方法与准则》新国标发布

国家市场监督管理总局近日发布推荐性国家标准 GB/T 37422-2019《绿色包装评价方法与准则》，针对绿色包装产品低碳、节能、环保、安全的要求，规定了绿色包装评价准则、评价方法、评价报告内容和格式，其中一次性餐饮具废弃物的实际回收利用率应大于 75%。

标准定义了“绿色包装”的内涵：在包装产品全生命周期中，在满足包装功能要求的前提下，对人体健康和生态环境危害小、资源能源消耗少的包装。标准从资源属性、能源属性、环境属性和产品属性四个方面规定了绿色包装等级评定的关键技术要求。

据介绍，我国包装行业规模庞大，目前国内生产企业有20余万家，但超过80%的企业以生产传统包装产品为主，缺乏绿色化先进技术。新国标的出台将通过“绿色包装评价”这一技术杠杆，倒逼企业更新产品，推动我国包装产业向绿色模式转变。

资料来源：《绿色包装评价方法与准则》新国标发布．人民网，2019-05-14.

边学边练

请通过网络查看《绿色包装评价方法与准则》，了解相关内容，并与周围同学就绿色包装的内涵进行讨论。

3. 标准化

包装标准化包括包装的规格尺寸标准化、包装工业的产品标准化和包装强度的标准化三个方面的内容。这里只讨论与物流效率有密切关系的包装规格尺寸标准化。最先决定包装规格尺寸标准的是产品本身的形状、重量及体积等因素。但是，若把电子商务物流作为一个整体来研究，则包装的规格尺寸又必须适应运输、装卸等要求，应尽量采用和集装箱、托盘等集合包装相适应的规格。这正好说明了包装生产（规格尺寸）决定流通，同时也体现了流通对包装的反作用。对于这种情况，应先确定电子商务物流模数（即物流集装单元基础尺寸），然后分割电子商务物流模数，得到包装的规格尺寸系列。这样包装货物不会浪费空间，另外利用托盘装卸时堆码效率较高。

4. 方便化

方便功能是包装本身所应具有的，但电子商务物流活动中的配送、流通、加工等环节对包装的方便性提出了更高的要求，即分装、包装的开启和再封合要简便。

5. 单元化

单元化的含义包含两个方面：一是对物品进行单元化的包装（即标准的单元化的物流容器的概念），将单件或散装物品，通过一定的技术手段，组合成尺寸规格相同、重量相近的标准“单元”。“单元”作为一个基础单位，又能组合成更大的集装单元。二是围绕这些已经单元化的物流容器，它们的周边设备，包括工厂的工位器具的应用和制造也应单元化，如采用标准化的规格尺寸、模块化的制造技术和柔性化的应用技术。（1）从运输角度来看，单元化集装所构成的组合体往往又正好是一个装卸运输单位，如托盘或其他集装方式，非常便于运输和装卸。（2）从包装角度来看，单元化是按照一定单元将杂、散物品组合包装的形态。由于杂、散货物难以像大型的单件货物那样处理，而且体积、重量都不大，因此总是需要进行一定程度的组合，才能便于使用和电子商务物流活动的开展。

6. 系统化

包装作为电子商务物流的一个组成部分，必须被置于电子商务物流系统中加以研究。如果只片面强调节约包装材料和包装费用，那么虽然包装费用降低了，但由于包装质量低，在运输和装卸、搬运等电子商务物流过程中易造成破损，结果往往得不偿失。电子商务物流大系统及其他子系统是相互联系、相互制约的，所以作为电子商务物流基础的包装子系统只有与其他子系统紧密衔接，密切配合，才能为电子商务物流大系统的经济效益提高创造最佳条件。

第五节 商品包装标志

为了便于商品的流通、销售、选购和使用，商品包装上通常都印有某种特定的文字或图形，用以表示商品的性能、储运注意事项、质量水平等。这些具有特定含义的图形和文字就称为商品包装标志，它的主要作用是便于识别商品，便于准确迅速地运输货物，避免差错，加速流转等。

一、商品销售包装标志

商品销售包装标志一般指附属于商品销售包装的一切文字、符号、图形及其他说明。

1. 销售包装的一般标志

不同种类商品的销售包装标志要求和内容也不相同。一般商品销售包装标志的基本内容包括：商品名称、生产厂名和厂址、产地、商标、规格、数量或净含量、商品标准或代号、商品条形码等。对已获质量认证或在质量评比中获奖的商品，应分别印上或贴上相应的标志。

另外，随着对环境保护的重视，各国力求对包装物进行再生利用。对可回收的包装物，应该在罐盖上或包装上注明识别标志。

2. 商品的质量标志

商品的质量标志就是商品销售包装上一些反映商品质量的标志，用于说明商品达到的质量水平，主要包括优质产品标志、商品质量认证标志、商品质量等级标志等。

3. 使用方法及注意事项标志

商品的种类、用途不同，反映使用注意事项和使用方法的标志也各有不同，如我国服装已采用国际通用的服装洗涤保养标志等。

4. 产品的性能指示标志

产品的性能指示标志是指表示产品的主要质量性能的简单的图形、符号，如表示电冰箱冷冻室的温度范围的星级符号。

5. 销售包装的特有标志

销售包装的特有标志指名牌商品的商品体特定部位或包装物内让消费者更加容易识别本品牌商品的标记。它由厂家自行设计和制作，如名牌西服、衬衫、名优酒等都有独特的、精致的特有标志。

6. 产品的原材料和成分标志

产品的原材料和成分标志是指由国家专门机构经检验认定后颁发的证明产品的原材料或成分的标志。目前已实施的属于此类的标志有：绿色食品标志、纯新羊毛标志、真皮标志等。

7. 商品使用说明

商品使用说明是一种由文字、符号、图示、表格等分别或组合构成，向消费者传递商品信息和说明有关问题的工具。商品使用说明是交付商品的组成部分，是保护消费者利益的一种手段。商品使用说明可分为使用说明书、在商品或包装上的使用说明和说明性标签三种。

二、商品运输包装标志

运输包装标志是用简单的文字或图形在运输包装外面印刷的特定的记号和说明事项，它可以便利商品的储存、运输和装卸。运输包装标志按其内容和作用，可分为运输包装收发货标志、包装储运图示标志和危险货物包装标志等。

1. 运输包装收发货标志

运输包装收发货标志是运输过程中识别货物的标志，也是一般贸易合同、发货单据和运输保险文件中有关标志事项的基本部分。

运输包装收发货标志通常印刷在外包装上，其内容如下：

（1）商品分类图示标志（代号 FL）：表明商品类别的特定符号。

（2）供货号（GH）：供应该批货物的供货清单号码（出口商品用合同号码）。

（3）货号（HH）：商品顺序编号，以便出入库、收发货登记和核定商品价格。

（4）品名规格（PG）：商品名称或代号，标明单一商品的规格、型号、尺寸、花色等。

（5）数量（SL）：包装容器内含商品的数量。

（6）重量（ZL）：包装件的重量（kg），包括毛重和净重。

（7）生产日期（CQ）：产品生产的年、月、日。

（8）生产工厂（CC）：生产该产品的工厂名称。

（9）体积（TJ）：包装件的外径尺寸（体积＝长×宽×高）。

（10）有效期限（XQ）：商品有效期至×年×月。

（11）收货地点和单位（SH）：货物到达站、港和某单位（人）收（可用贴签或涂写）。

（12）发货单位（FH）：发货单位（人）。

（13）运输号码（YH）：运输单号码。

（14）发运件数（JS）：发运商品的件数。

上述各项标志的内容除一定要有商品分类图示标志外，其他各项可合理选用。外贸出口商品应根据国外客户的要求，以中、外文对照的形式，印制相应的标志和附加标志。

商品分类图示标志的图形、收发货标志的字体、颜色、标志方式、标志位置等，在GB/T 6388－1986《运输包装收发货标志》中均有具体规定，如图 7－3 所示。

图 7－3 商品分类图示标志

2. 包装储运图示标志

包装储运图示标志根据不同商品对物流环境的适应能力，用醒目简洁的图形和文字标明在商品装卸运输及储存过程中应注意的事项。GB/T 191－2008《包装储运图示标志》规定了包装储运图示标志（以下简称标志）的名称、图形符号、标志、含义、说明及示例（见表 7－1）。

表 7-1 包装储运图示标志名称及图形

序号	标志名称	图形符号	标志	含义	说明及示例
1	易碎物品			表明运输包装件内装易碎物品，搬运时应小心轻放	位置示例 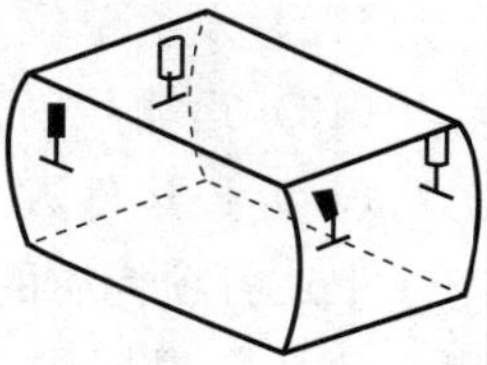
2	禁用手钩	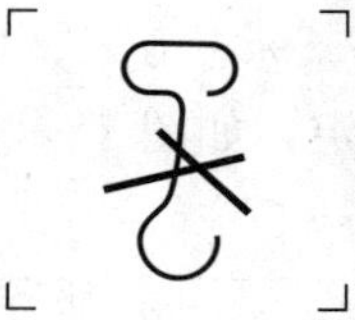	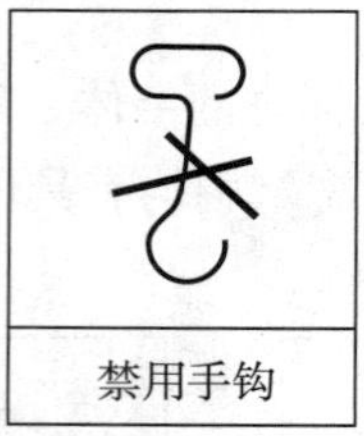	表明搬运运输包装件时禁用手钩	
3	向上	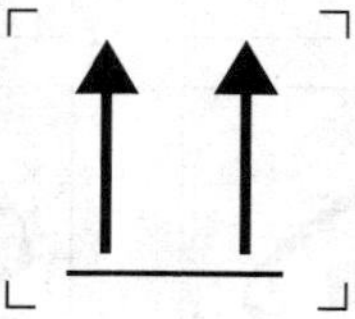	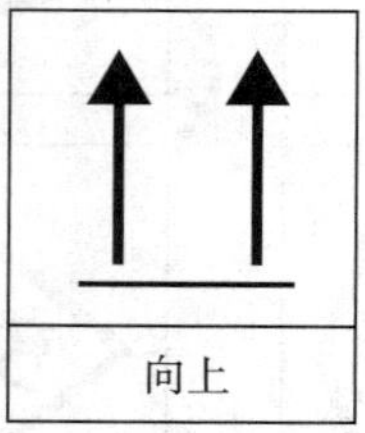	表明该运输包装件在运输时应竖直向上	位置示例 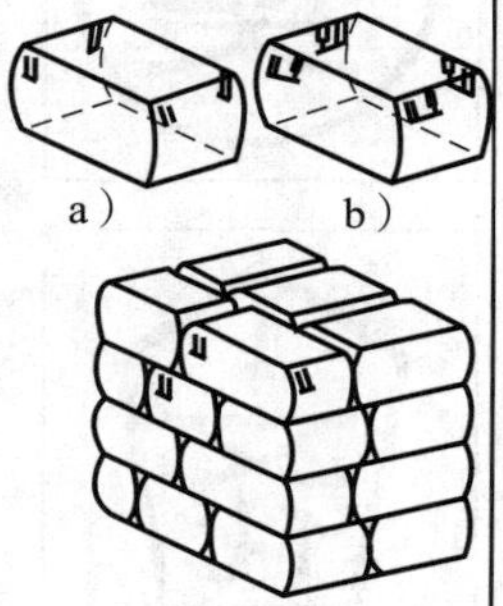 a） b） c）
4	怕晒	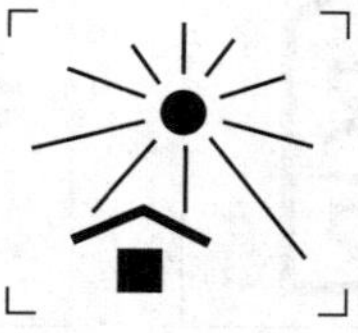	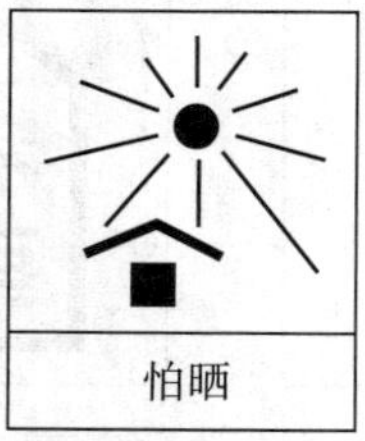	表明该运输包装件不能直接照晒	
5	怕辐射	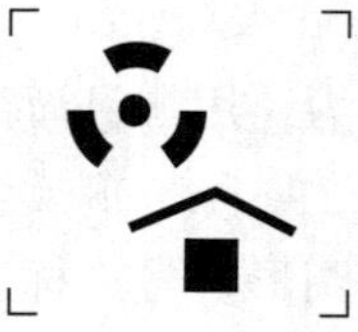		表明该物品一旦受辐射会变质或损坏	

续表

序号	标志名称	图形符号	标志	含义	说明及示例
6	怕雨			表明该运输包装件怕雨淋	
7	重心	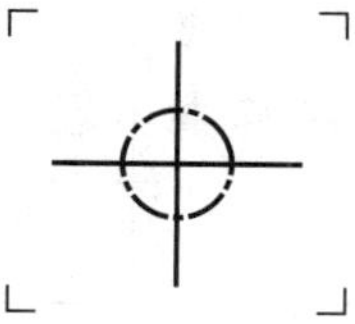	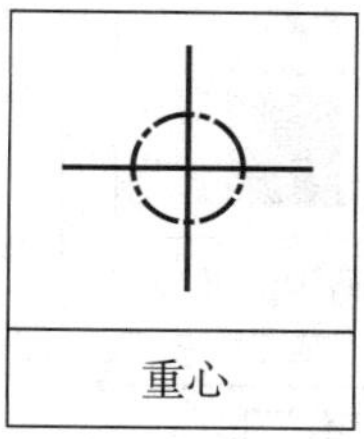	表明该包装件的重心位置，便于起吊	位置示例 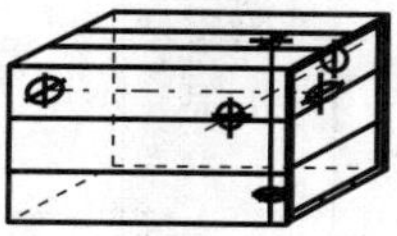 该标志应标在实际位置上
8	禁止翻滚		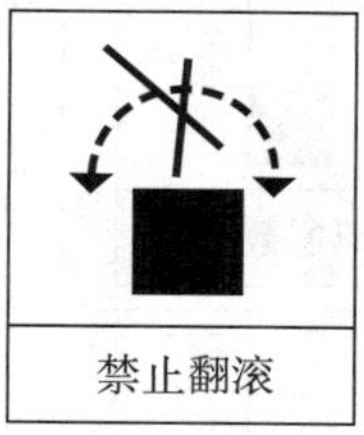	表明搬运时不能翻滚该运输包装件	
9	此面禁用手推车			表明搬运货物时此面禁止放在手推车上	
10	禁用叉车			表明不能用升降叉车搬运的包装件	
11	由此夹起	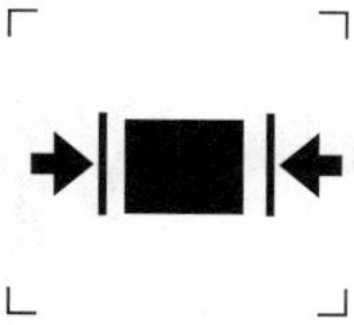	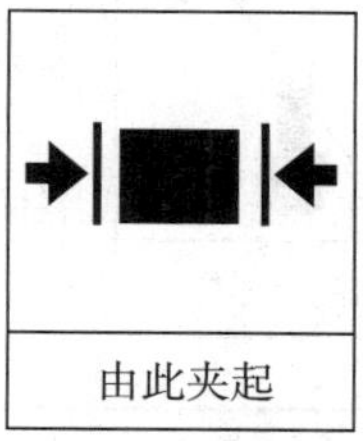	表明搬运货物时可用夹持的面	

续表

序号	标志名称	图形符号	标志	含义	说明及示例
12	此处不能卡夹	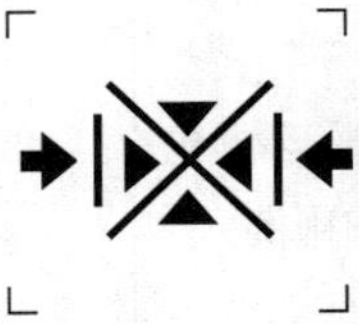	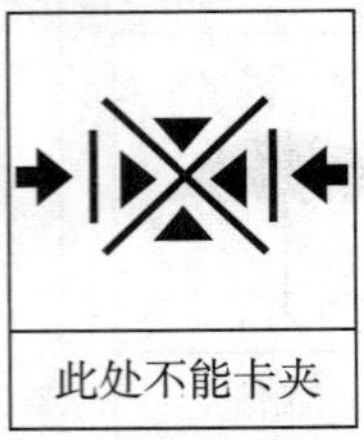	表明搬运货物时不能用夹持的面	
13	堆码质量极限	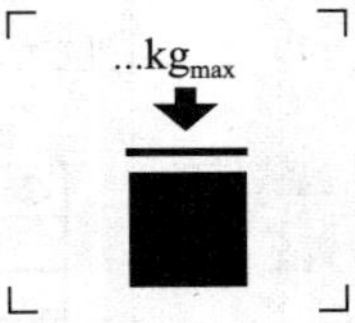	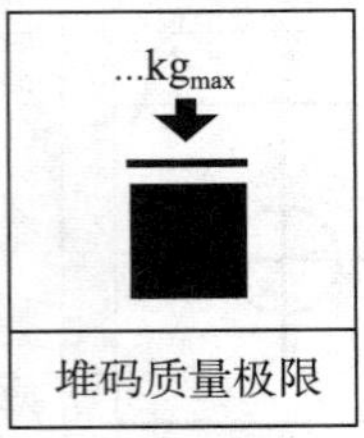	表明该运输包装件所能承受的最大质量极限	
14	堆码层数极限	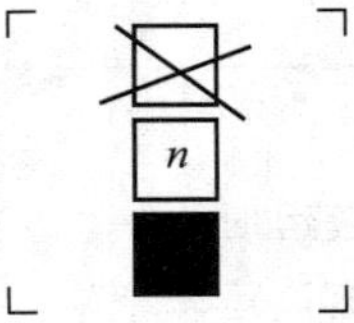	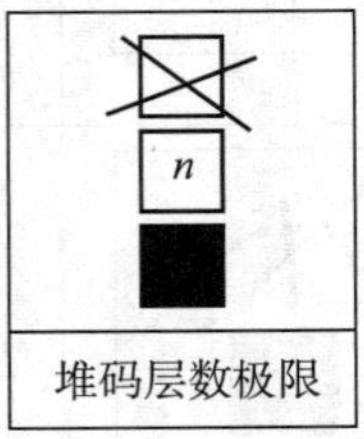	表明可堆码相同运输包装件的最大层数	包含该包装件，n 表示从底层到顶层的总层数
15	禁止堆码	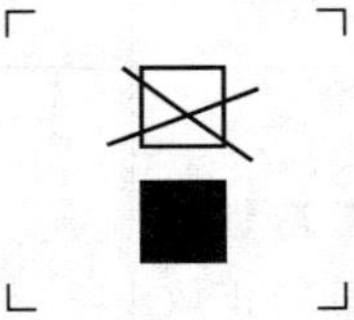	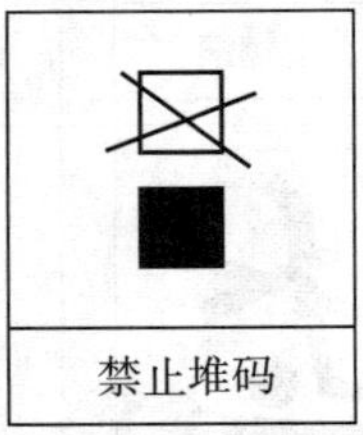	表明该包装件只能单层放置	
16	由此吊起	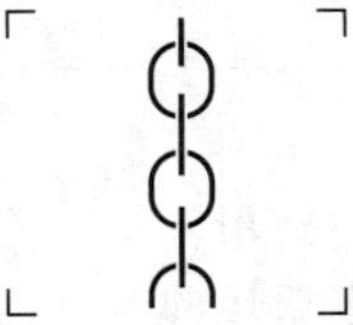	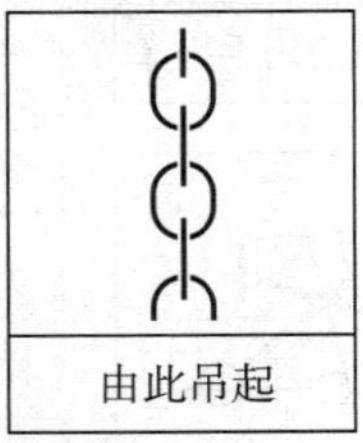	表明起吊货物时挂绳索的位置	位置示例 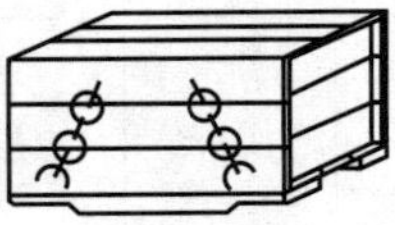 应标在实际起吊位置上
17	温度极限	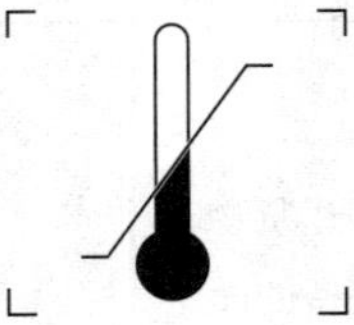	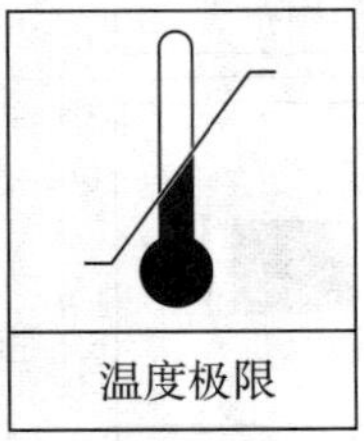	表明该运输包装件应该保持的温度范围	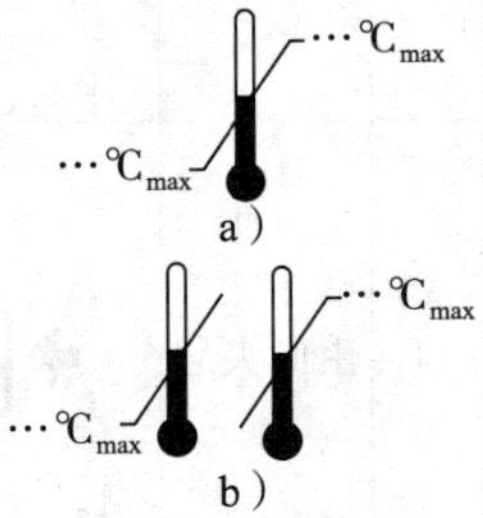

3. 危险货物包装标志

危险货物包装标志是用来标明化学危险品的专用标志。为了能引起人们的特别警惕，此类标志采用特殊的彩色或黑白菱形表示。GB 190－2009《危险货物包装标志》将标志分为标记和标签。标记 4 个，标签 26 个，其图形分别标示了 9 类危险货物的主要特性（见表 7－2 和表 7－3）。该标准规定了爆炸性物质或物品、易燃气体、非易燃无毒气体、毒性气体、易燃液体、易燃固体、易于自燃的物质、遇水放出易燃气体的物质、氧化性物质、有机过氧化物、毒性物质、感染性物质、一级放射性物质、二级放射性物质、三级放射性物质、裂变性物质、腐蚀性物质、杂项危险物质和物品。危险货物包装标记、标签分别如表 7－2 和表 7－3 所示。

表 7－2　危险货物包装标记

序号	标记名称	标记图形
1	危害环境物质和物品标记	 （符号：黑色，底色：白色）
2	方向标记	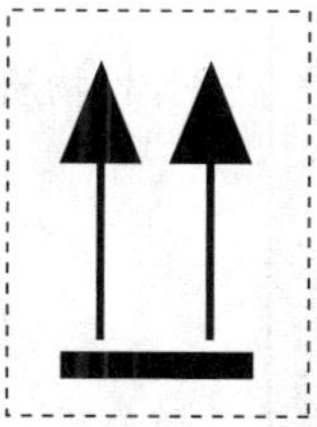 （符号：黑色或正红色，底色：白色） 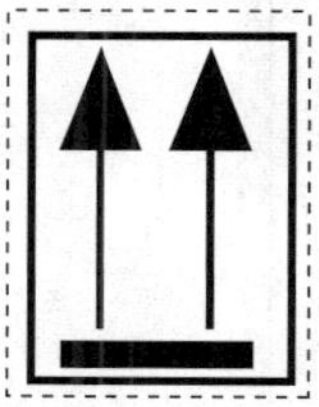 （符号：黑色或正红色，底色：白色）
3	高温运输标记	 （符号：正红色，底色：白色）

表 7-3 危险货物包装标签

序号	标签名称	标签图形	对应的危险货物类项号
1	爆炸性物质或物品	 （符号：黑色，底色：橙红色）  （符号：黑色，底色：橙红色）  （符号：黑色，底色：橙红色）  （符号：黑色，底色：橙红色） ** 项号的位置——如果爆炸性是次要危险性，留空白。 * 配装组字母的位置——如果爆炸性是次要危险性，留空白。	1.1 1.2 1.3 1.4 1.5 1.6

续表

序号	标签名称	标签图形	对应的危险货物类项号
2	易燃气体	 （符号：黑色，底色：正红色）  （符号：白色，底色：正红色）	2.1
	非易燃无毒气体	 （符号：黑色，底色：绿色）  （符号：白色，底色：绿色）	2.2
	毒性气体	 （符号：黑色，底色：白色）	2.3

续表

序号	标签名称	标签图形	对应的危险货物类项号
3	易燃液体	（符号：黑色，底色：正红色） （符号：白色，底色：正红色）	3
4	易燃固体	（符号：黑色，底色：白色红条）	4.1
	易于自燃的物质	（符号：黑色，底色：上白下红）	4.2
	遇水放出 易燃气体的物质	（符号：黑色，底色：蓝色） （符号：白色，底色：蓝色）	4.3

续表

序号	标签名称	标签图形	对应的危险货物类项号
5	氧化性物质	 （符号：黑色，底色：柠檬黄色）	5.1
	有机过氧化物	 （符号：黑色，底色：红色和柠檬黄色）  （符号：白色，底色：红色和柠檬黄色）	5.2
6	毒性物质	 （符号：黑色，底色：白色）	6.1
	感染性物质	 （符号：黑色，底色：白色）	6.2

续表

序号	标签名称	标签图形	对应的危险货物类项号
7	一级放射性物质	 （符号：黑色，底色：白色，附一条红竖条） 黑色文字，在标签下半部分写上： “放 射 性” “内装物______ “放射性强度___” 在“放射性”字样之后应有一条红竖条	7A
	二级放射性物质	 （符号：黑色，底色：上黄下白，附两条红竖条） 黑色文字，在标签下半部分写上： “放射性______” “内装物___” “放射性强度___” 在一个黑边框格内写上：“运输指数” 在“放射性”字样之后应有两条红竖条	7B
	三级放射性物质	 （符号：黑色，底色：上黄下白，附三条红竖条） 黑色文字，在标签下半部分写上： “放射性” “内装物____ “放射性强度____ 在一个黑边框格内写上：“运输指数” 在“放射性”字样之后应有三条红竖条	7C

续表

序号	标签名称	标签图形	对应的危险货物类项号
7	裂变性物质	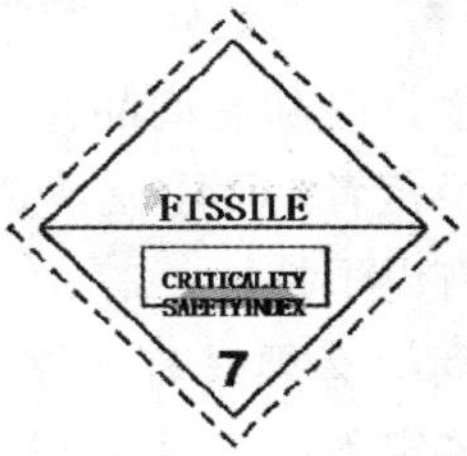 （符号：黑色，底色：白色） 黑色文字 在标签上半部分写上："易裂变" 在标签下半部分的一个黑边 框格内写上："临界安全指数"	7E
8	腐蚀性物质	 （符号：黑色，底色：上白下黑）	8
9	杂项危险物质和物品	 （符号：黑色，底色：白色）	9

第六节　商　标

一、商标的概念和作用

1. 商标的概念

商标俗称"牌子"，是指商品生产者或商品经营者为了使自己生产或销售的商品在市场上与其他商品区别开来而使用的一种标志，这种标志通常用文字、图形或文字与图形的组合构成。

2. 商标的特征

商标是商品经济发展的产物，是随着商品生产、交换的发展而出现的商业性标志。商标的使用者是商品生产者或经营者，而不是消费者。标志物是商品，而不是物品。标志的目的是出售商品。商标具有以下特征：

（1）显著性。某种商品的商标必须具有能够与其他商品的商标区别开来的显著特征，这样才能够区别、比较和鉴定不同厂商生产的商品。商标是商品生产者或经营者的独特标记，是企业名声、商品信誉和评价的象征。

（2）使用的文字、图形或文字与图形的组合应当具有显著特征，便于识别。使用注册商标，应当标明"注册商标"或者注册标记，如"注册""R"等。

（3）专有性。经过注册的商标可以在"一定范围"和"一定质量"的商品上使用，他人不得冒用和侵权。"专用""排他"是注册商标最本质的含义。

（4）竞争性。商标在消费者心目中的形象反映了商品生产者或经营者的信誉，标志着商品达到了一定的质量。商标在市场竞争中可以起到广告和"推销员"的作用，有利于消费者选购。

3. 商标与品牌的关系

美国市场营销协会对品牌的定义是：品牌是一种名称、术语、符号或设计，或是它们的组合运用，其目的是借以辨认某个生产经营者或某群生产经营者的产品或服务，并使之与竞争者的产品或服务区别开来。

品牌标志和名称是品牌的一个组成部分，但并不是品牌的全部。品牌标志是指品牌中可识别但不能用言语表达的部分，包括符号、图案或专门设计的颜色、字体等。品牌名称则是指品牌中可用语言表达的部分。

商标是品牌或品牌中的一部分，一般是品牌标志和品牌名称。商标是经过法律程序和法律确认的、受到法律保护的品牌。

4. 商标的作用

商标是商品的记号，它代表向消费者提供的一组特定的属性、利益、服务、价值、个性以及文化。它的作用包括以下几方面：

（1）有利于识别不同的商品生产者、经营者。区别不同的商品生产者、经营者是商标最重要、最本质的功能。在市场上，同类商品竞争激烈，消费者可以通过商标识别厂家，指"牌"购买。

（2）有利于增强顾客对商品的信任感。如果商品质量发生问题，商标可以使消费者的权益得到保护。

（3）有利于保护企业利益。注册商标受到法律保护，可以防止竞争对手通过仿制侵犯企业利益。

（3）有利于维系老客户。商标对应着品牌，而消费者一旦对某种商品产生偏好，就会形成"品牌忠诚度"，即在相当长的时间内保持对这一品牌的购买选择。

（4）有利于树立企业形象。商标总是与企业形象联系在一起，有利于消费者对企业产生好感。

（5）有利于经济发展。商标是厂家信誉的一种标志，往往成为消费者选择商品的重要依据，也决定了商品的竞争力。“优胜劣汰”的市场竞争规则促使企业不断提高商品质量，保证了名优商品的市场占有率，使国家、企业、个人三者的利益得到合理的维护，因而有利于经济发展。

二、商标的分类

商标的类别尚无统一的划分标准，通常以商标的结构、用途、使用者等作为标志来划分。

1. 按商标的结构划分

（1）文字商标。它是指由文字构成的商标。文字包括各语种文字、数字和字母，如汉字商标“全聚德”（烤鸭），英文商标“IF”（化妆品），字母商标“SONY”（电器），数字商标“999”（药品）。

文字商标易读、易记，不易混淆，准确度高，但对于不认识该种文字的受众来说，这些优点就不存在了。文字商标要尽量简短，在不同语系的目标市场，翻译出来的相应文字应易于识读，并且词意应符合当地人的喜好。

（2）图形商标。图形商标是指由图形组成的商标。图形商标不受语言、文字的限制，任何国家的人只要能识别图形，就能叫出商标的名称。图形商标不便于称呼，所以较少单独使用。

（3）记号商标。记号商标是由某种记号构成的商标。记号作为产品的标志起源很早，据史书记载，一万多年前的一些古陶器上就刻有各种记号。古代的产品有不少用记号标志，就是现在的产品也有用简单的记号作为商标的。《中华人民共和国商标法》中没有规定记号商标，但在实践中仍然有产品使用记号商标。

（4）组合商标。组合商标是由文字、图形或记号组合而成的商标。例如，法国一家体育用品公司的商标文字是“LeCoqSportif”，意为“雄鸡”，这是商标名称；上方印有一只昂首挺立的雄鸡，这是品牌标志。我国也普遍采用这种商标形式，如海尔的商标。组合商标易于识别，便于称呼，所以容易被人们接受。

2. 按商标的用途划分

（1）营业商标。它是指将生产或经营的企业名称、标记作为商标，即将商号或厂标作为商标，如中国的“同仁堂”中药、美国的“福特”汽车等。营业商标有特殊的作用，在宣传商品的同时又宣传了企业，有助于提高企业的知名度。

（2）商品商标。它又称“个别商标”，是指为了将一定规格、品种的商品与其他商品区别开来，在个别商品上使用的商标。例如，对于不同规格的轮胎，分别使用“骆驼”“金鹿”“工农”等商标。

（3）等级商标。等级商标是指同一企业对规格、质量不同的同一类商品使用的系列商标。

（4）保证商标。保证商标也称证明商标，主要是指专为说明质量而使用的商标。保证商标通过提供质量证明，使商品对消费者产生巨大的吸引力，便于打开销路，占领市场，如纯羊毛商标、绿色食品商标、真皮商标。

（5）服务商标。服务商标是用于区别提供不同的服务项目或行业的商标。国际上主要将服务商标分为以下八类：广告与实务、保险与金融、建筑与修理、电信、运输与储藏、教育与娱乐、材料处理、杂务。服务商标的表现形式有图形、字母、符号、文字、乐曲等。服务商标（服务标记）一般不用于商品流通，不随商品交换，是服务行业或企业所使用的行业标志或企业标志。

3. 按商品的使用者划分

（1）制造商标。制造商标是表示商品制造者的商标，又称生产商标。这种商标往往与厂标一致，如日本日立电器公司的“日立”商标。使用这种商标是为了区别制造者与销售商。

（2）销售商标。销售商标也称商业商标，是销售者为了使自己经营的商品与其他人经营的商品区别开来而使用的商标。这种商标常在生产者实力较弱、销售者享有盛誉的时候使用。世界上著名的大零售商，如西尔斯、马狮、沃尔玛已有90%以上的产品使用自己的销售商标。

三、商标的设计原则

1. 根据《中华人民共和国商标法》的要求，商标设计必须遵守的原则

（1）注册商标应有标记。注册商标应该有标记，以便消费者识别。注册商标的标记方法是在商标旁加注“注册商标”“注册”“©”“R”。

（2）商标的设计应符合商标禁用条款。商标禁用条款规定了不得用于商标的10种情况：同中华人民共和国的国家名称、国旗、国徽、军旗、军徽、军歌、勋章等相同或者近似的；同外国的国家名称、国旗、国徽、军旗等相同或者近似的；同政府间国际组织的旗帜、徽记、名称等相同或者近似的；同“红十字”“红新月”的标志、名称相同或者近似的；仅有本商品的通用名称、图形型号的；仅直接表示商品的质量、主要原料、功能、用途、重量、数量及其他特点的；带有民族歧视性的；有害于社会主义道德风尚或者有其他不良影响的；县级以上行政区划的地名或者公众知晓的外国地名，不得作为商标，但是，地名具有其他含义或者作为集体商标、证明商标组成部分的除外；已经注册的使用地名的商标继续有效。

（3）商标要具备显著性特征。在同一种商品或类似商品上，不能使用与他人的注册商标相同或者相似的商标，否则将构成侵权行为。

2. 为了充分发挥商标的作用，商标设计应该遵循的原则

（1）商标要具有审美性。商标设计要符合消费者的审美，实现形象性、艺术性、新颖性、时代性、民族性、象征性的高度统一。因此，商标名称要能启发联想，商标的标志要具有艺术感染力。

（2）商标要适应市场环境。具体地说，商标要适应目标市场上消费者的文化价值观念。商标不仅要适应目前目标市场的文化价值观念，而且要适应潜在市场的文化价值观念。文化价值观念是一个综合性的概念，它包括风俗习惯、宗教信仰、价值观念、民族文化、语言习惯、民间禁忌等。不同的地区具有不同的文化价值观念。因此，品牌经营者要想使品牌进入新的市场，首先必须入乡随俗，设计适应当地市场文化环境并被消费者认可的商标。根据这一原则，设计出的商标的适应性越广泛越好，这样才有利于商品的发展。

（3）商标要稳定、适时。商标要为消费者熟知和信任，就必须长期稳定使用，长期宣传，在消费者的心中扎根，但也要不断改进，以适应市场环境的需要。

四、商标管理

商标管理是国家商标管理部门为了保护商标权，维护消费者的利益和社会经济秩序，根据商标法律制度，对商标注册和商标使用有关行为进行监督、检查、协调、控制和服务的活动。

1. 商标管理的基本原则

（1）保护商标专用权原则。商标设计、宣传都是社会必要劳动的产物。商标越受人喜欢、知名度越高，所花费的社会必要劳动时间就越多，其价值也越高。保护商标专用权，就是从法律上承认企业商标里凝结着有差别的“个别劳动”“特殊劳动”，进而承认并保护由这种差别所带来的不同利益，激励企业着眼于市场需求，在商品质量上下功夫，从而促进经济的健康发展。

（2）维护消费者利益原则。商标是商品的标志，商标信誉的高低主要取决于商品质量的优劣。企业凭借商标信誉占领市场，消费者则根据商标选购商品。维护消费者利益原则，是指商标管理部门通过商标管理监督商品质量，查处利用商标损害消费者利益的行为，从而保证消费者买到的是高质量的商品。

2. 商标的使用管理

（1）对注册商标的使用管理。商标管理部门依法保护注册人行使商标专用权，同时监督其注册，促使其履行应该承担的义务。

商标专用权包括商标的使用权和禁止权。商标使用权是指商标注册人有权在核定的商品上使用其注册商标。商标禁止权是指商标注册人有权禁止其他人在同一种商品或者类似商品上使用与自己的注册商标相同或者相近的商标。商标管理部门通过对商标的管理，使商标权人的利益得到法律保障。

商标权人的义务有三项：第一，必须在法律规定的范围内行使权利，履行法定手续，而不得滥用；第二，必须对使用商标的商品的质量负责；第三，必须按规定缴纳各种费用。商标管理部门监督商标权人履行其义务，以保证商品质量，维护商标的有效性。

此外，商标管理部门还应指导注册人规范地使用商标。

（2）对未注册商标的使用管理。商标实行自愿注册制度，企业可以根据其生产经营能力和需要自行决定注册与否。没有注册的商标（品牌）也是商品的一种标志，但不享有商标专用权，当该商标与他人的注册商标相同或近似时，便构成侵权行为；当他人未注册的商标与之相同或相似时，也得不到法律的保护。商标管理部门应当从保护商标权、维护社会经济秩序的角度出发，对未注册商标进行管理。

商标管理部门应对国家规定必须使用注册商标的商品加强检查。为了保护人民群众的生命健康，应对少数与人民健康和安全密切相关的商品实行严格管理：规定必须使用注册商标的商品，必须申请注册商标；未经核准注册的，不得在市场上销售。工商行政管理机关也应加强对未注册商标使用行为的监督检查，主要是检查有无擅自在商品或包装上加注注册标记，冒充注册商标的；有无违反商标法的规定将禁用标记和县级以上行政区划名称以及公众知晓的外国名称作为商标使用的。除此以外，政府相关部门还应检查并督促未注册商标使用人在生产经营的商品上标明企业名称、地址等责任标记。凡发现未注册商标与他人注册商标相同或近似的，应坚决禁止使用。

技能实训

【实训目的】

通过案例讨论加深对商品包装相关知识的认识。

【实训主题】

理解商品包装对于市场营销的重要性。

【实训时间】

本章课堂教学内容结束后的双休日和课余时间，为期一周。或者指导教师另外指定时间。

【背景材料】

借助创意包装出奇制胜

有的产品滞销是由外部自然环境和需求环境发生难以预料的突变造成的，而不是因为其主要品质受到了不良影响。如果能巧妙利用突变中的有利因素，进行创意包装，不但能使这类产品摆脱困境，还能让其变得更加引人注目，让人喜欢。

美国新墨西哥州一次突降的冰雹将苹果个个打得伤痕累累，就在大家唉声叹气时，有个叫杨格的果园主人灵光一现，马上按合同原价将苹果运往全国各地。与往日不同的是，他在每个苹果箱里都多放了一张小纸片，上面写着：“亲爱的买主，这些苹果个个受了伤，但请看好，它们是冰雹的杰作，这正是高原地区苹果特有的标志，品尝后你们就会知道。”买主对这一创意包装将信将疑，但品尝后不禁喜形于色，因为他们真切地感受到了高原地区苹果特有的风味。这种创意包装意外地使得杨格这一年的苹果比以往任何一年都卖得好。

英国一家足球生产厂商的创意包装营销更让人叫绝。英国有一个妇女向法院起诉，说她的丈夫迷恋足球已经达到不能容忍的“疯狂”地步，严重影响了他们的夫妻关系，要求生产足球的厂商赔偿她精神损失费 10 万英镑。精明的厂商却利用这一离谱的案例，大造声势，利用那位妇女的指控向人们证明该厂商生产的足球的魅力之大。结果，这一奇特的官司经过创意包装及媒体大肆渲染后，使该厂商名声远扬，产品销量一下子增长了四倍。

由此可见，包装是市场的浓缩，是强有力的营销手段，而创意包装更胜一筹。如今商场风云变幻，企业难免会碰到出乎意料的外部恶劣环境，精明的企业借此积极开动脑筋，寻求和把握弱势中的有利因素，发挥创意包装营销的关键作用，达到出奇制胜的效果，有时候还能创造出新的市场奇迹。

资料来源：创意包装让你出奇制胜. 瞧这网，2013－05－23.

【实训过程设计】

(1) 指导教师要求学生课前预习背景材料。

(2) 将全班同学按每组5～6人平均分成若干小组，进行讨论。

(3) 根据背景材料，讨论商品包装对市场营销的重要性。

(4) 根据背景材料，讨论对上述案例中的包装还能提出哪些改进建议。

(5) 各小组选取一个国内知名品牌的商品，对该企业的商品包装的演变升级进行分析，提出包装合理化的发展趋势，撰写作为最终成果的商品学实训报告。

(6) 各小组提交填写了组长姓名、成员名单的商品学实训报告。优秀的实训报告将在班级展出，并收入本课程教学资源库。

综合练习

一、名词解释

商品包装　销售包装　运输包装　商品包装标志　商标　保证商标
制造商标　销售商标

二、多项选择题

1. 商品包装的主要功能有（　　）。
A. 保护商品　B. 美化商品　C. 便利消费
D. 促进商品销售　E. 形成商品的使用价值

2. 商品销售包装技术主要有（　　）。
A. 贴体包装技术与泡罩包装技术
B. 收缩包装技术
C. 拉伸包装技术
D. 真空包装技术与充气包装技术
E. 脱氧剂包装技术

3. 包装的发展趋势是（　　）。
A. 智能化　B. 标准化　C. 绿色化
D. 方便化　E. 单元化和系统化

4. 商品的质量标志主要包括（　　）。
A. 国家级　B. 国际级　C. 商品质量等级标志
D. 产品质量认证标志　E. 优质产品标志

5. 商标按用途可分为（　　）。

A. 营业商标　　B. 等级商标　　C. 商品商标

D. 服务商标　　E. 保证商标

三、问答题

1. 什么是商品包装？商品包装的功能有哪些？
2. 销售包装和运输包装在功能上有何区别？
3. 商品包装材料应该具备哪些性能？
4. 常用的商品包装材料有哪些？写出它们在性能上的特点。
5. 商品销售包装的技术有哪些？各有何特点？
6. 商品运输包装的技术有哪些？各有何特点？
7. 试述商品包装合理化及其发展趋势。
8. 商品运输包装的标志主要有哪些种类？
9. 商标的概念及作用是什么？
10. 商标设计和使用中应注意哪些问题？

第八章 商品储运与养护

学习目标

- 熟悉商品质量变化的类型和影响因素
- 了解仓库温湿度及其调控方法
- 掌握商品霉变、虫蛀、锈蚀和老化等发生的机理及防治措施
- 掌握食品储存过程中的质量变化、储存原理和储存方法

案例导读

普洱茶的储存与收藏价值

1. 普洱茶的储存

普洱茶分为生茶和熟茶，如果你是打算收藏，待品质提升后过几年品饮，那么可选购熟茶；如果你是打算长期收藏以待升值，那么最好选购生茶；如果你要选购那些用料精良、品质稳定的厂家的茶品来收藏，那么最好选购古茶园所产的茶品。

在各种茶叶中，普洱茶的储存条件是较宽松的。一般家庭储存普洱茶并不困难：如果储存的是紧压茶，那么不要拆包装；如果储存的是散茶，那么最好存放在紫砂罐里，只要不受阳光直射，环境清洁卫生、通风透气，湿度不太大即可，但一定要远离污染源或其他味源如香皂、化妆品等，因为茶叶的吸附性非常强。

如果是以投资为目的大量囤积，这里我们也给出一点小窍门，以满足茶友家庭储存普洱茶时对品质的追求。

“陶缸堆陈法”：取一广口陶缸，将老茶、新茶掺杂置入缸内，有包装者最好拆除，以利陈化，缸口则以木板、棉布覆盖，使其通风、不落尘、不进异物即可。“陶缸堆陈法”是模拟一个微型茶仓，安排一个适合茶菌生长的环境，让老茶的茶菌顺利繁衍到新茶上，同时让新茶的茶气刺激老茶，达到新旧并新、阴阳互补的效果。

“茶气调和法”：将茶饼整片拆为散茶，置入半斤、一斤装的陶罐中（勿选不透气的金属罐），静置半月后即可取用。这是因为一般的茶饼往往外围松透，中央气强，经过上述“茶气调和法”处置后，即可实现内外互补，让品茶者享受到较高品质的茶汤。

总的来说，普洱茶的确具备投资价值，但是普洱茶的储存需要满足一定条件：流通的空气、恒定的温度、适合的湿度。若能保证此三点长期稳定，那么就能够品尝到自己珍藏多年的普洱茶，一定有一种惬意无比的畅快。

2. 普洱茶的收藏价值

普洱茶因为医学界肯定了它降脂减肥的功效，又与现代人的健康生活理念极为贴合而声名鹊起。普洱茶可以长期储存和越陈越香的特点，决定了其具有收藏和投资的价值。普洱茶是后发酵茶，存放的年份越久，品质越好，这与其他茶品以"新嫩为贵"的理念不同。就像茅台陈酿一样，陈化的普洱茶在经济价值上比新茶提升了几个档次，所以普洱茶就具备了作为投资品、收藏品的条件。

经营普洱茶的风险较小，而且卖不出去的茶叶隔年还可以增值，这不仅可以降低普洱茶的经营成本，而且可以带动普洱茶收藏，促进普洱茶消费。

资料来源：茶叶的收藏价值与储存方法. 中国普洱茶网，2012－09－26.

启示：事实上，正确的商品储存不仅可以解决产销矛盾，还会增加商品价值。但商品在储存期间会发生质量变化，采用合适的养护方法会起到保护商品质量、降低损耗的作用。

第一节 商品储运概述

商品储运是商品储存和商品运输的总称。商品储存是指商品在生产和流通领域中暂时停留和存放的过程。它以保证商品流通和再生产过程的需要为限度。商品运输是指运用适当的运输工具使商品产生位移的过程，商品运输实际上也是短时的储存。商品储存和商品运输是商品流通中的两个重要环节，也是商品采购和销售的根本保证。

一、商品储运的功能

商品储运是商品流通的重要环节之一，它随着物资储存的产生而产生，又随着生产力的发展而发展。现代商品储运的功能已越来越强大，主要包括以下几种。

1. 储存功能

现代社会生产的一个重要特征就是专业化和规模化生产，劳动生产率极高，产量巨大。一方面，绝大多数产品都不能被即时消费，需要先在仓库储存（简称仓储），这样才能避免生产过程堵塞，保证生产过程能够持续进行。另一方面，生产所使用的原材料、半成品等需要有合理的储备，这样才能保证及时供应，满足生产的需要。

仓储本身是随着生产率的提高而出现的，而仓储的发展又会促进生产率的提高。对于销售过程来说，仓储，尤其是季节性仓储，可以为企业的市场营销创造良机。适当的仓储是一种市场营销战略，它为市场营销中特别的商品需求提供了缓冲和有力的支持。

2. 调节功能

储运在物流中起“蓄水池”的作用，人们需求的持续性与产品的季节性、批量性集中供给之间存在时间和空间上的矛盾。通过对集中生产的产品进行储存，再持续地向消费者提供，才能保证不断满足消费者的需求。

另外，集中生产的产品如果即时推向市场销售，必然造成短时期内产品供给远远大于需求，价格大幅降低，甚至因无法消费完而被废弃。相反，在非供应季节，市场供应量少，价格高。只有对产品进行储存，均衡地向市场供给，才能稳定市场，保证生产的持续进行。

3. 保管功能

生产出来的产品在消费之前必须保持其使用价值，否则将会被废弃。因此，在仓储过程中，要对产品进行保管，防止其因损坏而丧失使用价值。例如，水泥受潮易结块，导致使用价值降低，因此在仓储过程中要选择合适的储存场所，采取适当的养护措施。

4. 加工功能

在产品储存期间，保管人可以根据客户要求对产品的外观、形状、尺寸等进行加工，以提高产品的附加价值，促进产品的销售，增加收益。

5. 整合功能

仓库可以将来自多个制造商的产品或原材料整合成一个单元，进行一票装运，分别向各客户集中送货。其好处是：降低运输成本，并减少由多个供应商向同一客户供货带来的拥挤和不便。

6. 分类和转运功能

分类和转运就是指仓库将来自制造商的组合订货分类或分割成个别订货，然后安排适当的运力转运给制造商指定的个别客户。

其具体做法是：仓库收到从多个制造商处运来的整车货物后，如果货物有标签，就按客户要求进行分类；如果货物没有标签，就按地点分类。然后货物不在仓库停留，而是被直接装到运输车辆上，运往指定的零售店。由于货物不需要在仓库内储存，这降低了仓库的搬运费用，最大限度地发挥了仓库装卸设施的功能。

7. 市场信息的传感器

任何产品的生产都必须满足社会的需要，因而生产者需要把握市场需求的动向。社会仓储产品的变化是了解市场需求的极为重要的途径。仓储量减少，周转量加大，表明社会需求旺盛；反之则表明社会需求不足。厂家存货增加，表明其产品需求减少或者竞争力降低，或者生产规模不合适。从仓储环节所获取的信息虽然比市场信息滞后，但更为准确和集中，且获取信息的成本较低。现代企业生产特别重视仓储环节的信息反馈，将仓储量的变化作为决定生产与否的依据之一。

8. 提供信用保证

在大批量货物的实物交易中，购买方必须检验货物，确定货物的存在和货物的品质方可成交。购买方可以到仓库查验货物。由仓库保管人出具的货物仓单是实物交易的凭证，可以作为对购买方提供货物的信用保证。仓单本身就可以作为融资工具，如可以直接使用仓单进行质押。

9. 现货交易的场所

存货人要转让已在仓库存放的商品时，购买人可以到仓库查验商品，取样化验，双方可以在仓库进行转让交割。国内众多的批发交易市场既是有商品储存功能的交易场所，又是有商品交易功能的仓储场所。

二、商品储运合理化

商品储运合理化就是用最经济的办法实现商品储运的功能。商品储运的功能是满足需要，实现被储物的“时间价值”，这就要求有一定储量。商品储运必须有一定的量，才能在一定时期内满足需要，这是商品储运合理化的前提或本质。如果不能保证商品储运功能的实现，其他问题便无从谈起了。但是，储运不合理又往往表现为对商品储运功能实现的过分强调，因此，储运不合理往往是过分投入储运力量和其他储运劳动所造成的。所以，商品储运合理化的实质是：在保证商品储运功能实现的前提下采用尽量少的投入。这也是一个投入-产出的关系问题。

1. 商品储运合理化的标志

商品储运合理化的内容包括对商品储存量、储存结构、储存时间、储存网络、运输工具、运输方式的合理选择，具体标志有：

（1）质量标志，即保证储物的质量。

（2）数量标志，即在保证商品储运功能实现的前提下选择一个合理的数量范围。

（3）时间标志，即在保证商品储运功能实现的前提下选择一个合理的仓储时间。

（4）结构标志，即根据不同品种、不同规格、不同花色的被储物的数量比例关系对仓储合理性作出判断，尤其是相关性很强的各种货物之间的比例关系更能反映商品储运合理与否。

（5）分布标志，即根据不同地区仓储货物的数量比例关系，判断当地的供求比以及对需求的保障程度，也可据此判断其对整个物流的影响。

（6）费用标志，即考虑仓租费、维护费、保管费、运费、损失费、资金占用利息支出等，这样才能从实际费用上判断仓储合理与否。

2. 实现商品储运合理化的措施

（1）实行 ABC 分类控制法。ABC 分类控制法是指将库存货物按重要程度细分为特别重要的库存（A 类货物）、一般重要的库存（B 类货物）和不重要的库存（C 类货物）三个等级，针对不同等级的货物分别进行管理和控制的方法。

（2）适度集中库存。所谓适度集中库存是利用储存的规模优势，以适度集中储存代替分散的小规模储存来实现商品储运合理化。

（3）采用有效的“先进先出”方式。“先进先出”是一种有效的方式，也成了仓储管理的准则之一，它可以保证每个被储物的储存期不致过长。有效的“先进先出”方式主要有：贯通式货架系统储存；“双仓法”储存；计算机存取系统储存，等等。

（4）提高仓容利用率。提高仓容利用率即通过采用高垛、密集货架和窄巷道式通道等方法，合理布局，减少土地占用，提高单位存储面积利用率，降低成本。

（5）采用有效的储存定位系统。储存定位的含义是确定被储物的位置。有效的储存定位系统能大大节约寻找、存放、取出商品的时间，节约不少物化劳动及活劳动，而且能防止差错，便于清点及实行订货点等管理方式。

（6）采用有效的监测清点方法，即通过先进的识别、监控系统，及时掌握储存情况，实现管理的现代化。

（7）采用集装箱、集装袋、托盘等储运一体化方式。这样可以实行供应链管理，节省多余的出库、入库等储存作业。

（8）运输网络的合理布局。在对运输网络进行布局时，应区分储存型仓库和流通型仓库，合理配置配送中心。配送中心的设置应有利于货物直送比率的提高。

（9）选择最佳的运输方式。要对各种运输方式进行综合比较，选择最佳的运输方式。

（10）提高运送效率，即提高车辆的运行率和实载率，减少空车行驶，缩短待运时间和装载时间，提高运送效率。

第二节　商品储运管理

一、仓储作业及库存控制管理

1. 仓储作业

电子商务物流公司的仓储作业有严格的流程和规范，如图 8－1 所示。

图 8－1　仓储作业流程

（1）入库。入库作业也称收货作业，它是仓储作业的开始。入库作业是指从商品或货物被运送到仓储中心开始，经过验单、装卸、搬运、分类、编码、验收等环节，确认商品或货物后按预定的货位储存入库等一系列的工作过程。入库作业的工作质量直接影响到商品或货物的储存保管以及出库作业等工作的顺利进行。

入库作业的主要任务是：清点商品或货物的数量，检查商品或货物的质量和包装质量；合理地组织各种收货手续与程序；分清厂家、运输部门及仓储部门之间的责任。组织过程要做到手续简便，认真把关，保证质量，缩短商品或货物的入库时间，降低入库的成本，为商品或货物的有效、合理、及时使用做好充分的准备。

（2）储存。储存作业的主要任务在于对将来要使用或者要出货的货物加以保存，且要经常对库存品进行检查，不仅要善用空间，而且要注意存货的管理。尤其是物流中心的储存与传统仓库的储存不同，更要注意空间运用的弹性及对存量的有效控制。储存的目标主要是：实现空间的最大化利用；实现劳动力及设备的有效使用；所有货物都能随时存取；货物能有效移动并得到良好保护；良好的管理及沟通。

（3）出库。货物出库业务也称发货业务。它是仓库根据业务部门或存货单位开具的出库凭证，经过审核出库凭证、备料、拣货、分货等，直到把货物点交给要货单位或发运部门的一系列作业过程。它是货物仓储作业过程的最后一个环节，也是仓储部门对外的窗口。其业务水平、工作质量在一定程度上反映了企业的形象，直接影响到企业的经济效益和社会效益。因此，及时准确地做好出库业务，是商品储运管理的一项重要工作。出库业务主要包括两方面的工作：

一是领料单位方面，在填写出库凭证（领料单、提货单、调拨单等）时，所领货物的品种、规格、型号、数量等项目须写清楚、准确，提取货物的方式要标注清楚。

二是仓库方面，要按照程序作业，必须核对领料凭证，按凭证上所列货物的品种、规格、型号、数量、提货方式等项目组织备料，并保证把货物及时、准确、完好地发放出去。

2. 库存控制管理

库存控制管理，是对制造业或服务业生产、经营全过程中的各种物品、产成品以及其他资源进行控制和管理，使其库存保持在经济合理的水平上。企业根据外界对库存的要求和订购的特点，控制和管理库存。它的重点在于确定如何订购、订购多少、何时订购等问题。对库存控制管理不当会导致库存不足或过剩，库存不足将会错过销售货物的机会，甚至失去客户；而库存过剩则会加大库存的持有成本。因此，如何保持一个最佳的库存水平是企业要考虑的重要问题。目前，库存控制管理常用的方法有 ABC 分类法、CVA 管理法、定量订货法、定期订货法、经济订货法、JIT 库存管理方法和 MRP 库存管理技术等。

（1）ABC 分类法。ABC 分类法又称关键因素法。这个概念首先是由美国的通用电气公司提出来的，其把这个概念用于库存管理，创立了库存 ABC 三级分析方法。采用该方法时，按占用的空间比例、数量比例，以及成本比例之间的关系将库存分成三类：

A 类库存：存货单元累计为 20%，成本占总成本的 80%的物料。

B 类库存：存货单元累计为 20%～50%，成本占总成本的 15%的物料。

C 类库存：存货单元累计为 50%～100%，成本占总成本的 5%的物料。

字母 A、B、C 代表不同分类，且其重要性递减。对不同的物料采用不同的管理方法。

A 类物料：应对物料进行严格的跟踪，精确地计算订货时间与订货量，并进行维护。

B 类物料：实施正常的控制，只有在特殊的情况下才给予较高程度的重视，可按经济情况批量订购。

C 类物料：尽可能简单地控制，可通过半年一次或一年一次的盘点来补充大量的库存。

（2）CVA 管理法。有些公司发现，ABC 分类法并不能够令人满意，因为 C 类物资往往得不到应有的重视。例如，经销鞋的企业会把鞋带列入 C 类物资，但是如果鞋带短缺，将会严重影响到鞋的销售。汽车制造厂商会把螺丝列入 C 类物资，但缺少螺丝也可能会导致整个生产链的停工。于是，有些企业开始采用关键因素分析法（Critical Value Analysis，CVA）。

CVA 的基本思想是把存货按照其关键性分为四类。

最高优先级：指经营管理中的关键物品或 A 类重点客户的存货，不允许缺货。

较高优先级：指生产经营中的基础性物品或 B 类客户的存货，允许偶尔缺货。

中等优先级：指生产经营中比较重要的物品或 C 类客户的存货，允许合理范围内缺货。

较低优先级：指生产经营中需要，但可替代性高的物品，允许缺货。

CVA 管理法比 ABC 分类法有更强的目的性。

（3）定量订货法。定量订货法是指当库存量下降到预定的最低库存量（订货点）时，按规定数量［一般以经济订购批量（Economic Order Quantity，EOQ）为标准］进行订货补充的一种库存控制方法。

（4）定期订货法。定期订货法是按预先确定的订货时间间隔进行订货补充的库存管理方法。

（5）经济订货法。经济订货法又称经济订购批量，即通过库存成本分析，求得在库存总成本最小时的每次订购批量，以解决独立需求物品的库存管理问题。

（6）JIT 库存管理方法。JIT（Just In Time）意为及时或准时。JIT 库存管理方法是日本在 20 世纪 70 年代创造的一种库存控制管理的现代思想，在日本丰田集团得到广泛实施，并取得了巨大的成效。

JIT 库存管理方法是一种倒拉式管理，即逆着生产工序管理，由顾客需求开始，订单→产成品→组件→配件→零件或原材料，最后到供应商。

（7）MRP 库存管理技术。MRP（Material Requirement Planning）意为物料需求计划。MRP 库存管理技术是由美国著名生产管理和计算机应用专家威特（Wight）和奥列基（Orlicky）在对多家企业进行研究后提出来的。MRP 被看作以计算机为基础的生产计划与库存控制系统。其主要内容包括客户需求管理、产品生产计划、原材料计划以及库存记录。MRP 库存管理技术主要用于单件小批量或多品种小批量生产的制造企业。这种企业生产许多产品，每种产品都经过一系列加工步骤完成。MRP 库存管理技术的具体工作原理如图 8－2 所示。

MRP 库存管理技术的基本原理是由主生产进度计划和主产品的层次结构逐层逐个地求出主产品所有零部件的出产时间、出产数量。其中，如果零部件是由企业内部生产的，则需要根据各自的生产时间长短来提前安排投产时间，形成零部件投产计划；如果零部件需要从企业外部采购，则要根据各自的订货期来确定提前发出订货的时间、采购的数量，形成采购计划。按照这些投产计划进行生产和按照采购计划进行采购，就可以

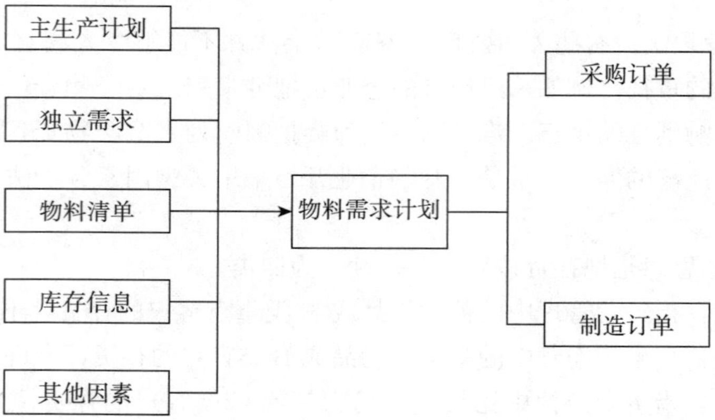

图 8－2　MRP 库存管理技术的工作原理

实现所有零部件生产计划，从而不仅能够保证产品的交货期，而且能够降低原材料的库存，减少流动资金的占用。

二、运输方式规划管理

一个现代化的综合运输体系是由铁路、公路、水路、航空、管道五种主要的运输方式以及各种与之相适应的配套设施组成的。每一种运输方式都有各自的特点和竞争优势。物流企业要综合考虑并合理规划，在具体操作过程中可采取定性分析法与定量分析法。

1. 定性分析法

定性分析法就是根据五种运输方式的主要特征，对其运输速度、运输工具容量和线路、运输能力、运输成本、环境影响等作出判定。定性分析法的特点是简单、实用。在涉及一些小规模运输时，可以使用定性分析法。

（1）铁路运输的选择。根据铁路运输的批量大、范围广、运输速度较快、运输费用较低、受气候影响小等特点，铁路运输比较适用于大宗、笨重物资和杂件货物的中长途运输。运输距离一般在 800～1 600 公里内最佳。

（2）公路运输的选择。根据公路运输的机动灵活、适应性强、能源消耗大、成本高、对空气污染严重、占用土地多等特点，公路运输比较适合短途、零散、门到门运输，特别是同省内或者同一城市内的货物运输。

（3）水路运输的选择。根据水路运输的运输能力强、成本低、速度慢、连续性能源消耗小、土地占用少等特点，水路运输比较适合中长途大宗货物运输等，特别是国际货物运输。

（4）航空运输的选择。根据航空运输的速度快、成本高、对环境污染严重、运输途径较局限等特点，航空运输比较适合中长途及贵重货物、保鲜货物运输等。对时间要求比较高的贵重或者小件商品一般也适合航空运输。

（5）管道运输的选择。根据管道运输的运输能力强、占用土地少、成本低、连续性强等特点，管道运输比较适合长期稳定的流体、气体及浆化固体的运输等，比如石油、天然气等的运输。

2. 定量分析法

（1）成本比较法。成本比较法的原理是：如果不将运输服务作为竞争手段，那么能使该运输服务的成本与该运输服务水平以及相关间接库存成本之间达到平衡的运输服务就是最佳服务。也就是说，最佳服务是既能满足客户需求，又能使总成本最低的服务。各种运输方式的成本通常由两类成本构成：直接成本，也称直接费用，是完成运输过程直接产生的费用；间接成本，也称间接费用，是指管理费用等费用。

（2）竞争因素法。竞争因素法的原理是：如果运输方式的选择直接涉及竞争，那么竞争可以促使购买方将更大的订单转向能提供较好的运输服务的供应商，这样供应商可以从这些订单中获取更多利润，从而弥补为了选取更好的运输方式而增加的成本。

（3）时间因素法。时间因素法的原理是：考虑到时间因素，选择合理的运输方式有利于提高总体物流的合理化程度。因此，为了能科学地选择合理的运输方式，从运输对象（旅客和货物）在整个运输过程中消耗多少时间的角度出发，亦即在运输过程中考虑到时间这一重要因素，使运输对象在实现位移的过程中所消耗的费用最小，从而达到及时、准确、安全、经济地运输的目的。

总之，运输的需求千差万别，具体环境也各不相同，具体采用何种运输方式，要具体问题具体分析，有时是多种运输方式结合使用。

第三节　商品储运期间的质量变化

商品在储运期间由于本身的性能特点以及各种外界因素的影响，其质量可能发生各种各样的变化，归纳起来有物理机械变化、化学变化、生理生化变化及生物引起的变化等。研究商品的质量变化、了解商品质量变化的规律及影响商品质量变化的因素，对确保商品安全，防止、减少商品发生质量变化所造成的损失有十分重要的作用。

一、商品的质量变化

1. 商品的物理机械变化

物理变化是只改变物质的外表形态，不改变其本质，没有新物质的生成，并且有可能反复出现的质量变化现象。机械变化是指物质在外力作用下发生的形态变化。物理机械变化的结果不是数量损失，就是质量降低，甚至失去使用价值。商品常发生的物理机械变化有挥发、溶化、熔化、渗漏、串味、沉淀、沾污、破碎与变形等。

（1）挥发。挥发是低沸点的液体商品或经液化的气体商品，经汽化而散发到空气中的现象。挥发速度与气温的高低、空气流动的快慢、液体表面接触空气面积的大小成正比。液体商品的挥发不仅会降低商品的有效成分含量，增加商品损耗，降低商品质量，有些燃点很低的商品的挥发还可能引起燃烧或爆炸；有些商品挥发的蒸气有毒性或麻醉性，对人体有害，容易造成大气污染；一些商品受到气温升高的影响体积膨胀，包装内部压力增大，可能发生爆破。常见的易挥发商品有：酒精、白酒、香精、花露水、香水、化学试剂中的各种溶剂、医药中的一些试剂、部分化肥农药、杀虫剂、油漆等。

防止商品挥发的主要措施是提高包装的密封性。此外，要控制库房温度，高温季节要采取降温措施，保持在较低的温度条件下储存商品。

（2）溶化。溶化是指固体商品在保管过程中，吸收空气或环境中的水分达到一定程度时，就会成为液体的现象。常见的易溶化商品有食糖、糖果、食盐、明矾、硼酸、甘草硫浸膏、氯化钙、氯化镁、尿素、硝酸铵、硫酸铵、硝酸锌及硝酸锰等。

商品溶化后，商品本身的性质并没有发生变化，但由于形态改变，给商品储存、运输及销售带来了很大的不便。商品溶化与空气温度、湿度、堆码高度有密切关系。对易溶化商品，应按商品性能，分区分类存放在干燥阴凉的库房内，不适合与含水分较大的商品放在一起。在堆码时，要注意底层商品的防潮和隔潮，垛底要垫得高一些，并采取吸潮和通风相结合的温湿度管理方法来防止商品吸湿溶化。

（3）熔化。熔化是指低熔点的商品受热后发生软化甚至变为液体的现象。熔化除受气温高低的影响外，与商品本身的熔点、商品中杂质的种类和含量密切相关。熔点越低，越易熔化；杂质含量越高，越易熔化。常见的易熔化商品有：百货中的香脂、蛤蜊油、发蜡、蜡烛；文化用品中的复写纸、蜡纸、打字纸、圆珠笔芯；化工商品中的松香、石蜡、粗萘、硝酸锌；医药商品中的油膏、胶囊、糖衣片等。

商品熔化，有的会造成商品流失、粘连包装、沾污其他商品；有的因产生熔解热而体积膨胀，使包装爆破；有的因商品软化而使货垛倒塌。预防商品的熔化，应根据商品的熔点高低，选择阴凉通风的库房储存。在保管过程中，一般可采用密封和隔热措施，加强仓房的温度管理，防止日光照射，尽量减轻温度的影响。

（4）渗漏。渗漏主要是指液体商品发生跑、冒、滴、漏的现象。商品渗漏，除了与包装材料性能、包装容器结构及包装技术的优劣有关外，还与仓储温度的变化有关。例如，金属包装焊接不严，受潮锈蚀；有些包装耐腐蚀性差；有的液体商品因气温升高，体积膨胀，包装内部压力增大，进而胀破包装容器；有的液体商品在降温时或严寒季节会结冰，也会发生体积膨胀，引起包装破裂，从而造成商品损失。因此，对液体商品应加强入库验收和在库商品检查及温度控制和管理。

（5）串味。串味是指吸附性较强的商品吸附其他气体、异味，从而改变其本来气味的现象。这种现象的发生主要是因为具有吸附性的易串味商品的成分中含有胶体物质，以及此类商品具有疏松、多孔的组织结构。商品串味的程度与其表面状况，与异味物质接触面积的大小、接触时间的长短，以及环境中异味的浓度有关。

常见的易被串味的商品有大米、面粉、木耳、食糖、饼干、茶叶、卷烟等。常见的易引起其他商品串味的商品有汽油、煤油、桐油、腌鱼、腌肉、樟脑、肥皂、化妆品以及农药等。预防商品串味，应尽量对易被串味的商品采取密封包装，在储存、运输中不得将有强烈气味的商品与其他商品同车船并运或同库储存，同时还要注意运输工具和仓储环境的清洁卫生。

（6）沉淀。沉淀是指含有胶质和易挥发的商品，在低温或高温条件下，部分物质凝固，进而发生下沉或膏体分离的现象。常见的易沉淀的商品有墨汁、墨水、牙膏、雪花膏等。预防商品沉淀，应根据不同商品的特点，防止阳光照射，做好商品冬季保温和夏季降温工作。

（7）沾污。沾污是指商品外表沾有其他脏污、染有其他污秽的现象。商品沾污，主要是生产、储运中卫生条件差及包装不严所致。对一些外观质量要求高的商品，如绸缎、呢绒、针织品、服装等要注意防沾污，精密仪器、仪表也要特别注意。

（8）破碎与变形。破碎与变形是指商品在外力作用下所发生的形态上的改变。脆性较大或易变形的商品，如玻璃、陶瓷、搪瓷、铝制品等，因包装不良，在搬运过程中受到碰、撞、挤、压和抛掷而易破碎、掉瓷、变形等；塑性较大的商品，如皮革、塑料、橡胶等制品，受到强烈的外力撞击或长期重压时，易丧失回弹性能，从而发生形态改变。对易发生破碎和变形的商品，要注意妥善包装，轻拿轻放。堆垛高度不能超过一定的压力限度。

2. 商品的化学变化

商品的化学变化，是指不仅改变物质的外表形态，也改变物质的本质，并生成新物质的现象。商品发生化学变化，严重时会使商品完全丧失使用价值。常见的化学变化有氧化、分解、化合、老化、聚合等。

（1）氧化（包括锈蚀）。氧化是指商品与空气中的氧或其他放出氧的物质接触，发生与氧结合的化学变化。商品氧化不仅会降低商品的质量，而且可能会因在氧化过程中产生热量而引起商品自燃，有的甚至会引发爆炸事故。容易发生氧化的商品品种比较多，如某些化工原料、纤维制品、橡胶制品、油脂类商品等。

锈蚀即金属制品在潮湿空气及酸、碱、盐等的作用下被腐蚀的现象，是金属制品特有的现象。金属制品的锈蚀会影响商品的质量和使用价值。

（2）分解（包括水解）。分解是指某些化学性质不稳定的商品，在光、热、酸、碱及潮湿空气的影响下，会产生由一种物质分解成两种或两种以上物质的现象。

水解是指某些商品在一定条件下，遇水发生分解的现象。

（3）化合。化合是指两种或两种以上物质互相作用，生成一种新物质的现象。

（4）老化。老化是指高分子材料（如橡胶、塑料、合成纤维等）在储存过程中，受到光、热、氧等的作用，出现发黏、龟裂、变脆、强力下降、失去原有优良性能的变质现象。易老化是高分子材料存在的一个严重缺陷。老化的原因主要是高分子物质在外界条件作用下，分子链发生了降解和交联等变化。

（5）聚合。聚合是指某些商品组成中的化学键在外界条件的作用下发生聚合反应，成为聚合体而变性的现象。例如，福尔马林变性、桐油表面结块均是聚合反应的结果。

3. 商品的生理生化变化及生物引起的变化

生理生化变化是指有生命活动的有机体商品，在生长发育过程中，为了维持它的生命，本身所进行的一系列变化，如粮食、水果、蔬菜、鲜蛋等商品的呼吸作用、发芽、胚胎发育和后熟等。生物引起的变化是指由微生物、仓库害虫以及鼠类等生物所造成的商品质量的变化，如食品的霉腐、虫蛀等。

（1）呼吸作用。呼吸作用是指有机体商品在生命活动过程中，由于氧和酶的作用，体内有机物质被分解，并产生热量的生物氧化过程。呼吸作用可分为有氧呼吸和无氧呼吸两种类型。

不论是有氧呼吸还是无氧呼吸，都会消耗营养物质，降低食品的质量。有氧呼吸会产生热量，热量的积累往往会使食品腐败变质。同时，有机体分解出来的水分又有利于有害微生物的生长、繁殖，使商品的霉变加速。无氧呼吸则会产生酒精积累，引起有机体细胞中毒，造成生理病害，缩短储存时间。对于一些鲜活商品，无氧呼吸往往会比有氧呼吸消耗更多的营养物质。

只要保持正常的呼吸作用，维持有机体的基本生理活动，有机体商品本身就会具有一定的抗病性和耐储性。因此，鲜活商品的储存应保证它们正常且最低的呼吸，利用它们的生命活性，减小损耗，延长储存时间。

（2）发芽。发芽是指有机体商品在适宜的条件下，冲破“休眠”状态而发生的萌芽现象。发芽的结果会使有机体商品的营养物质转化为可溶性物质，供给有机体本身，从而降低有机体商品的质量。在发芽过程中，通常伴有发热、发霉等情况，这不仅会增加损耗，而且会降低有机体商品的质量。因此对这类商品，必须控制它们的水分，并加强温湿度管理，防止发芽现象的发生。

（3）胚胎发育。胚胎发育主要指鲜蛋的胚胎发育。在鲜蛋的保管过程中，当温度和供氧条件适宜时，胚胎会发育成血丝蛋、血环蛋。经过胚胎发育的禽蛋，其新鲜度和食用价值大大降低。为抑制鲜蛋的胚胎发育，必须加强温度和湿度管理，最好进行低温储存或停止供氧。

（4）后熟。后熟是指瓜果、蔬菜类食品脱离母株后继续成熟过程中产生的现象。瓜果、蔬菜等的后熟能改进其色、香、味以及硬脆度等食用性能。但当后熟过程完成后，该类食品则容易发生腐烂变质，难以继续储存甚至失去食用价值。因此，对于这类食品，应在其成熟之前采收并采取控制储存条件的办法，来调节其后熟过程，以达到延长储存期、均衡上市的目的。

（5）霉腐。霉腐是商品在霉腐微生物的作用下所发生的霉变和腐败现象。在气温高、湿度大的季节，如果仓库的温度和湿度控制不好，储存的针棉织品、皮革制品、鞋帽、纸张、香烟以及中药材等许多商品就会生霉；肉、鱼、蛋类就会腐败、发臭，水果、蔬菜就会腐烂；果酒就会变酸，酱油就会产生白膜。无论哪种商品，只要发生霉腐，就会受到不同程度的破坏，严重霉腐可使商品完全失去使用价值。有些食品还会因腐败变质而产生能引起人畜中毒的有毒物质。对易霉腐的商品，在储存时必须严格控制温度和湿度，做好防霉腐工作。

（6）虫蛀。商品在储存期间，常常会遭到仓库害虫的蛀蚀。经常危害商品的仓库害虫有几十种。仓库害虫在危害商品的过程中，不仅会破坏商品的组织结构，使商品发生破碎和产生洞孔，而且会排泄各种代谢废物，污染商品，影响商品的质量和外观，降低商品的使用价值。

知识链接

预防粉尘爆炸的安全防范措施有哪些?

自江苏昆山工厂发生特别重大铝粉尘爆炸事故后，江浙沪一直是粉尘涉爆企业防治的重点地区。工厂车间粉尘如果处理不到位，会导致悬浮在空气中的可燃粉尘浓度过高，形成爆炸性混合物，一旦遇到热源（明火或高温，如电路短路产生的火花），便会燃烧，进而形成高气压，引发爆炸。

1. 粉尘爆炸的预防管理

(1) 建筑结构。

生产场所不得设置在危房和违章建筑内，应当有两个以上直通室外的安全出口或疏散门向外开启，确保通道畅通。

(2) 通风除尘。

安装相对独立的通风除尘系统，并设有接地装置；除尘器应布置在室外，并有防御措施，离明火产生处的距离不小于 6 米；回收的粉尘应储存在独立干燥的场所；采用防爆除尘器，并配套相应的防爆风机，通风管道上应设置泄爆片。

(3) 有效清洁。

每天对生产场所进行清理，应当采用不产生火花、静电、扬尘等的方法清理，禁止使用压缩空气进行吹扫；及时对除尘系统收集的粉尘进行清理，使作业场所积累的粉尘量降至最低。

(4) 禁火措施。

生产场所严禁各类明火，需在生产场所进行动火作业时，必须停止生产作业，并采取相应的防护措施。

(5) 电气电路。

生产场所的电气线路应当采用镀锌钢管套管保护，在车间外安装空气开关和漏电保护器，设备、电源开关及相关的电气元件应当采用防爆、防静电措施。

(6) 安全检查。

应定期进行粉尘防爆检查，并做好相关记录。

(7) 防潮设施。

必须配备收集、储存粉尘的防水防潮设施，严禁粉尘遇湿自燃。

2. 粉尘清理措施

作业场所及设备、设施不得出现厚度大于 1 毫米的积尘层。应及时进行粉尘清理，对清理周期及部位的要求应包括但不限于下列几点。

(1) 至少每天清理的部位。

作业工位及使用的工具；吸尘罩或吸尘柜；干式除尘器卸灰收集粉尘的容器（桶）；

粉尘压实收集装置。

（2）至少每周清理的部位。

干式除尘器的滤袋、灰斗、锁气卸灰装置、输灰装置；除尘系统的电气线路、电气设备、监测报警装置和控制装置；作业区的机械加工设备。

（3）至少每月清理的部位。

除尘系统的主风管、支风管、风机和防爆装置；干式除尘器的箱体内部、清灰装置；作业区的电气线路、配电柜（箱）、电气开关、电气插座、电机和照明灯；作业区的建筑物墙面、门窗、地面及沟槽。

（4）清理粉尘时的注意事项。

清理作业时采用不产生扬尘的清扫方式和不产生火花的清扫工具，应防止清扫、收集的粉尘与铁锈、水或其他化学物质接触或受潮发生放热反应而自燃，应将粉尘装入经防锈蚀表面处理的非铝质金属材料或防静电材料制成的容器（桶）内，且存放在指定的安全区域，对收集的粉尘应进行无害化处置。

二、影响商品质量变化的因素

引起商品质量变化的因素有内因和外因两种，内因是变化的根据，外因是变化的条件。影响商品质量变化的内因主要是商品成分、结构和性质，这些内因与不同商品的特性有关，难以一一列举，这里只对影响商品质量的外因做一些探讨。影响商品质量变化的外因主要有空气中的氧气、日光、微生物、仓库害虫、空气温度、空气湿度、卫生条件和有害气体等。

1. 空气中的氧气

空气中含有21%左右的氧气。氧气非常活泼，能和许多商品发生反应并对商品质量变化的影响很大。例如，氧气可以加速金属商品锈蚀；氧气是好氧性微生物活动的必备条件，易使有机体商品发生霉腐；氧气是害虫赖以生存的基础，是仓库害虫发育的必要条件；氧气是助燃剂，不利于危险品的安全储存；在油脂的酸败，鲜活商品的分解、变质过程中，氧气都是积极参与者。因此，在商品养护中，对于受氧气影响比较大的商品，要采取各种方法（如浸泡、密封、充氮等）隔绝氧气。

2. 日光

日光中含有紫外线、红外线等，它对商品起着正反两方面的作用：一方面，日光能够加速受潮商品中水分的蒸发，杀死、杀伤微生物和害虫，在一定程度上有利于商品的储存；另一方面，某些商品在日光的直接照射下，又会发生质量变化，如日光能使酒类浑浊、油脂加速酸败、橡胶塑料制品迅速老化、纸张发黄变脆、色布褪色、药品变质、相机胶卷感光度改变等。因此，要根据不同商品的特性，注意避免或减少日光的照射。

3. 微生物

微生物是商品霉腐的前提条件。微生物在生命活动过程中会分泌各种酶，利用酶把商品中的蛋白质、糖类、脂肪、有机酸等物质分解为简单的物质再加以吸收利用，从而使商品受到破坏，变质，甚至丧失其使用价值。同时，在异化作用下，微生物在细胞内分解氧化营养物质，产生各种腐败性物质并排出体外，使商品产生腐臭味和色斑霉点，影响商品的外观，加速高分子商品的老化。

常见的危害商品的微生物主要是一些腐败性细菌、酵母菌和霉菌。特别是霉菌，它是引起绝大部分日用工业品、纺织品和食品霉变的主要根源，对纤维素、淀粉、蛋白质、脂肪等物质具有较强的分解能力。

微生物的活动需要一定的温度和湿度条件。没有水分，它是无法生活下去的；没有适宜的温度，它也不能生长繁殖。掌握这些规律，就可以根据不同商品的含水量情况，采取不同的温度和湿度调节措施，抑制微生物生长，便于商品储存。

4. 仓库害虫

仓库里的害虫不仅会蛀蚀动植物性商品和包装，有些还能危害塑料、化纤等化工合成商品。此外，白蚁还会蛀蚀仓库建筑物和纤维质商品。害虫在危害商品的过程中不仅会破坏商品的组织结构，使商品发生破碎和产生孔洞，外观形态受损，而且其在生活过程中还会吐丝结茧，排泄各种代谢废物沾污商品，影响商品的质量和外观。

商品如受害虫危害，一般损失都相当严重。害虫一般能适应恶劣环境，耐热、耐寒、耐饥，并具有一定的抗药性；繁殖能力强，繁殖期长，产卵量多，有的一年可繁殖几代；食性广杂，具有杂食性。所以，虫害一旦发生，就会造成极严重的后果。

5. 空气温度

空气温度是影响商品质量变化的重要因素。它能直接影响物质微粒的运动速度：一般商品在常温或常温以下都比较稳定；高温能够促进商品的挥发、渗漏、熔化等物理变化及各种化学变化；而低温又容易引起某些商品的冻结、沉淀等变化；温度忽高忽低，会影响到商品质量的稳定性。此外，适宜的温度会给微生物和仓库害虫的生长繁殖创造有利条件，加速商品腐败变质和虫蛀。因此，控制和调节仓储商品的温度是商品养护的重要工作内容之一。

6. 空气湿度

空气的干湿程度称为空气湿度。空气湿度的改变能引起商品的含水量、化学成分、外形或体态结构等的变化。湿度下降，将使商品释放水分，降低含水量，减轻重量，如水果、蔬菜、肥皂等会发生萎蔫或干缩变形，纸张、皮革制品等会发生干裂或脆损。湿度增大，商品含水量和重量相应增加，如食糖、食盐、化肥等易溶性商品会结块、膨胀或进一步溶化，钢铁制品会生锈，纺织品、竹木制品、卷烟等会发生霉变或被虫蛀等。湿度适宜，可保持商品的正常含水量、外形或体态结构和重量。所以，在商品养护中，必须掌握各种商品的湿度要求，尽量创造适宜商品储存和养护的空气湿度。

7. 卫生条件

卫生条件是保证商品免于变质腐败的重要条件之一。卫生条件不良，不仅会使灰尘、油垢、垃圾、腥臭物等污染商品，造成某些商品出现外观疵点或染上异味，而且为微生物、仓库害虫等创造了活动场所。因此，在储存商品的过程中，一定要做好储存环境的卫生工作，保持商品本身的卫生，防止商品质量受损。

8. 有害气体

大气中的有害气体主要来自煤、石油、天然气等燃料燃烧后释放出的烟尘和工业生产过程中排放出的粉尘、废气。对空气造成污染的主要是二氧化硫、硫化氢、氯化氢和氮化物等气体。

如果将商品储存在有害气体浓度大的空气中，那么其质量变化会很明显，如二氧化硫气体溶于水能生成亚硫酸，当它在含水量较大的环境中时，能强烈地腐蚀某些商品。在金属电化学腐蚀中，二氧化硫是重要介质之一，因此，金属商品必须远离二氧化硫。

第四节 仓库温湿度管理

仓库温湿度管理对于商品的储运与养护具有重要意义，几乎所有商品的质量变化都与空气温湿度有密切关系。要养护好商品，就需要正确地控制与调节仓库温湿度，以及维持良好的商品储存条件。

一、空气温湿度的基本知识

1. 空气温度

空气温度指空气的冷热程度，又称气温。仓库温度的控制既要注意库房内外的温度（库温和气温），也要注意储存物资的温度（垛温）。

物体温度的升降取决于外来热能的多少和该物体比热的大小。热能增加，温度上升；热能减小，温度下降。以同样多的热量给予比热大的物体，它的温度升高得少；而给予比热小的物体，它的温度升高得多。

常用的温度单位是摄氏温度（℃）、华氏温度（℉）和绝对温度（K），它们之间的换算关系为：

$$t=(t'-32)\times 5/9$$

$$t'=t\times 9/5+32$$

$$T=273+t$$

上式中，T、t 和 t' 分别为绝对温度（K）、摄氏温度（℃）和华氏温度（℉）值。

2. 空气湿度

空气湿度指空气中水蒸气含量的多少。其常以绝对湿度、饱和湿度与相对湿度来表示。

（1）绝对湿度。绝对湿度是指单位容积的空气里实际所含的水蒸气量，一般用“克/立方米”来表示。

温度对绝对湿度有着直接影响。在通常情况下，温度越高，水份蒸发得越多，绝对湿度就越大；相反，绝对湿度就越小。

（2）饱和湿度。饱和湿度表示在一定温度下，单位容积空气中所能容纳的水蒸气的最大数量。如果超过这个数量，多余的水蒸气就会凝结成水滴，此时的空气湿度称为饱和湿度。

空气的饱和湿度不是固定不变的，它随着温度的变化而变化。温度越高，单位容积空气中能容纳的水蒸气量就越多，饱和湿度也就越大。

（3）相对湿度。相对湿度是指空气中实际含有的水蒸气量（绝对湿度）与饱和状态（饱和湿度）的接近程度。在一定温度下，相对湿度为绝对湿度占饱和湿度的百分比，其公式为：

$$\text{相对湿度}=\frac{\text{绝对湿度}}{\text{饱和湿度}}\times 100\%$$

相对湿度越大，表示空气越潮湿；相对湿度越小，表示空气越干燥。在仓库温湿度管理中，检查库房的湿度时主要是观测相对湿度的大小。

空气的绝对湿度、饱和湿度、相对湿度与温度之间有着一定的内在联系。在温度不变的情况下，空气绝对湿度越大，相对湿度就越高，绝对湿度越小，相对湿度就越低；在空气中水蒸气含量不变的情况下，温度越高，相对湿度就越小；温度越低，相对湿度就越大。

（4）露点。对于含有一定量水蒸气（绝对湿度）的空气来说，当温度下降到一定程度时，其中所含水蒸气就会达到饱和状态（饱和湿度），并开始液化成水，这种现象被称为结露。水蒸气开始液化成水时的温度称为“露点温度”，简称“露点”。如果温度继续下降到露点以下，空气中超饱和的水蒸气就会在商品或其包装物表面凝结成水滴，此现象称为“水淞”，俗称商品“出汗”。

当含有水蒸气的热空气进入库房，遇到冷的物体（如金属、地面），使冷物体周围的空气温度降到露点时，空气中的水蒸气就会凝结在冷物体表面。

二、库内外温湿度的变化规律

1. 大气温湿度的变化

大气的变化即自然气候的变化，其变化规律如下。

（1）温度变化的规律。一天之中，日出前气温最低，到午后两三点时气温最高。一年之内最热的月份，内陆一般为 7 月份，沿海为 8 月份。最冷的月份，内陆一般为 1 月份，沿海为 2 月份。

（2）湿度变化的规律。绝对湿度通常随着气温升高而增大，随着气温降低而减小。但绝对湿度不足以完全说明空气的干湿程度，相对湿度更能正确反映空气的干湿程度。

相对湿度的日变化和年变化的一般规律：相对湿度的日变化主要取决于气温。当气温升高时，空气中实际水蒸气量逐渐远离饱和状态，相对湿度减小；当气温降低时，水蒸气量就逐渐接近饱和状态，相对湿度增大。一日之中，相对湿度在日出前气温最低时最大，日出后逐渐降低，到午后两三点时达到最低。在一年之内，相对湿度最高的月份一般是七八月份。

普通仓库在温湿度的管理上，要充分利用大气温湿度变化的规律，掌握好通风的有利时间。

2. 库内温湿度的变化

库内温湿度的变化规律和库外基本上是一致的，但是，库外气温对库内的影响，在时间上需要一个过程，同时会有一定程度的减弱。所以，一般库内温度变化在时间上滞后于库外，在幅度上小于库外，表现为夜间库内温度比库外高，白天库内温度比库外低。

库内温度的变化与库房的密封性也有很大的关系，同时库内各部位的温度也因库内具体情况不同而有所差异，在工作中要灵活把握。

三、仓库温湿度的控制与调节

为了维护仓储商品的质量，创造适宜商品储存的环境，当库内温湿度适宜商品储存时，就要设法防止库外气候对库内的不利影响；当库内温湿度不适宜商品储存时，就要及时采取有效措施调节库内的温湿度。实际工作中通常采用密封、通风和吸潮相结合的方法。

1. 密封

密封，就是把商品尽可能严密地封闭起来，减小外界不良气候对商品的影响，以达到安全储存的目的。

密封方法要和通风、吸潮等方法结合运用，如运用得当可以起到防潮、防霉、防热、防溶化、防干裂、防冻、防锈蚀、防虫等多方面的效果。

密封保管应注意的几个事项：密封前要检查商品质量、温度和含水量是否正常，如发现生霉、生虫、发热、水淞等现象，就不能进行密封；发现商品含水量超过安全范围或包装材料过潮，也不宜密封；密封的时间要根据商品的性能和气候情况来决定；怕潮、易溶、易霉的商品，应选择相对湿度较低的时节进行密封。

常用的密封方法有整库密封、小室密封、按垛密封、货架密封以及按件密封等。

2. 通风

空气是从压力大的地方向压力小的地方流动的。气压差越大，空气流动就越快。

通风就是利用库内外空气温度不同而形成的气压差，使库内外空气形成对流，来达到调节库内温湿度的目的。库内外温度差距越大，空气流动就越快；若库外有风，借助风的压力能加速库内外空气的对流。但风力亦不能过大（如风力超过 5 级时灰尘较多）。正确地进行通风，不仅可以调节与改善库内的温湿度，还能及时地散发商品及包装物的多余水分。

通风的目的可分为利用通风散热（或增温）和利用通风散潮两种。

（1）利用通风散热。有些商品怕热，但对空气湿度要求不严，如玻璃或塑料桶装的化妆品，以及其他易挥发的液体商品，在湿度高的季节里，只要库外温度低于库内温度，就可以进行通风降温。

（2）利用通风散潮。只有根据库内外温度、绝对湿度与相对湿度的对比，在正确判断的基础上才能确定能否通风。由于商品的吸湿性能主要与相对湿度有关，而在一定的湿度下，相对湿度的变化又是由绝对湿度决定的，因此，利用通风来降低库内相对湿度时，必须以绝对湿度为依据来对比库内外情况。当库外绝对湿度低于库内时，才能进行通风。为了散发商品包装苫垫材料的水分或地面潮气而进行的通风，必须有干燥的空气，才能收到预期的效果。因此，利用通风散潮应在库内相对湿度大于库外，库外相对湿度较小（最好在70%以下）的条件下进行。

3. 吸潮

在梅雨季节或阴雨天，当库内湿度过高，不适宜商品保管，而库外湿度也过大，不宜进行通风散潮时，可以在密封库内用吸潮的办法降低库内湿度。常用的吸潮方法有去湿机吸潮和吸湿剂吸潮。

去湿机吸潮是用吸湿机把库内的湿空气通过抽风机吸入去湿机冷却器内，使它凝结为水后排出。去湿机一般适宜于储存棉布、针棉织品、贵重百货、医药仪器、电工器材和烟糖类等商品的仓库的吸湿。

吸湿剂吸潮是利用一些具有强烈吸湿性能的物质，吸收空气中的水分而达到去湿的目的。仓库中通常使用的吸湿剂有生石灰、氯化钙、硅胶等。

除上述几种调控温湿度的方法外，还可以用气幕隔潮、空调器调温、加湿器加湿等方法调控温度或湿度。

第五节　商品的养护

商品在储存过程中，由于各种外界因素的作用，会发生多种质量变化，如霉变、虫蛀、锈蚀、老化、溶化（熔化）、挥发、破损与变形等。下面重点介绍商品的霉变、虫蛀、锈蚀和老化等变化发生的机理及防治措施。

一、商品的霉变及防治

商品的霉变是由于霉腐微生物在商品上进行新陈代谢，将商品中的营养物质转变成各种代谢物，引起商品生霉、腐烂、产生异味等质量变化的现象。

对商品影响较大的霉腐微生物主要有：细菌、霉菌、酵母菌。细菌主要是破坏含水量较大的动植物食品，酵母菌主要引起含有淀粉、糖类的物质发酵变质，两者对日用工业品也有影响。引起商品霉变的霉腐微生物主要是霉菌，霉菌又有曲霉、毛霉、青霉、根霉之分，霉菌对商品的破坏范围较大。霉腐微生物对商品的危害包括其生长繁殖破坏商品和微生物的排泄物污染商品两种情况。

1. 霉腐微生物的生长条件

霉腐微生物的生长繁殖需要满足一定的条件，当这些条件得到满足时，商品就容易发生霉变；这些条件没有得到满足时，商品就不易或不会发生霉变。霉腐微生物的生长繁殖条件包括以下几个方面：

（1）水分和空气湿度。当湿度与霉腐微生物自身生长繁殖的需求相适应时，霉腐微生物就生长繁殖得快；反之，则处于休眠状态，甚至死亡。各种霉腐微生物生长繁殖的最适宜的相对湿度因微生物不同而略有差异。多数霉菌生长的最低相对湿度为80%～90%。在相对湿度低于75%的条件下，多数霉菌不能正常发育。因而通常把75%这个相对湿度称为商品霉变的临界湿度。

（2）温度。霉腐微生物的生长繁殖有一定的温度范围，超过这个范围，其生长会滞缓、停止甚至死亡。高温和低温对霉腐微生物生长都有很大的影响。低温对霉腐微生物的生命活动有抑制作用，能使其休眠或死亡；高温能破坏菌体细胞的组织和酶的活动，使蛋白质发生凝固，导致菌体细胞失去活动能力，甚至很快死亡。

霉腐微生物中大部分是中温性微生物，其最适宜的生长温度为20℃～30℃，在10℃以下不易生长，在45℃以上停止生长。

（3）光线。日光对于多数微生物都有影响，这主要是因为日光中的紫外线能强烈破坏微生物的细胞和酶。多数霉腐微生物被日光直射1～4小时后就会死亡。

（4）空气成分。有些微生物特别是霉菌，只有在有氧条件下才能正常生长，二氧化碳浓度的增加不利于这些微生物生长，甚至会导致其死亡。也有一些微生物是厌氧型的，它们不能在有氧气或氧气充足的条件下生存。因此，通风可以防止部分商品霉腐。

2. 常见的易霉变的商品

霉腐微生物的生长需要满足一定的条件。由于商品本身的特点不同，有些商品比较容易满足这些条件，有些商品则很难满足这些条件，所以前者容易发生霉变，后者则不容易发生霉变。一般来说，含糖、蛋白质、脂肪等有机物质的商品在养护不当时最易发生霉变。常见的易发生霉变的商品有以下几类。

（1）食品类。食品类商品中容易发生霉变的有糖果、糕点、饼干、罐头、饮料、酱油、醋和香烟等。这些商品的原料、再制品、半制品和成品都易沾染微生物，因而容易发生霉变。

此外，食品包装材料和商标纸发霉的情况也并不少见。这不仅会影响商品的外观，也会影响其内在质量。

（2）纺织原料及其制品。棉、毛、麻、丝等天然纤维及其制品，在一定的温湿度条件下，很容易发生霉变。化纤织品也会滋生霉腐微生物，也属于易发生霉变的商品。

（3）纸张及其制品。各种纸、纸板及其制品含有大量的纤维素，能够被微生物利用，当温度和湿度适宜时极易发生霉变。

（4）橡胶和塑料制品。橡胶内含有微生物可以利用的营养成分，同时，无论橡胶还是塑料制品，在其加工过程中都加入了一些添加剂，其中有些添加剂容易受到霉腐微生物的侵害，造成制品霉变。

（5）日用化学品。在日用化学品中，最易遭受微生物侵害的是化妆品。化妆品的配料多是甘油、十八醇、单硬脂酸甘油酯、白油及水等，实际成了许多微生物的良好培养基，是一类很容易发生霉变的商品。

（6）皮革及其制品。皮革是由蛋白质组成的，在进行表面修饰时又添加了一些微生物可利用的营养成分，一旦温湿度适宜，微生物就会在上面繁殖，从而对皮革及其制品产生严重的破坏作用。因此，在春、夏季节，特别是黄梅时节，皮革及其制品容易长霉。

（7）工艺美术品。工艺美术品的种类繁多，所涉及的原料很广，如竹制品、木制品、草制品、麻制品等。由这些原料制造的工艺美术品在运输、储存过程中都可能发生霉变。

此外，一些文娱和体育用品、光学仪器、电子产品、电器产品、录音带、录像带、感光胶片、药品等，在适宜的温湿度条件下也容易发生霉变。

3. 商品霉变的防治

商品在某些霉腐微生物的作用下，易发生霉变，导致质量下降。因此，必须采取适当的方法，对商品霉变进行防治。

（1）加强对库存商品的管理。这主要需要做好以下工作：

①加强入库验收。在易霉变商品入库时，首先应检验其包装是否潮湿，商品的含水量是否超过安全标准。

②加强仓库温湿度管理。根据商品的不同性能，正确地运用密封、吸潮及通风等方法，控制好库内的温湿度。特别是在梅雨季节，要将仓库的相对湿度控制在不适宜霉菌生长的范围内。

③选择合理的储存场所。应尽量将易霉变商品安排在空气流通、光线较强、比较干燥的库房，并应避免将其与含水量高的商品储存在一起。

④合理堆码，下垫隔潮。易霉变商品堆垛时不应靠墙或靠柱。

⑤对商品进行密封。

⑥做好日常的清洁卫生工作。

（2）化学药剂防霉。防霉最主要的方法是使用防霉剂，防霉剂能使微生物的菌体蛋白凝固、沉淀、变性；或破坏其酶系统，使酶失去活性，影响细胞呼吸和代谢；或改变其细胞膜的通透性，使细胞破裂、解体。浓度低的防霉剂能抑制霉腐微生物，浓度高的防霉剂甚至能让其死亡。

有实际应用价值的防霉剂需具有以下特点：低毒、广谱、高效、长效、使用方便和价格低廉；适应商品加工条件，适应环境，与商品其他成分有良好的相溶性，不降低商品性能；在储存、运输中稳定性好；等等。

防霉剂的使用方法主要有以下几种：

①添加法，即将一定比例的药剂直接加入到材料或制品中；

②浸渍法，即将制品在一定温度和一定浓度的防霉剂溶液中浸渍一定时间后晾干；

③涂布法，即将一定浓度的防霉剂溶液用刷子等工具涂布在制品表面；

④喷雾法，即将一定浓度的防霉剂溶液均匀地喷洒在材料或制品表面；

⑤熏蒸法，即将挥发性防霉剂的粉末或片剂置于密封包装内，通过防霉剂的挥发成

分防止商品发生霉变。

（3）商品防霉的其他方法。这主要有以下几种：

①气调储藏防霉。在密封条件下，通过改变空气成分，主要是创造低氧（空气含氧量在5%以下）环境，抑制微生物的生命活动和生物性商品的呼吸强度。

②紫外线防霉。目前使用的紫外线灯向外辐射的是253.7纳米的紫外线，其灭菌作用强且稳定。但紫外线穿透力弱，易被固形物吸收，因而其使用范围受到限制。

③微波防霉。微生物吸收微波后，温度升高，使蛋白质凝固，菌体成分遭到破坏，水分汽化排出，促使菌体迅速死亡。

④红外线防霉。微生物吸收红外线后，细胞内温度迅速上升，造成蛋白质凝固、核酸被破坏、菌体内水分汽化，菌体因脱水而死亡。

⑤低温储藏防霉。低温对微生物具有抑制作用，用冷库储藏可防止霉变。

⑥干燥防霉。

对已经发生霉变但可以挽救的商品，应立即采取措施，以免因霉变继续发展而遭受更加严重的损失。根据商品性质，可选用晾晒、加热消毒、烘烤等办法。

二、仓库的害虫与防治

1. 仓库害虫的来源

仓库害虫原本是农业害虫，其主要来源有如下几个：

（1）商品入库前已有害虫潜伏在商品之中，随商品一起进入仓库。

（2）商品包装物中有害虫隐藏。

（3）运输工具带入。

（4）仓库内本身有隐藏害虫。

（5）环境不卫生、不清洁，滋生害虫。

（6）因邻近仓间或邻近货垛储存了有害虫的商品而被感染。

2. 常见的易虫蛀商品

易虫蛀商品，主要是一些由营养成分含量较高的动植物原料加工制成的商品，常见的有以下几种：

（1）纺织品，特别是毛丝织品。

（2）毛皮、皮制品，包括皮革及其制品、毛皮及其制品等。

（3）竹藤制品。

（4）纸张及纸制品，包括纸张及其制品和很多商品的纸制品包装物。

（5）木材及其制品。

3. 仓库害虫的防治

商品发生虫害时，如不及时采取措施进行杀灭，常会遭受严重损失。防治仓库害虫的方法主要有以下几种：

（1）阻断仓库害虫的来源和传播。要阻断仓库害虫的来源和传播，必须做好以下几点。

①商品原材料、商品包装物的杀虫、防虫处理。

②入库商品的虫害检查和处理。

③仓库的环境卫生及备品用具的卫生消毒。

（2）药物防治。使用各种化学杀虫剂，利用其胃毒、触杀或熏蒸等作用来驱杀害虫，是当前仓库害虫防治的主要措施。常用的防虫、杀虫药剂有以下几种：

①驱避剂。驱避剂是利用易挥发并具有特殊气味的有毒固体药物，使其挥发出来的气体在商品周围保持一定的浓度，从而达到驱避害虫的目的。

②化学杀虫药剂。化学杀虫药剂主要通过触杀、胃毒作用杀灭害虫。触杀剂和胃毒剂很多，常用于仓库及环境消毒的有敌敌畏、敌百虫等。

③熏蒸剂。具有熏蒸作用的杀虫剂称为熏蒸剂，其通过害虫的气门及气管进入害虫体内，引起害虫中毒死亡。用熏蒸剂杀虫有成本低、效率高等优点。

仓库害虫的防治方法，除了以上两种外，还有高、低温杀虫，缺氧防治，辐射防治以及各种合成激素杀虫等。

三、商品锈蚀的防治

金属在环境的作用下所引起的破坏或变质称为金属锈蚀。金属锈蚀可以分为化学锈蚀和电化学锈蚀。化学锈蚀是金属与环境介质直接发生化学反应而产生的损坏，在锈蚀过程中不会产生电流。电化学锈蚀是金属在介质中发生电化学作用而引起的损坏，其在锈蚀过程中会产生电流。

电化学锈蚀要比化学锈蚀更普遍。金属电化学锈蚀的原理和金属原电池的原理是相同的，即当两种金属材料在电解质溶液中构成原电池时，作为原电池负极的金属就会被腐蚀。根据原电池理论，形成腐蚀电池必须具备三个基本条件：有电位差存在；有电解质溶液；不同电位的金属接触。若能避免、破坏或抑制这三个条件中的任何一个，就可以抑制腐蚀电池的形成，从而防止金属发生电化学锈蚀。

1. 金属制品锈蚀的原因

金属制品锈蚀的原因既有金属材料本身的原因，也有外部原因。

（1）金属材料本身的原因。金属的化学性质越稳定、金属材料纯度越高，金属的耐锈蚀性就越强。研究表明，应力集中和变形部位的锈蚀速度往往会加快，原因是这些部位的电位下降，引起电极电位不均而加速锈蚀。

（2）外部原因。金属制品锈蚀与外部因素有直接关系，如受温度、湿度、氧气、有害气体、商品包装、灰尘等因素的影响。

空气的相对湿度通常被认为是影响金属制品锈蚀的最重要因素，它直接影响金属制品表面水膜的形成和保持时间的长短。空气的相对湿度越高，金属制品表面越容易形成电解液膜，金属就越容易被锈蚀。在干燥的空气中金属制品不会被锈蚀，只有当空气的相对湿度达到一定程度时，金属制品才会突然被锈蚀。此时的相对湿度称为金属制品锈蚀的临界相对湿度。所以，储存金属制品的库房，如能将相对湿度控制在临界相对湿度以下，即使长期存放，金属制品也不易被锈蚀。

温度对金属制品锈蚀的影响很大。当温度剧烈下降时，水蒸气会在金属制品表面凝成水滴或液膜，从而加速其锈蚀。当大气温度升高时，在其他条件相同的情况下，锈蚀反应的速度也会加快。

2. 金属制品的防锈

金属制品的防锈，主要是针对影响金属制品锈蚀的外部原因进行的。

（1）控制和改善储存条件。储存金属制品的露天货场要尽可能远离工矿区，特别是化工厂，应选择地势高、不积水、干燥的场地。

较精密的五金工具、零件等金属制品必须在库房内储存，并禁止与化工商品或含水量较高的商品同库储存。

（2）涂油防锈。在金属制品表面涂（或浸、喷）一层防锈油脂薄膜。防锈油分为软膜防锈油和硬膜防锈油两种。

（3）气相防锈。一些具有挥发性的化学药品在常温下会迅速挥发，并使空间饱和，这些挥发出来的气体物质吸附在商品表面，可以防止或延缓商品的锈蚀。常用的气相防锈方法有气相防锈纸防锈、粉末法气相防锈和液相法气相防锈三种。

四、商品老化的预防

由塑料、橡胶、纤维等高分子材料制成的商品，在储存和使用过程中性能逐渐变差，最后丧失使用价值的现象称为“老化”。老化是一种不可逆的变化，它的特征是商品外观、物理性能、机械性能、电性能、分子结构等方面发生变化。

1. 影响商品老化的内在因素

影响高分子商品老化的主要内在因素有以下几种：

（1）材料的内部结构。例如，高分子材料内部结构存在易引起老化的弱点，如不饱和的双键、大分子上的支链等。

（2）其他组分。例如，塑料中的增塑剂会缓慢挥发或促使霉菌滋生，着色剂会产生迁移性色变，硫化剂用量增多会产生多硫交联结构，降低橡胶制品的耐氧化能力等。

（3）杂质。杂质是指含量虽然很少，但对商品的耐老化性能有较大影响的有害成分。其来源主要有单体制造、聚合时带入和配合剂带入三种。

（4）成型加工条件。在加工时，由于温度等的影响，材料结构会发生变化，影响商品的耐老化性能。

2. 影响商品老化的外部因素

影响高分子商品老化的外部因素也有很多，主要有日光、温度、空气中的氧气和臭氧等。

（1）日光。日光中的紫外线是引起高分子材料老化的最主要因素。紫外线会引起高聚物的光化学反应，首先引起表层高聚物的老化，并随着老化时间的推移而逐步向内层发展。因此，在大气环境中，材料受光面积的大小和单位面积上所接受的光强度的大小对材料老化的速度有很大的影响。

（2）温度。温度是影响高分子类商品老化的重要因素。温度升高会使分子的热运动加速，从而促使高分子材料中大分子链的氧化裂解或交联反应的产生。裂解使高分子材料的分子量降低，强度、伸长率下降；而交联使分子量增大，刚性提高等。

（3）氧气和臭氧。氧气是一种活泼的气体，在接近地面的大气层中占空气体积的21%，能使许多物质发生氧化反应。高分子材料的老化实际上也是在热的参与下或者在光的引发下产生的氧化反应。氧化反应可以使某些高分子材料的抗张强度、硬度、伸长率等性能发生严重的变化，所以氧化反应是引发高分子材料老化的又一重要外因。

臭氧对高分子商品老化的影响与氧气一样，主要是通过氧化反应，由于臭氧的化学活性比氧气强得多，因此其破坏性比氧气更大。

此外，水分和湿度、昆虫的排泄物等也对商品的老化有加速作用。

3. 商品防老化方法

根据影响商品老化的内外因素的不同，对高分子商品的防老化可采用以下方法。

（1）材料改性，提高商品本身的耐老化性能。材料改性的方法有很多，应用较多的有共聚，减少不稳定结构，交联，聚合物共混合和改进成型加工工艺以及后处理等。

（2）物理防护。抑制或减小日光、氧气和臭氧等外部因素对商品老化的影响的方法有涂漆、涂胶、涂塑料、涂金属、涂蜡、涂布防老化剂溶液等。

（3）添加防老剂。能够抑制日光、高温、氧气、臭氧、重金属离子等对商品的老化作用的物质称为防老剂。在制品中添加防老剂，是当前国内外防老化的主要方法。防老剂的种类主要有抗氧剂、紫外线吸收剂、热稳定剂。

此外，加强管理、严格控制仓储条件，也是商品防老化的有效方法。

第六节　食品的储存与保鲜

在食品商品储存过程中，如果忽视管理，那么不仅会增加损耗，降低商品质量，而且会危及人体健康。因此，根据食品的储存性能、质量变化规律，采取措施防止食品变质，保持食品的新鲜是十分重要的。

一、食品储存中的质量变化

食品在储存中由于本身的特性和外界环境的影响，往往会发生各种变化，其中有酶引起的生理生化和生物学变化，有微生物污染造成的变化，还有由于外界环境温度、湿度的影响而出现的化学和物理变化等。所有这些变化都会使食品的质量或数量方面受到损失。下面主要介绍食品储存中由微生物引起的变化。

食品含有丰富的营养，为微生物繁殖提供了良好的条件，在储存中往往会由于微生物的污染而发生腐败、霉变和发酵等生物学变化。

1. 腐败

腐败多发生在那些富含蛋白质的动物性食品中，如肉类、禽类、鱼类、蛋制品等，植物性食品中的豆制品也容易发生腐败。引起食品腐败的主要微生物是细菌，特别是那些能分泌体外蛋白质分解酶的腐败细菌。

2. 霉变

霉变是霉菌在食品中繁殖的结果。霉菌能分泌大量的糖酶，因此，富含糖类的食品容易发生霉变，如粮食、糕点、面包、饼干、淀粉制品、水果、蔬菜、干果、干菜、茶叶、卷烟等。霉变的食品不仅营养成分损失、外观颜色因霉菌的寄生而变得不正常，而且带有霉味。如果食品被含毒素的黄曲霉污染，还会产生有致癌性的黄曲霉毒素，所以在储存中要防止食品霉变。

3. 发酵

发酵在食品发酵工业中有广泛的应用，但是在食品储存中却能引起食品的变质。发酵是在微生物的酶作用下，使食品中的单糖发生不完全氧化的过程。食品储存中常见的发酵有酒精发酵、醋酸发酵、乳酸发酵和酪酸发酵等。

（1）酒精发酵。含糖分高的食品（如水果、蔬菜、果汁、果酱、果蔬罐头等）在储存中发生酒精发酵后会产生不正常的酒味。水果、蔬菜在严重缺氧的条件下由于无氧呼吸，也会产生酒味，这表明它们的质量已发生变化。

（2）醋酸发酵。某些食品因醋酸发酵可能完全失去食用价值，如果酒、啤酒、黄酒、果汁、果酱、果蔬罐头等。

（3）乳酸发酵。食品在储存中发生乳酸发酵不仅会使其风味变劣，还会因乳酸改变了食品的 pH 值，造成蛋白质凝固、沉淀等变化，鲜奶的凝固就是一例。

（4）酪酸发酵。酪酸发酵是食品中的糖在酪酸菌的作用下产生酪酸的过程。食品在储存中因酪酸发酵产生的酪酸，会使食品散发令人讨厌的气味，如鲜奶、奶酪、豌豆等食品变质时就散发这种酪酸气味。

影响微生物活性的因素有水分、温度、pH 值、氧气和光线等，其中水分和温度是影响微生物繁殖的最重要的因素。含水量大、水分活性高的食品处在高温之下便容易发生腐败变质，或者原来含水量不大、水分活性较低的食品处在高温度、高湿度之下也容易发生腐败变质。因此控制食品的水分和空气的温度、湿度是防止微生物对食品造成危害的主要措施。水分含量低或干燥的食品应在相对湿度低于 70%的条件下存放，并尽量保持其原有的安全水分含量。含水量较高的生鲜食品应在低温条件下储存，因为危害食品的微生物多属于嗜温性菌，一般在 20℃～25℃的条件下发育，所以储存温度一般应控制在 10℃以下，若需长期储存，则应采取冷冻处理。

二、食品的储藏方法

1. 低温储藏

食品低温储藏，即降低食品的温度，并维持低温或冻结状态，以便延缓或阻止食品的腐败变质，从而达到较长时间储藏食品的目的。

（1）食品低温储藏。食品的变质腐败主要是食品内酶所进行的生化过程（如新鲜果蔬的呼吸过程）和微生物生命活动所引起的破坏作用所致。而酶的作用、微生物的繁殖以及食品内所进行的化学反应的速度都受到温度的影响。大多数酶的适宜活动温度为30℃～40℃，温度下降，酶的活性就会变弱，将温度维持在－18℃以下，酶的活性就会受到很大程度的抑制。同时任何微生物也都有其正常生长和繁殖的温度范围，温度越低，它们的活动能力就越弱。0℃时微生物的繁殖速度与室温时相比已非常缓慢，短期储藏食品的温度通常在0℃左右。－10℃～－7℃时只有少数霉菌尚能生长，而所有细菌和酵母几乎都停止了生长，所以－12℃～－10℃就作为食品较长期储藏的安全储温。

（2）食品冻藏。冻藏是先将食品在低温下冻结，然后在保持冻结状态的温度下储藏的方法。冻藏是长期储藏易腐食品的主要方法。食品的冻结方法可分为缓冻与速冻两种。

所谓缓冻，是指将食品放于冻结室内（室温一般为－40℃～－18℃）进行冻结的方法。常在缓冻室内冻结的食品有牛肉、猪肉、箱装家禽、盘装整条鱼、大容器或桶装水果。这是比较古老的方法，也是费用最低、速度较慢的冻结方法。

所谓速冻，是指在－30℃或更低的温度下，使食品在较短时间（一般为30分钟）内通过最大的冰晶生成带（从－1℃降到－5℃）冻结的方法。速冻食品的品质总是高于缓冻食品。

2. 加热灭菌储存

利用加热杀灭食品中的绝大部分微生物和破坏食品中酶的活性的储存方法，被称为加热灭菌储存法。经过加热灭菌处理的食品，必须采用密闭或真空包装并及时冷却降温，才能长期储存，否则，微生物的二次感染或者储存温度过高还会使食品变质。加热灭菌的方法有高温灭菌法和巴氏消毒法。

高温灭菌法主要用于罐头食品和蒸煮袋装食品，其加热温度一般为100℃～120℃，也有采用超高温（达135℃以上）的。在70℃～80℃的条件下，绝大多数细菌与真菌经过20～30分钟即可死亡。但是，能产生孢子的真菌、能产生芽孢和荚膜的细菌耐热性很强，必须在100℃以上的高温中经30分钟甚至几个小时的处理才能死亡。因此，为了彻底灭菌，保证食品的卫生质量，罐头食品多采用高温灭菌。灭菌时温度越高，灭菌时间相对越短。

巴氏消毒法常用于不适于高温加热或短期储存的食品，如鲜奶、果汁、果酒和清凉饮料等。按照加热温度和时间的不同，巴氏消毒法又可分为高温短时间灭菌法和低温长时间灭菌法。前者采用的温度一般为80℃～90℃，加热1分钟或30秒钟；后者采用的温度一般为60℃～65℃，加热30分钟。巴氏消毒法采用的加热温度低，往往对于食品的营养成分破坏较小，但灭菌不彻底，不能长期储存。

3. 干藏

食品脱水干制，是为了能在室温条件下长期保藏，以便延长食品的供应季节，平衡产销高峰，交流各地特产，储备供救急、救灾和战备用的物资。食品脱水后，重量减轻，容积缩小。最常见的干燥方法有滚筒干燥、喷雾干燥、架式真空干燥、输送带式真空干燥、柜式干燥、窑房式干燥、隧道式干燥等。以上这些均属于人工干燥法，它们都需要专用的干燥设备。此外还有自然干制法，即晒干、风干和阴干等。

4. 化学防腐保鲜

食品的化学保藏就是在食品生产和储运过程中使用化学制剂（化学添加剂或食品添加剂）来提高食品的耐藏性和尽量保持其原有品质的措施。其优点是：只需在食品中添加化学制品如化学防腐剂、生物代谢物或抗氧剂等，就能在室温下延缓食品的腐败变质，与罐藏、冷冻保藏、干藏等方法相比具有简便而又经济的特点。食品化学保藏所用的防腐剂或添加剂必须对人体无毒害。这些化学制剂可分为抗菌剂和生物代谢产物。用于易腐食品处理的化学制剂主要有以下几种。

（1）二氧化硫。它是强力的还原剂，可以降低植物组织中氧气的含量，抑制氧化酶和微生物的活动，从而能阻止食品变质、变色，降低维生素C的损耗。

（2）山梨酸及其钾盐。该类物质能有效地控制肉类中常见的霉菌，作为防腐剂可用于鱼肉制品、鱼贝干燥品、果酱及甜酸渍制品，也可用于新鲜果蔬的储前处理。

（3）苯甲酸和苯甲酸钠。它们是有效的杀菌防腐剂，常用于保藏高酸性果汁、果酱、饮料糖浆及其他酸性食品，常和低温储藏法配合使用。如果将其处理后的食品与冷藏相结合，那么食品的储藏期将大大延长。

（4）抗菌素。某些微生物在新陈代谢中能产生一种对其他微生物有杀害作用的物质，称为抗菌素，例如，金霉素、氯霉素和土霉素、枯草菌素、乳酸链球菌素等，其抗菌效能为普通化学防腐剂的100～1 000倍，但其抗菌效能是选择性的。抗菌素可通过浸泡法、喷洒法、冰块保藏法以及家畜饲养法或注射法应用于食品保藏。

（5）植物杀菌素。它是各种植物中含有的抗菌物质。杀菌素只能取自新鲜的植物，当它们从刚被破碎和磨碎的植物中取得时杀菌作用最强。目前已经研究过将芥菜籽（油）、辣根及生姜汁等植物中含有的杀菌素用于食品的防腐保鲜。

此外，为了延缓或阻止氧化反应，食品保鲜过程中还常添加一些抗氧化剂，目前常见的抗氧化剂主要用于防止食品的褐变。

5. 气调储藏

果蔬在储藏期间的呼吸作用是果蔬衰老、品质下降的一个主要原因。近年来，气调储藏技术得到了广泛重视。气调储藏是通过改变仓库内气体成分的含量，利用比正常空气中的氧气含量低、二氧化碳和氮气含量高的气体环境，配合适宜的温度，来显著地抑制果蔬的呼吸作用，延缓其变软、变质及其他衰老过程，从而延长果蔬的储藏期限。气调储藏方法主要有以下几种。

（1）自发或自然气调储藏法。其具体做法是：将果蔬储于一个密封的库房或容器内，由于果蔬本身的呼吸作用会不断消耗库房和容器内的氧气并放出二氧化碳，因此在一定时间后，氧气逐渐减少，二氧化碳逐渐增加，当这两者达到一定的比例时，即会产生一个抑制果蔬本身呼吸作用的气体环境，从而达到延长果蔬储藏期的目的。

（2）人工气调储藏法。其具体做法是：人为地使封闭空间内的氧气含量迅速降低，二氧化碳含量升高，几分钟至几小时内就进入稳定期。人工气调储藏法有：①充氮法，即封闭后抽出储藏室内大部分空气，充入氮气，由氮气稀释剩余空气中的氧气，使其浓度达到要求，有时充入适量二氧化碳也可使之立即达到要求的浓度。②气流法，即把预先按要求人工配制好的气体输入专用的储藏室，以代替其中的全部空气，在之后的整个储藏期间，始终连续不断地排出部分内部气体，充入人工配制好的气体，使内部气体组成稳定在规定的范围内。

（3）混合法或半自然降氧法。实践表明，采用快速降氧法（即充氮法）把含氧量从21％降到10％比较容易，而从10％降到5％就要耗费较前者多约两倍的氮气。为了降低成本，可开始先充氮气，把氧气迅速降到10％左右，然后依靠果蔬本身的呼吸作用来消耗氧气，直至降到规定的氧气浓度范围，再根据气体成分的变化来调节控制。

6. 减压储藏

减压储藏是气调储藏的进一步发展，它的具体做法是：把储藏场所的气压降低，达到一定的真空度。其原理是：通过降低气压，使空气中各种气体组分的分压都相应地降低，创造出一个低氧分压的条件，从而起到类似气调储藏的作用。

减压储藏库对气密性的要求比气调储藏库更高，否则达不到减压的目的，这使得减压储藏库的造价更高。虽然它在当前生产中还未普及应用，但由于它能克服气调储藏的许多缺点，所以是一种先进而理想的果蔬储藏方式。

7. 辐射保藏

食品辐射保藏就是利用射线的辐射能量，对新鲜肉类及其制品、水产品及其制品、蛋及其制品、粮食、水果、蔬菜、调味料以及其他加工产品进行杀菌、杀虫、抑制发芽、延迟后熟等处理，使其在一定期限内不发芽、不腐败变质、不发生品质和风味的变化，以增加食品的供应量和延长保藏期，从而最大限度地减小食品的损失。

辐射保藏食品的方法与其他保藏方法相比有其独特的优点：和化学防腐保鲜法相比，它无化学残留物质；和加热灭菌储存法相比，它能较好地保持食品的原有品质；和低温储藏法相比，它能节约能源。所以辐射是一种较好的保藏食品的物理方法，但是辐射的方法不完全适用于所有食品，要有选择地应用。

8. 电子保鲜储藏

近年来国外已广泛应用电子技术对果品、蔬菜进行保鲜储藏，国内也正在对该技术进行研究。电子保鲜储藏就是运用高压放电，在储存果品、蔬菜等食品的空间内产生一定浓度的臭氧和空气负离子，使果品、蔬菜生命活体的酶钝化，从而降低果品的呼吸强度。

电子保鲜储藏的原理是：从分子生物学角度看，果品、蔬菜可被看成一种生物蓄电池，当受到带电离子的空气作用时，果品、蔬菜中的电荷就会起到中和的作用，使果品、蔬菜的生理活动出现类似“假死”的现象，呼吸强度因此而减慢，有机物消耗也相对减少，从而达到储藏保鲜的目的。

技能实训

【实训目的】

通过案例讨论加深对商品储运与养护相关概念的理解。

【实训主题】

掌握有关商品养护的知识。

【实训时间】

本章课堂教学内容结束后的双休日和课余时间，为期一周。或者指导教师另外指定时间。

【背景材料】

木制家具养护常识

（1）使用摆放时应该注意，不要将木制家具放在过于潮湿或者过于干燥的地方，比如靠近火炉、暖气等高温高热处，或者过于潮湿的地下室等地方，以免产生干裂或霉变等。

（2）如果是平房等地势较低、地面潮湿的屋内，须将家具腿适当垫高，否则家具腿部容易受潮气腐蚀。

（3）在搬运或移动家具时，应轻拿轻放，不能生拉硬拽，以免损伤榫卯结构。移动家具时，桌椅类不能抬面，否则容易脱落。桌子应该从两边抬；椅子应该从面下抬；柜子最好卸下柜门再抬，这样可以减轻重量，同时也能避免柜门活动。如需移动特别重的家具，可用软绳索套入家具底盘下，提起后再移动。

（4）避免在家具表面长期放置过于沉重的物品，特别是电视、鱼缸等，因为这样会使家具变形。桌面上不宜铺塑料布之类不透气的材料。

（5）房间内地板如果不平，时间长了会导致家具变形，避免办法是用小木头片垫平。

（6）应避免家具表面与硬物摩擦，以免损伤漆面和木头表面纹理，如放置瓷器铜器等装饰物品时要特别小心，最好是垫一层软布。

（7）应避免把家具放在朝南的大玻璃窗前，阳光长期直接照射会使家具过于干燥，还会导致其褪色。

（8）热水杯等不能直接放置在家具表面上，因为这样会留下不容易去除的痕迹。要绝对避免有颜色的液体，如墨水等洒在桌面上。

（9）绝对不用湿抹布或粗糙的抹布揩擦硬木家具，特别是老家具。应使用干净柔软的纯棉布，每隔一段时间加少许家具蜡或者核桃油，顺着木纹来回轻轻擦拭。

【实训过程设计】

（1）指导教师要求学生课前预习背景材料。

（2）将全班同学按每组 5～6 人平均分成若干小组，进行讨论。

（3）每人仿照背景材料，搜集一种生活用品的养护常识，在小组里交流讨论。

（4）根据讨论，谈谈我们平时的商品养护有哪些值得改进的地方。

（5）各小组对本次实训进行总结和点评，撰写作为最终成果的商品学实训报告。

（6）各小组提交填写了组长姓名、成员名单的商品学实训报告。优秀的实训报告将在班级展出，并收入本课程教学资源库。

综合练习

一、名词解释

商品储运　挥发　溶化　熔化　渗漏　串味　沉淀　沾污　破碎与变形

氧化　分解　化合　老化　聚合　呼吸作用　后熟　霉腐　虫蛀

空气温度　空气湿度　绝对湿度　饱和湿度　相对湿度

二、多项选择题

1. 化学杀虫法按其作用于害虫的方式不同，主要有（　　）、（　　）和（　　）三种方法。

A. 熏蒸法　　B. 触杀法　　C. 充氮降氧法

D. 胃毒法　　E. 低温法

2. 食品储存中常见的发酵有（　　）。

A. 酒精发酵　　B. 酪酸发酵　　C. 麦芽发酵

D. 乳酸发酵　　E. 醋酸发酵

3. 抑制或减小日光、氧气等外部因素对商品的影响的方法有（　　）。

A. 涂漆　　B. 涂胶　　C. 涂塑料

D. 涂金属　　E. 涂蜡

4. 商品常发生的物理变化有（　　）。

A. 挥发　　B. 溶化、熔化　　C. 渗漏、串味

D. 沉淀、沾污　　E. 破碎与变形

三、问答题

1. 商品储存过程中常见的质量变化有哪些？

2. 影响库存商品质量变化的因素主要有哪些？

3. 库内、库外温湿度的变化有哪些规律？

4. 什么是相对湿度？相对湿度与温度、绝对湿度、饱和湿度的相互关系如何？

5. 霉腐微生物的生长需要满足哪些条件？什么样的商品容易发生霉腐？

6. 商品防霉腐主要有哪些方法？

7. 仓库害虫有哪些特点？主要有哪些来源？

8. 什么样的商品易发生虫蛀？

9. 影响金属制品锈蚀的因素有哪些？常见的防锈方法有哪些？

10. 影响高分子商品老化的因素有哪些？常见的防老化方法有哪些？

11. 食品受微生物污染后易发生哪些变化？

12. 食品的储存原理是什么？

13. 食品储存保鲜的方法有哪些？各有什么特点？

第九章 服务商品

学习目标

- 掌握服务商品质量的测量

案例导读

值得打“飞的”去吃的全球十大餐馆（节选）

从伦敦到悉尼，从上海到孟买，从布鲁塞尔到布宜诺斯艾利斯，对于一个走过100多个国家及地区的人而言，什么最吸引他的全部感官？

美国《纽约时报》已故知名记者兼美食专栏作家阿普尔心中的答案是：美食。

就在他因病去世前不久，这位美食爱好者还在为同道中人制作最后一道“大餐”——一份全球“美食地图”，该地图上列举了美国之外10个国家的餐馆各一。

他在文章中说，这些餐馆并非全是世界公认的顶级餐馆，但它们却凭借各自的特色拥有“值得专程坐飞机前去一试”的吸引力。

Auberge du Cep 餐馆

法国大餐素来享有盛名，对原材料的精挑细选是原因之一。这也是Auberge du Cep餐馆入选阿普尔全球“美食地图”的关键理由。

Auberge du Cep餐馆面积不大，位置也不在高级餐馆扎堆的巴黎市区，而是“安身”于弗勒里地区盛产葡萄酒的博若莱，紧靠当地一个广场。餐厅主人尚塔尔·沙尼崇尚简单、自然的烹调理念，5年前就把龙虾和块菌从菜单中删除。她甚至拒绝了众多餐厅梦寐以求的“米其林两星级餐厅”的荣誉，只为坚持“简简单单做美食”的个人原则。

在沙尼的餐馆，青蛙腿必须绝对新鲜，从未经过冷藏，要先用草药浸泡，然后用油烹炸，才算完美；汤都是用菜园种植的绿色蔬菜做成；烤野鸭的原料必须来自当地的河里；牛肉也必须是出自当地的上乘材料。

阿普尔在文章中说，尽管Auberge du Cep餐馆的菜式简单——不过是小羊排、红酒煮鸡蛋、生蜗牛一类，但食物中都蕴藏着爱心和手艺，连“盘里的蜗牛都在快乐地吐着泡泡”，值得大多数来法国旅游的人前去品尝。

Don Alfonso 餐馆

和沙尼一样，意大利的阿方索·亚卡里诺也坚持选料一定要新鲜又天然。阿方索的 Don Alfonso 餐馆位于意大利南部的索伦托半岛。他有一个菜园，正对着风景如画的卡普里岛，日照充足。菜园里种植着香草、柠檬、桃、洋蓟和茄子，当然还有品种优良的西红柿和橄榄，这些都被用来制作餐桌上的各种美味。

Don Alfonso 餐馆的墙上满是可爱的彩色蜡笔画，置身丰富色彩中的顾客能享用到各式的意大利美食：意式水饺配羊奶乳酪，野生墨角兰，西红柿配紫苏，嫩牛肉卷葡萄干、松子和欧芹等。

威尔顿餐馆

英国伦敦老牌的威尔顿餐馆（Wilton's）也以精心选材而闻名。餐馆“自 1742 年以来，始终以提供最棒的生蚝、鱼而著称”。

顾客可以从半打牡蛎开始进食。尽管价格不菲，但很快顾客就会知道什么叫“物有所值”：牡蛎个个身宽 13 厘米，浅米色，产自英格兰埃塞克斯海边的西默西岛。由于那里海底地势较高，人们必须乘坐划桨的小船才能进入采蚝，因此不用担心这片海域受到石油或汽油污染。

此外，在这里，多佛尔比目鱼也是美食鉴赏家的经典选择：用融化的黄油涂抹鱼身，撒上盐和胡椒粉，在烧烤架上迅速来回翻烤，等到鱼身上烙下烤架的格子印，再放进烘烤器中加热 12～15 分钟，上等的鱼排就此诞生。

资料来源：值得打“飞的”去吃的全球十大餐馆．新华网，2006-11-24.

启示：能吸引食客乘飞机去吃的餐馆定有独到之处：纯天然的牛肉大餐、草原风光有足够的吸引力，“比目鱼中的蟹肉”足够让人惊喜等。其实餐馆提供的不仅仅是食物，而且是从生理到心理的全面满足感，是包括选材、烹调、就餐环境等在内的综合性服务。即使是拥有招牌菜海鲜的 Trishna 餐馆也不能例外。读者可以试想：如果其他条件不变，将它的位置移到豪华五星级饭店，它还会不会有如此大的吸引力？

打造良好的服务商品需要研究市场学、心理学、社会学、经济学、公共关系学等学科以及商品的性能、用途、质量、发展前景等诸多方面。如何打造服务商品、如何提高服务商品的质量同样是商品学的研究内容。

第一节 服务与服务商品概述

服务是一种非常复杂的社会现象，其表现形式多种多样，涉及的范围很难界定，迄今为止尚未有一个权威的、能为人们所普遍接受的定义。服务的含义、服务商品的内涵和特性构成了服务商品管理研究的概念基础。

一、服务概念的界定

人是社会的人，社会是人的社会。“人”这个字的结构是相互支撑的。人的社会性要求人与人之间相互依赖、互帮互助。服务就是满足社会或他人（含自己）需求的活动。服务与社会分工紧密相连。最初的服务是简单的，随着社会分工越来越细，人们之间的交流与合作日益频繁，服务的重要性越来越突出，服务的内容越来越丰富，服务的领域也越来越广泛，对服务概念的理解与界定也越来越深入。

1. 服务的一般定义

从 20 世纪 60 年代开始，人们曾给服务下过许多定义，后来许多学者也在服务的概念方面继续探讨。服务经济、服务管理、服务营销等方面的研究都对服务的概念进行了界定，但鲜有能被大家普遍接受的定义。尽管对服务进行定义很难，但中外学者们仍然在服务的概念研究方面不断地做出努力。

美国市场营销协会（AMA）于 1984 年对 1960 年确定的服务的定义进行修改后指出：服务是可被区分界定的，主要为不可感知，却可使欲望得到满足的活动，而这种活动并不需要与其他商品或服务的出售联系在一起。生产服务时可能需要利用实物，而且即使需要借助某些实物协助生产服务，这些实物的所有权也不涉及转移的问题。

瑞典学者古默森（Gummesson）对服务的定义是：服务是可以出售和购买，但不具有物质形态，不属于你的事物。

美国学者麦可姆·麦克唐纳（Malcolm McDonald）对服务的定义是：服务是一种包含非实体性要素的行为，它与顾客的财产有关联，但并不实现财产所有权的转移。

美国学者泽丝曼尔（Zeithaml）和比特纳（Bitner）对服务的定义是：服务是行动、过程和表现。

菲茨西蒙斯（Fitzsimmons）对服务的定义为：服务是一种顾客作为共同生产者的、随时间消逝的、无形的经历。

张宁俊给服务下的定义是：服务是一种提供时间、空间和形式效用的经济活动、过程和表现，它发生于与服务人员和有形资源的相互作用中，但不产生所有权的转移，直接或间接地使服务接受者或拥有的物品形态发生变化。

2. 本书对服务的定义

本书参考国内外众多学者的定义，结合王丽华在《服务管理》（第 2 版）中对服务的定义，认为：服务是一种顾客作为共同生产者创造顾客感知价值的、随时间消逝的无形经历。这个定义可以从以下几个方面来理解。

（1）定义中使用的“顾客”是服务的接受者，但不一定是最终消费者。因为服务消费存在与物质商品消费同样的情况，即购买商品的顾客不一定是最终消费者。例如，家庭主妇作为顾客，其许多购买行为都是为了家庭成员的消费；父母为子女购买教育、保险服务，子女才是教育、保险服务的最终接受者。但服务与物质商品不同的是，物质商品效用只对消费者起作用，让消费者获得利益和满足，而服务不仅为消费者提供和创造价值，而且对购买但未消费的顾客也会产生作用及价值。

（2）定义中使用的“作为共同生产者”是指服务生产的各项投入中，顾客是最重要的投入。对服务接受者来说，所要的是生产后服务的结果，也就是直接或间接地使服务接受者本人或拥有的物品形态发生的变化。他们为发生在自己身上或者自己的所有物上的结果付费，而不是为单项的各种生产投入，如设施和辅助物品（表面上购买的商品）付费。

（3）定义中使用的“创造顾客感知价值”是强调服务过程的目的和核心。顾客在接受服务的同时，实际上是在参与、加入到一系列活动中去，置身于与相关人员和有形资源的接触及相互作用之中。这种接触和相互作用是行为和情感的交互，能导致他们心情、感受、需求、满意度等的变化。服务正是通过交互双方或多方参与的各种活动、一系列过程和不同表现，以便捷、专业、愉悦、省时、舒适或健康的形式创造核心价值和附加价值，让顾客体验并获得满足。

（4）定义中使用的“随时间消逝的”是强调在创造服务价值时，时间起到非常大的作用。服务的生产与消费是同时进行的，服务失败了，可以采取纠正措施，但失去的时间无法弥补，这是服务的重要特点之一。

（5）定义中使用的“无形经历”是指服务结果是顾客的主观判断和感觉。服务的效用或服务消费的结果有时要在一定的时间后才能显现，这些效用和结果可能持续发挥作用，也可能不会持续发挥作用。有时接受服务的直接效果并不理想，却由此获得了更多的间接利益。服务效果如何完全取决于顾客的“主观评价”。因此，顾客对质量的评价是服务管理的核心，服务的过程质量与结果质量同样重要。

二、服务商品的构成

从消费者的角度看，服务是一种特殊的商品，是一系列商品和服务的组合。管理者要识别这些商品及其属性。

1. 服务套餐

服务是服务接受者在特定时间内与服务人员、其他客人、物质环境、服务提供过程进行接触和互动的过程中获得的一种总体体验。这种总体体验被称为服务套餐，主要内容包括：实物商品、服务、企业形象、消费体验。企业营销的不是单纯的服务和实物，而是包括体验在内的“能够使顾客满意的服务套餐”。

服务套餐是指提供给消费者的所有商品、服务和体验的总和，也是为消费者提供的服务价值。服务套餐的概念可以让经理们推出各种不同的项目并加以组合，再以单一价格推出，以满足消费者个体和群体的不同需求，为消费者提供最完美的体验。例如，酒店可以提供不同的服务套餐，如图 9－1 所示。

2. 核心服务和辅助性服务

服务套餐包括核心服务和辅助性服务，如图 9－2 所示，核心服务是消费者主要寻求的利益，辅助性服务是作为附加好处而提供的次要服务项目。核心服务是企业经营的主要目的，在提供服务的过程中占举足轻重的地位。安全和便捷是满足顾客需求的主要核心内容之一。辅助性服务是一系列配套的商品、服务和体验，这些配套的商品、服务和体验与核心服务结合起来，可以起到“杠杆效应”，使消费者产生高价值的感受。顾

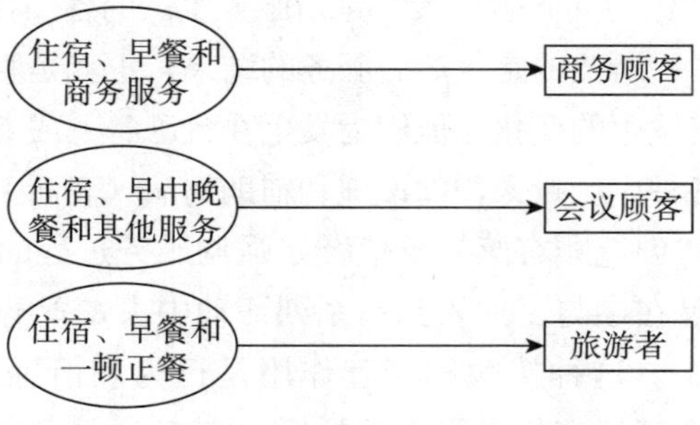

图 9-1　酒店为不同顾客提供的服务套餐

客主要通过外围服务来区分提供相似服务的店家。以酒店为例，核心服务为一间干净整洁、设施齐全的客房，而辅助性服务则包括客房以外的所有额外服务，如叫醒、早茶、咖啡、报纸、洗衣、擦鞋以及机场迎送等服务。

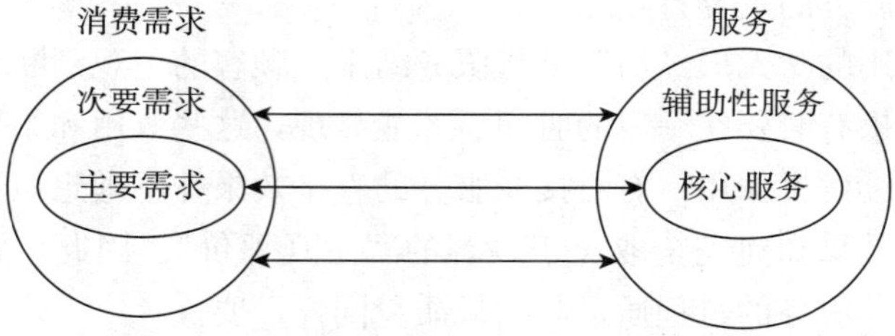

图 9-2　消费需求与产品设计

3. 无形要素和有形要素的统一体

所有服务商品都是以服务要素（无形要素）和商品要素（有形要素）组合的形式提供给消费者的。如图 9-3 所示，不涉及商品要素的“纯”服务很少。管理者要了解无形要素与有形要素的组合，更要清楚各要素之间是如何相互作用、相互补充的以及如何生产、营销和管理这些要素。其中，无形要素具有比有形要素更难以被竞争对手模仿的特点，更容易影响顾客对服务质量的看法以及由此对企业留下的印象，因此，管理者要特别重视那些需要关注的服务要素，强化顾客对优质服务的感知。

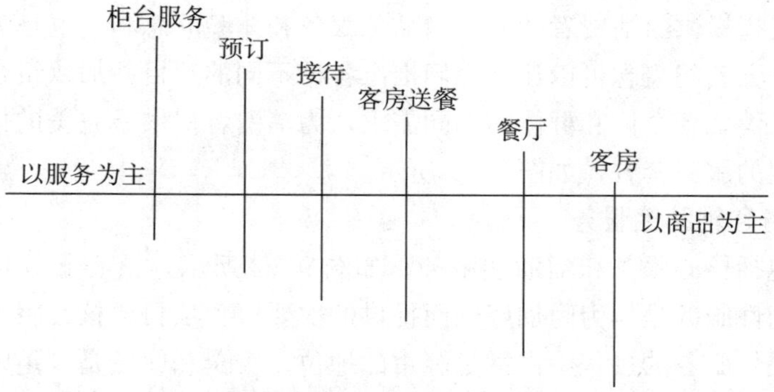

图 9-3　无形要素和有形要素的统一体

4. 服务商品整体概念

比特斯（Peters）引用莱维特（Levitt）提出的服务商品整体概念说明了顾客识别服务提供商之间差异的方式，通常包括以下四个方面：

（1）基本服务。核心服务，即服务的有形部分，指“硬件”，如饭店的住宿服务。

（2）预期服务。核心服务的服务等级标准，指“软件”，如五星级饭店服务。

（3）增量服务。额外服务，指“配套”服务。例如，五星级饭店邀请著名笑星欢度节日。

（4）潜在服务。期望之上或之外的各种服务，指“额外”服务，如五星级饭店会员俱乐部。

顾客购买的是服务所能提供的全部价值，而不是服务和商品本身。顾客并不购买商品和服务的各种属性及特点，而是购买商品和服务整体所带给他们的利益或体验。

5. 服务包

服务是一个由在支持性设施内使用辅助物品实现的由显性服务和隐性服务构成的“包”。服务的多重维度是服务传递系统设计和控制的核心。服务包（service package）是指在某种环境下提供的一系列商品和服务的组合。该组合包括以下四个部分：

（1）支持性设备。它是指在提供服务前必须到位的物质资源，如提供住宿的宾馆的客房等。

（2）辅助物品。它是指顾客购买服务时需要同时购买和消费的物质商品，或是顾客自备的物品，如餐厅的菜品和酒水等。

（3）显性服务。它是指可以用感官觉察到的、构成服务的基本或本质特征的利益，如在旅游过程中能学到知识。

（4）隐性服务。顾客能模糊感觉到的由服务带来的精神上的收获，如旅游时的愉悦、娱乐项目的惊险刺激等。

服务商品经营者的任务就是为顾客提供与他们期望的服务包一致的整个经历。因此，管理者首先要明确顾客所期望的服务包是什么样子的，并以此为目标，对提供的服务包进行改进。以廉价旅馆为例，支持性设施是一幢有简单家具的楼房；辅助物品减少到最低限度——仅有肥皂和卫生纸；显性服务为舒适的床和服务人员的热情服务；隐性服务可能是休息一晚后获得的充沛精力和愉快心情。偏离这个服务包，反倒会破坏顾客对廉价旅馆的印象，导致服务失败。

三、服务商品的特征

服务的定义揭示了服务与有形商品之间的区别，对这些区别进行进一步研究，从而归纳出服务商品有无形性、同步性、异质性、易逝性四个特征。

1. 无形性

服务商品的无形性是指其提供者无法以实物的形式展示或显示其服务。消费者在购买服务产品之前无法通过视觉、味觉或触觉感受服务，在服务消费中尽管可以感受到服务所带来的利益，但随着服务提供的结束，服务产品本身也就不复存在了。

无形性是服务最为显著的一个特征，是服务商品不同于有形商品的关键差别。它可以从两个不同的层次来理解。首先，服务的很多元素看不见、摸不着，无形无质。其次，顾客在购买服务之前，往往不能确定他能得到什么样的服务，因为大多数服务都非常抽象，很难描述。

2. 同步性

有形的商品在从生产、流通到最终消费的过程中，往往要经过一系列的中间环节，生产和消费过程具有一定的时间间隔。而服务商品则与之不同，它具有同步性，即服务人员向顾客提供服务时，顾客也正在消费服务，二者在时间上不可分离。

3. 异质性

异质性是指服务商品无法像有形商品那样实现标准化，每次服务带给顾客的效用、顾客感知的每次服务的质量都有可能存在差异。这是因为服务商品的质量取决于它们对人力或技术的依赖程度。不同服务企业之间、不同服务提供者之间，甚至同一服务提供者在不同时间内提供的服务质量也是有差异的。此外，服务商品质量的差异有时候还难以通过引入高技术来降低，相反，引入高技术可能还会使得服务商品的质量差异加大。

4. 易逝性

易逝性是大多数服务产品的一个显著特征，并且与无形性有着密切的联系。易逝性是指服务商品无法储存，因此只有在出现消费需求的时候才会生产。服务商品的生产在任何时候都是由需求决定的。服务不能像有形商品那样依靠存货来缓冲，以适应需求变化。在商品的制造过程中，存货可以用来分离生产工序；对服务业来讲，这种分离是通过顾客等候实现的。制造业中的主要问题是库存控制，而在服务业中，与之对应的问题是等候或“排队”。

在旅游业中，不可储存服务商品的典型例子包括酒店的客房和餐馆的餐位。如果没有及时使用，那么销售的商机就失去了。同样，如果民航客机的舱位没有坐满，那么空舱位将会造成无法挽回的损失。即使之后的航班由于需求激增而出现舱位爆满的现象，前面航班空舱位造成的损失也是无法弥补的。一般而言，服务商品的生产能力未能有效地利用就意味着无法挽回的损失。

第二节 服务商品的分类

一、托马斯分类法

美国哈佛大学教授托马斯（Thomas）认为，服务商品可以划分为两类：一类是以设备为主提供的服务商品；另一类是以人工为主提供的服务商品，如图 9-4 所示。

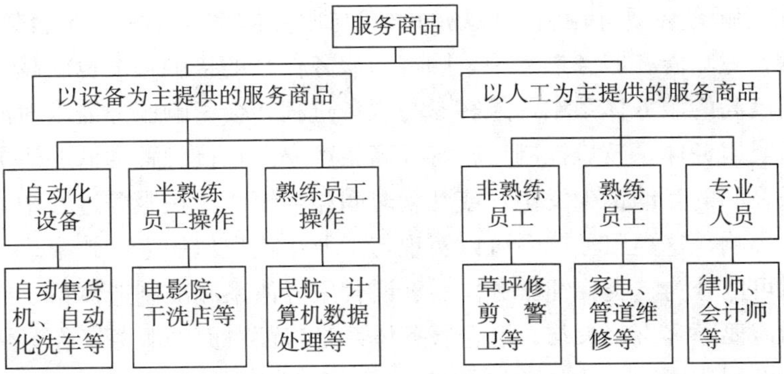

图 9－4　托马斯分类法

以人工为主提供服务商品的组织通常是劳动密集型服务组织，以设备为主提供服务商品的组织通常是资本密集型服务组织。两类组织可以相互转变，不少服务组织提供的服务商品既可以是以人工为主提供的也可以是以设备为主提供的。例如，顾客既可使用自动柜员机，也可借助营业员办理取款业务。

二、蔡斯分类法

美国亚利桑那大学蔡斯（Chase）教授根据顾客与服务体系的接触程度划分服务商品体系，如表 9－1 所示。

表 9－1　服务过程中顾客与服务体系的接触程度

接触程度高 ↑ **接触程度低**	纯服务体系 　保健中心 　旅馆 　公交公司 　餐馆 　学校 　私人服务 混合服务体系 　银行分行 　计算机公司办事处 　房地产公司办事处 　邮政分局 　殡仪馆 准制造体系 　银行总行 　计算机公司总部 　批发公司总部 　邮政总局	↓ 生产程序设计灵活性增大

接触程度指顾客必须待在服务现场的时间与服务体系为顾客提供服务的时间之比。这个比率越高，意味着在服务过程中，顾客与服务体系的接触程度也就越高。

在接触程度高的服务体系中，顾客参与服务过程，会影响服务需求时间、服务的性质和质量，这类服务体系较难控制，较难提高生产率。在接触程度低的服务体系中，顾客与服务体系之间的互动很少发生，或互动时间相当短暂。在服务过程中，顾客对服务几乎没有什么影响，这类服务体系可以实现与工业企业类似的生产效率。

服务体系可以分为三类：纯服务体系、混合服务体系和准制造体系。纯服务体系的主要业务活动需要顾客直接参与；混合服务体系是将面对面的服务工作与后台辅助工作结合在一起；准制造体系中的服务与顾客几乎不会面对面接触。

三、施曼纳分类法

美国印第安纳大学商学院教授施曼纳（Schmenner）认为：可以根据影响服务传递过程性质的两个主要维度——服务组织的劳动密集程度，以及服务人员与顾客的互动程度和服务定制化（个性化）程度对服务进行分类，并设计了一个服务过程矩阵（见图 9-5）。

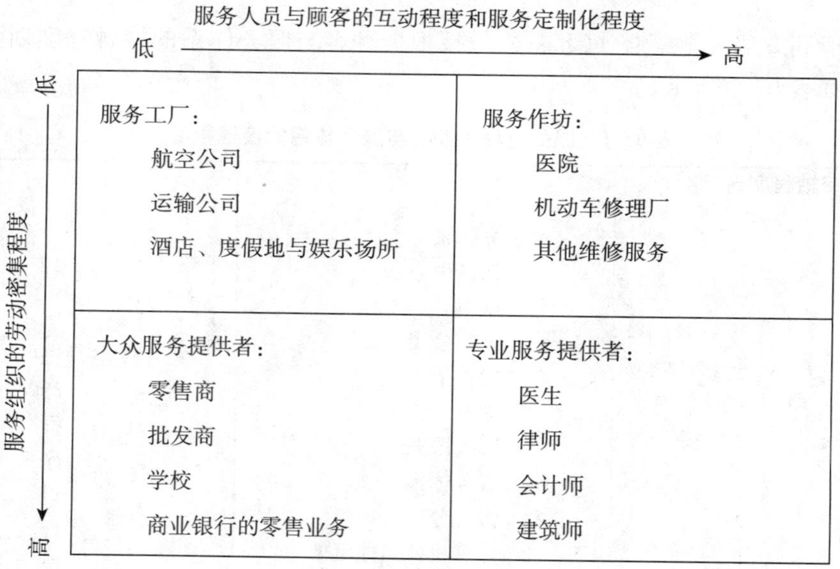

图 9-5　服务过程矩阵

垂直维度是服务组织的劳动密集程度（即劳动力成本与资本成本的比率）。因此，资本密集型服务，如航空服务和医院服务位于图 9-5 的上方，因为它们在设施设备上的投资远远高于其劳动力支出；劳动密集型服务，如学校和法律服务，则位于图中的下方，因为它们的劳动力消耗高于其资本投资。

水平维度是服务人员与顾客的互动程度和服务定制化程度。服务人员与顾客的互动程度和服务定制化程度高的服务，如医疗服务，医生与病人必须在诊断与治疗阶段充分沟通了解、互动才能取得令人满意的效果。病人也希望被当作个性化的人来看待，希望得到与自己的情况相符的定制化服务。服务人员与顾客的互动程度和服务定制化程度低的服务，如在麦当劳就餐，吃的是制成品，服务人员与顾客的互动程度很低，服务定制化程度也低，但并不代表服务水平低，相反麦当劳已成为服务业的一个标兵。

施曼纳赋予了服务过程矩阵的四个象限不同的名称：服务工厂、服务作坊、大众服务提供者和专业服务提供者。

1. 服务工厂

服务工厂提供标准化的服务，需要较高的资本投资，像一个流水线工厂。航空公司、运输公司、酒店、度假地等都是服务工厂。

2. 服务作坊

服务作坊在高资本环境下经营，服务定制化程度较高，医院、机动车修理厂等都是这类组织。

3. 大众服务提供者

大众服务是指顾客在劳动密集的环境中接受的标准化服务。许多传统的服务组织，例如，零售商、学校、商业银行、批发商、大众餐馆都是大众服务提供者。

4. 专业服务提供者

如果顾客在劳动密集的环境中接受非标准化的服务，服务人员与顾客的互动程度和服务定制化（个性化）程度提高，那么大众服务就变成专业服务，顾客会得到由经过专业服务培训的专家提供的个性化服务。医生、律师、会计师、建筑师、设计师、教练、咨询顾问等都是专业服务提供者。

四、罗伍劳克分类法

瑞士洛桑国际管理发展学院访问教授罗伍劳克（Lovelock）从服务对象和服务活动的性质、服务组织与顾客的关系和服务传递的性质、服务定制化程度与判断程度、服务供需关系、服务的可获得性和顾客与服务企业互动的性质等多个角度对服务进行了细致的分类，并根据不同类别的服务制定了相应的管理方法。

1. 依据服务对象和服务活动的性质分类

如图 9－6 所示，服务活动的性质主要是由两个维度决定的——服务的直接接受者以及服务的有形性，因此可以得到以下四种可能的服务类型：

（1）作用于人身体的服务，如健康护理、客运、美容、外科手术、酒店等服务。

（2）作用于物品或其他财产的服务，如货运服务。

（3）作用于人精神的服务，如心理咨询、教育辅导。

（4）作用于无形资产的服务，如保险、投资咨询。

医疗服务是既作用于人身体，又作用于人精神的服务。同一类服务往往会面临着相似的问题，也有可能共享某些问题的解决方案。

服务的有形性	服务的直接接受者：人	服务的直接接受者：物
有形活动	（1）作用于人身体的服务 健康护理 客运 美容 外科手术 酒店	（2）作用于物品或其他财产的服务 货运服务 工业设备的修理和维护 洗衣 园艺和草坪护理 兽医服务
无形活动	（3）作用于人精神的服务 心理咨询 教育辅导 广播 信息服务	（4）作用于无形资产的服务 保险 投资咨询 法律服务 会计

图 9-6　依据服务对象和服务活动的性质分类

2. 依据服务组织与顾客的关系和服务传递的性质分类

如图 9-7 所示，从服务组织与顾客的关系和服务传递的性质两个维度，可将服务划分为四种类型：

（1）对会员（或近似会员）顾客的不间断服务。

（2）对大众的不间断服务。

（3）对会员（或近似会员）顾客的间断性服务。

（4）对大众的间断性服务。

服务传递的性质	服务组织与顾客的关系类型：会员关系	服务组织与顾客的关系类型：非正式关系
持续传递	（1）不间断服务 保险 电话服务 银行业 协会	（2）不间断服务 广播电台 高速公路 灯塔
间断交易	（3）间断性服务 旅行服务 通行证 月票	（4）间断性服务 银行 法律服务 邮递服务

图 9-7　依据服务组织与顾客的关系和服务传递的性质分类

3. 依据服务定制化程度与判断程度分类

由于服务的生产和消费同时进行，顾客常常是服务过程的参与者，所以服务组织有机会按照顾客的具体要求提供定制化服务来满足不同的顾客。如图 9-8 所示，服务组织管理人员可从以下两个方面考虑服务定制化程度：

（1）服务操作体系能否提供定制化服务。

（2）服务人员需要对顾客的具体需求作出多少主观判断。

从这两个维度可以将服务分为四类。

（1）高判断高定制服务，即高度定制化并要求服务人员发挥自主性的服务。此类服务不仅要求高度定制化，而且要求服务人员作出大量的主观判断来确定服务方法。在与顾客的接触中，服务人员不只是对顾客的要求作出（被动的）反应，还要积极地引导顾客消费，如旅游服务、美容服务等。服务人员必须接受全面的培训，掌握专业知识，善于判断，以便为顾客提供优质的服务。这类服务可称作“知识密集型服务”。

（2）高判断低定制服务，即要求服务人员提供自主性的标准化服务。在服务中，服务人员需灵活地决定服务方法，但他们为不同的顾客提供的是完全相同的服务。例如，教师为每个学生提供相同的服务，但教授不同课程的老师却可以自行决定各自的教学方法。

（3）低判断高定制服务，即不要求服务人员发挥自主性的高度定制化服务。例如，高档餐馆和旅馆给予顾客多种选择，服务过程也相对灵活。

（4）低判断低定制服务，即不要求服务人员发挥自主性的标准化服务。此类服务相当标准化，如公共交通。

服务定制化程度

服务人员为满足顾客需求做出判断的程度	高	低
高	（1）高判断高定制服务 专业服务 旅游服务 特色餐馆 外科手术 美容服务 教育（辅导）	（2）高判断低定制服务 学校教育 面对大量群体的食堂服务 预防性健康计划
低	（3）低判断高定制服务 电话服务 宾馆服务 零售银行 家庭餐馆	（4）低判断低定制服务 公共交通 快餐店 家用电器的常规维修 电影院 体育比赛

图 9－8　依据服务定制化程度与判断程度分类

4. 依据服务供需关系分类

如图 9－9 所示，依据服务供需关系，即服务需求随时间波动的程度和供给受服务能力限制的程度可以将服务分成四类：

（1）需求波动大但能满足需求的服务。

（2）需求波动小且能满足需求的服务。

（3）需求波动大且常供不应求的服务。

（4）需求波动小但仍供不应求的服务。

供给受服务能力限制的程度	服务需求随时间波动的程度：大	服务需求随时间波动的程度：小
最高需求能被满足	（1）需求波动大但能满足需求的服务 电力 天然气 电话 医院	（2）需求波动小且能满足需求的服务 保险 法律服务 银行业 洗衣服务
最高需求超过服务能力	（3）需求波动大且常供不应求的服务 会计服务 客运 旅游 剧院	（4）需求波动小但仍供不应求的服务 体育比赛

图 9－9　依据服务供需关系分类

一些服务需求随时间波动的程度很大，又无法利用存货减少供需矛盾，但仍可以通过营销活动做好需求管理工作，提高盈利能力。第一类组织应尽力增大高峰期之外的需求量；第二类组织必须决定是不断增大需求，还是保持现状；第三类组织始终需要稳定需求，使供需一致，淡季的时候需要刺激需求，旺季的时候需要抑制需求；第四类组织应决定是扩大生产能力还是保持现状。

5. 依据服务的可获得性和顾客与服务企业互动的性质分类

如表 9－2 所示，依据服务的可获得性和顾客与服务企业互动的性质可以将服务分为六类。

（1）顾客只能到单一场所购买的服务。

（2）顾客可以到多个场所购买的服务。

（3）由服务提供者到指定场所进行的服务。

（4）由服务提供者到多个场所进行的服务。

（5）由单一场所向顾客提供的远程服务。

（6）由多个场所向顾客提供的远程服务。

表 9－2　依据服务的可获得性和顾客与服务企业互动的性质分类

顾客与服务企业互动的性质	服务的可获得性	
	单一场所	多个场所
顾客去服务场所	（1） 景点 宾馆	（2） 公共汽车站 快餐连锁店

续表

顾客与服务企业互动的性质	服务的可获得性	
	单一场所	多个场所
上门服务	(3) 出租车 家政服务	(4) 邮递 紧急修理服务
远程服务	(5) 信用卡服务 电视台	(6) 广播网 电话公司

对顾客来说，到单一场所接受服务可能会很不方便，服务组织在多个场所为顾客服务，可方便顾客购买，降低顾客的消费成本，但也会引起服务标准不一致和质量控制问题。有些服务对象是无法移动的，服务人员必须为顾客提供上门服务，这种服务通常费用很高；在许多服务中，顾客与服务组织并不需要直接接触，而是可以通过邮件或通信设备完成交易。

上述几种分类并不是绝对的，因为各类服务是相互交叉的，而且随着市场和技术等的发展，某些服务可能会由一种类型转为其他类型或同时属于多种类型。这四种分类的可贵之处在于，它们向服务管理者展示了多维的服务视角。管理者可以从不同的角度认识服务，在制定服务战略时，应考虑多方面的因素，从多个角度发掘自身的竞争优势。

第三节 服务商品质量

一、服务商品质量的定义

服务商品属于行为表现，通常是在消费者面前提供的。因此，服务商品质量（以下简称服务质量）在很大程度上是一种主观感受，而不是对实物商品的客观检验。服务质量是由消费者确定的，反映了顾客得到的服务与所支付的价格的对等程度，是一种相对于期望的质量。综合各种观点，我们认为，服务质量是顾客的主观感受，它取决于服务期望与服务绩效的对比，从组织角度看，服务质量是指服务商品满足或超过顾客需要的能力。

美国学者帕拉苏拉曼（Parasuraman）、泽丝曼尔（Zeithaml）和贝里（Berry）（即美国的服务管理研究组合 PZB）最初将“服务期望”定义为“服务应当是什么样的”。1991 年，PZB 将“服务期望”的概念一分为三，界定为“合格的服务”（adequate service）、“宽容的服务”（tolerant service）和“理想的服务”（desired service）。

二、服务商品质量的构成

服务商品质量取决于服务期望与服务绩效的对比，由服务商品的技术质量、职能质量、形象质量和真实瞬间构成。

1. 技术质量

技术质量也称产出质量，是指服务的结果，即顾客从服务过程中最终得到的东西。例如，医院为患者解除病痛、宾馆为旅客提供的用于休息的房间和床位、饭店为顾客提供的菜肴和饮料、航空公司为旅客提供的飞机舱位等。对于技术质量，例如，旅馆设备是否舒适，饭店的菜肴是否可口，民航的舱位是否宽敞等，顾客比较容易感知，也便于评价。

2. 职能质量

职能质量也称过程质量，是指服务传递的过程中服务人员的行为、态度、穿着和仪表等给顾客带来的感受。职能质量完全取决于顾客的主观感受，难以对其进行客观的统一评价。技术质量与职能质量构成了服务质量的基本内容。

3. 形象质量

形象质量是指企业在社会公众心目中形成的总体印象。它包括企业的整体形象和企业所在地区的形象两个层次。顾客通过视觉识别系统、理念识别系统和行为识别系统等多个侧面认识企业形象。企业形象质量是顾客感知服务质量的过滤器。如果企业拥有良好的形象质量，那么即使有些许失误也会得到顾客的谅解；如果失误频繁发生，则必然会破坏企业形象；倘若企业形象不佳，则企业任何细微的失误都会给顾客留下很差的印象。

4. 真实瞬间

真实瞬间是服务过程中顾客与企业进行接触的过程。这个过程发生在一个特定的时间和地点，是企业向顾客展示自己的服务质量的良机，也是企业进行服务质量展示的有限时机。一旦时机过去，服务交易结束，企业就无法改变顾客对服务质量的感知了。如果在真实瞬间服务质量出了问题，那将无法补救。真实瞬间是服务质量构成的特殊因素，是有形产品质量所不包含的因素。顾客光顾一家服务企业时，会经历一系列真实瞬间。例如，在乘坐飞机航班时，乘客从抵达机场开始，直到取回行李离开机场为止，要经历许多这样的真实瞬间。因此，服务的生产和传送过程应计划周密，执行有序，防止棘手的真实瞬间出现。如果出现失控状况并任其发展，出现质量问题的概率就会大大增加。一旦真实瞬间失控，服务质量就会大受影响。

案例 9-1

服务业高质量发展的主要路径

党的十八大以来，我国服务业发展规模不断扩大，水平不断提高，连续跨越“增加值占 GDP 比例超二产、超 50%”这两大里程碑，服务业的主导产业地位逐步确立，成为经济发展的主动力和经济平稳运行的“压舱石”。但从创新、智能、标准、融合、绿色、协调、开放、惠民等质量效益维度看，我国服务业发展仍存在明显的堵点和短板，与发达国家服务业增加值占GDP的比例达75%左右的水平相比，仍有很大发展空间，尤其是现代服务业与工农业融合发展的空间更大。

要加快服务业转型、提质与创新发展。紧紧抓住新一轮科技革命和产业变革的战略机遇，立足“换道超车”，而不是模仿型的“弯道超车”，对接市场需求，强化自主研发能力和颠覆性的新技术突破，全面增强服务业的创新能力和国际竞争力。具体可聚焦三个方面：一是提升生产性服务业价值链。推进生产性服务业向专业化、高端化、数字化、平台化、多链融合化和产业集群化的方向延伸。二是加快生活性服务业转型。促进生活性服务业向标准化、精细化、便捷化、多样化、特色化和品牌化转变。三是加大服务业态和模式创新力度。引导平台经济、共享经济、体验经济、数字经济等新模式有序发展。

要促进服务业与制造业、农业深度融合发展。加强产业融合的顶层设计，发挥政府的引导作用，充分调动市场主体的积极性和创造性，同向发力，形成合力，打造融合发展的新企业、新经济和新区域。要着力于推动现代服务业与先进制造业相融相长、耦合发展；推动现代服务业与乡村产业振兴融合，积极发展乡村休闲旅游、教育科普、文化创意、农村电商等业态，提升农业经济及其生活、生态功能，实现一二三产业融合发展；推动服务业内部业态融合。

要构建层次清晰、联动发展的服务业空间新格局。围绕主体功能定位和国土空间规划，加快构建与我国人口布局、城镇布局以及工农业布局相适宜的服务业空间新格局。一是围绕国内区域城市群建设和自贸区（港）建设，打造综合型、国家级的现代服务经济中心，率先形成具有国际竞争力的服务业高质量发展引领区。二是加强区域服务业联动发展，形成区域服务业发展的增长极。三是促进城镇服务业特色化发展，避免目标同质化和盲目攀比。

要强化公共服务基础设施和服务中心建设。围绕老工业城市改造、产城融合发展、新型城镇化建设和美丽乡村建设，以公益性为主导，推广采用公投民营、公助民营等方式，广开融资渠道，着力推进教育、医疗、康养、环保、文化、信息、安全等方面的公共服务基础设施建设，以及与之相关的服务平台和服务中心建设，补公共服务基础设施的短板，强智能网格管理和便捷综合服务的弱项，提升城乡建设与管理的现代化和精细化水平。

要持续优化服务业发展环境。良好的市场环境和政策环境是服务业高质量发展的重要保障。要营造公平公正的市场环境，进一步深化服务业“放管服”改革，以标准、便捷、诚信为准绳，加快研制和完善各领域服务标准，实施智能服务的“一网办”“一章办”，不断提升服务领域治理体系和治理能力的现代化水平。要强化政策扶持力度，增加产业扶持和奖励资金，扩大种子、风投、双创、普惠金融等融资方式的规模，开辟新的、多元化的资本市场，不断加大对创新型中小微服务企业的融资支持力度。

要以服务贸易为重点打造服务业开放新高地。我国服务贸易长期存在逆差，与货物贸易相比落差明显。要扭转这种被动局面，我国必须以改革促开放，以开放谋合作。要着力于“引进来”与“走出去”相结合，继续放宽服务业市场准入，扩大优质服务进口，鼓励有条件的企业“走出去”。要坚持传统服务贸易与新兴服务贸易“两手抓”。要招才引智，围绕国际人才引进，提供就业和生活便利，包括实行长期免签制，放宽绿卡、入籍申领条件，推行专业资格特许互认制等。北京作为全国唯一的服务业扩大开放综合示范区，在国际人才引进等方面探索了一些可复制推广的经验，为构建多层次、立体化服务业开放新格局提供了有力支撑。

资料来源：朱晓青，谢天成．服务业是经济发展的主动力、经济平稳运行的“压舱石”：服务业高质量发展的主要路径．北京日报，2021-04-19（11）．

思考：在我国新一轮高水平开放的背景下，服务业如何提高服务质量？

三、服务商品质量的特点

1. 服务商品质量具有很强的主观性

服务商品必须根据顾客的要求来生产，顾客说服务质量是“什么”，服务质量就是“什么”。服务质量是顾客感知的，而不是设计者和操作者评价的。服务质量更多地要按顾客的主观感知来衡量和检验。

2. 服务商品质量具有极强的差异性

在不同的时间，不同的服务提供者所提供的服务质量是不同的，即使同一个服务提供者在不同的时间提供的服务质量也存在差异；不同的顾客，乃至同一个顾客在不同的时间对服务质量的感知也是不相同的。服务质量形成于服务生产和交易的过程之中，顾客的素质，如文化修养、审美、兴趣爱好和价值取向等，直接影响着其对服务的需求和评价，加之同一个顾客的口味可能还会改变，因而服务质量也会随之改变。

3. 服务过程质量比产出质量更重要

顾客所感知的服务质量由顾客所追求的“结果质量”（技术质量）和“过程质量”（功能质量）两个方面组成。有形产品的质量是可以用一些特定的标准加以度量的，消费者对有形产品的消费在很大程度上是结果消费。而服务商品则不同，顾客对服务商品的消费不仅仅是对服务结果的消费，更重要的是对服务过程的消费。服务结果与服务过程是相辅相成、不可或缺的，忽视任何一个方面都会给服务质量带来灾难性的后果。基于前人所做的大量研究，笔者得出这样的结论：如果服务商品的技术质量是可以接受的，那么过程质量在顾客总的感知中常常要比产出质量重要得多。无论什么服务，能够让人们对交易过程留下深刻印象的几乎都是服务过程，服务组织与顾客的人际接触是对服务质量影响最大的因素。服务质量的提高需要服务组织内部形成有效的管理和支持系统。

4. 顾客感知的服务质量是在服务提供者与服务接受者的互动过程中形成的

与有形产品不同，在绝大多数情况下，服务的生产和消费是无法分割的，服务质量是在服务生产和服务消费的互动过程中形成的。因此，互动性是服务商品质量与有形产品质量的一个非常重要的区别。

5. 企业形象是影响顾客感知的服务质量的重要因素

如果顾客心目中的企业形象是好的，那么当顾客有不满时，那么良好的企业形象会起到某种程度的抵消不满的作用。当然，如果问题连续出现，企业形象最终会受到损害。如果企业形象不佳，顾客感知的服务质量很容易比实际更糟。

四、服务商品质量的评价要素

PZB 提出了服务商品质量的评价要素，他们确定了顾客判断和感知服务质量的五个基本方面，它们按相对重要性由高到低依次为：可靠性、敏感性、保证性、移情性、有形性。

1. 可靠性

可靠性是指企业可靠地、准确地履行服务承诺的能力。可靠的服务是顾客所希望的，它意味着服务以相同的方式、无差错地准时完成。许多以优质服务著称的企业都是通过可靠的服务来建立自己的信誉的。比如，麦当劳的顾客会发现，无论在美国还是在中国，都能吃到同一质量水平的汉堡包。可靠性实际上要求企业避免在服务过程中出现差错，因为服务差错不仅会给企业带来直接的经济损失，而且可能会令企业失去很多潜在顾客。在服务过程中，最令顾客恼火的莫过于企业失信。航空公司的可靠性表现在安全、准时、速度上。假如一位旅客准备乘坐上午 9：30 的飞机从北京飞往深圳参加下午 3：30 的会议，事实上整个航程只有三个多小时，但是，旅客候机却用了六个小时，因为飞机晚点了五个小时。飞机晚点不仅耽误了旅客的行程，而且严重破坏了航空公司在旅客心目中的形象，在这种情况下，向旅客道歉往往是没有用的。

2. 敏感性

敏感性也称响应性，是指服务企业帮助顾客并迅速提供服务的愿望，是顾客感知到的服务企业的态度，即企业是否愿意随时为顾客提供快捷、有效的服务，对于顾客的各种要求，企业能否及时予以满足，企业是否把顾客的利益放在第一位。同时，服务传递的效率则从一个侧面反映了企业的服务质量。研究表明，在服务传递过程中，让顾客等候，特别是无原因地等候，会对顾客感知的服务质量造成不必要的消极影响。出现服务问题时，迅速解决问题会给顾客感知的服务质量带来积极的影响。在误点的航班上向旅客提供一些有诚意的小礼物作为补偿可以将旅客的不良感受转化为美好的回忆。

3. 保证性

保证性是指员工所具有的知识、礼节以及表达自信与可信的能力。服务人员的友好态度与胜任工作的能力，能够增强顾客对企业服务质量的信心和安全感。当顾客同一位友好、和善且学识渊博的服务人员打交道时，其会认为自己找对了公司，从而获得信心和安全感。友好心态和胜任工作的能力二者是缺一不可的。服务人员态度不友善自然会让顾客感到不快；如果服务人员对专业知识懂得太少，也会使顾客失望。在服务商品不断推陈出新的今天，服务人员更应该拥有较高的知识水平，给顾客以专家的感觉。

4. 移情性

移情性是设身处地为顾客着想和对顾客给予特别关注的能力和愿望。移情性包括以下方面：接近顾客的能力（可接近性和便捷性），敏感地和有效地理解顾客需求（甚至是私人的特殊要求）并予以满足的能力，换位思考，使整个服务过程富有“人情味”的能力。

5. 有形性

有形性是指服务的实体设施、设备、环境、人员外表以及服务中与顾客的实体接触等都是有形的。由于服务是无形的体验，本质上是一种行为过程而不是某一种实物，具有不可感知的特性，因此，顾客在很大程度上只能借助这些与服务有着密不可分的关系的实体设施、设备、环境、人员等来把握服务质量的高低，从而作出自己的判断和评估。另外，有形的环境条件等是服务人员更细致地照顾和关心顾客的有形体现。比如，旅客乘坐某航空公司的班机时，清洁、典雅的机舱和专业、大方的空乘人员展示出该航空公司的服务水准，那么旅客在评估其服务质量时自然会给予较高的评价。充分利用有形性主要有两个方面的作用：一是提供有关服务质量本身的有形证据；二是直接影响顾客感知的服务质量。

顾客主要从以上五个方面对服务期望与感知的服务相比较，最终形成自己对服务质量的判断。服务期望与感知的服务之间的差距是服务质量的量度，它既可能是正面的，也可能是负面的。

五、服务商品质量的评价模型

1. 感知服务质量模型

1982年，格罗鲁斯（Gronroos）第一次提出了顾客感知服务质量概念。他的研究基本上是建立在消费者研究理论的基础之上，而且借鉴了许多消费者研究理论。顾客感知服务质量被定义为顾客的服务期望与服务绩效的比较。如果实际服务绩效大于服务期望，则顾客感知服务质量是良好的，反之，则顾客感知服务质量是低下的。据此可将服务质量同有形产品的质量从本质上区别开来。感知服务质量模型框架如图9-10所示。

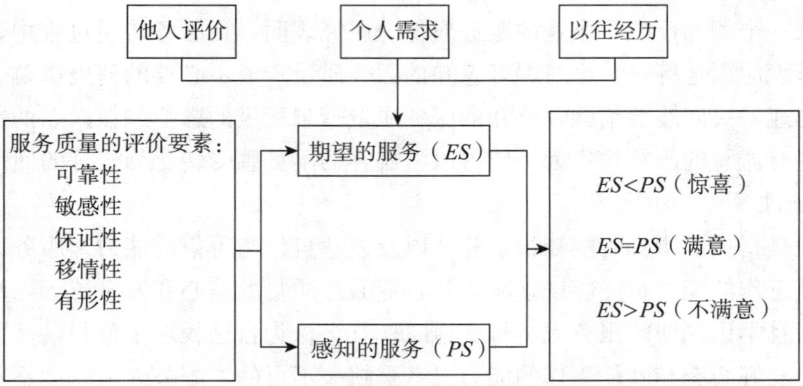

图9-10 感知服务质量模型框架

2. 服务质量差距模型

PZB在顾客感知服务商品质量概念的基础上，对服务商品质量的构成要素及其评价方法进行了更为深入的研究。他们通过对若干服务行业的实证研究，构建了"服务质量差距模型"（The Five-Gap Model of Service Quality），提出了五种服务质量差距。通过该模型可以分析服务质量问题的根源，从而协助服务企业管理者采取措施改善服务质量。图9-11展示了服务质量差距模型框架。

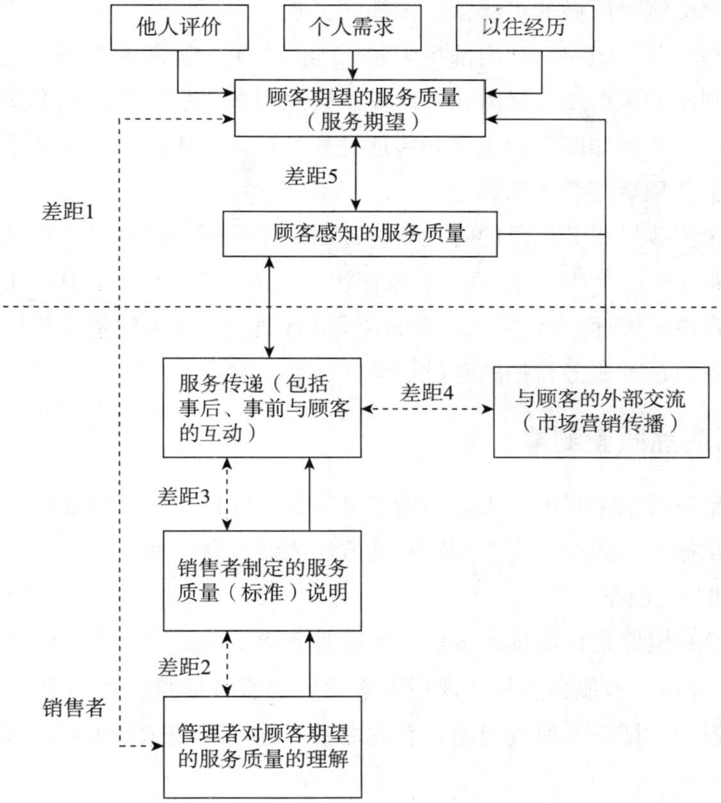

图9-11 服务质量差距模型框架

（1）差距1——管理者认知差距。此差距指顾客的服务期望同管理者对顾客的服务期望的认知之间的差距。最直接也最明显的差距往往是顾客想要得到的服务和管理者认为顾客希望得到的服务两者之间的差距。

（2）差距2——服务质量规范差距。此差距指管理者对顾客的服务期望的认知同企业制定的服务质量标准之间的差距。即使管理者已经准确理解了顾客的需求，有时也不能将其融入到制定的服务质量标准中。

（3）差距3——服务传递差距。此差距指服务质量标准同企业实际所提供的服务之间的差距。这一差距的存在意味着企业向顾客提供的服务未能达到企业制定的服务标准。

（4）差距4——市场营销传播差距。此差距指企业与顾客进行外部交流时承诺的服务同企业所提供的实际服务之间的差距，即承诺—兑现差距。

（5）差距5——感知服务质量。此差距即格罗鲁斯提出的顾客的服务期望与顾客感知的服务之间的差距。这一差距实际上是前四个差距之和。

图9-11中模型的上半部分与顾客有关，下半部分与服务提供者有关。顾客的服务期望是他人评价、个人需求和以往经历等几方面因素共同作用的结果，同时还受到企业与顾客进行外部交流时所做的市场营销传播的影响。顾客实际感知的服务就是顾客对服务的体验，它是服务组织一系列内部决策和活动的结果。管理者对顾客服务预期的认知决定了企业所制定的服务质量标准；一线员工按照服务质量标准向顾客交付服务；顾客则根据自身的体验来感知服务的生产和传递过程。该模型还指出，市场营销传播对顾客感知的服务和服务预期都会产生影响。

该模型向希望改进服务质量的管理者传递了一个清晰的信息：提高顾客满意度的关键在于弥合差距1～4，并使其持续处于弥合状态。由于差距1～4中往往是一个差距或多个差距同时存在，因而顾客感知的服务质量会有缺失。服务质量差距模型可以作为服务组织改进服务质量和服务营销的基础框架。

六、服务商品质量测量

对服务质量进行测量难度极大，因为服务质量包含许多无形因素和心理因素，难以设定精确的量化标准。因此，需要用特殊的方法来实现这一测量。

1. SERVQUAL模型

SERVQUAL模型是目前从顾客角度测量服务质量的最有影响力的模型。该模型于1988年由PZB提出，被服务业用于测量顾客感知的服务质量。1990年，PZB又提出了服务质量差距模型，即前文所提模型；在此之后，他们对SERVQUAL模型进行了改进和扩展。

根据研究，PZB提出了服务质量五维度的观点，这五个维度分别是可靠性、敏感性、保证性、移情性、有形性。PZB根据这五个维度设计了SERVQUAL量表，建立了感知质量评价方法。这种评价方法的原理就是前一节讨论的服务质量差距模型，即对顾客的期望服务和感知到的服务分别进行评估，然后对比两种评估的结果，找到其中的差距，最后得到对服务质量的评价。SERVQUAL量表由两份问卷组成，见表9-3。两份问卷的题条、填答方式均相同，只是问卷说明不同，第一份问卷的说明要求被试者确认“提供某种服务的企业在多大程度上符合量表项目陈述中所描述的特征”，以获得顾客对某行业服务质量的期望水平。第二份问卷的说明要求被试者确认在多大程度上支持“提供该服务的某具体企业”，获得顾客对具体企业服务质量的感知。SERVQUAL分数＝实际感知分数（*PS*）－期望分数（*ES*）。SERVQUAL分数一般为负值，其绝对值越大，表明企业的服务质量越差。

表 9-3　SERVQUAL 量表

问卷一

说明：这份调查问卷的目的是收集您对某类服务的看法。您认为提供______服务的企业在多大程度上符合下列特征？在每项特征后我们都设置了 1～7 这 7 个分数供您选择其一。如果您非常赞同这类企业应当拥有这项特征，您就选择 7。如果您非常反对，您就选择 1。如果您的期望在这两者之间，那么您就根据您的支持程度选择其中的某个数字。答案没有正确和错误之分，我们所关心的是最能表达您对提供______服务的企业的意见的答案。

E1 它们应当装有现代化设备
E2 它们的设备应当在感官上吸引人
E3 它们的雇员的穿着打扮应当得体、整洁
E4 它们的设备在外观上应当与它们所提供的服务和谐、一致
E5 当它们许诺在某一时间做某事时，它们应当信守诺言
E6 当顾客遇到困难和问题时，它们应当给予同情与关心，使其消除疑虑并放心
E7 它们应当是可靠的
E8 它们应当按照所承诺的时间服务
E9 它们应当记录准确
E10 顾客不希望被告知接受服务的精确时间（一）
E11 顾客期望它们的雇员给予及时的服务是不现实的（一）
E12 它们的雇员并不总是乐于帮助客人（一）
E13 如果它们的雇员太忙，不能及时地满足顾客的要求也没有关系（一）
E14 它们的雇员是值得信赖的
E15 顾客在与它们的雇员的互动中应该能够感到安全
E16 它们的雇员应当是有礼貌的
E17 它们的雇员应当从企业得到适当的支持，以做好他们的本职工作
E18 顾客不应当期望企业给予其私人化的关注（一）
E19 顾客不能够期望它们的雇员给予他们私人化的关注（一）
E20 希望它们的雇员知道他们的顾客需要什么是不现实的（一）
E21 希望它们真心地从它们的顾客的最大利益出发是不现实的（一）
E22 不应当期望它们在营业时间为所有的顾客提供方便（一）

问卷二

说明：这份调查问卷的目的是收集您对______公司服务工作的意见。请对______公司是否应当拥有下列条款中所描述的特征，表达您的意见，即您在多大程度上支持这项条款。在每项条款后我们都设计了 1～7 这 7 个分数供您选择其一。如果您非常赞同______公司应当拥有这项特征，您就选择 7。如果您非常反对______公司拥有这项特征，您就选择 1。如果您的期望在这两者之间，那么您就根据您的支持程度选择其中的某个数字。答案没有正确和错误之分，我们所关心的是最能表达您对______公司的______服务工作的意见的答案。

P1 该公司应当装有现代化设备
P2 该公司的设备应当在感官上吸引人
P3 该公司的雇员的穿着打扮应当得体、整洁
P4 该公司的设备在外观上应当与它所提供的服务和谐、一致
P5 该公司许诺在某一时间做某事时，它应当信守诺言
P6 当顾客遇到困难和问题时，该公司应当给予同情与关心，使顾客消除疑虑并放心
P7 该公司应当是可靠的
P8 该公司应当按照它所承诺的时间服务

续表

P9 该公司应记录准确
P10 顾客不希望被告知接受服务的精确时间（—）
P11 顾客期望公司的雇员给予及时的服务是不现实的（—）
P12 该公司的雇员并不总是乐于帮助客人（—）
P13 如果该公司的雇员太忙，不能及时地满足顾客的要求也没有关系（—）
P14 顾客应当能够信任该公司的雇员
P15 顾客在与该公司雇员的互动中应该能够感到安全
P16 该公司的雇员应当是有礼貌的
P17 该公司的雇员应当从他们的公司得到适当的帮助，以做好他们的本职工作
P18 顾客不应当期望公司给予他们私人化的关注（—）
P19 顾客不能够期望该公司的雇员给予他们私人化的关注（—）
P20 希望该公司的雇员知道他们的顾客需要什么是不现实的（—）
P21 希望该公司真心地从他们的顾客的最大利益出发是不现实的（—）
P22 不应当期望该公司在营业时间为所有的顾客提供方便（—）

说明：1. 本问卷采用 7 分制，7 表示完全同意，1 表示完全不同意，中间分表示不同意的程度。问卷中的内容是随机排列的。2. 后面标有（—）的项目表示对这些条款的评分为反向，数据分析前应转为正向得分。

（1）若 $PS>ES$，则 $SQ>0$，说明服务质量超出顾客期望，表现为顾客对服务质量感到惊喜。

（2）若 $PS=ES$，则 $SQ=0$，说明服务质量满足顾客期望，表现为顾客对服务质量感到满意。

（3）若 $PS<ES$，则 $SQ<0$，说明服务质量低于顾客期望，表现为顾客对服务质量不满意。

在 SERVQUAL 模型被建立起来以后，许多学者利用不同行业的数据对它的信度和效度进行了多次测量。尽管 SERVQUAL 量表在多次测量中都表现出了较高的信度和效度，但是仍然有不同的呼声存在。卡曼（Carman）指出：SERVQUAL 模型的稳定性虽然较好，但是其五个维度并不都是“中性”指标，对不同的行业并不具有完全的适用性。有的学者将 SERVQUAL 模型改进为 $Q=I(P-E)$，其中，I 表示服务质量属性的重要程度。而博尔顿（Bolton）和德鲁（Drew）更关注以往经历对服务质量的影响，他们指出：顾客现在的看法是建立在对上一次服务质量的感知的基础上的，服务经历也许会改变他们对未来的服务质量的态度。

具有代表性的服务质量评价模型还有 SERVPERF 模型、Q 矩阵评价模型、基于心理学标准的比较评价模型、价值曲线评价模型等。本书主要介绍 SERVQUAL 模型，对后几种模型不做详细介绍。

2. 服务质量测量的程序

服务质量测量一般采取评分量化的方式进行，其具体程序如下：

（1）测量顾客的期望服务质量；

（2）测量顾客的感知服务质量；

（3）确定服务质量（=期望服务质量—感知服务质量）。

测量期望服务质量和感知服务质量的具体步骤如下：

（1）选取服务质量的评价标准：可靠性、敏感性、保证性、移情性、有形性。

（2）根据各条标准在所调查的服务行业的地位确定权数，如 9、7、6、4、2 等。

（3）对每条标准设计 4～5 个具体题条。

（4）制作问卷。

（5）发放问卷，请顾客逐条评分。

（6）对问卷进行综合统计。

（7）分别测算出期望服务质量和感知服务质量。

（8）求出差距值，其一般为正值，且绝对值越大，表明期望服务质量与感知服务质量的差距越大，服务质量越差；反之，则服务质量越好。

3. 服务质量测量的范围

服务质量测量的范围很广，总的来看由五大要素，即服务内容、服务过程、服务结构、服务结果、服务影响组成。以医疗服务质量测量为例，其范围明显不限于照料患者，还包括医疗服务对家庭与社会的影响。

（1）服务内容。服务业门类广泛，每一种服务都有其特定的内容。例如，旅游业为旅游者提供食、住、行、游、购、娱等服务；医院为人们提供诊断、开方、手术、保健等服务。

（2）服务过程。服务过程是指完成服务中各事件的顺序。可以通过问卷调查来测量服务中各事件的顺序是否恰当。

（3）服务结构。这是指服务组织的结构设计是否合理。其中，人员资格是重要的质量因素。

（4）服务结果。服务结果指顾客对服务质量的最终评估，它可以通过与行业平均水平的对比来得出，同时服务人员对自己的表现是否满意也是影响服务结果的重要因素。

（5）服务影响。这是指服务对顾客的长期影响，包括对社区和社会造成的影响。例如，教育服务对某地升学率提高的贡献，医疗服务对社会平均寿命延长所作出的贡献等。

案例 9-2

马蜂窝召开新旅游电商大会，打造产品创新与流量红利双引擎

2018 年 2 月 21 日，马蜂窝旅游网在北京召开了以“共创产业新生态”为主题的新旅游电商大会，着眼 2019 年产业发展新生态，与优质旅游商家共议新时代下的营商之道，并发布了全新升级的商家赋能系统。

马蜂窝旅游网联合创始人、CEO 陈罡在会上表示，2019 年，马蜂窝将以更开放的内容与目的地流量、更大的市场投入和更智能的数据系统，为广大商家构建“产品创新”与“流量红利”的增长双引擎，全力构建新旅游电商大生态。

“2018 年，个性化旅游的规模化时代已经到来，2019 年将出现进一步的需求喷发。”陈罡称，老旅游产业局限在现实空间和地理维度里，而新旅游消费的本质早已不是大山大水，而是背后的文化附加值。“如果继续待在存量市场，未来只会越来越艰巨，只有理解明天和未来的市场，才能在旅游行业中泰然处之。”

"以马蜂窝为代表的互联网旅游企业，探索了从'游'到'旅'的新型产业链模式，为'旅而不游'等问题提供了重要解决方案。"中国旅游研究院副院长、研究员李仲广在演讲中表示，传统旅游经营模式和旅游产业链困境的打破，需要"文化＋科技"的创新思维和途径，而马蜂窝的内容生产模式便是文化和旅游融合的典型案例。

近年来，旅游产业经历了从"老旅游"到"新旅游"，从"买方市场"到"卖方市场"的深刻变化。旅游消费人群的年轻化，旅游需求的个性化、品质化，以及文旅的深度融合，成为全行业共同面临的机遇与挑战。陈罡直言，2018 年是旅游业的分水岭，地域的疆界与距离的束缚都将被打破，"在线旅游没有地域边界，每个人都可以做天下人的生意"。

作为中国年轻人用得较多的旅游网站，马蜂窝在会上反复强调了"开放"与"创新"两大关键词。陈罡在演讲中称，新旅游电商要提供好运营、好服务，在服务客群与方式上积极创新，对内容与用户、攻略与社区有更深度的理解，这样才能把握 2019 年旅游红利期，承接好更多场景化流量。

"在旅游消费中，内容即场景，产品即场景。场景帮助我们捕捉消费者心智与需求，抓住开启新一代旅游消费者的钥匙。"马蜂窝旅游网副总裁、旅游电商事业部负责人都斌在会上表示，2019 年，马蜂窝还将完成获客场景、流量规划、商品品类、消费服务与会员体系五项升级，构建全新的交易平台。

会上，马蜂窝还发布了全新的商家系统，推出了新的商户端操作平台和商家 App，将前瞻性的旅游大数据、深度的用户需求分析和先进的旅游内容与营销系统开放给平台商家，基于机器化智能算法，从内容与交易两方面入手，帮助商家提升面向新一代消费者的旅游服务能力，打造符合时代需要的新型产业链。

都斌表示，马蜂窝平台更前置、更完整的用户行为画像和更真实、更精准的用户诉求映射，是马蜂窝大数据的核心优势，也是新商家系统的核心。马蜂窝将把覆盖全场景的旅游大数据与商家共享，从系统、数据、资源、营销、人才五方面助力商家成长，聚合优质行业伙伴，为中国旅行者创造更美好的旅游消费市场。

资料来源：马蜂窝召开新旅游电商大会，打造产品创新与流量红利双引擎. 北晚在线网站，2018-12-24.

思考：结合案例，谈谈旅游服务企业应如何提高服务质量？

第四节 服务商品质量检验

服务商品的特殊性决定了服务商品质量检验不可能像有形商品那样进行。一般地，可采用顾客满意度来进行检验。

一、顾客满意度的含义

从服务提供者的角度出发，服务质量意味着服务特性与组织规定及要求的符合程度。这种经营导向的典型做法是关注生产率和内部效率，其效果反映在以最小的成本获得最大的产出方面。从顾客的角度出发，服务质量意味着服务达到或超过其期望的程度，其效果反映在顾客满意方面。顾客导向的定义与服务提供者导向的定义的一大关键区别在于前者意识到不同顾客会对同样的服务感知到不同的质量水平。因此，服务质量被称作感知服务质量，其定义为所提供的服务达到或超过顾客期望的程度。顾客满意是顾客对产品或者服务性能，以及产品或者服务本身的评价，它给出了（或者正在给出）一个与消费的满足感有关的快乐水平，包括低于或者超过满足感的水平。顾客的满意度越高，顾客与服务提供者之间的关系就会越牢固。也就是说，满意的顾客忠于服务组织，与组织建立稳固的关系。接着服务组织又会为这些顾客提供高质量的服务，而这会进一步加强组织与顾客之间的关系。

二、顾客满意战略的内涵

顾客满意（Customer Satisfaction）的英文缩写是“CS”，顾客满意战略即“CS”战略。顾客满意战略的核心思想是：组织的全部经营活动都要从满足顾客需要出发，要以提供满足顾客需要的产品为组织的责任和义务，以顾客满意为组织的经营目的，营造适合组织生存发展的良好的内外部环境。

1. 横向层面上的顾客满意战略

在横向层面上，顾客满意战略包括五个方面的满意内容。

（1）组织满意。

组织满意指组织经营理念带给内外顾客的满足状态，包括经营宗旨满意、经营哲学满意和经营价值观满意等。

（2）行为满意。

行为满意指组织全部的运行状况带给内外顾客的满足状态，包括行为机制满意、行为规则满意和行为方式满意等。

（3）视听满意。

视听满意指组织具有可视性和可听性的外在形象带给内外顾客的满足状态，包括组织标志（名称和图案）满意、标准字满意、标准色满意以及上述三个基本要素的应用系统满意等。

（4）有形产品满意。

有形产品满意指组织有形产品带给内外顾客的满足状态，包括产品质量满意、产品功能满意、产品设计满意、产品包装满意、产品品位满意和产品价格满意等。

（5）服务满意。

狭义的服务满意，即组织服务带给内外顾客的满足状态，包括服务绩效满意、服务质量保证体系满意、服务的完整性和方便性满意以及情绪和环境满意等。

2. 纵向层面上的顾客满意战略

在纵向层面上，顾客满意战略包括三个逐级递进的满意层次。

（1）效用满意层次。

效用满意层次即顾客对组织服务本身的一些属性，如服务的效果、质量、设计和品种等所产生的满意。

（2）感受满意层次。

感受满意层次即顾客对组织服务的形式层和外延层，如服务的有形展示、促销分销、售后反馈等所产生的满意。

（3）社会满意层次。

社会满意层次即顾客在对组织服务的消费过程中所体验到的社会利益维护程度，主要指顾客整体（全体公众）的社会满意程度。它要求顾客在对组织服务的消费过程中，要具有维护社会整体利益的道德价值、政治价值和生命价值。

三、顾客满意度的衡量

1. 顾客满意度模型

1989 年，美国密歇根大学商学院质量研究中心的费耐尔（Fornell）博士总结了理论研究成果，把顾客期望、购买后的感知、购买的价格等多方面的因素组合成一个计量学的逻辑模型，即费耐尔逻辑模型。这个模型把顾客满意度的数学运算方法和顾客购买商品或服务的心理感知结合了起来。该模型运用偏微分最小二次方求解所得出的指数，就是顾客满意度指数（Customer Satisfaction Index，CSI）。费耐尔博士的研究成果是迄今为止最为成熟和被广泛运用的顾客满意度指数理论。

自 1990 年美国政府推出 ACSI（美国顾客满意度指数）后，一些国家的专家、学者也开始介入，并不断地完善了顾客满意度的研究技术，顾客满意度开始得到普遍的关注。目前，许多发达国家已经制定了国家性指数，从宏观的层面评估和追踪顾客满意情况。这些国家已经不仅仅研究顾客满意度对于企业服务的指导意义，甚至将顾客满意度指标视为与生产力水平和物价指数这些传统指标一样的可以成为评估国家经济是否健康的工具的指标。

ACSI 模型基于这样一个理论，即顾客满意度同顾客在购买产品前的期望和在购买中及购买后的感受有密切关系，并且顾客的满意度低或高将会导致两种基本结果：顾客抱怨和顾客忠诚。ACSI 模型是一个由多重指标（问题）支持的六种潜在变量（概念）组成的模型，如图 9－12 所示。

在以上六种潜在变量中，顾客期望、顾客对质量的感知和顾客对价值的感知是三个前提变量；顾客满意度、顾客抱怨、顾客忠诚是三个结果变量，前提变量综合影响并决定着结果变量。展开来说就是，顾客满意度是由顾客根据自己在购买和使用产品的经历中产生的对产品质量和价值的实际感知与购买前或使用前的期望值的比较所得到的感受和体验决定的。顾客满意度低就会产生顾客抱怨甚至投诉等情况，而顾客满意度高则会

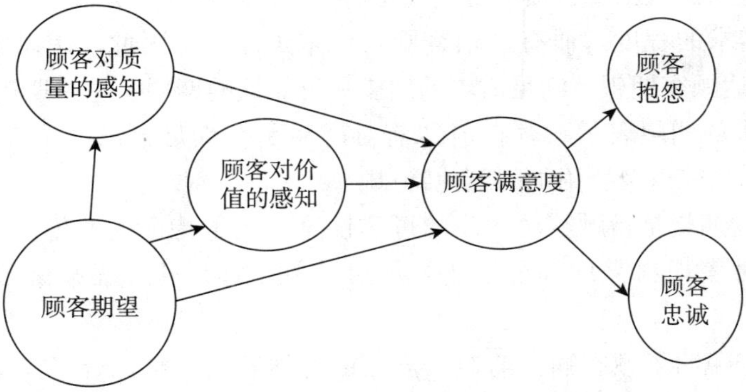

图 9－12　ACSI 模型

提高顾客忠诚度。同时，重视并妥善处理好顾客投诉，及时化解顾客的抱怨，同样可以提高顾客忠诚度。

2. ACSI 模型的原理

（1）ACSI 模型的特点。ACSI 模型作为一个旨在对经济产出的质量和业绩做出准确测评，并对经济收益进行预测，从而为经济决策提供可靠信息的新型的综合模型，作为针对各类测评对象的综合顾客满意程度的一种普遍适用而又具有可比性的测量尺度，具有以下基本特点：

①有效性，即 ACSI 模型本身具有较强的判断能力。ACSI 模型的调查问卷采用了 1～10 级制，使模型有效性相应地得到增强。

②可靠性。ACSI 模型的可靠性受到数据的平均值和标准差的综合影响，能综合反映调查抽样方案、调查手段、问卷或问题的设计、测量方法或工具以及数据输入处理等的总体质量。

ACSI 模型中的 CSI 和其他构成成分代表了多种无法直接测量的顾客评价，为此，ACSI 模型采用多重指标的方法将综合顾客满意度作为一种潜在变量来测量。因此，其结果能普遍用于企业、行业、部门、地域和国家间的比较。作为一种对顾客满意度进行综合测量的尺度，ACSI 模型所使用的方法不仅能说明顾客的消费体验，而且具有前瞻性。

（2）ACSI 模型的变量。ACSI 模型的变量是由一组相关的测评变量的数据通过加权求和得到的，而测评变量的数据则是通过实际调查获得的。下面对 ACSI 模型的变量进行介绍。

①顾客期望（Customer Expectations）。顾客期望是顾客在消费某种商品之前对其质量的综合估计，通常反映了顾客以往经历，包括对该品牌产品的消费或使用的直接经验，以及来源于相关的广告、亲友推荐甚至小道消息等间接渠道的非经验性信息，也反映了顾客对该品牌未来质量水平的预期。如果顾客先前形成的经验传递给顾客的信息是较积极的，则顾客对他们将购买的产品的质量期望就会较高；反之，顾客期望就会较低。因此，顾客期望是该品牌以往市场业绩和形象的综合表现。

顾客对质量的认识主要包括满足个性化需求和可靠性两个方面，有些顾客较注重产品满足个性化需求的程度，而有些顾客则较注重可靠性。因此，用以下三个测评变量（显变量）来表达顾客期望：满足需求的期望、可靠性的期望、总体期望。

a. 满足需求的期望表示顾客在消费前对产品是否满足自己的个性化需求的期望，涉及产品的基本功能以及所附加的其他特点。

b. 可靠性的期望是指顾客对产品的可靠性这一质量特征的期望。可靠性是指产品在实现其功能时表现出来的性能水平，如可信性、标准化、无缺陷或故障出现频率低等。

c. 总体期望说明了顾客购买前对于产品的总体看法，它综合了满足个性化需求和可靠性两方面的因素。

②感知质量（Perceived Quality）。感知质量是顾客消费某种产品之后对其质量的综合感受。它是建立在实际消费基础上的主观感受，有时同产品的符合性质量不完全一致，并且在一定程度上还受到顾客自身主观因素的影响。

感知质量的三个测评变量同顾客期望的测评变量相对应：满足顾客个性化需求的程度；对可靠性的感知；总体感知。

③感知价值（Perceived Value）。感知价值体现了顾客在综合考虑质量和价格两个因素之后对于所得利益的主观感受。模型中这一结构变量的设置使得其对不同企业、行业和部门的测评结果之间的可比性增强了。

感知价值用以下两个测评变量来表达：

a. 给定价格下对质量的感知。通常顾客都会以所支付的价格为基准，通过比较实际感知质量和顾客认为该价格下应该具有的质量水准来评价其所得到的价值。一般而言，实际感知质量越高，感知价值越大；而价格越低，感知价值也越大。

b. 给定质量下对价格的感知。顾客也会以所得到的产品的感知质量为标准，通过比较实际支付价格和顾客认为该质量等级所对应的价格标准来评价感知价值。

这两个测评变量所反映的侧重点并不相同，给定价格来评价质量时，顾客的注意力集中在产品的质量上，此时只要是高质量的产品就会得到认同；而给定质量来评价价格时，刚好相反，顾客的注意力集中在价格上，价格越低越能得到认同。这两个测评变量可以反映顾客是受质量驱动（往往收入较高）的还是受价格驱动（通常收入较低）的，对它们的分析对于组织的产品开发或营销活动的开展具有指导意义。

④总体满意度（Overall Customer Satisfaction）。总体满意度是指顾客在综合各方面因素后对产品质量的总体感受。总体满意度对应了我们要测定的顾客满意度指数。它用以下两个测评变量来表达：

a. 实际感知同期望之间的差异，从心理学的角度而言，这是影响顾客满意度的重要因素；

b. 实际感知同理想产品之间的差别，即以同一范畴内顾客心目中的理想产品作为基准对测评产品实际感知的评价，这个变量同时指出了产品质量进一步提高的潜力。

⑤顾客忠诚度（Customer Loyalty）。顾客忠诚度可用于了解和研究产品的盈利能

力及市场趋势。顾客忠诚度可以由如下两个观测变量来描述：

a. 重复购买可能性。顾客对产品感到满意就会产生一定的顾客忠诚度，在行动上表现为对该产品的重复购买。满意度越高，顾客忠诚度也就越高，重复购买的倾向也就越强。相反，不满意的顾客可能会降低重复购买的可能性，甚至成为竞争对手的顾客。

b. 价格变化的容差。如果顾客满意度较高，则他们对价格上涨的承受能力较强；反之，则承受能力较弱，少许涨价就可能使他们放弃重复购买。

对于满意的顾客，价格下降并不是吸引其保持忠诚度的主要因素。相反，对于不满意的顾客，降价往往是促使其保持或提高忠诚度的主要因素。

上述关于顾客忠诚度的行为描述不一定符合具有垄断特征的行业的情况。在垄断市场中，顾客拥有很少甚至根本没有选择产品的余地，这时，消费的价格弹性很小，频繁的重购现象反映的是虚假的高忠诚度和被掩盖的低满意度。

⑥顾客抱怨（Customer Complains）。顾客满意度越高，抱怨就会越少、越轻微；顾客满意度越低，抱怨就会越多、越严重。顾客抱怨越多、越严重，忠诚度就越低。而如果顾客没有抱怨，也并不表明顾客就非常满意或忠诚度很高。一旦顾客产生了比较严重的抱怨（包括投诉），而组织却漠然视之，不妥善处置，就会导致顾客与组织的关系恶化，甚至通过口碑传播影响其他顾客的满意度和忠诚度。如果组织高度重视对顾客抱怨的处理，则不但会取得顾客的谅解，还可能会提高顾客的满意度或忠诚度。

顾客抱怨可以由如下两个观测变量来描述：抱怨或投诉的程度；服务商品的提供者处理抱怨或投诉的效果。

技能实训

【实训目的】

认识服务商品。

【实训主题】

加深学生对服务商品的质量及其提高方法的理解和运用。

【实训时间】

本章课堂教学内容结束后的双休日和课余时间，为期一周。或者指导教师另外指定时间。

【背景材料】

艺术与设计博物馆的质量评估

艺术与设计博物馆是芬兰首都赫尔辛基的一家私人小博物馆，建立于 20 世纪初，一直致力于展示艺术与设计方面的最新成就。每年博物馆都要举办三四个大型展览，平时还有一些小型展示会和馆藏展览。博物馆内设有一个小咖啡厅和一个小礼物商店。

起初参观者主要是专业设计人员，他们大多为中年妇女。但随着展出的日益增多和博物馆名气的增大，来自社会其他阶层的参观者也多起来。博物馆近期进行了一次内部装修，并聘请了一位客户联络经理。为加大博物馆的宣传力度，最近一年的广告费已超出过去几十年的总和。这些努力取得了明显的成效，前来参观的人数已达 10 万人。这个数字在赫尔辛基只有5%的博物馆能达到。

博物馆的经费60%由政府拨款，40%由营业收入来填补。营业收入的来源有门票收入、咖啡厅以及礼物商店的销售收入，另外还有一些与展览相关的活动产生的其他收入。该博物馆的主要竞争对手是赫尔辛基的一些专业型博物馆。

为提高服务质量，增强竞争力，博物馆决定建立一个质量评估系统，发现质量问题。该系统运用了SERVQUAL模型的基本方法和服务质量差距理论。

首先，博物馆设计了SERVQUAL调查表，以了解顾客对博物馆服务的期望和实际感受。该调查表的格式和计分方法与本章前文所列相同，具体内容则根据博物馆的服务特点另行设计如下：

1. 门票服务

①容易得知门票价格的信息。

②门票价格“物有所值”。

③购票时无须等候很长时间。

④能通过互联网和电话提前购票。

2. 信息服务

①展览区域标志明显。

②抵达博物馆时，有足够的媒体传送展览信息。

③信息能用顾客熟悉的语言表达。

④有讲解导游服务。

⑤展品的信息传送很充分。

⑥对展品的讲解十分清楚、明白。

⑦有多种讲解媒体（如录像讲解）。

⑧有自助服务设备。

⑨很容易从员工那儿得知额外的信息。

⑩员工能热情友好地为顾客提供帮助。

3. 经历与环境

①参观路线很清晰。

②走廊很宽敞。

③照明充足。

④有令人愉快的背景音乐。

⑤展品摆放整齐，易区分。

⑥有机会与展品进行互动式交流。

⑦可触摸、闻、倾听展品。

4. 设施设备

①设施设备上有明显标志。

②洗手间容易找到，也很卫生。

③食品质量不错。

④食品和饮料的品种较多。

⑤在咖啡厅能抽烟。

⑥小礼品很符合顾客需要。

⑦小礼品物有所值。

5. 满意度

①服务能满足顾客需求。

②整个服务很出色。

③顾客愿意再次光临。

④顾客愿意向亲戚、朋友推荐这个博物馆。

有2/3的顾客填写了调查表。博物馆对这些信息进行了分析，找到了涉及服务质量的五个方面的差距，即顾客的期望和实际感受之间的差距。质量问题主要集中在讲解语言的多样性、设施标志的明显度和参观过程的互动性上。

SERVQUAL模型是有效的评估服务质量的方法。建立以SERVQUAL模型为依据的质量评估系统能帮助服务组织了解服务质量的实际状况，并以此确定主要质量问题，采取针对性改进措施。

资料来源：王丽华. 服务管理. 2版. 北京：中国旅游出版社，2012.

【实训过程设计】

（1）指导教师要求学生课前预习背景材料。

（2）将全班同学按每组5～6人平均分成若干小组，进行讨论。实训组就近选择市场进行调研。

（3）根据背景材料，博物馆设计的SERVQUAL调查表的依据是什么？

（4）根据背景材料，如何利用SERVQUAL调查表进行服务质量的测量？

（5）各小组对本次实训进行总结和点评，撰写作为最终成果的商品学实训报告。

（6）各小组提交填写了组长姓名、成员名单的商品学实训报告。优秀的实训报告将在班级展出，并收入本课程教学资源库。

综合练习

一、名词解释

服务　服务套餐　服务包　服务商品　服务商品质量　感知服务质量模型　服务质量差距模型

二、多项选择题

1. 服务商品的构成包括（　　）。

A. 服务套餐　B. 服务包　C. 服务商品整体概念

D. 核心服务和辅助性服务　E. 无形要素和有形要素的统一体

2. 服务商品的分类方法主要有（　　）。

A. 托马斯分类法　B. 蔡斯分类法　C. 施曼纳分类法

D. 罗伍劳克分类法　　E. 泰罗制

3. 服务商品质量包括（　　）。

A. 技术质量　　B. 职能质量　　C. 形象质量

D. 真实瞬间　　E. 原材料质量

4. 服务商品质量的评价要素有（　　）。

A. 可靠性　　B. 敏感性　　C. 保证性

D. 移情性　　E. 有形性

三、问答题

1. 你是如何理解服务的内涵的？

2. 可以利用哪些尺度对酒店或餐馆的服务业绩进行评价？

3. 描述质量差距的五个方面。

4. “可靠性”是不是服务质量最重要的一个方面？

5. 讨论消除质量差距 1 的可能办法。

6. 讨论消除质量差距 2 的可能办法。

7. 讨论消除质量差距 3 的可能办法。

8. 讨论消除质量差距 4 的可能办法。

9. 为什么测量服务质量很困难？针对某一服务说明如何测量其质量。

10. 你是如何认识服务商品分类的？教材中列举的分类角度对你有何启示？

第十章 商品的可持续发展

学习目标

- 自然资源及其特性
- 商品生产和消费带来的资源问题
- 资源保护
- 商品生产带来的环境问题
- 环境保护与可持续发展

案例导读

"不变""不减"保卫蓝天、碧水、净土

2019年中央经济工作会议提出，要打好污染防治攻坚战，坚持方向不变、力度不减，突出精准治污、科学治污、依法治污，推动生态环境质量持续好转，为2020年打好污染防治攻坚战定下总基调。

2020年是全面建成小康社会的收官之年。生态环境质量差的小康得不到人民认可，也经不起历史检验。作为三大攻坚战之一，污染防治攻坚战的目标任务非常明确：到2020年，生态环境质量总体改善，主要污染物排放总量大幅减少，环境风险得到有效管控，生态环境保护水平同全面建成小康社会目标相适应。

当前，国内外风险挑战明显上升，经济下行压力加大，一些地方免不了开始动"铺摊子上项目、以牺牲环境换取经济增长"的念头，免不了有"走老路"的冲动。强调"方向不变、力度不减"，体现出党中央保持加强生态环境保护建设的定力，在更高质量、更有效率、更加公平、更可持续发展之路上一以贯之的决心，咬紧牙关、爬坡过坎的勇气。

方向不变，污染防治攻坚要始终瞄准空气质量、水环境质量、土壤污染防控、生态保护红线、森林覆盖率等生态环境指标，瞄准蓝天、碧水、净土保卫战等重点工作。污染防治既有短期目标，也有更加长远的任务。每个目标看上去是一个数字，但数字背后，是群众对蓝天、碧水、净土的渴求，是百姓身边一个个亟须解决的生态环境难点痛点。

力度不减，污染防治攻坚要保持当前的攻坚劲头不泄、势头不减。一方面，2020年如期完成各项目标任务本身就需要付出艰辛的努力；另一方面，随着环境治理措施深入推进，污染减排空间减小，环境质量改善速度下降，一些问题的解决难度在加大，越来越需要啃硬骨头，需要付出比之前更大的努力，才能达到减排效果。

方向明确、势头保持，方法还须得当。“精准”“科学”“依法”是中央经济工作会议明确的治污要求，突出靶向治疗、尊重规律、告别“任性执法”是今后打好污染防治攻坚战的法宝。

蓝天、碧水、净土，是全面小康的硬指标。方向不变、力度不减，是协同推动经济高质量发展和生态环境高水平保护的铁榔头。在生态环境问题上硬碰硬，就是落实新发展理念的实打实。

资料来源：“不变”“不减”保卫蓝天、碧水、净土. 中国政府网，2019－12－19.

启示：蓝天、碧水、净土，是全面小康的硬指标。上述案例说明，人类为了生存与发展，在向环境索取资源的同时，也在破坏环境。不论是发达国家还是发展中国家，环保意识都在加强。那么我们应如何应对商品生产、消费与环境和资源之间的矛盾呢？

商品浓缩了可持续发展方方面面的问题。资源—商品—环境的循环以商品为核心展开，商品与资源、商品与环境、环境与资源相互关联、相互制约。商品学是把商品作为研究客体的学科，商品学中的许多问题都直接或间接地与可持续发展有关。例如，商品质量的新概念、商品质量管理、商品标准、商品质量监督与检验、商品包装、商品储运与养护、新产品开发等问题都与生态平衡、环境保护、能源等问题密切相关，都应围绕商品可持续发展思想进行，都是可持续发展在商品学中的具体化。可持续发展商品是人类21世纪的发展目标，也是现代商品学研究的重要问题之一。

第一节 商品可持续发展概述

可持续发展，是关于自然、科学技术、经济和社会协调发展的思想和战略。它起源于消费生态意识的觉醒。面对传统工业革命引发的诸如全球变暖、臭氧层遭破坏、酸雨、海洋污染、资源匮乏等问题，人们提出了可持续发展观。可持续发展观涉及生产、生活的各个方面，其宗旨是寻求生态、生产、生活的协调发展，三者之间既相互依存，又相互制约。

可持续发展商品是商品生产、销售和消费领域所面临的新问题，理解可持续发展的概念、商品可持续发展和可持续发展商品的有关问题对研究商品学具有重要意义。

1. 可持续发展的含义

可持续发展是指满足当代人的需要而又不对后代人满足其需要的能力构成危害的发展。可持续发展的实现离不开国内合作及跨越国界的合作，包括发达国家按照发展中国家的发展计划、轻重缓急及发展目的，向发展中国家提供援助，从而使各国特别是发展中国家的经济能持续增长与发展。可持续发展还意味着维护、合理使用并夯实自然资源基础，这种基础支撑着生态平稳及经济的增长。其核心思想是：健康的经济发展应建立在生态可持续、社会公正和人民积极参与自身发展决策的基础上。它所追求的目标是：既要使人类的各种需要得到满足，个人得到充分发展，又要保护资源和生态环境，确保其不对后代人的生存和发展构成威胁。

可持续发展强调环境与经济协调发展，追求人与自然的和谐，即经济发展应建立在生态可持续的基础上，并保证环境不对后代人的生存和发展构成威胁。

可持续发展的核心内容有以下两个特点：

（1）比以往更强调环境保护与经济发展的相互依赖性。现代文明的发展越来越依靠环境与资源的支撑，但随着环境恶化和资源耗竭，这种支撑已越来越薄弱和有限。因此，要实现经济高质量发展，就需要加强环境与资源保护，以期获得持久的支撑能力。这是可持续发展区别于传统发展的重要标志。

（2）必须改变传统的生产与生活方式。依赖高消耗、高投入、高污染和高消费带动与刺激经济高速增长的经济发展模式，必须转变为依靠科技进步和提高劳动者素质来促进经济高质量发展的新模式，才能不断开发新能源和改进生产技术，降低单位产品的能耗和物耗，实现少投入多产出，降低经济发展对资源和环境的依赖，减轻对环境的压力。

2. 可持续发展应坚持的原则

可持续发展主要应坚持以下三个原则：

（1）公平性原则。可持续发展强调本代人之间的公平、代际公平和资源分配与利用的公平。

（2）持续性原则。其核心是人类经济和社会的发展不能超越资源和环境的承载能力，即在满足需要时，必须有限制因素，也就是说“发展”的概念中包含着制约的因素。

（3）共同性原则。国情不同，实现可持续发展的具体模式也是多样的，但上述公平性原则和持续性原则是共同的，并且实现可持续发展的总目标应有全球的联合行动，认识到我们的家园——地球的整体性和相互依存性。

1972 年，联合国人类环境会议通过了《联合国人类环境宣言》，呼吁各国政府和人民为维护和改善人类环境，造福全人类和子孙后代而共同努力。1992 年，联合国环境与发展大会通过了以可持续发展为核心的《里约环境与发展宣言》和《21 世纪议程》等一系列重要文件，制定了人类可持续发展战略。

可持续发展是人类社会发展模式的一次历史性转变，它标志着人类已经进入一个新的阶段。目前，可持续发展已经成为全球经济社会活动的主题，在这样的背景下，中国也在加快现代化建设的步伐的同时，赋予可持续发展重要的战略地位。作为我国现代化建设的总设计师，邓小平同志十分重视人口、资源与环境的协调，强调我国能源和其他资源紧张，要求合理利用、节约使用，同时他还十分重视生态环境问题，积极倡导和参与全国义务植树活动，并号召全国人民植树造林、绿化祖国、造福后代。江泽民同志进一步明确提出了可持续发展的目标，这在《中国 21 世纪议程》以及《国家环境保护“九五”计划和 2010 年远景目标》中都得到了具体体现。党的十五大报告作为跨世纪的纲领性文件再次重申：“我国是人口众多、资源相对不足的国家，在现代化建设中必须实施可持续发展战略。”我国提出计划生育和保护环境的基本国策，以正确处理经济发展同人口、资源、环境的关系；提出资源开发与节约并举，把节约放在首位，提高资源利用效率；统筹规划国土资源的开发和整治，严格执行土地、水、森林、矿产、海洋等资源管理和保护的法律；实施资源有偿使用制度；加强对环境污染的治理，植树种草，搞好水土保持，防治荒漠化，改善生态环境；控制人口增长，提高人口素质。习近平总书记指出，可持续发展是“社会生产力发展和科技进步的必然产物”，是“破解当前全球性问题的‘金钥匙’”，又在党的二十大报告中强调，我们坚持可持续发展，坚持节约优先、保护优先、自然恢复为主的方针。习近平生态文明思想为可持续发展指明了方向。我国在可持续发展战略的实施过程中已经迈出了坚实的步伐，并取得了显著成效。

在环境保护方面，1996 年，我国政府制定了《“九五”期间全国主要污染物排放总量控制计划》和《中国跨世纪绿色工程规划》，提出到 2010 年基本改变生态环境恶化的状况，城乡环境有比较明显的改善。目前，我国已经形成了以《中华人民共和国环境保护法》为主体的环境保护法律体系，环境立法基本完备。在资源利用方面，根据可持续发展的战略要求，我国进行了城市总体规划的编制，提出了治理沙化土地的规划目标，国土整治工作也取得了重大进展。

总之，在发展商品生产的过程中，在世界经济共存共融的背景下，依靠科学技术进步，实现可持续发展战略已经成为一种必然选择。这一战略的实施将有利于实现中华民族的伟大复兴，实现世界经济的共同繁荣。

3. 商品可持续发展是可持续发展战略的重要组成部分

商品可持续发展的含义是：遵循生态经济学原理，运用现代科学管理方法，按照高质量、省资源、省能耗、低消耗的技术原则，生产出低能耗，低污染，商品废弃物易回收、可再生的商品，以实现生产与生态的良性循环，达到商品生产的高产优质与社会经济的持续、协调发展。商品的可持续发展具有以下四层含义：

（1）商品可持续发展的核心是持续开发、推广满足当代人和后代人消费需求的高质量商品，保证资源的永续利用及提供良好的生态环境。

（2）商品的可持续发展是一个对商品设计、生产、制造、包装、使用、消费和废弃过程进行全过程管理和严格控制的系统工程。它包括设计过程中的省资源、节约化，生产制造过程中的省能耗、清洁化，包装过程中的合理化、无害化，使用消费过程中的低能耗、低污染和废弃处理无害化等。

（3）实现商品可持续发展的关键在于提高管理者的素质，以全方位的效益观代替单一的经济效益观，讲求经济效益、社会效益和生态效益的统一。

（4）实现商品可持续发展的根本途径是改变传统的以自我为中心的发展模式与消费

模式，即放弃高消耗、高增长、高污染的粗放型生产方式和高消费、高浪费的生活方式。

第二节 可持续发展商品开发

可持续发展商品的概念包含了一种全新的商品发展观，它在传统的商品发展观的基础上加入了生态观内涵，与传统的商品发展观相比，它强调商品发展的可持续性和协调性。可持续发展商品俗称绿色商品、生态商品，是一种新的商品概念。

一、可持续发展商品的概念

可持续发展商品是指在产品的研制开发、生产、包装、运输、销售、使用及废弃的全过程中，符合特定的环保要求，对生态环境无害或损害极小，并有利于资源的保护和再回收的商品。

可持续发展商品与普通商品相比，具有以下明显特点：

（1）有绿色商品标志。它应该在包装上标明权威机构认证的绿色商品标志，便于消费者在购买时加以区分。

（2）质量优良。这主要体现为：商品除了具有一般商品所应具有的优良性能外，还具有低残毒、副作用小、符合人体对自然环境的适应性要求和自然生态良性循环的要求的特点。

（3）不危害人体和环境。可持续发展商品在生产中应避开造成环境污染的工艺环节，采用天然方法或新工艺，保持生产过程中的“清洁”，不给商品本身和工厂周围造成污染。可持续发展商品不仅仅指商品品质这一内涵，而且指一种新的观念。

可持续发展商品这一新观念的核心是“在保护环境的前提下，发展生产，提高人民生活水平”。

首先，人类发展生产，提高生活水平，要受自然资源的制约，应与自然建立一种和谐、协调的关系。其次，可持续发展的内容具有多重性，包括经济发展的长期性、资源利用的永续性、生态系统的持续性和分配的合理性等。最后，可持续发展还是一种发展战略，主张产品、资源、环境及效益并重，经济增长与资源保护相结合，眼前利益和长远利益兼顾。所以，可持续发展理论避免了传统发展观的重增长、轻发展，重生产消费、轻生态保护等弊端，为人类的永续健康发展提供了新的思维方式和发展道路。

扩展阅读

阅读《2019世界包装组织（WPO）系列会议在印度尼西亚召开，各国代表聚焦包装产业可持续发展》，思考为什么说提高包装的回收利用率是各国包装行业共同面临的机遇和挑战。

资料来源：2019 世界包装组织（WPO）系列会议在印度尼西亚召开，各国代表聚焦包装产业可持续发展. 中国包装，2019，39（12）：10－12.

二、可持续发展商品的开发途径

可持续发展商品的开发使生态环境与社会经济联结为一个协调发展的有机整体，促进了社会实现可持续发展，成为商品生产的主导方向。

1. 进行技术革新

进行技术革新有助于开发出绿色工艺或制造技术，改善工艺控制，改造原有设备，将原材料消耗量、废物产生、能源消耗、健康与安全风险以及对生态的损害减少到最低程度。根据 2004 年的统计数据，如果把国内现有的 1.3 亿台冰箱全部换成节能冰箱，那么每年可节电 431.32 亿千瓦时，相当于半个三峡水电站的发电量，可见资源节约技术的研发对节约资源有着不可估量的作用。企业在产品开发设计过程中，应把环保理念融入其中，开发更加节能环保的产品，做到将社会责任与用户需求紧密结合。海尔自主研发出不用洗衣粉的“自然洗”双动力洗衣机，在不用洗衣粉的情况下，实现了衣物洁净、呵护皮肤、一次漂净，这款产品不仅性能优越，而且排污量低、保护生态环境、不损害人体健康，深受消费者欢迎，在国际上也引起了同行的关注。

2. 采用绿色指数

绿色指数或排名系统可以用来对各种材料的环境影响进行总结和整理并用数值反映其情况。设计师或决策者可以通过比较不同绿色指数（材料、生产方式等）选择一种对环境影响最小的来实行，这样可以减少生产出来的产品对环境的影响。例如，西门子公司从环境和谐的角度出发，对 150 种人造材料进行分析，比较其绿色指数，从中筛选出 30 种对生态环境友好的材料，用于产品开发。其在 2004 年设计的 HighPrint 4905 打印机实现了 90%以上的材料可以再利用。虽然目前该手段还不能完全解决各种类型的环境影响问题，但是所有这些战略系统或者解决手段的初衷都是指导设计师或决策者在使用材料、零件或者生产方式的时候能尽可能地选择对环境影响小的。

3. 建立循环体系

循环体系是整个绿色设计的保障。循环体系是以产品的简洁设计、清洁生产、资源循环利用和废弃物高效回收为主要特征的生态经济体系，是一个“资源—产品—废弃物—再生资源”的物质反复循环流动过程。其目的是减少对自然资源的开采，对废弃物加以利用，开发利用再生资源和能源，对无法再次循环利用的污染物进行无害化处理，从而更有效地利用资源和保护环境，以尽可能小的资源消耗和环境成本，获得尽可能大的经济效益和社会效益，从而使经济体系与自然生态系统的物质循环过程和谐统一，促进资源的循环利用。回收再利用是循环体系的重要环节。产品的可拆卸性为淘汰废弃产品的循环再利用打下了良好的基础。生产企业在产品设计初期应充分考虑其零件材料的回收可能性、回收价值大小、回收处理方法、回收处理工艺等与回收有关的一系列问题，最终实现对零件材料资源、能源的最大利用，延长产品生命周期。上海有一家电子回收公司专门回收各种电子垃圾，这些电子垃圾经过电解等一系列处理后，元器件上的贵金属可以被提取出来（纯度可以达到99%），其他部件可以制作成太阳能反光板，这不仅可以带来巨大的经济效益，而且对环境的保护也起到了积极作用。

4. 开发利用绿色能源

借助科技力量，我们已经有了更多的能源选择，越来越多的设计师已经意识到，支持可再生能源的发展意味着享受清新的空气和清洁的水。这样的能源有：风能、潮汐能、太阳能以及相对石油、煤炭来说更加环保的天然气、生化柴油等。例如，2004 年款普锐斯是第一台装备新的高压/高量的混合协同驱动系统的丰田车。完全混合动力系统的优势非常明显，更重要的是，在某些情况下，汽车可以完全用电能驱动，这对于减少燃料消耗以及排放量来说意义非凡。另外，非常重要的一点是，普锐斯使用其他系统的能量输出，彻底打破了环保与性能不可兼得的定论。索尼的一款手摇式收音机 ICF－B200 在不增加成本的基础上使用手动方式将机械能转化为电能。这款产品畅销非洲各国，原因是非洲电能短缺，而非洲人民又热爱音乐。

5. 选用环保材料

是否选用了环保材料，是评价一个产品是否为“绿色设计”产品的一个重要指标。它与产品的绿色属性有着非常密切的关系，因为在产品设计中采用更环保的原材料可以从根本上减少产品对环境的污染，并且使重复利用成为可能。比如，以水为基本液的涂料和胶剂就要比以溶剂为基本液的涂料和胶剂对空气和周围环境的危害更小。这要求产品设计人员改变传统的选材观念，不仅要考虑材料或原料的使用条件和性能，而且要考虑环境的约束准则，尽量选用无毒、无污染、可降解的材料或原料。

6. 使用环境标志

环境标志亦称绿色标志、生态标志，是指由政府部门或由政府授权的相关机构依据一定的环境标准向有关厂家颁发的，证明其产品的生产使用及处置过程都符合环保要求，对环境无害或危害极少，同时有利于资源的再生和回收利用的标志。

有关环境标志的工作一般由政府授权环保机构进行。环境标志能证明产品符合要求，故具证明性质；由商会、实业或其他团体申请注册，并对使用该证明的商品具有鉴定能力和保证责任，因此具有权威性；因其只对贴标产品具有证明性，故有专证性；考虑到环境标准的提高，具有时限性，每 3～5 年需重新认定；有标志的产品在市场中的比例不能太高，故还有比例限制性。通常来说，获得环境标志的产品的类型有：节水节能型产品、可再生利用型产品、清洁工艺型产品、低污染型产品、可生物降解型产品、低能耗型产品。

环境标志制度发展迅速，从 1977 年开始迅速扩展到世界多个国家和地区，如日本的“生态标签制度”、北欧四国的“白天鹅制度”、奥地利的“生态标志”、法国的“NF

制度”，如图 10－1 所示。

图 10－1　一些国家和地区的环境标志

中国Ⅰ型环境标志的图形由中心的青山、绿水、太阳和周围的 10 个环组成。图形的中心结构表示人类赖以生存的环境，外围的十个环紧密结合，表示公众参与，其寓意为“全民联合起来，共同保护人类赖以生存的环境”。Ⅱ型环境标志是企业通过自我环境声明并由第三方进行验证的生态标签。Ⅲ型环境标志则是企业根据公众最感兴趣的内容，公布产品的一项或多项环境信息，并须经第三方检测之后所使用的标签，如图 10－2 所示。

图 10－2　中国环境标志

三、可持续发展商品的特征

可持续发展商品作为一种全新的商品概念，不仅具有一般商品的经济性特点，而且具有连续性和环保性的特征。

1. 连续性

可持续发展商品的连续性，是指在可持续发展商品的生产过程中，在实现产品基本功能的前提下，不仅仅局限于可持续发展商品的某个阶段，而是贯穿可持续发展商品的整个生命周期，即产品的规划与设计开发过程完成后，要马上进入产品的制造与生产过程，紧接着是可持续发展商品的使用过程，最后是可持续发展商品的回收利用过程，整个过程中不应该出现断层的情况，并且每一步都要能够有效地促进下一步活动的进行，整个生命周期的活动构成一个连续的、一体化的整体。因此，它对企业员工的素质要求很高，尤其是要求员工有很强烈的环保意识，另外还要求企业能在资源上满足可持续发展商品连续生产的条件。

2. 环保性

可持续发展商品的环保性，是指可持续发展商品的各个阶段都应该符合可持续发展商品的内涵，即从可持续发展商品的规划与设计开发到回收利用都应该保持环保性，这个特征既是可持续发展商品全过程的突出特点及基本要求，同时也是与我国可持续发展战略等国家方针政策相吻合的。可持续发展商品的环保性并不是狭义的环保性，而是一种广义的环保性，这种环保性既包括可持续发展商品自身的功能和属性的环保性，又包括可持续发展商品从概念的产生到寿命的终止所涉及的各生产要素的环保性。

3. 经济性

一般产品都具有经济性，所以可持续发展商品也必须具有经济性。可持续发展商品全过程的经济性指的是，可持续发展商品的各个阶段除了要符合连续性和环保性特征外，还必须具有经济性，即保证成本最小化，获得的收益最大化，从而保证可持续发展商品能获得最大利润。

四、可持续发展商品的类别

当前，国际市场上的可持续发展商品层出不穷，从绿色食品到绿色服装，从绿色用品到绿色玩具，从绿色家电到绿色汽车，从绿色住宅到绿色建筑，从绿色能源到绿色材料，从绿色生产到绿色旅游，多种多样，应有尽有。下面介绍我国几种主要的可持续发展商品。

1. 绿色食品

绿色食品是指产自优良生态环境、按照绿色食品标准生产、实行全过程质量控制并获得绿色食品标志使用权的安全、优质的食用农产品及相关产品。申请使用绿色食品标志的产品应具备下列条件：

（1）产品或产品原料产地环境符合绿色食品产地环境质量标准；

（2）农药、肥料、饲料、兽药等投入品使用符合绿色食品投入品使用准则；

（3）产品质量符合绿色食品产品质量标准；

（4）包装贮运符合绿色食品包装贮运标准。

民以食为天，随着城乡居民物质生活水平的不断提高，高质量、卫生达标、安全可靠、富含营养的食品成了人们在饮食上的新追求。越来越多的消费者选用绿色食品。

我国的“绿色食品”自20世纪90年代问世，到2016年，全国已有24 027种产品申请到绿色食品标志。1999年的一次调查显示，有38.7%的人表示愿意消费绿色食品，但这一比例大大低于西方发达国家。根据有关资料，67%的荷兰人、77%的美国人和80%的德国人愿意消费绿色食品，且这些国家购买过绿色食品的人几乎达到100%。

食用无污染、无公害、无残留的绿色食品是消费者的共同愿望。但是在我国，绿色食品似乎还没有得到人们的足够重视，绿色食品市场远未饱和。之所以如此，大致有以下四个方面的原因。

（1）大部分消费者不了解什么是绿色食品，比如把绿颜色食品看作“绿色食品”，出现了概念混淆和误解。

（2）假冒绿色食品屡见不鲜。本想购买绿色食品的消费者唯恐买到的是假冒绿色食品。有关调查结果显示，有17.3%的人反映绿色食品的假冒伪劣问题比较严重。

（3）绿色食品价格不菲。由于绿色食品的生产条件和要求远高于同类普通食品，但两者在味道、外观上难以让消费者感觉出明显区别，因此，许多人不愿为看上去“没什么特别”的绿色食品支付较高价格。

（4）绿色食品的销售渠道不够顺畅，市场上或少有绿色食品，或品种不全，消费者很难买到称心如意的绿色食品，购买积极性受到打击。

此外，绿色食品需求不足也是绿色食品销售不畅的重要原因。我国中下层消费者基本无力消费绿色食品，而在有能力购买绿色食品的消费者中，并未形成稳定的消费信念和消费态度。据调查，全国许多城市没有进行绿色食品展销活动，也没有成立绿色食品销售中心，以至于多数人不知道绿色食品的含义，包括一些较高层次的知识分子和企业负责人。他们以为天然食品、野生食品和绿颜色食品就是绿色食品。所以，在他们眼中，没有绿色食品是“最好的食品”的概念，更不会对它情有独钟。在日常生活中，廉价食品占据优势；对于礼品与高档消费品，他们又更看重“名牌”。即使偶尔购买绿色食品，也不一定会对其留下深刻印象。因此，发展我国的绿色食品消费市场，从消费者的认知和心态入手是必需的。

案例 10-1

环保有新招，食材成名片

当你与他人初次见面时，彼此交换名片已是司空见惯，但若名片太过普通，则无法给人留下深刻的印象，那不如请对方“剥花生”吧！日本 Arigatou 公司最新推出了一款可吞下肚的名片，花生、豆子等食材都可以做成名片，是不是很奇特？

花生变名片，全靠二氧化碳激光雕刻技术，它可以在凹凸不平的表面上清楚地刻上公司标志、姓名、地址、电话等信息，也可把豆子、米粒做成形形色色的心意卡，在上面刻上“感谢”“爱你”等种种讯息（见图 10－3）。据说，每刻 150 粒花生收费 5 800 日元，这比一般名片稍贵，但肯定会给人留下深刻的印象。当然，如果对方对你印象不佳，转身后马上吃掉名片也是极有可能的！

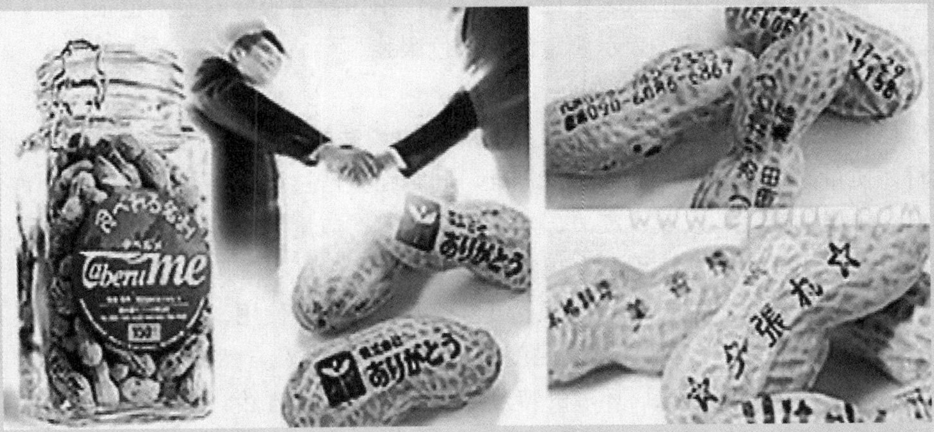

图 10－3 花生变名片

此外，日本一家文具公司还别出心裁地推出了一种泡泡糖名片。这种名片看起来与一般的名片完全一样，唯一不同的是，它所用的材料是硬化的泡泡糖，上面的图案和文字不是用油墨而是用天然食用色素印制而成的。要是收到名片的人不希望与名片递交者联系，就可以干脆吃掉这张名片。

据介绍，它的最大好处是环保。制作名片的材质不是纸张，从而节省了大量木材。自从推出这种泡泡糖名片后，这家文具公司已经收到了来自多家公司的订单，所以当你以后收到此种名片时可别惊讶哦！

资料来源：环保有新招，食材成名片. 中国环境保护网，2011－05－06.

2. 绿色服装

绿色服装又称生态服装、环保服装。它保护人类身体健康，使其免受伤害，并具有无毒、安全的优点。在使用和穿着时，绿色服装给人舒适、松弛、回归自然、消除疲劳、心情舒畅的感觉。一般地，绿色服装包括三个方面的内容：第一，生产生态学，即生产的环保，例如，对天然纤维来说，其在种植或养殖的过程中所用的肥料、饲料、除草剂等必须符合卫生要求；第二，用户生态学，即对使用者环保，要求不会对用户产生任何毒害作用；第三，处理生态学，即织物或服饰使用后能回收，比如服装市场上出现的用新纤维——天丝（tencel）制成的服装，因其生产中所用的化学试剂可回收，废料可焚烧，故属于绿色服装。

绿色服装代表当代国际服装的流行趋势。现代消费者在追求衣着美观的同时，更加注重舒适和健康。绿色消费者倾向于选择耐穿、易清洗保管、式样朴素的服装。市场呼唤更多无污染的绿色服装出现。

绿色服装在欧美发达国家几乎成为家喻户晓、人人皆穿的家常服装。国外有关调查资料表明，在加拿大，60%的消费者愿意多付10%的钱购买绿色服装；50%的欧洲人愿意多付钱购买有环保标志的绿色服装；37%的日本人只挑选和购买带有环保标志的绿色服装。作为世界上最大的服装生产和出口国，中国绿色服装的前景也很广阔，即使价格偏高，也有三成左右的人表示愿意消费绿色服装。

3. 绿色建材和绿色家居环境

绿色建材是指质量优异、使用性能和环境协调性好的建筑材料。能称得上“绿色”的建材，质量必须符合该产品的国家标准，同时在生产过程中必须采用国家允许使用的原材料；排出的废气、废液、废渣、烟尘、粉尘等的数量和成分必须达到国家允许的排放标准；在使用过程中能达到国家规定的无毒、无害标准；其废弃物对人体、大气、水体、土壤等污染较小，并在一定程度上可再资源化和重复使用。绿色家居环境是指室内布局合理，冬暖夏凉，温度宜人，湿度合适，杜绝粉尘，自然光充足。建筑专家们认为，可用八个字概括绿色家居环境的特点：健康、宜人、自然、亲和。家居环境的美化是人们生活质量提高的标志之一。随着生活水平的提高，消费者在家庭装修中不仅要求设计新颖、质量过关、价格合理，更希望自家的装修能成为“绿色工程”。但是，目前装修材料中普遍含有大量化学物质，装修施工过程中还要使用大量化学材料，这造成工程竣工后室内空气中含有高浓度的有毒有害气体。消费者若在家居环境中长期接触这些气体，身体健康会受到严重损害。因此，无毒、无污染、有利于人体健康的绿色建材是人们装修房屋的理想选择。调查显示，近三成的人倾向于使用绿色建材。从另一个方面来说，绿色消费者倾向于翻新现有的住所，而非重建。他们倾向于更易维护的装修，偏好坚固而朴实的家具。

4. 绿色家电

绿色家电是指在质量合格的前提下，高效节能，且在使用过程中不对人体和周围环境造成伤害，在报废后可回收利用的家电产品。例如，绿色冰箱除采用无氟制冷外，还采用杀菌保鲜、抗菌保质、健康卫生的ABS塑料材料，从而在确保食品新鲜的同时有效抑制冰箱内有害气体的产生，净化空气，高效节能。绿色洗衣机则将清洁衣物与消毒灭菌结合在一起，操作简便，安全卫生。

环保型微波炉、热水器、手机、水处理设备、电脑等产品也纷纷占领市场。调查显示，虽然传统的消费观念和经济条件等因素起了一定的制约作用，但是仍有23.1%的消费者对绿色家电表示关注，并愿意在购买家电时首先考虑绿色家电。

总的来说，绿色消费者爱好高品质、高质量的产品，倾向于购买多用途且基于自然的产品。成熟的绿色消费者大多谨慎而且要求严格。绿色消费需求拉动了绿色营销。在了解消费者的绿色消费心理和行为后，政府和企业可采取相应的心理策略，从而更好地促进绿色消费的发展。

5. 绿色汽车

绿色汽车是环保型汽车的美称，通常是指那些开发过程无污染，使用健康且安全，不会破坏环境和生态，在特定的技术标准下生产出来的汽车。国际上对于绿色汽车的生产基地、所用能源、尾气排放，从生产、销售到废品回收的整个过程，以及生产技术、安全性等，都制定了一定的标准。

目前，国际上与绿色汽车类似的叫法有很多，如“环保汽车”或“清洁汽车”等。虽然叫法不同，但实际上差别不大，都是指安全、无污染的汽车，这种汽车既追求保护环境，又追求提高安全性，因而容易被广大消费者接受。现在市场上的绿色汽车主要有以下几个种类：

（1）新型柴油车。柴油车的热效率高，和汽油车相比，可节省20%～25%的油耗。但多年来，柴油车在许多用户的脑海中有一些不好的印象，如噪音较大、冒黑烟、提速缓慢、冷启动困难等。

随着技术的进步，柴油车在设计上有了很大改进，如涡轮增压及中冷技术、共轨式燃油喷射技术、新型废气再循环系统、颗粒物过滤器及其再生技术等的应用，使新型柴油车的性能大大改善，并能满足严格的尾气排放要求。

（2）装有可变排量发动机的汽车。高级小轿车和载重汽车都需装用大功率发动机，以便于加速及满负荷爬坡。但是，当汽车在平路上等速运动时，并无必要采用此种耗油很大的大排量发动机。因此，研究人员设计了一种可变排量发动机，即可按要求提供排量，使部分汽缸暂时不起作用的发动机。这种发动机采用具有迅速反应能力的多功能微处理器，在暂时中断或恢复部分汽缸的工作能力的过渡过程中并不会让人员产生动力突然下降或行驶不平稳的感觉。

（3）混合动力驱动车。这种车装有一套内燃机、发电机组以及一套蓄电池。发动机组中所用内燃机（汽油机或柴油机）较同类型普通汽车上所用发动机的功率小。这一较小功率的内燃机是在最佳工况（热效率最高，尾气排放污染最小）的条件下等速运转的。混合动力驱动车在运行中能向蓄电池补充电能，因此不用像电动车、电瓶车那样，必须停在车库（或充电站点）花很长时间充电。混合动力驱动车具有节能、低排放、低噪音等优点，并保持了传统的由内燃机驱动的汽车续航里程长的固有特点。不论是混合动力驱动小轿车还是混合动力驱动大型车辆（如公共汽车），均有巨大的发展潜力和良好的市场前景。

（4）电动汽车。电动汽车主要以二次电池、燃料电池或太阳能电池为动力，不用汽油，无废气排放。作为清洁、节能的新型交通工具，它在行驶过程中无污染，热辐射低，噪音小，不消耗汽油，可使用多种能源，结构简单，使用方便等，具有无与伦比的优势，受到世界各国的欢迎。电动汽车又是高科技的产物，它集光学、电学、化学各学科领域的新技术于一体。

电动汽车消耗的能源是由发电厂提供的电力。发电可利用核能、水力、风力、太阳能、潮汐能等多种能源，因而可减少对石油产品的依赖。另外，给电动汽车电池充电主要是在夜间进行的，非高峰充电有利于平衡电网负荷，降低设备与管理费用，减少消费者的开销。同时，广泛使用电动汽车还有助于降低噪音污染，因为电动汽车比内燃机汽车安静得多。

第三节 商品与资源

人类的生产和生活离不开资源，合理开发、利用资源是现代文明的重要标志。人类在利用资源进行商品生产的同时，必须认真研究资源，根据资源的特点，合理开发，保护人类赖以生存的有限资源，使之可持续发展。

一、资源的概念

资源，狭义上是指自然资源，也称天然资源。自然资源是指自然界中天然存在的自然物，如土地、矿藏、动物、海洋、山脉、森林、植物、空气、日光、风、火、气候等。自然资源是商品生产的原料来源和布局场所，是人类赖以生存、社会得以发展所必不可少的客观物质基础。随着社会生产力的不断提高和科学技术的发展，人类开发和利用自然资源的广度和深度也不断扩展。人类开发和利用自然资源已进入可持续发展的新阶段。

广义的资源是指能为人类所用，创造价值和使用价值的各种资源的总和。广义的资源包含自然资源和社会生产力资源两个方面。社会生产力资源包括人力（劳动力）资源、生产工具（设备、量具、器具、仪器、仪表等）资源、科学技术资源等。自然资源和社会生产力资源都是人类创造财富必不可少的因素。自然资源决定着商品的自然属性，构成了商品的物质基础，社会生产力资源控制着商品的全部属性。

二、自然资源的分类

一般按基本属性、综合属性和可利用属性等对自然资源进行分类。

1. 按基本属性分类

自然资源按基本属性一般可分为土地资源、矿物资源、生物资源、气候资源和水利资源五类。

（1）土地资源，又称土壤资源。

（2）矿物资源，是指地质作用中各种化学成分所形成的自然单质（如金刚石、自然金等）和化合物（如方解石、石英等）资源。除少数是气态（如火山喷出的气体物质）和液态（如自然汞）外，绝大多数矿物均是固态，具有确定的内部结构。矿物是组成岩石和矿石的基本单元。

（3）生物资源，是指自然界中具有生命的物体资源，包括动物资源、植物资源和微生物资源。生物资源是人类赖以生存的物质基础，人类从自然界获取物质资源，进行加工改造，创造社会财富，满足自身需要，不断地促进社会的进步。

（4）气候资源，是指人类可用来为经济活动服务的天气变化现象所含有的资源，如自然界的热量、光照、水分、风、云、雨等。

（5）水利资源，是发展国民经济不可缺少的水资源的总称，包括水力资源、水源资源、水质资源、水运资源等。

①水力资源，通常指河川水流或潮汐波浪、海流所蕴藏的天然水能资源。

②水源资源，指江河、湖泊、地下水、高山积雪、冰川水、可供给水和灌溉的水源。

③水质资源，指淡水、咸水、碱性水等资源。

④水运资源，指江河、湖泊、港湾等可供发展水运的航道资源。

2. 按综合属性分类

自然资源按综合属性一般可分为能源资源、森林资源、海洋资源等。

（1）能源资源，是能量资源的简称，指可以从中获得能量，以转换为人们所需的光、热、动力、电力等能源的自然资源的总称。其主要包括：

①矿物燃料资源，如煤炭、石油、天然气等资源。

②可再生能源，如水力、风力、潮汐、波浪、柴草等。这类能源一边供利用，一边不断再生。

③核能源，即原子能。

④太阳辐射能源，即太阳提供给人类的能源，如利用太阳能所发的电等。

⑤地热能源，指蕴藏于地球内部的热能。

⑥生物质能源，指利用动植物的生物质有机废料，经过细菌或化学作用而产生的沼气和醇类等燃料。

能源又分为一次能源、二次能源。例如，由燃料、水力、核能等经过两次能量转换而形成的电能，即属于二次能源。

（2）森林资源，是森林和林业生产地域内的各种土地、山脉、生物、景观等资源的总称。

（3）海洋资源，是海洋的主体海水，生活于海洋中的海洋生物，围绕海洋周缘的海岸、海底和邻近海面上空的大气等资源的总称。

此外，还有旅游资源、物产资源、水产资源等。

3. 按可利用属性分类

自然资源按照可利用属性，可分为两大类，即可再生资源和不可再生资源。

（1）可再生资源，是指通过天然作用或人工作用，能为人类反复利用的各种资源，如土地资源、水资源、气候资源、生物资源等。这些资源都有各自的生成及变化规律，同时又相互联系，相互影响。

（2）不可再生资源，是指人类开发利用后，在现阶段不能再利用的自然资源，如经过漫长的地质时代和复杂的化学变化形成的矿产资源，包括煤、石油、天然气、铀等能源资源。它们形成的速度根本无法与人类开采的速度相比，因而被认为是不可再生资源。

各类自然资源是一个有机的系统，该系统内各要素之间相互联系，相互制约，使系统具有特定的功能。一旦某一要素受到人为的破坏，就必然影响其他要素性能的发挥，从而影响自然资源系统的整体功能。例如，生物资源中的森林资源受到严重的砍伐和破坏，必然影响到水资源的数量和净化，甚至导致气候条件发生恶性变化，如风沙大起，土地资源受到侵袭等。作为一个系统，自然资源具有整体性、区域性、有限性、多用性等特性。

三、商品生产和消费对资源的影响

自然资源是商品生产和消费的最终物质和能量来源，是支撑人类社会发展的基本物质资料，是人类赖以生存和繁衍的物质基础。不幸的是，随着人类社会的不断发展，世界人口急剧增加，大规模的工业生产使人类对自然资源的消耗量急剧上升，再加上不合理的开发和利用所造成的资源浪费与破坏，导致了资源短缺甚至枯竭，使人类的生存受到严重威胁，人类面临着全球性的资源危机。

1. 全球性的资源危机

（1）水资源问题。据《世界资源报告（1996—1997 年）》披露，淡水资源消耗量在 1940—1990 年中增加了 4 倍多，1990 年生活在缺水国家的人口为 1.32 亿人。报告预测，至 2050 年，生活在缺水国家中的人口将增加到 10.6 亿～20.43 亿人。淡水资源占全球水资源的比例仅为 3%左右。2023 年，《联合国世界水发展报告》指出，目前，全球有 20 亿人（约占世界人口的 26%）没有安全饮用水，36 亿人缺乏管理得当的卫生设施。

（2）森林资源问题。据估计，为了保证人类及其他生物正常生产和生活的需要，世界森林面积一般不应少于 40 亿公顷，而 1950—1975 年间，世界森林面积已从 50 亿公顷缩减到 26 亿公顷，平均每年有 1 100 多万公顷的森林遭到破坏，造成了水土流失、沙漠化范围扩大、气候变异和物种灭绝等一系列严重后果。

案例 10-2

森林管理委员会介绍

森林管理委员会（FSC®）于 1993 年成立，致力于改善全球的森林经营状况，并以第三方认证的方式激励森林所有者和管理者遵循社会和环境领域的国际公约和最佳实践。FSC 认证是世界自然基金会（WWF）和绿色和平（Greenpeace）推荐的森林认证体系，涵盖木材、木纤维和其他衍生品，诸如天然橡胶、精油、树脂、单宁，以及蜂蜜、蘑菇、坚果、茶叶等森林食品。

FSC 通过多方参与和共同决策，建立了经济可行、环境负责和社会有益的森林经营标准及产销监管链标准。企业销售认证产品，从而缓解土地所有权和使用权方面的冲突，改善工人的健康和安全状况，保护生物多样性，保护濒危物种，保障当地社区。FSC 使当地居民、工人和社会得以长久地获取森林带来的收益，成为全球认证企业最多、认证国家最多、认证程度最高的森林认证体系。

至2016年，共有超过30 000个森林经营和产销监管链证书持有者及超过1.85亿公顷的森林获得FSC认证。FSC在森林和最终消费者之间建立了纽带，确保贴有FSC标签的产品为社会和环境带来较高效益。诸多全球知名企业，如宜家家居、汇丰银行、乐高、利乐、金佰利、欧莱雅等都明确承诺支持FSC认证。

资料来源：森林管理委员会介绍. 中国包装联合会网站，2017-06-08.

（3）土地资源问题。全世界沙漠化面积达到40多亿公顷，有100多个国家受其影响。据估计，非洲有40%、亚洲有32%、拉丁美洲有19%的非沙漠化土地受到沙漠化的威胁，我国是世界上沙漠化问题最为严重的国家之一。由于沙漠化范围的扩大，全世界每年损失的耕地约有600万公顷，加之人口迅速增长，人均耕地面积由1975年的0.32公顷下降到2000年的0.15公顷左右。此外，据联合国粮农组织估计，全世界30%～80%的灌溉土地不同程度地受到盐碱化和水涝灾害的危害。

（4）能源资源问题。人类大规模的商品生产使能源消耗急剧增长。煤、石油、森林、海洋与土地等能源就像我们的身体，即使不生病，上了年纪后其五脏六腑也会衰老。目前石油、煤炭等大量使用，而新的能源生产供应体系又未能建立，对交通运输、金融业、工商业等方面造成了一系列问题，这一系列问题统称能源危机。根据经济学家和科学家的普遍估计，到21纪中叶，即2050年左右，如果新的能源体系尚未建立，那么能源危机将席卷全球，尤以欧美等极大地依赖于石油资源的发达国家最为严重。最严重的结果莫过于工业大幅度萎缩，世界各国为抢占剩余的石油资源而爆发战争。

2. 我国的资源状况

（1）水资源总量缺乏，水污染进一步加剧了水资源缺乏。我国水资源并不丰富，被列为世界人均水资源缺乏的13个国家之一。自20世纪70年代后期起，水资源缺乏或不合理利用等问题日益突出，在一些地区已成为社会经济发展的制约因素。工业生产导致的污水排放更是直接减少了可利用的水资源数量，使我国水资源更加紧缺。

（2）森林资源匮乏，森林覆盖率低。2020年，我国的森林覆盖率只有23.04%，人均森林面积仅为世界人均水平的1/4，而且分布不均匀。据一些生态环境专家设想，如果一个国家或地区的森林覆盖率达到30%以上，并均匀分布，那么就能保持较好的生态环境。为此我国制定了《中华人民共和国森林法》，以确保森林免遭破坏，国土资源免受损失，维护生态平衡，保持经济的持续发展。

（3）耕地资源不足，人均耕地少。土地资源总量大，但人均占有土地少，人均占有耕地更少是我国的基本国情。一方面，改革开放以来，我国经济飞速发展，这是建立在以土地换经济、以生态换经济的基础上的。为减少开发成本，耕地更是成为各企业发展的首选。耕地面积不断减少，加之人口基数大，导致人均耕地面积更少，耕地保护面临的形势严峻。另一方面，我国耕地资源分布不均匀，呈西多东少的分布规律。东部人口比西部人口多，东部用更少的耕地养活了更多的人口，人均耕地资源发展不均衡。此外，东部经济发展较西部快，对新增建设用地需求更大，势必占用更多耕地，耕地将长期处于一种供需不平衡的发展状态。

（4）化学资源、矿产资源和能源资源等存在结构性短缺。我国除煤炭资源、化学资源较为丰富外，其余较丰富的多为经济建设中需求量较小的金属和非金属矿藏，这是总体资源结构性短缺的具体表现；我国石化能源中石油、天然气等优质能源所占比例偏低，煤炭等非优质理想能源所占比例过高，这属于同类资源的结构性短缺；我国铁、磷等矿产资源也较丰富，但多为贫矿，开采成本或难度较大，存在开发条件的结构性短缺。

四、资源的可持续发展

资源的可持续发展是指通过对自然资源进行科学开发、综合利用、开源节流和再生利用，为人类的永续、健康发展提供资源保证。

1. 资源的科学开发

自然资源为商品生产、消费提供了物质来源，是社会经济发展的物质基础。为了促进社会经济的持续发展，维护子孙后代的利益，必须进行资源的科学开发。在开发过程中，要对资源的开发计划进行深入、细致的科学论证，既要考虑到地理、地质、技术、开采设施、运输条件和资金等因素，又要考虑到市场需求、资源保护等因素，既要考虑到眼前的经济利益，又要注重长远的生态环境效益，以提高资源开发的科学性。

2. 资源的综合利用

资源的综合利用一是指对某种资源的多种成分的综合利用，二是指对某一地域范围内多种资源的综合利用，是由资源的多用性和区域性决定的。资源的综合利用要求分析各种资源的自然性能，以此为基础探寻资源的各种用途，从而充分发挥各种资源的使用价值。同时，国家在资源利用方面要进行统筹规划，制定科学的商品标准和资源利用细则，以规范资源利用行为，这不仅有助于提高资源的利用率，缓解能源及其他短缺资源的供求矛盾，而且有利于减少环境污染，维护生态平衡。

3. 资源的开源节流

资源的开源节流是由自然资源的有限性决定的。社会经济发展急需的自然资源，特别是能源，大多数是有限的，因此在开发利用资源时，必须注重节约现有资源，提高其利用率，同时利用现代科学技术开辟新的资源领域，寻找新的可替代性资源。自 20 世纪 80 年代以来，我国经济增长所需的能源一半靠开发，一半靠节约。即使如此，2021 年，我国单位产值的能耗仍是发达国家的 2～3 倍，可见节能的潜力很大。为此，我国除了在煤炭、石油、天然气等现有能源开发利用中要加强发明和利用适合我国国情的、有效的节能设备和技术以外，还应大规模开发和利用水能、核能，并努力研究开发风能、太阳能、地热能、海洋能等可再生资源。

4. 资源的再生利用

许多资源可以再生利用，如废弃的纸、木、水、气、渣等。在资源的开发利用过程中，或多或少会有一些废弃物产生，这些废弃物如得不到妥善处理，那么一会造成资源浪费，二会污染环境，危及人类生存。为了保护环境，节约资源，许多国家都十分重视废弃物的回收和利用，利用现代科技，发挥人的主观能动性，变废为宝，化害为利。

第四节　商品与环境

一、环境的概念

广义的环境是指研究对象周围的情况和条件。如果研究对象是人，那么环境是指人周围的情况和条件；如果研究对象是商品，那么环境是指商品周围的情况和条件。研究对象周围的情况和条件分为自然的和社会的两个方面。因此，广义的环境包括自然环境和社会环境。人、商品和环境处在同一个系统之中，彼此之间相互关联、相互作用，其结果是形成一种系统效应。人类生产的过程和结果都直接或间接地改变着环境。反过来，环境又直接或间接地影响着人类的生存和商品的再生产。这些同研究主体发生关系的各种直接和间接因素都是构成环境的要素。我们重点研究的是这一系统变化对人类的影响。目前，我国环境管理系列标准有：GB/T 24020－2000、GB/T 24021－2001、GB/T 24024－2001、GB/T 24025－2009、GB/T 4796－2017、GB/T 4797.3－2014、GB/T 4797.5－2017、GB/T 4797.6－2013。环境标志有Ⅰ、Ⅱ、Ⅲ型。

扩展阅读

阅读《中华人民共和国环境保护法》，了解其相关内容，并从商品开发的角度就如何执行《中华人民共和国环境保护法》谈谈你的看法。

二、环境的分类

环境通常按研究的属性分为自然环境和社会环境。人们通常所说的环境，大多数情况下是指自然环境。

自然环境一般是指人类周围的自然情况和条件，即地球上人类以外的其他生命物质和非生命物质的总称。它虽然受人类活动的影响，但总的来说，仍按自然规律发展着。自然环境按其主要的组成要素可分为大气环境、水环境（包括海洋环境、江河环境、湖泊环境等）、土壤环境、生态环境（如森林环境、草原环境等）和地质环境等。

自然环境的组成要素之间彼此关联、相互制约、相互作用，构成一个自然环境系统。该系统遵从系统效应原理。自然环境的系统效应，不是直接地从每个系统要素本身，而是从组成自然环境系统的互相协同的组成要素集合中得到的，并且这种系统效应超过了系统要素个体效应的总和。

自然环境的系统效应表明，自然环境系统是一个不可分割的整体，其效应一定要从完整的系统来看，而不是从孤立要素的简单叠加来看。作为有机整体的自然环境系统，其效应既与组成该系统的各要素及它们的结构有关，又不是各个要素的个体效应的简单总和。同时，每个要素的个体效应，又与它所从属的系统有关，且受系统的影响和制约。自然环境的系统效应，是相关要素之间相互作用产生的相关效应，如果一个系统要素遭到破坏，将产生连锁反应，使自然环境系统失去动态平衡，甚至陷入恶性循环。

自然环境同自然资源一样，都是人类赖以生存和发展的基础。自然环境和自然资源没有本质上的区别，自然资源如果不被人类开发，就是人类生存的自然环境，被人类开发利用的自然环境实质上就是自然资源。因此，自然环境和自然资源实质上是同一自然物质状态存在形式的不同表述。自然环境和自然资源出自同一物质存在形式，自然环境包含世界上所有的物质状态，而人类可利用的自然资源只是其中的一部分。因此，可以说自然资源寓于自然环境之中，是宏观自然环境的组成部分。

三、商品生产和消费对环境的影响

人类为了生存与发展，必然要向环境索取资源。早期由于生产力不发达，人类屈从于自然，对环境没有造成明显的影响。在相当长的一段时间里，自然条件主宰着人类的命运。到了“刀耕火种”时代，人类为了养活自己并不断地发展下去，开始毁林开荒，这就在一定程度上破坏了环境，于是出现了人为因素造成的环境问题。但因当时生产力水平低下，人为因素的破坏对环境的影响还不大。到了产业革命时期，随着大机器工业的发展，人类的商品生产水平迅速提高，对环境的影响也急剧增大。

到了 20 世纪，人类利用、改造环境的能力空前提高，由此创造了巨大的物质财富。据估算，现代农业获得的农产品可供养 50 亿人口，而原始土地上光合作用产生的绿色植物及其供养的动物，只能供养 1 000 万人左右，由此可见，人类在环境中已处于主导地位。但由于全球性的商品生产、贸易和消费的快速发展，自然生态系统受到强烈干扰和严重破坏。环境污染、生态失衡等一系列严峻问题摆在了人们面前，大气污染严重，水资源空前短缺，森林惨遭毁灭，可耕地面积不断减少，大批物种濒临灭绝，人类赖以生存的自然环境正处在危机之中。日益恶化的环境向人类警示：保护大自然，维持生态平衡是当今人类面临的全球性重大课题。

1. 全球性环境问题

（1）水污染。水、空气和食品是维持人类生命和健康的三大要素，人体内 50%～60%的重量是水分。水是人类的宝贵资源，是生命之源，没有水就没有生命。地球上的淡水资源只占地球水资源总量的 3%左右，且这 3%左右的淡水中，可直接饮用的只有 0.5%。然而，宝贵的生命资源却受到了严重的污染。当水中的有害物质超出水体的自净能力时，就会发生水污染。水污染的主要来源是未处理的工业废水、生活污水和医院污水。大量的污染物首先排入河流，造成内陆水域污染，其次造成湖泊和海湾的污染，随着海洋运输业的发展又造成了严重的海洋污染。水污染直接危害人类的健康，水中的致病微生物、病毒等可引起传染病的蔓延，水中的有毒物质可使人畜中毒，尤其是汞、镉、铬、铅等。据世界卫生组织统计，世界上有 70%的人喝不到安全、卫生的饮用水。据联合国统计，世界上每天有 2.5 万人由于饮用污染的水而得病或由于缺水而死亡。水污染也给渔业造成了重大损失：严重的污染使鱼虾大量死亡；污染还干扰鱼类的洄游和繁殖，造成其生长迟缓和畸形，导致鱼的产量和质量大大下降，使许多优质鱼种濒临灭绝。水污染对两栖类动物和其他海洋生物也有严重影响。

（2）大气污染。洁净的空气是生命不可或缺的要素。洁净的空气中含有78%的氮气、21%的氧气和0.93%的稀有气体，以及少量的二氧化碳、水蒸气和其他气体杂质。当大气中某些气体异常多或空气中增加了新的成分时，大气就变得污浊了，当大气成分的变化增大至危及生物的正常生存时，就出现了大气污染。大气污染的来源有自然污染和人为污染两种：火山爆发、地震、森林火灾产生的烟尘、硫氧化物、氮氧化物，称为自然污染源；而人类的生产、生活活动形成的污染称为人为污染源。大气污染主要来源于人类的活动，特别是工业和交通运输，因而，工业区（工厂烟囱废气）和交通运输密集区（铁路沿线、公路两旁、城市市区）的空气污染最为严重。世界著名的“八大公害”事件中有五起是由大气污染造成的。大气污染（尤其是煤粉尘）是人类健康的大敌。大气污染还会导致农业生产的巨大损失，如少量二氧化硫气体就能影响植物的机能，水稻扬花时若受到一次熏气，产量就会下降85%。人类工业生产导致了大气污染，被污染的大气反过来又严重制约着人类的生产和生活。减少空气污染，“还我蓝天红日”，成为世界各国人民的共同心声。

（3）土壤污染。土地是人类的衣食之本。在科学技术高度发展的今天，土地却遭受了空前的破坏，土壤污染正在侵蚀和剥夺大片肥田沃土的生产力。土壤污染主要是指土壤中某些有害物质大大超出正常含量，土地无法消除这些有害物质的影响的现象。严重的土壤污染可导致农作物生长发育迟缓甚至枯萎、死亡等明显的后果，更多的土壤污染虽无明显表现却降低了农产品的质量，特别是通过农作物对土壤中有害物的富集作用，潜在地危害人畜健康。

土壤污染主要来源于工业废水、废气、废渣、化肥、农药以及生活污水等。工业商品生产中排放的“三废”主要包括烟尘、二氧化硫、氮氧化合物以及放射性尘埃、重金属等，会自然流入或随雨雪沉降在土壤中。现代农业大量施用化肥产品，致使硝酸盐、硫酸盐、氯化物等无机物大量残留在土壤中，使土壤板结和盐渍化，从而导致农作物减产。生活污水和人体排泄物在一定程度上会使土壤肥力增加，使农作物增产，但废水、废物中的病原菌、病毒、寄生虫等会进入农田，沉积于土壤中，造成土壤污染，从而引起流行病、地方病、寄生虫病等。人类的生产和生活活动一旦造成土壤污染，其影响就很难被消除。有机农药分解很慢，重金属农药甚至不会被分解，污染的土地即使不再继续被污染，三五年内也仍含较多的有害物质，并可通过食物链富集危害人类。所以，严重污染的土地上的植物不但不能食用，也不能用作饲料和肥料。

（4）食品污染、垃圾污染、空间污染。水污染、大气污染和土壤污染必然导致食品污染。食品污染是指人们食用的各种食品，如粮食、水果、蔬菜、鱼、肉、蛋等在生产、包装、运输、储存、销售、烹调过程中，混进了有害或有毒物质或者病菌。食品污染可分为生物性污染和化学性污染两大类。生物性污染是指有害的病毒、细菌、真菌以及寄生虫污染食品。细菌中的变形杆菌、黄色杆菌、肠杆菌可直接污染动植物食品，真菌中的霉菌有些可以食用，如腐乳酱制品都离不开霉菌，但其中有百余种菌株会产生毒素，毒性最强的是黄曲霉毒素，它主要污染花生、玉米等。化学性污染是由有害、有毒的化学物质污染食品引起的。各种农药是食品化学性污染的一大来源，还有含铅、镉、铬、汞、硝基化合物等有害物质的工业废水、废气、废渣，食用色素、防腐剂、发色剂、甜味剂、固化剂、抗氧化剂等食品添加剂，作为食品包装用的塑料、纸张、金属容器等。防止食品污染，不仅要注意饮食卫生，更要从食品生产、加工、运输、储存、销售等各个环节着手，这样才有可能从根本上根治食品污染。

垃圾侵占土地，堵塞江湖，有碍观瞻，危害水源、土壤及农作物生长和人体健康的现象，称为垃圾污染。工业废渣和生活垃圾是垃圾的主要构成部分。工业废渣是指工业生产、加工过程中产生的废弃物，主要包括煤矸石、粉煤灰、钢渣、高炉渣、赤泥、塑料和石油废渣等。生活垃圾主要是厨房垃圾、废塑料、废纸张、碎玻璃、金属制品等。在城市中，由于人口不断增加，生活垃圾正以每年10%的速度增加，成为一大公害。垃圾的严重危害主要是侵占大量土地、污染农田、污染地下水、污染大气，甚至传染疾病。随着社会商品生产的发展，人们的消费水平不断提高，城市垃圾大量增加，垃圾处理已成为城市环境综合整治中的紧迫问题。

宇宙航天事业的发展给人类展示了飞出地球的美好前景，但也给地球周围的宇宙空间带来了污染。人类丢弃的人造卫星和火箭的碎片基本处于无人管理且不断增加的状态，将来很可能会危及人类在宇宙空间的活动，因此，现在越来越多的人呼吁“尽早找出治理宇宙空间垃圾的办法”。

（5）温室效应、臭氧层破坏和酸雨。这是当今全球性的三大环境问题。所谓温室效应，就是太阳短波辐射可以透过大气射入地面，而地面增暖后放出的长波辐射又被大气中的二氧化碳等物质吸收，从而让大气变暖的效应。除二氧化碳以外，对产生温室效应有重要作用的气体还有甲烷、臭氧、氯氟烃等。随着人口的急剧增加和工业生产的迅速发展，排入大气中的二氧化碳相应增加，加之森林被大量砍伐，应被森林吸收的二氧化碳未能被吸收而排入大气中，温室效应进一步加剧。据分析，在过去200年中，二氧化碳浓度增加了25%，地球平均气温上升了0.5℃，估计到下个世纪中叶，地球表面平均温度将上升1.5～4.5℃。温室效应的后果十分严重：首先是自然生态将随之发生重大变化，荒漠扩大、土地侵蚀加重、森林退向极地、旱涝灾害严重、雨量增加，迫使原有的水利工程重新调整；其次是沿海地区将受到严重威胁，由于气温升高，两极冰盖在一定程度上融化，如果两极冰盖同时消融，将使海平面上升65米，再加上海水体积膨胀，将会淹没许多沿海城市和港口。

温室效应已引起全世界的关注。1988年11月，联合国已作出一项决议，指出温室效应将给人类带来灾难，号召国际社会“为当代和后代人类保护气候”。为此，我们在发展工业生产时，要防止、减少和治理大气污染，同时，要保护好现有森林，大力植树造林，使大气中的二氧化碳通过植物的光合作用转化为营养物质，还要通过各种途径降低矿物能源的总消耗，尽量采用核能、太阳能、水能、风能等清洁能源，以减少二氧化碳的排放。

科学家通过考察发现，在北美洲、欧洲、新西兰上空，保护地球的臭氧层正在变薄，南极上空的臭氧层甚至已经出现了“空洞”。臭氧是一种具有轻微腥臭气味的浅蓝色气体，密集存在于离地面20～25千米的平流层内，构成科学家所称的臭氧层。臭氧层犹如地球的保护伞，阻挡了来自太阳的99%的紫外线辐射，保护着地球上的生灵万物。

臭氧层变薄以及南极上空出现“空洞”的主要原因有：一是自然原因。太阳黑子爆炸时发出许多带电质子，轰击地球上层大气，对臭氧有破坏作用；另外南极上空的上升气流把臭氧含量较高的中层大气输送到上层，从而降低了南极上空臭氧的含量。二是人为原因。人类在使用冷冻剂、消毒剂、起泡剂和灭火剂等化学制品时，向大气中排放的氯氟烃等气体在紫外线照射下会放出氯原子，氯原子会夺去臭氧中的氧原子，使臭氧变成纯氧，从而使臭氧层遭到破坏。近年来，全世界科学家都在呼吁“拯救臭氧层，禁止使用氯氟烃”。1987年9月，24个国家在加拿大蒙特利尔签订了《关于消耗臭氧层物质的蒙特利尔议定书》，规定到20世纪末，将氯氟烃的使用量减少到1986年水平的一半。科学家指出，即使立即禁止使用氯氟烃，已经变薄的臭氧层也要很长时间才能恢复。

（6）酸雨。酸雨是造成全球性环境污染的又一个元凶，它是大气污染后产生的酸性沉降物。因为人们最早是在雨中发现这种沉降物的，所以习惯上称之为酸雨。酸雨是一种复杂的大气化学和大气物理现象。酸雨中含有多种无机酸和有机酸，绝大部分是硫酸和硝酸。工业生产、居民生活燃烧煤炭排放的二氧化硫，燃烧石油以及汽车排放的氮氧化合物，经过“云内成雨过程”形成硫酸雨滴和硝酸雨滴，又经过“云下冲刷过程”，即含酸雨滴在下降过程中不断合并、吸附、冲刷其他含酸雨滴和含酸气体，形成大雨滴，最后降落在地面上，形成了酸雨。硫和氮是营养元素，弱酸性降水可溶解地面的矿物质，供植物吸收，但如果酸性过强，如pH值在5.6以下，就会产生严重危害，酸雨就成为空中降下的“死神”，会使大片森林死亡，农作物枯萎。我国四川名胜峨眉山风景秀丽，山深林秀，但近十年来，酸雨已造成山上的冷杉林成片死亡，不但景观全非，就连猴子也跑到其他山沟里去了。酸雨还会改变土壤结构，一方面使钙、镁、钾等营养元素流失，抑制有机物降解和固氮作用，使土壤贫瘠化；另一方面又使铝等有害元素活化，导致植物因长期和过量吸收铝而中毒甚至死亡。酸雨还使湖泊、河流酸化，导致土壤和水体底泥中的重金属溶解后进入水中，毒害鱼类，威胁人类健康。它还会加速建筑物和文物古迹的腐蚀和风化过程。

（7）自然生态系统遭到破坏，生物资源衰减。由动物、植物、微生物和非生物环境组成的生态系统，在人类大规模地向自然“进军”的过程中，遭到了前所未有的干扰和破坏。人类活动极大地打破了系统的平衡，使系统中的生物资源面临衰减甚至灭绝的危险。两千年来，由于自然环境的变化，全世界有110多种兽类和130多种鸟类从地球上消失，其中有物竞天择、适者生存的自然规律的作用，但同时也有人为因素的影响。尤其是19世纪中叶以来，在短短一个半世纪的时间内，已有75种鸟类和哺乳类动物绝种，359种鸟类和297种兽类动物面临灭绝的危险。据估计，现在全世界有2 500种植物和1 000多种脊椎动物濒临灭绝。

生物资源衰减的原因，首先是生态环境的破坏。随着人口增长和森林砍伐，生物失去了生长栖息的环境。其次是滥伐乱捕。这直接导致了许多植物品种和野生动物灭绝。

最后是工业“三废”的排放和化学农药的使用污染了大气、水体和土壤，危及生物的生存，使野生动植物数量明显下降。因此，保护生物资源已成为全球性的迫切任务。

2. 我国面临的环境问题

我国国民经济长期以来保持高速发展，但是这种发展是建立在粗放式经营的基础上的。这使得国内环境问题较为严重和突出，集中表现在沙漠化、酸雨、工业污染、森林植被破坏等方面。下面以沙漠化问题和酸雨为例进行介绍。

我国已成为世界上沙漠化问题最为严重的国家之一，这对我国经济社会的可持续发展造成的危害十分惊人。沙漠化范围扩大的原因既有全球气候变化方面的，又有不合理人为活动方面的，而后者可归纳为“五滥”。

一是滥垦。由于人口增加和受到短期利益驱动，许多地方在不具备开垦条件的情况下，无计划、无节制地进行开垦，导致土地沙漠化。用当地群众的话说就是，“一年开草场，二年打点粮，三年五年变沙梁”。

二是滥牧。目前，我国大部分草场的放牧量大大超过了其承载能力，沙漠化地区草场的牲畜超载率为50%～120%，超载放牧使草场大面积退化、沙化。内蒙古草原牧草平均高度已经由20世纪70年代的70厘米下降到1999年的25厘米，亩均产量已经由20世纪60年代的109千克下降到20世纪80年代的43千克，昔日“风吹草低见牛羊”的地方，变成了“老鼠跑过见脊梁”。

三是滥伐。部分沙漠化地区乱砍滥伐林木，过度樵采，致使大量宝贵的植被遭到破坏，土地失去了保护屏障。

四是滥采。受经济利益驱使，沙漠化地区滥采中药材、搂发菜以及进行无序的采矿工程建设等现象十分突出，使大量植被遭到破坏，直接导致了土地沙漠化。

五是滥用水资源。部分地区仍沿用大水漫灌的落后方式，既浪费水资源，又造成土地盐渍化。此外，对水资源的开发利用缺乏有效管理，致使河流上游截水、用水过度，下游因来水量小，大面积农田被迫撂荒，造成土地沙漠化。

除沙漠化问题外，由于工业污染（“三废”）、森林砍伐等原因，我国近几十年来酸雨现象频现。1997年11月，酸雾、酸雪、酸雨在短短20天中相继袭击济南，创下了中国环保史上罕见的“纪录”，人们呼吸不畅、口痒鼻塞、眼受刺激，医院人满为患；1994年，重庆及附近地区下了数场黑雨，色如墨汁且有强酸性；1991年，我国喜马拉雅山区下了数场“黑雪”，人迹罕至的“世界屋脊”也未能逃过“空中死神”降下的灾难。环境保护部门公布的2013年上半年全国环境质量状况显示，上半年我国城市空气污染形势严峻，全国地表水总体为轻度污染。上半年全国酸雨污染状况总体保持稳定，456个城市中有135个城市属酸雨城市，23个城市属重酸雨城市，占5.0%。与上年同期相比，酸雨城市比例、较重酸雨城市比例、重酸雨城市比例分别降低了0.7个、3.2个和2.6个百分点。酸雨主要分布在长江沿线及以南—青藏高原以东地区，主要包括浙江、江西、福建、湖南、重庆等省（市）。酸雨的降临一次次地向人们发出了环境保护的警示。

扩展阅读

阅读《大气中国 2019 报告：中国大气污染防治进程（169 个重点城市空气质量管理综合评估和排名）》，了解我国目前大气污染防治进程，思考一下环境治理的必要性。

资料来源：大气中国 2019 报告：中国大气污染防治进程（169 个重点城市空气质量管理综合评估和排名）. 北极星环保网，2019－11－28.

四、环境保护

环境保护，简称环保，是指采取行政、法律、经济、科学技术、民间自发环保组织等方式，合理地利用自然资源，防止环境被污染和破坏，以实现自然环境与人文环境、经济环境的平衡及可持续发展，扩大有用资源的再生产，促进社会的发展。环境保护的范围广、综合性强，涉及自然科学和社会科学的许多领域，还有其独特的研究对象。

环境问题是中国 21 世纪面临的最严峻挑战之一，保护环境是保证经济长期稳定增长和实现可持续发展的基本条件。环境问题关系到中国的国家安全、国际形象、广大人民群众的根本利益。为社会经济发展提供良好的资源环境基础，使所有人都能获得洁净的空气、卫生的饮水和安全的食品，是政府的基本责任与义务。

案例 10－3

2022—2028 年中国节能环保行业深度调查与发展前景预测报告

节能环保产业是指为节约能源资源、发展循环经济、保护生态环境提供物质基础和技术保障的产业，是国家加快培育和发展的七个战略性新兴产业之一。节能环保企业按经营模式主要可以分为资本运营类、技术集成类、设备产品服务类。

智研瞻产业研究院公布的《2022—2028 年中国节能环保行业深度调查与发展前景预测报告》显示，2016—2020 年，中国节能环保产业市场规模分别为 5.41 万亿元、5.97 万亿元、6.89 万亿元、7.56 万亿元、7.78 万亿元。2020 年，由于疫情影响，市场规模增长率有所下降，但整体呈现增长的趋势，2021 年上半年，节能环保产业市场规模为 4.3 万亿元。与全球领先的欧美各国及亚洲的日本相比，中国节能环保产业发展中存在创新能力仍有待提升、产业结构需要不断优化、市场秩序仍不完善、服务体系不健全等问题。然而，“十四五”时期是持续打好污染防治攻坚战的窗口期，也是实现碳中和、碳达峰目标的重要时期。面对错综复杂的国际环境与国内快速的经济发展，我国节能环保产业发展呈现出五大趋势：一是绿色低碳引领发展，能源结构不断优化；二是绿色制造水平不断提升，绿色工厂与绿色园区建设升级；三是绿色制造融合多产业共同发展，新兴业态不断涌现；四是产业集聚效应不断增强，部分中小企业实现突围；五是政策体系逐步完善，保障节能环保产业有序发展。

资料来源：智研瞻产业研究院. 2022—2028 年中国节能环保行业深度调查与发展前景预测报告. 搜狐网，2022－06－22.

未来，中国环保产业结构将进一步调整，资源节约型产品、洁净产品的生产和资源综合利用技术将继续快速发展；环境服务业的规模将逐步扩大。城市污水处理、污泥处理、脱硫脱硝等重点领域环保投资将达到1.2万亿元，拉动环保产业产值1.32万亿元。

技能实训

【实训目的】

通过案例讨论加深对商品可持续发展的认识。

【实训主题】

理解商品与社会的关系，以及商品与资源、环境的关系。

【实训时间】

本章课堂教学内容结束后的双休日和课余时间，为期一周。或者指导教师另外指定时间。

【背景材料】

"B型节能扣件大王"陈远宪

陈远宪，钳工出身，酷爱发明，拥有几十项专利。他的B型节能扣件专利可作为建筑领域重大节能减排项目，每年可以给国家节省50亿元，故人送外号"B型节能扣件大王"。

陈远宪发明的新型建筑扣件的各项技术及经济指标大大超越了传统扣件，三项机械性能，即抗滑、抗扭转、抗破坏的安全系数倍增，特别将原来扣件的基座从凸平面创新性地变成似拱桥圆通孔形状，既改变了扣件的力学性能，还为每套扣件节省了0.2～0.3千克原材料。

与A型传统扣件相比，B型节能扣件大约可以节能30%。全部使用B型节能扣件的话，我国每年可节省40亿～50亿元，包括每年节省的50万～60万吨钢材，节省的电力和煤炭，节省的运输费，以及节省的30%的污染治理费用，经济效益极为可观。B型节能扣件使用轻便、质量好、价格低，已经被用户广泛接受，很多工厂进行大批量生产。这种产品带来的安全保障以及在节能减排方面的贡献，对用户和国家都是非常重要的。

资料来源："B型节能扣件大王"陈远宪：想把专利捐给国家．中国水力发电工程学会网，2012-03-29.

【实训过程设计】

（1）指导教师要求学生课前预习背景材料。

（2）将全班同学按每组5～6人平均分成若干小组，进行讨论。

（3）根据背景材料，谈谈你是如何认识商品与资源和环境的关系的。

（4）根据讨论，谈谈我们应该如何做到节能环保。

（5）各小组对本次实训进行总结和点评，撰写作为最终成果的商品学实训报告。

（6）各小组提交填写了组长姓名、成员名单的商品学实训报告。优秀的实训报告将在班级展出，并收入本课程教学资源库。

综合练习

一、名词解释

资源　自然资源　自然环境　环境　环境保护　可持续发展

二、单项选择题

1. 绿色消费是一种以适度节制消费、避免或减少环境破坏、崇尚自然和保护生态等为特征的新型消费行为和过程。装修房子时，下列行为中不属于绿色消费的是（　　）。

A. 优先考虑健康安全，其次考虑价格

B. 选择绿色建材，如水性涂料、节水洁具等

C. 选择可持久使用的产品，如花岗岩地板

D. 提倡简单装修，避免铺张浪费

2. 造成土地资源减少的主要原因不包括（　　）。

A. 沙漠化

B. 盐碱化和水涝灾害

C. 温室效应

D. 人口增长

3. 下列不属于造成水体污染的原因的是（　　）。

A. 工业废水　　B. 生活污水　　C. 水运　　D. 大气降水

三、多项选择题

1. 垃圾的危害有（　　）。

A. 占用土地　　B. 污染土壤　　C. 污染水体

D. 污染大气　　E. 影响环境卫生

2. 对空气的污染主要来自（　　）。

A. 施工扬尘　　B. 施工车辆尾气　　C. 动力船机械产生的尾气

D. 沥青烟气　　E. 以上都不是

3. 全球性环境问题主要包括（　　）。

A. 水污染　　B. 大气污染　　C. 温室效应

D. 酸雨　　E. 食品污染

四、问答题

1. 在现代化商品生产和流通过程中，如何合理利用和保护自然资源？

2. 试从可持续发展战略的角度分析商品经济发展与环境保护之间的关系。

3. 简述自然资源系统及其特性。

4. 如何对资源进行分类？

5. 联系实际谈谈你对绿色商品发展的构想。

参考文献

［1］陆影．商品学基础与实务［M］．大连：东北财经大学出版社，2019.

［2］王丽华．服务管理［M］．2版．北京：中国旅游出版社，2012.

［3］汪永太，李太．商品学［M］．6版．大连：东北财经大学出版社，2018.

［4］万融．商品学概论［M］．6版．北京：中国人民大学出版社，2016.

［5］曾锦燕．商品学知识［M］．3版．北京：电子工业出版社，2018.

［6］谈留芳．商品学［M］．3版．北京：科学出版社，2018.

［7］孙参运．商品学基础与实务［M］．3版．北京：中国财政经济出版社，2019.

图书在版编目（CIP）数据

商品学概论 / 陈文汉，陆影主编. -- 3 版. -- 北京 :
中国人民大学出版社，2024.3
普通高等学校应用型教材. 国际贸易
ISBN 978-7-300-32468-5

Ⅰ.①商… Ⅱ.①陈… ②陆… Ⅲ.①商品学－高等
学校－教材 Ⅳ.①F76

中国国家版本馆 CIP 数据核字（2024）第 018738 号

普通高等学校应用型教材·国际贸易
商品学概论（第三版）
陈文汉　陆　影　主编
Shangpinxue Gailun

出版发行	中国人民大学出版社		
社　　址	北京中关村大街 31 号	**邮政编码**	100080
电　　话	010－62511242（总编室）		010－62511770（质管部）
	010－82501766（自营网店）		010－62514148（明德书店）
	010－62511173（销售部）		010－62515275（盗版举报）
网　　址	http://www.crup.com.cn		
经　　销	新华书店		
印　　刷	天津旭非印刷有限公司	**版　　次**	2014 年 11 月第 1 版
开　　本	787 mm×1092 mm　1/16		2024 年 3 月第 3 版
印　　张	18.25 插页 1	**印　　次**	2025 年 12 月第 2 次印刷
字　　数	398 000	**定　　价**	45.00 元

教学支持说明

1. 教辅资源获取方式

为秉承中国人民大学出版社对教材类产品一贯的教学支持，我们将向采纳本书作为教材的教师免费提供丰富的教辅资源。您可直接到中国人民大学出版社官网的教师服务中心注册下载——http://www.crup.com.cn/Teacher。

如遇到注册、搜索等技术问题，可咨询网页右下角在线 QQ 客服，周一到周五工作时间有专人负责处理。

注册成为我社教师会员后，您可长期根据您所属的课程类别申请纸质样书、电子样书和教辅资源，自行完成免费下载。您也可登录我社官网的“教师服务中心”，我们经常举办赠送纸质样书、赠送电子样书、线上直播、资源下载、全国各专业培训及会议信息共享等网上教材进校园活动，期待您的积极参与！

2. 高校教师可加入下述学科教师 QQ 交流群，获取更多教学服务

经济类教师交流群：809471792

财政金融教师交流群：766895628

国际贸易教师交流群：162921240

税收教师交流群：119667851

3. 购书联系方式

销售部电话：010－62511173

自营网店咨询电话：010－82501766

明德书店咨询电话：010－62514148

中国人民大学出版社经济分社

地址：北京市海淀区中关村大街甲 59 号文化大厦 1506 室　100872

电话：010－62515803　010－62516948

传真：010－62514775

E-mail：jjfs@crup.com.cn